Nicolas Vanier
Der weiße Sturm

Roman

Aus dem Französischen von
Reiner Pfleiderer

Piper München Zürich

Von Nicolas Vanier liegen in der Serie Piper vor:
Die weiße Odyssee (3467)
Das Schneekind (3720)
Der Sohn der Schneewüste (4012)
Der weiße Sturm (4311)

Ungekürzte Taschenbuchausgabe
Januar 2005
© 2002 XO Éditions, Paris
Titel der französischen Originalausgabe:
»Le chant du grand nord: La tempête blanche«
© der deutschsprachigen Ausgabe:
2003 Piper Verlag GmbH, München,
erschienen im Verlagsprogramm Kabel
© der Karte: Noël Meunier
Umschlag / Bildredaktion: Büro Hamburg
Isabel Bünermann, Heike Dehning,
Charlotte Wippermann, Katharina Oesten
Fotos Umschlagvorderseite: B. Glanzmann / Zefa Visual Media (oben)
und Jean Malaurie, aus: »Der Ruf des Nordens« (unten)
Foto Umschlagrückseite: Jon Van Zyle
Satz: seitenweise, Tübingen
Druck und Bindung: Clausen & Bosse, Leck
Printed in Germany   ISBN 3-492-24311-8

www.piper.de

All denen überall auf der Welt,
die sich im eigenen Land wie Fremde fühlen.

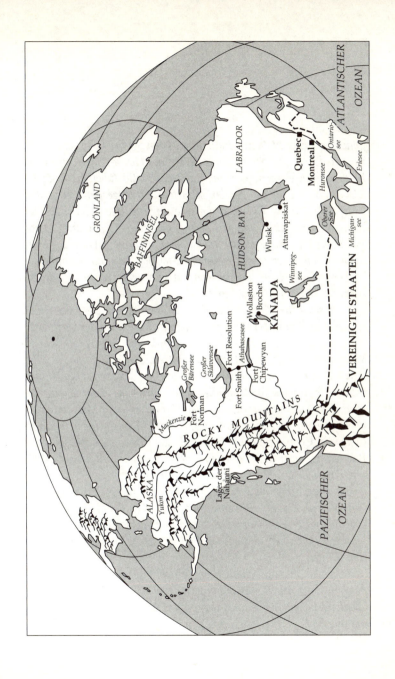

*Ohio, der junge Nahanni-Indianer aus den Schneeweiten im Nord-
westen der Rocky Mountains, liebt seine Heimat und sein Volk.
Doch eine tiefe innere Unruhe treibt ihn rastlos über die Eisfelder
der Tundra, die er mit seinem schnellen Hundegespann erkundet.
Eines Tages lüftet Ckorbaz, der alte mißgünstige Schamane, der
Ohio nie akzeptiert hat, ein streng gehütetes Geheimnis: Ohios
Vater war kein Stammesbruder, sondern ein weißer Mann: der Engländer Cooper, den Ohios schöne Mutter Sacajawa noch heute, fast
16 Jahre später, liebt. Cooper aber hat sein Versprechen, zu ihr zurückzukehren, nicht gehalten.*

*Ckorbaz ächtet Ohio schließlich als die Stimme des Bösen und
spricht den Bann über ihn aus. In dem Jungen keimt der brennende
Wunsch auf, die Jagdgründe der Nahanni zu verlassen und seinem
Vater und seinen Wurzeln nachzuspüren. Schließlich macht Ohio
sich mit seinem Gespann unter der Führung des ebenso klugen wie
treuen Leithundes Torok auf die große Fahrt seines Lebens: eine gefährliche Reise ins Ungewisse, quer durch die Rocky Mountains bis
nach Quebec – auf der Suche nach sich selbst und seiner Herkunft.
Ohio will Cooper finden, und er will sich ein eigenes Bild von der
Bedrohung machen, die von den weißen Männern mit ihren Gewehren, ihrem Geld und ihrem Branntwein ausgeht.*

*Ohio gewinnt und verliert Freunde, er wird gerettet und betro-
gen, er lernt, was es heißt, einem unerbittlichen Feind gegenüberzu-
stehen, und er trotzt den Gefahren der wilden, noch unberührten
Natur: Eisstürmen, Stromschnellen und Begegnungen mit Bären
und Wölfen.*

*Aber als Ohio die schöne junge Mayoke aus dem Lager der Chi-
pewyan trifft, ist die für ihn entscheidende Frage, ob er auf seiner
abenteuerlichen Suche auch das Glück mit der Frau finden kann,
die er liebt …*

1

Das Ächzen des sich biegenden, bäumenden und windenden Eises ähnelte der Klage eines verendenden Tiers. Nichts vermochte sich den Kräften des aufbrechenden Eises zu widersetzen. So sehr sich der Winter auch sträubte und aufbegehrte, es war vergebliche Mühe. Der Frühling hielt Einzug.

Der Schnee schmolz, und überall quoll Wasser aus der Erde hervor, füllte die Schluchten, zerfurchte die Hänge und strömte in dünnen Rinnsalen, die immer mehr anschwollen, ehe sie sich in die Flüsse ergossen, wo sie von allen Seiten das Eis attackierten, es zum Springen und Bersten brachten.

Ohio und Mayoke saßen am Ufer und beobachteten den Kampf der Giganten. Sie hatten ihre Oberkörper entblößt und hielten ihre nackte Haut den Strahlen der Sonne entgegen, deren wohlige Wärme sie so lange hatten entbehren müssen. Ohio bewunderte den vollkommenen Körper der jungen Frau, ihre bronzene Haut und ihr schwarzes, fast violett schimmerndes, langes Haar. Ihre festen und vollen Brüste waren runder geworden. Sie trug ein Kind unter dem Herzen, und er hoffte, daß es ein Junge werden würde. Er wollte ihm den Namen Mudoi geben, im Gedenken an seinen Freund, der im vorausgegangenen Herbst bei der Karibujagd nahe seinem Dorf in einem Fluß ertrunken war. Ohio fühlte sich verantwortlich für diesen Unfall und hatte an Mudois letzter Ruhestatt gelobt, auf seiner großen Reise das Heimatdorf des Freundes aufzusuchen, damit Mudois Angehörige die Riten vollziehen konnten, die es seiner Seele erlaubten, im Reich der großen Geister ihren Frieden zu finden.

Ohio und Mayoke zuckten zusammen. Ein fürchterliches Krachen dröhnte vom Tal herauf.

»Es ist soweit, Mayoke!«

Seit Tagen warteten sie darauf, daß das Eis aufbrach.

Flüsse und Bäche befreiten sich stets gegen die Fließrichtung, von unten nach oben. Die Fluten zerrissen das Eis, saugten die Trümmer förmlich auf und schwemmten sie fort. Ein ungewohntes Rauschen war zu hören. Nicht das dumpfe, durch den dicken Eispanzer gemilderte Grollen, sondern die fröhliche Musik eines Flusses, der seine Freiheit wiederfand, melodiös wie der Gesang eines Vogels. Sie sperrten die Augen auf. Das befreite Wasser erreichte die Stelle, an der sie standen. Wie eine vorrückende Streitmacht von Kriegern brach es unermüdlich Brocken aus dem Eis und warf sie weit hinter sich, als entledigte es sich eines Störenfrieds. Eine Streitmacht von Kriegern, die taub waren für das Wehklagen des Feindes. Und wie um sich zu rächen, suchten die von der Strömung erfaßten Blöcke Halt an den Ufern, höhlten sie aus, entwurzelten Bäume, wälzten Steine, pflügten Erde und Sand, rissen alles mit sich fort. Äste, Stümpfe und ganze Stämme trieben auf dem Wasser zwischen Eistrümmern unterschiedlicher Größe. Manche waren riesig.

Mayoke und Ohio sahen zu, wie der Cochranefluß sich vor ihren Augen befreite, und sie verfolgten das Schauspiel den ganzen Nachmittag, als beobachteten sie ein geschäftiges Tier. Sie bewegten sich auf der Höhe des Eisaufbruchs am Ufer entlang und verharrten jedesmal wie der Fluß, wenn eine Insel, eine Bucht oder ein Seitenarm ihn bei der Arbeit behinderte, und folgten ihm weiter stromauf, sowie das Hindernis überwunden war. Es folgte ein langer gerader Abschnitt, in dessen Verlauf sie kräftig ausschreiten mußten, da das bereits von Sprüngen durchzogene Eis dem Fluß nicht den geringsten Widerstand leistete. Wie Haut platzte es auf, und darunter kam das brausende Wasser zum Vorschein.

Die Strudel glucksten, als freuten sie sich über die wiedererlangte Freiheit.

Zufrieden kehrten Ohio und Mayoke am späten Nachmittag um, und das Getöse des berstenden Eises begleitete sie bis zu ihrem Tipi, neben dem die Meute der Huskies wachte. Sie berauschten sich am Sonnenschein und dem Tosen des Wassers und gaben sich den Erinnerungen hin, die der Frühling weckte.

Nach einem langen kalten und dunklen Winter war der Frühling immer ein Fest.

Die Hunde begrüßten sie mit freudigem Gebell, tänzelten auf den Hinterpfoten, zerrten an den Leinen aus geflochtenem Karibuleder und reckten sich den Händen Ohios und Mayokes entgegen, die Liebkosungen verteilten und über sie lachten.

»Wie richtige Welpen!«

Ohio blieb neben Umiak stehen und betastete ihren Bauch, der immer dicker wurde.

»Na, meine Schöne, bald ist es soweit.«

Er band sie los. Ihr Blick war unwiderstehlich. Die anderen Hunde bellten vor Eifersucht und Enttäuschung noch lauter.

»Ruhe! Morgen machen wir alle zusammen einen großen Ausflug.«

»Fürchtest du nicht, daß Torok und Vulk übereinander herfallen könnten?« fragte Mayoke.

»Wir passen auf.«

Vulk, der sich schon lange wie ein Leithund gebärdete, machte dem Anführer der Meute seinen Platz streitig. Und Ohio mußte einräumen, daß Vulk viel dazugelernt hatte und Torok in mancher Hinsicht ebenbürtig war. Seit Mayoke den Schlitten lenkte und Ohio mit Schneeschuhen vor dem Gespann die Piste stampfte, duldete es Torok, daß er ersetzt wurde. Doch im Lauf des Winters hatten sich die Spannungen zwischen den beiden Hunden verschärft und sich nur deshalb nicht entladen, weil sie die ganze Zeit angebunden waren, tagsüber am Geschirr und nachts an der Leine. Es war riskant, sie frei laufen zu lassen, aber noch gefährlicher war es, einen Konflikt innerhalb der Meute schwelen zu lassen.

Umiak streifte eine Zeitlang durch die Umgebung, dann trottete sie davon, um die Flanke des Hügels in Augenschein zu nehmen.

»Sie kommt zurück, sobald sie einen Platz zum Werfen gefunden hat«, sagte Ohio, als sie ihren Blicken entschwand.

»Läuft sie weit?« fragte Mayoke.

»Nein, sie sucht nur eine geschützte Stelle, einen entwurzelten Baumstumpf oder einen Felsen, unter dem sie sich eine Höhle graben kann. Sowie sie einen Platz gefunden hat, rupft sie sich die Unterwolle des Winterfells aus und polstert damit den Boden.«

Sie fütterten die Hunde, dann kehrten sie zum Tipi zurück und entzündeten im Freien ein Feuer. Sie brieten einen Hasen, buken Fladenbrot und blickten auf den eisführenden Fluß.

»Morgen abend ist es vorbei«, meinte Ohio. »Dann können wir die Reise mit dem Boot fortsetzen. Es wird höchste Zeit, daß wir das Kanu fertigstellen.«

»Es ist doch alles bereit, nicht?«

»Nur Gänsedaunen fehlen uns noch – «

Sie lachten auf, denn noch während sie sprachen, tauchte am Horizont ein riesiger Schwarm Gänse auf, parallel zum Fluß, dessen Lauf er zu folgen schien. Sie bewunderten die Vögel, deren schlanke Schatten gegen das flammende Rot des Himmels abstachen. Hinter dem ersten Schwarm glitten andere gemächlich durch die laue Abendluft.

»Sie werden im Sumpf niedergehen und dort übernachten«, vermutete Ohio. »Wenn alles gutgeht, haben wir morgen reichlich zu essen und genug Daunen für ein Dutzend Kanus.«

Seit sechs Tagen bauten sie an einem langen Kanu, bestehend aus einem Gerippe aus Espenholz und einer Verkleidung aus

Birkenrinde, die mit Elchsehne aus einzelnen Stücken zusammengenäht und an den Nähten mit einem Leim aus Kiefernharz und Gänsedaunen abgedichtet wurde. Zunächst hatte Ohio Querhölzer, Planken und Spanten zugeschnitten und in heißes Wasser gelegt. Dazu hatte er ein längliches Loch in den Boden gegraben und mit einer Elchhaut ausgelegt, dann mit Wasser gefüllt und glutheiße Steine hineingeworfen, die er so lange durch immer neue ersetzte, bis das Wasser beinahe zu sieden begann. So erhitzt, ließen sich die Hölzer in die gewünschte Form biegen. Damit sie sich beim Trocknen nicht verzogen, hatte er sie mit großen Steinen beschwert und mit Holzkeilen fixiert. Der Zusammenbau erfolgte mittels Zapfen und Zapfenlöchern, die dem Rahmen die erforderliche Stabilität und Biegsamkeit verliehen. Mayoke hatte die Rinde gesammelt, und zwar ausschließlich von dicken, allein stehenden Birken, denn ihre Rinde war dicker, als hätte die Einsamkeit sie veranlaßt, sich besser zu schützen. Ehe die Rinde zugeschnitten werden konnte, mußte sie auf mögliche Löcher oder Schwachstellen hin untersucht werden. Die fertigen Stücke wurden eingefettet und in kaltes Wasser getaucht, damit sie beim Trocknen keine Risse bekamen.

Ohio und Mayoke standen vor Tagesanbruch auf und machten sich im Schein des Halbmonds auf den Weg zum Sumpf, wo sie zehn Gänsefallen aufgestellt hatten. Der mit kleinen Inseln übersäte Sumpf war in der Sonne teilweise aufgetaut und lockte die Gänse an, die bei ihrem Zug stets dieselben Rastplätze anflogen. Ohio und Mayoke hatten aus Weidenstöcken kleine bogenförmige Zäune errichtet, welche die Gänse zwangen, die Inseln über die drei oder vier Zugänge zu betreten oder wieder zu verlassen, die mit Schlingen aus Bisonsehnen ausgelegt waren.

Der Tag graute, als sie am Ziel anlangten. Sie gingen durch ein Erlendickicht, dann traten sie hinaus auf den Sumpf, auf dem reges Leben herrschte. Überall waren Gänse, die hin und her watschelten, ein Bad nahmen oder mit den Flügeln schlugen. Ohio und Mayoke verharrten lange reglos und beobachteten ihren prächtigen gefiederten Tanz. Plötzlich blinzelte die goldene Sonne über die Baumwipfel und steckte die Schneereste und Wasserlachen in Brand. Lautes, von schrillen Schreien durchbrochenes Geschnatter erhob sich, und der Sumpf erzitterte. Eine Wolke von Vögeln stieg auf und schraubte sich, an den Rändern ausfasernd, in den blauen Himmel, eine spiralförmige Bewegung, die es den Gänsen ermöglichte, Höhe zu gewinnen und gleichzeitig ihre Formation zu bilden, in die sich die Nachzügler flatternd einreihten.

Schwarm um Schwarm löste sich aus der Masse und entschwand, getrieben von einer Kraft, die nichts aufzuhalten vermochte. Dann erst bemerkten Ohio und Mayoke die Habichte, Bussarde und Adler, die sich über ihre Beute hergemacht hatten. Sie gingen weiter. Widerwillig flogen die Raubvögel auf und ließen sich auf den Kiefern nieder, die den Sumpf umsäumten.

»Zum Glück haben wir nicht noch länger gewartet«, bemerkte Ohio. »Sie hätten uns nichts übrig gelassen.« Sie betraten die erste Insel. Zwei der vier erbeuteten Gänse waren angefressen.

Sie wateten durch ein Gemisch aus Wasser und Schneematsch. Glücklicherweise hielt das Eis, das noch die tieferen Stellen bedeckte, so daß sie sich frei bewegen konnten, ohne einzubrechen. Ein Elchpaar hatte den Sumpf durchquert und dabei mehrere Schlingen zerstört, doch in fast allen anderen hatte sich eine Gans gefangen. Sie sammelten ungefähr dreißig ein und überließen die zehn, die bereits aufgebrochen waren, den Räubern. Da sie nicht alle auf einmal tragen konnten, mußten sie den Weg zum Lagerplatz zweimal zurücklegen.

Anschließend sammelte Ohio Kiefernharz ein, erhitzte es in einem Steintopf und mengte Gänsedaunen darunter. Er erhielt einen faserigen Leim von guter Qualität und goß ihn in ein Stück Bisondarm, den er an beiden Enden zuschnürte, damit der Inhalt nicht eintrocknete.

Gegen Mittag führte der Fluß kaum noch Eis. Nur in unregelmäßigen Abständen trieben größere Schollen vorüber, die das steigende Hochwasser aus Buchten, toten Seitenarmen oder von Sandbänken geschwemmt hatte. Bald würde nichts mehr übrigbleiben. Der Fluß wollte kein Eis mehr.

Sobald der Leim fertig und alle Birkenrindenstücke neu zugeschnitten und angebracht waren, ließen sie vom Kanu ab und banden die Hunde los.

Ohio hatte das Gewehr geholt, das er in einem der Kontore, in denen die Weißen Gerätschaften und Lebensmittel gegen Pelze tauschten, erworben hatte. Bisher hatte er es noch nie benutzt.

»Nimm deinen Bogen mit, Mayoke!«

»Willst du auf die Jagd?«

»Ja, ich will dir eine eindrucksvolle Jagdtechnik zeigen.«

Die sieben Rüden hüpften um Ohio herum und bellten vor Freude. Sie jagten davon, kamen zurück, vollführten Luftsprünge und wühlten mit ihren Krallen die Erde auf.

»Umiak!«

Sie hatte das Gekläffe gehört und nicht widerstehen können. Sie wollte sich den Spaß nicht entgehen lassen.

»Gehen wir! Torok, hier entlang.«

Der Anführer der Meute gehorchte sofort und lief hinter seinem Herrn her, der mit Mayoke die Richtung zum Sumpf eingeschlagen hatte. Die acht Huskies folgten einer hinter dem anderen, wie Wölfe.

2

Ohio kannte kein besseres Mittel, um den Zusammenhalt der Meute zu stärken, als die gemeinsame Jagd auf ein Großwild. Instinktiv schlossen sich die Hunde zusammen, denn jeder wußte, daß er allein nicht in der Lage war, einen Elch zur Strecke zu bringen. Der Erfolg der Jagd hing davon ab, daß sie die Befehle ihres Anführers richtig ausführten, und deshalb gehorchten sie und eiferten ihm nach.

Kaum hatten sie die frische Fährte aufgenommen, wurden sie zu Wölfen. Sie jagten an Ohio vorbei und sogen, die Nase im Wind, gierig den Wildgeruch ein. Ihre Verwandlung war erstaunlich, und Mayoke beobachtete sie mit einer Mischung aus Neugier und Furcht. Ihr blutrünstiger Blick und ihre Entschlossenheit erinnerten so sehr an das Verhalten wilder Tiere, daß man meinen konnte, ihre Verwandlung sei nicht mehr rückgängig zu machen. Waren das wirklich noch dieselben anhänglichen, folgsamen Hunde?

Torok lief an der Spitze, dahinter Vulk, der seine Schritte von Zeit zu Zeit drosselte und an der Fährte schnupperte, als wolle er dem Rest der Meute zeigen, daß er Torok kontrollierte und ihm nicht den kleinsten Fehler durchgehen ließ. Ihm folgte Umiak, dann Gao, dessen weißes Fell seinen ungewöhnlich kräftigen Körperbau noch betonte. Obwohl er ein wahrer Koloß war, begnügte er sich mit einer mittleren Position in der Rangordnung, denn das ersparte ihm Scherereien und lud ihm nicht zuviel Verantwortung auf. Nie würde er Torok oder Vulk den Platz streitig machen. Hinter ihm trabte leichtfüßig der schlanke, aber muskelbepackte Huslik und nahm die Gerüche und die Landschaft in sich auf. Er war ohne Zweifel der klügste aus den letzten beiden Würfen und gebot über die anderen jungen Hunde, mit Ausnahme von Vulk natürlich, der seit jeher ein besonderer Fall war. Nome hätte den höchsten Rang unter den jüngeren beanspruchen können, doch er war im letzten Herbst gestorben. Der falsche Schamane aus Ohios Dorf hatte ihn vergiftet, um sich an Ohio zu rächen.

Unmittelbar hinter Huslik lief Aklosik, ein guter, gehorsamer Schüler, der sich niemals mit den beiden unzertrennlichen Brüdern Narsuak und Kurvik abgab, die, wann immer möglich, alles gemeinsam machten.

Das Gespann wurde von dem Wald verschluckt, in den die beiden Elche eingedrungen waren. Unter den Fichten und Kiefern lag noch hoher, nasser Schnee. Zum Glück hatten die Elche und die acht Hunde einen richtigen Pfad getrampelt, so daß Ohio und Mayoke ohne große Mühe folgen konnten. Ohio, jetzt eins mit den Hunden und ganz Jäger, schlich wie ein wildes Tier und achtete, alle Sinne geschärft und auf ein einziges Ziel gerichtet, sorgfältig auf das kleinste Umspringen des Windes, das leiseste Geräusch, während alle seine Sinne geschärft und auf ein einziges Ziel gerichtet waren. Er war in eine Art Trance verfallen, ein Wolf unter Wölfen. Seine Augen hatten einen silbrigen Glanz bekommen. Mayoke folgte ihm auf dem Fuß, glücklich darüber, daß er sie an seiner Leidenschaft teilhaben ließ. Sie fielen weit hinter die Hunde zurück, holten sie jedoch an einem Bach wieder ein, wo mehrere vom Blitz gefällte Fichten der Meute den Weg versperrten.

»Sieh doch, Mayoke! Die Spur ist ganz frisch. Bald werden die Hunde sie stellen.«

Auf einmal bekam Mayoke Angst. Eine seltsame Vorahnung, die immer stärker wurde. Sie erwog, Ohio zu warnen, besann sich aber anders, denn jetzt konnte ihn nichts mehr aufhalten. Am Flußufer lichtete sich das Dickicht, und die

Hunde jagten auf der schneefreien Böschung davon und verschwanden abermals im Wald. Ohio fiel in Laufschritt. Auf einmal blieb er wie vom Schlag getroffen stehen.

»Horch!«

Aus dem dichten Wald drang gedämpftes Gekläff.

»Es ist soweit! Sie haben sie gestellt, schnell!«

Er schüttete Pulver in den Gewehrlauf und schob eine Stahlkugel hinterher, dann preßte er das Material im Lauf mit einem Ladestock, den er auf dem Rücken trug, zusammen und vergewisserte sich, daß die Lunte nicht naß war.

»Los, weiter.«

Mit funkelnden Augen stürzte er davon. Mayokes Herz klopfte zum Zerspringen, Angst stand ihr im Gesicht geschrieben. Sie legte einen Pfeil auf und schlich ihm nach. Sie brachen durch ein Erlengebüsch, das eine kleine Lichtung umgab.

Der Elchbulle hatte sich vor den Hunden aufgebaut und deckte so die Flucht der Kuh. Auf seiner Stirn waren die mit Bast umhüllten Stummel zu erkennen, die davon zeugten, daß das zu Beginn des Winters abgeworfene Geweih wieder nachwuchs. Seiner Schaufeln als Waffe beraubt, trat er mit den scharfen Hufen seiner langen Läufe nach den Hunden, die ihm zu nahe kamen oder versuchten, in seinen Rücken zu gelangen, um ihm in die Sprunggelenke zu beißen. Er war schweißbedeckt, schnaubte vor Wut und sträubte das Fell. Die Hunde knurrten und bellten in höchster Erregung, hielten aber Abstand und begnügten sich damit, Angriffe vorzutäuschen, um den Elch zu ermüden. Und je müder er wurde, desto enger zogen sie den tödlichen Ring. Ohio trat noch ein paar Schritte näher, hob das Gewehr und wartete darauf, daß sich zwischen den Hunden eine Lücke auftat, um dann die Lunte anzuzünden, doch die Huskies sprangen unablässig um den Elch herum. Schließlich wich der Bulle ein wenig zurück, um Torok und Umiak abzuwehren, die ihn von der Seite angriffen. Ohio zielte auf die Schulter unter dem Widerrist und steckte die Lunte an. In weniger als einer

Sekunde erreichte die Flamme die Pulverladung und entzündete sie genau in dem Augenblick, als Narsuak sich mit den Hinterpfoten abdrückte und in die Luft sprang, um die Aufmerksamkeit des Elchs zu erregen. Er geriet in Ohios Schußfeld, doch es war zu spät. Der Schuß hatte sich bereits gelöst.

»Narsuak!«

Der Pulverdampf verzog sich, und Ohio hatte nur Augen für den Hund, der auf dem aufgewühlten Boden lag. Erst Mayokes Schrei riß ihn aus seiner Erstarrung.

»Der Elch!«

Er griff an, die Augen vor Wut verdreht, weißen Schaum vor den Nüstern und schnaufend wie ein Bär. Er war schon fast bei ihnen. Mayoke stieß Ohio zur Seite. Er stürzte in den Schnee, direkt hinter einer Tanne. Der Elch flog an ihnen vorbei und brach krachend ins Unterholz, die heulende Meute hinterher.

»Schnell!«

Sie sprangen auf, und im selben Augenblick schwang der Elch herum und ging auf sie los. Ohio ergriff Mayokes kleinen Speer und schleuderte ihn mit aller Kraft dem Elch entgegen. Der Speer bohrte sich in den Hals des Tiers, es ging röchelnd in die Knie. Die Hunde schlugen ihm die Fänge in die Läufe. Der tödlich getroffene Elch leistete keine Gegenwehr mehr. Ohio trat von hinten an ihn heran und gab ihm den Gnadenstoß ins Genick, dann wandte er sich um. Mayoke kniete neben Narsuak, der in seinem Blut lag. Er ließ den Speer fallen und ging, ohne auf das Gekläff der anderen Hunde zu achten, mit hängenden Schultern und Tränen in den Augen, zu ihnen.

»Narsuak! Mein guter Narsuak!«

»Er atmet noch!«

Er bückte sich und hob den blutigen Kopf des Hundes an. Die Kugel hatte den Schädel gestreift, hatte Haut und Knochen geritzt und das Ohr durchschlagen. Narsuak blutete stark, aber er lebte.

»Durch die Wucht des Aufpralls hat er die Besinnung verloren«, sagte Mayoke und wusch ihm den Schädel mit Schnee.

Narsuak blinzelte.

»Das Ohr muß genäht werden«, meinte Ohio.

»Zuerst muß ich nachsehen, ob sein Schädelknochen gesplittert ist.«

Ohio ließ sie gewähren. Er überlegte, wie er Narsuak ins Lager schaffen sollte. Tragen konnte er ihn jedenfalls nicht.

»Nichts Schlimmes«, sagte sie.

»An allem ist nur diese Feuerwaffe schuld«, schimpfte Ohio. »Sie ist daran schuld, daß ich Narsuak getroffen habe und daß der Elch uns angegriffen hat. Hätte ich Pfeil und Bogen benutzt, hätte er uns nicht entdeckt. Er wäre gestorben, ohne etwas zu merken. Diese Waffe ist das Abbild derer, die sie erfunden haben. Ich habe genug von ihr. Wir brauchen sie nicht.«

Mayoke antwortete nicht. Als sie gesehen hatte, wie der Hund zu Boden ging und gleich darauf der Elch angriff, hatte sie geglaubt, es sei um sie geschehen. Sie war froh, daß sie so glimpflich davongekommen waren. Dieser Vorfall sollte ihr eine Lehre sein.

»Ich habe eine Idee! Ich ziehe dem Elch die Läufe ab und mache aus der Haut einen Rucksack, in dem ich Narsuak zum Lager tragen kann.«

Er zog sein Buschmesser aus der Scheide und wetzte es mit dem kleinen Stein, den er stets mit sich führte.

»Gut, ich kümmere mich inzwischen um ihn.«

Die Hunde hatten aufgehört zu bellen. Sie leckten das Blut, das aus den Wunden des Elchs sickerte, und rissen Hautfetzen heraus, um sie zu vergrößern.

»Bei Fuß!«

Die Meute gehorchte, doch für Toroks Empfinden nicht zügig genug. Blitzschnell stürzte er sich auf Vulk. Ohio sprang hinzu. Torok hatte Vulk bereits an der Kehle gepackt, und dieser wehrte sich, indem er seinem Gegner mit den

Krallen den Bauch zerkratzte. Ohio schlug Torok mit der Faust auf die Schnauze. Knurrend ließ er von Vulk ab.

»Bei Fuß, habe ich gesagt!«

Die Hunde trollten sich mit eingezogenem Schwanz.

»Platz!«

Sie legten sich kleinlaut nebeneinander hin. Ohio verlor keine Zeit. Er zog dem Elch die Läufe ab und fertigte eine Art Sack, versah ihn mit einem Stirngurt, der das Hauptgewicht trug, und zwei Schulterriemen, die er auf die richtige Länge einstellte.

»Er kommt zu sich«, sagte Mayoke, als er zu ihr trat.

»Mein tapferer Narsuak, alles wird gut.«

Er hob ihn in den Sack und steckte seine Hinterläufe durch die beiden eigens dafür vorgesehenen Löcher.

Mayoke half ihm, den Beutel aufzusetzen, und beruhigte den verängstigten Hund.

»Gehen wir. Torok, bei Fuß!«

Die Hunde ließen den Elch nur ungern zurück, gehorchten aber, als sie sahen, daß Torok, Vulk und Umiak ihrem Herrn auf dem Fuß folgten. Ohio schritt kräftig aus, obwohl der Rucksack schwer war. Sie brauchten kaum länger als auf dem Herweg. Narsuak versuchte, sich zu befreien, da er sich aber nicht rühren konnte, fügte er sich schließlich in sein Schicksal. Sie gelangten an den Fluß und zu den verkohlten Überresten des Dorfes, das im Frühjahr ein Raub der Flammen geworden war. Huronen, die es mit der Hudsonbai-Kompanie hielten, hatten alle Bewohner niedergemetzelt.

»Ein Lagerfeuer!« rief Mayoke.

»Rasch, in Deckung!«

Es war zu spät. Die Hunde hatten bereits angeschlagen, und Ohio sah, daß ein Indianer ans Ufer gerannt kam und in ihre Richtung spähte. Er war bewaffnet und wirkte kampfbereit.

»Warte hier. Ich sehe nach.«

»Gib auf dich acht, Ohio. Es hat schon genug Tote gegeben.«

Im Schutz der Tannen, die das Ufer säumten, pirschte sich Ohio heran. Unter dem Felsvorsprung, der den Fluß überragte, lag ein Kanu. Weiter oben hatte sich eine Gruppe Indianer versammelt.

»Fuß!« befahl Ohio den Hunden.

Es waren sechs, und alle waren bewaffnet.

»Wer seid ihr?« rief Ohio unter den Tannen hervor. »Mein Häuptling schickt mich.«

»Wir sind Ojibwa. Und wer bist du?« antwortete einer der Männer. »Hier ist nur ein Tipi, wo verbergen sich die anderen?«

Ohio trat ins Freie. Beim Anblick der wilden Hundemeute wichen die Ojibwa zurück.

»Habt keine Angst! Meine Hunde greifen nur an, wenn mir jemand Böses will. Dennoch solltet ihr eine weniger feindselige Haltung einnehmen.«

Sie ließen die Waffen sinken.

»Wo sind die anderen?« fragte der Mann, der offenbar ihr Anführer war, und schaute sich um.

»Meinst du die Dorfbewohner?«

»Nein, deine Begleiter.«

»Sie sind zurückgeblieben.«

»Wer sagt uns, daß sie uns in diesem Augenblick nicht umzingeln?«

»Ich.«

»Warum sollten wir dir trauen?«

»Weil euch keine andere Wahl bleibt.«

Sie sahen einander verdutzt an.

»Was ist mit den Dorfbewohnern geschehen?« fragte Ohio.

»Das weißt du nicht? Wir haben Krieg.«

»Krieg? Die Indianer sind Brüder.«

»Die Indianer von der Bai sind nicht unsere Brüder. Sie stehlen unser Land.«

»Ich bin ein Nahanni, und ich gehöre weder zur Bai noch zur Nordwest«, stellte Ohio klar. »Ich gehöre den Weißen nicht! Und ich begreife nicht, wie Indianer sich auf Geheiß

der Weißen, die vor nichts Achtung haben, gegenseitig ab-
schlachten können.«

»Wir haben Verträge mit den Franzosen von der Nordwest,
und sie halten die Verträge ein. Die von der Bai sind Diebe,
und wir werden uns ihrer entledigen.«

»Ich bin durch viele Gebiete gereist. Überall fließt Blut, und
kein Indianer hat davon einen Vorteil. Den haben nur die
Weißen. Sie säen Zwietracht und nutzen sie für ihre Interessen.«

»Woher willst du wissen, welche Interessen wir haben?«

»Legt die Waffen nieder und laßt uns in meinem Tipi Tee
trinken.«

»Wir sollen die Waffen niederlegen? Das also führst du im
Schilde! Darauf warten deine Männer doch nur, damit sie
über uns herfallen können.«

»Der Haß macht euch blind«, erwiderte Ohio und zuckte
verächtlich die Schultern.

Er trat vor. Die Hunde, die sich hingelegt hatten, standen
auf und knurrten, als sie an der Gruppe vorbeigingen.

»Ich werde die Hunde anbinden«, sagte Ohio. »Dann
mache ich Feuer und hole Narsuak. Er ist verletzt.«

»Wer ist Narsuak?«

»Einer meiner Hunde.«

Ohio kehrte ihnen den Rücken zu, und die Ojibwa, erstaunt über sein Verhalten, steckten die Köpfe zusammen. Er
hörte sie tuscheln. Er legte alle Hunde bis auf Umiak an die
Leine und entzündete ein Feuer, dann kam er zurück. Die
Männer hatten sich nicht von der Stelle gerührt.

»Ich habe Fladenbrot aufgewärmt. Bedient euch!«

»Das ist eine Falle«, brüllte der Anführer. »Hör auf, uns
zum Narren zu halten. Wo sind deine Leute?«

Ohio trat vor ihn hin und sah ihn durchdringend an. Es
wurde ganz still.

»Ich habe dir gesagt, daß ihr von mir nichts zu befürchten
habt! Ich komme von weit her, und je weiter ich reise, desto
mehr Haß und Grauen sehe ich. Ich empfinde nur noch Ab-

scheu. Sieh dich um, sieh dir das Dorf an. Ich habe die Leichen derer begraben, die hier gelebt haben, Leichen von Frauen und Kindern, halb verkohlt und von wilden Tieren angefressen...«

Ohio war in Zorn geraten und atmete schwerer bei der Erinnerung an das Geschehene. Der Indianer war erbleicht, und er sah ihm unverwandt in die Augen.

»Ich weiß nicht, wer ihr seid, was ihr getan habt und wieviel euch mein Wort wert ist, aber ich verspreche dir, daß du nichts zu befürchten hast, solange du dich nicht an unserem Eigentum vergreifst, weder von mir noch von denen, für die ich spreche. Und nun laß mich Narsuak und meine Begleiterin holen oder schieße mir in den Rücken.«

Er legte seine Waffe auf den Boden und ging fort.

3

Die Ojibwa hatten ihre Waffen vor dem Tipi niedergelegt und beobachteten Ohio, als er mit Narsuak und Mayoke zurückkam.

»Gehen wir hinein!«

Ohio schlug die Plane des Tipis zurück und brachte Narsuak hinein. Mayoke folgte ihm.

»Wie du siehst, haben wir beschlossen, dir zu vertrauen. Obwohl wir über dich hätten herfallen können.«

»Ihr hättet es ja versuchen können.«

»Du bist stolz und hochmütig.«

»Ich gebe zu, daß diese Eigenschaften sich bisweilen als Schwäche erweisen können.«

»Wer sind die Nahanni, von denen du gesprochen hast?«

»Mein Stamm. Er lebt in den Bergen, einen guten Winter von hier.«

Die Männer blickten ungläubig und versuchten, sich diese Entfernung vorzustellen.

»Und wo sind deine Leute, dein Häuptling?«

»Eine Tagesreise von hier. Mayoke und ich sind die Kundschafter.«

»Und wohin wollt ihr?«

»Nach Quebec, um den Weißen mitzuteilen, daß wir sie nicht in unser Land lassen werden.«

Ohio hatte sich diese Lüge soeben ausgedacht, und sie gefiel ihm.

»Und wie viele seid ihr?«

»Unsere Zahl ist unwichtig. Wichtig sind nur die Gebiete und die Völker, die wir vertreten: die Nahanni, die Sekani, die Tahltans, die Kaska, die Tutchonen, die Kutchin und viele Gebiete der Chipewyan.«

Die Ojibwa sperrten Mund und Nase auf. »Aber mit wem trefft ihr zusammen? Das ist eine schrecklich weite Reise.«

»Schrecklich daran ist allein, daß sie durch viele Gebiete führt, in denen Krieg herrscht. Aber das bestärkt uns in dem Vorsatz, unser Schicksal selbst in die Hand zu nehmen. Seid ihr euch eigentlich darüber im klaren, was mit euch geschieht?«

Mayoke sah Ohio überrascht an. Wie war er nur auf diesen Gedanken gekommen?

»Alles war gut, bis die Engländer kamen. Sie sind an allem schuld. Sie sind die Eindringlinge, gegen die wir das Kriegsbeil ausgegraben haben. Die Franzosen haben uns viele Dinge gebracht, die uns das Leben erleichtern, und dafür sind wir ihnen dankbar.«

»So dankbar, daß ihr sogar eure Brüder umbringt!«

»Seht zu, wie ihr euch schützt, aber euer Palaver wird zu nichts führen. Wir kämpfen lieber.«

Ohio antwortete nicht. Es hatte ja doch keinen Sinn. Er hatte dieses Gespräch schon so oft geführt, und die Antworten waren stets dieselben. Er goß kochendes Wasser über die Teeblätter und stellte den Kessel neben das Feuer, während Mayoke Narsuaks Wunde wusch.

»Lassen wir es dabei bewenden«, schlug Ohio vor, »und sagt mir lieber, was euch hierher führt.«

»Wir wollen zur Mündung des Patkamflusses. An den Hängen des Patkamberges wachsen die besten Kanubirken.«

»Ihr seid auf der Suche nach Rinde?«

»Ja, wir müssen zehn Achtsitzer bauen und brauchen dafür die beste Rinde.«

»Aber wozu so viele Kanus?«

»Ein Auftrag der Nordwest. Wir bauen die besten Kanus, und die Kompanie braucht einige, um im Sommer Pelze und

Waren von den Handelsposten zum Oberen See zu schaffen. Dort wird alles auf noch größere Boote umgeladen.«

»Wer steuert die Kanus?«

»Indianer und ein oder zwei Weiße.«

»Ist das nicht gefährlich?«

»Sehr gefährlich. Darum reisen wir in Gruppen, aber die Bezahlung ist gut.«

Ohio ließ sich auf einer Karte die Route der Transporte zeigen. Ein Plan nahm in seinem Kopf Gestalt an. Er erwog, über die Hudsonbai nach Quebec zu reisen, um dann im Herbst mit einer dieser Gruppen aus dem Süden zurückzukehren. Auf dem Hinweg über die Bai zu reisen, wäre zwar ein beträchtlicher Umweg, aber er würde durch das Gebiet der montagnais kommen. Er wußte inzwischen, daß Mudoi aus dieser Gegend stammte und daß er am Brochetsee haltgemacht hatte. Dorthin wollte er.

Ohio trennte sich nie von dem kleinen Lederbeutel, den ihm Sacajawa zum Abschied geschenkt hatte. Er enthielt Nadeln aus Lachsgräten und einige Rollen Schnur aus Karibusehnen. Damit nähte er das Ohr und die Kopfhaut des Hundes. Narsuak hielt still, obwohl Ohio tief einstechen mußte, damit die Naht hielt.

»Wir müssen fort«, sagte Ohio zu den Ojibwa. »Wir haben eine Wegstunde von hier einen Elch erlegt und dürfen ihn nicht zu lange liegen lassen. Wir haben dort zahlreiche Spuren von Vielfraßen entdeckt.«

»Wie willst du denn so viel Fleisch transportieren?«

»In den Packsäcken, die du dort gestapelt siehst. Jeder Hund trägt ein Paar. Wir müssen die Strecke zwei- oder dreimal zurücklegen, dann haben wir den ganzen Elch hier.«

»Hast du ihn in der Nähe des Flusses erlegt?«

»Nicht weit entfernt.«

»Dann kannst du unser Kanu nehmen«, schlug der Anführer vor. »Wenn es dir recht ist, begleite ich dich.«

»Das wäre freundlich von dir.«

Ohio bewunderte ihr Boot. Es war ein wahres Wunderwerk, meisterhaft gearbeitet und sehr schön. Die Proportionen stimmten, und es lag ideal im Wasser. Ohio und Mayoke nahmen mit den Hunden vorn und in der Mitte Platz, der Ojibwa setzte sich nach hinten, um zu steuern. Er wich mit großem Geschick dem Treibgut aus, das der Fluß noch mit sich führte: Bäume und die letzten Eisschollen, die sich von den Ufern gelöst hatten.

Während Mayoke und der Ojibwa den Elch zerlegten, pendelte Ohio zwischen Kadaver und Boot. Schwer bepackt folgten ihm die Hunde und sogen den verlockenden Geruch des blutigen Fleisches ein, das sie schleppten.

»Keine Sorge, mein lieber Torok, du bekommst deinen Anteil.«

Der Husky sah ihn aus klugen Augen an, und Ohio streichelte ihn, als er ihm die beiden Packsäcke vom Rücken nahm, die mit Gurten am Bauch, an der Brust und am Hinterteil gesichert wurden.

Ohio wollte gerade wieder den Rückweg antreten, als er am anderen Ufer zwei Boote den Fluß heraufkommen sah. Sein Kanu war bereits halb voll und so schwer, daß er es nicht auf die Böschung ziehen konnte. Im Schutz der Erlen schob er es bis zu einem kleinen Bach und versteckte es dort, dann schlüpfte er ins Gebüsch und befahl den Hunden, sich neben ihn zu legen.

»Brav!«

Es waren zwei schwere, mit Elchhäuten bespannte Kanus. Zwei Indianer treidelten sie vom Ufer aus, ein dritter ging als Späher voraus. Er war bewaffnet. Weitere Männer, zwei pro Boot, hielten die Kanus mit langen Stangen vom Ufer fern und steuerten sie um Hindernisse herum.

Sie kamen an Ohio vorüber, ohne ihn zu bemerken, und die Hunde knurrten leise. Da die Strömung in diesem Stadium des Eisaufbruchs stark war, kamen die Männer nur langsam voran, und so konnte Ohio in aller Ruhe ihre Kleidung in Augenschein nehmen. Ihre Jacken hatten Kapuzen

aus dem Kopffell von Wölfen, aus dem noch die Ohren ragten. Es handelte sich um Cree, Feinde der Ojibwa. Ohne
Zweifel Verwandte der niedergemetzelten Dorfbewohner.
Waren sie auf dem Kriegspfad, um Rache zu üben? Wußten
sie von dem Blutbad, das mit Sicherheit die Ojibwa veranstaltet hatten? Fragen, deren Beantwortung nur den Schluß
zuließ, daß ein blutiger Kampf zwischen den beiden Gruppen unausweichlich war.

»Ich muß etwas unternehmen«, beschloß Ohio. Er bereute,
daß er sich versteckt hatte. Aber wie hätten die Männer rea-
giert, wenn er sich ihnen gezeigt hätte?

»Was soll ich tun? Ich ertrage dieses sinnlose Blutvergießen
nicht länger. Ist denn keiner da, der etwas dagegen unter-
nimmt?«

Mit einem Mal war er davon überzeugt, daß der Kleinkrieg, den sich diese beiden Gruppen lieferten und der ihn
eigentlich nichts anging, von großer Bedeutung für ihn war.
Wenn er nicht einmal imstande war, das dünne Rinnsal dieses
Kampfes zu stoppen oder umzuleiten, wie wollte er dann
eines Tages den Lauf eines mächtigen Stromes beeinflussen?
Er wollte bei dem Wahnsinn nicht tatenlos zusehen.

Er rannte den Pfad entlang, den Elche auf der Böschung
getrampelt hatten. Er war viel schneller als die Indianer, die
ihre Kanus zogen und in einer Flußbiegung haltmachten. Er
hielt sich verborgen, bis er auf ihre Höhe kam, dann schlüpfte
er zwischen die Erlen und beobachtete sie. Sie entluden die
Boote! Offenbar hatten sie die Absicht, ins Dorf zu schleichen.
Und tatsächlich, über den Bäumen stieg eine dünne weiße
Rauchsäule in den Himmel und verriet, daß sich Menschen
im Dorf aufhielten. Die Cree bewaffneten sich soeben mit
Bogen und Gewehren, als Ohio aus dem Gebüsch trat und
sie anrief.

»Seid gegrüßt, Brüder der Taiga.«

Die sieben Indianer erschraken und blickten sich ängstlich
um. Offenbar wähnten sie sich umzingelt, und Ohio beruhigte sie, obwohl ein Gewehr auf ihn gerichtet wurde.

»Nimm dein Gewehr herunter«, brüllte er gegen das Tosen des Wassers an. »Ich bin euch nicht feindlich gesinnt und unbewaffnet.«

»Wer bist du?«

»Ich bin Ohio vom Stamm der Nahanni. Ich bin den ganzen Winter gereist und komme von weither.«

Sie beratschlagten. »Gehören die Nahanni zur Bai oder zur Nordwest?«

Ohio hatte die Frage erwartet und sich bereits eine Antwort zurechtgelegt. »Weder noch. Ich bin kein Weißer. Ich bin Indianer.«

Erneut herrschte betretenes Schweigen. »Komm herüber«, forderte ihn einer der Cree auf.

»Ich kann nicht, mein Kanu liegt weit stromabwärts.«

»Wer ist im Dorf?«

»Reisende wie wir.«

Die Antwort genügte ihnen nicht. »Wer sind sie?«

Ohio ließ sich die Frage wiederholen. »Ich verstehe dich nicht. Kommt herüber an dieses Ufer.«

»Nein. Das ist eine Falle.«

»Dann geht fort! Bringt euch gegenseitig um wie alle anderen Brüder.«

»Unsere Brüder sind tot. Bist du nicht im Dorf gewesen?«

»Woher wißt ihr denn, daß alle tot sind? Ich bin seit zwei Monden hier und keinem Menschen begegnet.«

»Netsilik ist einer der wenigen, die entkommen sind.«

Er deutete auf einen seiner Begleiter. Der Betreffende nickte und rief: »Hast du Spiwesk gesehen, unseren Schamanen?«

»Ich habe ihn sterben sehen. Er hat meine Begleiterin gerettet.«

»Hast du ihn getötet?«

»Ich töte nur, um mich zu verteidigen.«

Die Cree berieten lange. Netsilik redete sich in Wut. Er deutete mit dem Finger auf Ohio, schwang drohend sein Gewehr und beschimpfte die anderen. Ohio wartete, da krachte plötzlich direkt hinter ihm ein Schuß. Ein Cree brach zusammen und krümmte sich am Boden, die anderen flüchteten hinter die Felsen. Ohio schlüpfte in die Erlen zurück. Eine Kugel pfiff über ihn hinweg, dann eine zweite. Er vergewisserte sich, daß die vier Hunde bei ihm waren, dann wandte er sich zur Flucht. Fast hätte er dabei den Ojibwa umgerannt, der ebenfalls unter den Tannen Deckung gesucht hatte.

»Ich bin dir gefolgt«, sagte er.

Ohio hätte ihn am liebsten umgebracht. »Warum hast du geschossen, du elendes Stinktier?« brüllte er und packte ihn am Kragen. »Das hätte mein Tod sein können.«

»Das sind Cree, und ich mußte meine Männer warnen. Sonst wären sie ausgelöscht worden.«

Ohio setzte gerade zu einer Antwort an, da bohrte sich wenige Schritte neben ihm eine Kugel in den Stamm einer Tanne. Er starrte dem Ojibwa in die Augen und verstärkte ungeachtet der Gefahr seinen Griff. Torok fletschte die Zähne und knurrte.

»Hör gut zu! Wenn meinen Hunden deinetwegen etwas zustößt, schlitze ich dir eigenhändig den Bauch auf. Damit das klar ist zwischen uns!«

Er stieß ihn zu Boden und rannte weiter.

4

Als der Ojibwa zum Fluß gegangen war, um nachzusehen, wo Ohio so lange blieb, hatte sich Mayoke noch keine Sorgen gemacht. Erst als sie die Schüsse hörte, geriet sie in Panik. Sie lief quer durch den Wald, ohne zu ahnen, daß Ohio auf einem Pfad zurückgerannt kam, den wilde Tiere getrampelt hatten. Sie verpaßten sich nur knapp.

Schon von weitem sah Ohio die zwischen zwei Kiefern gespannte Haut des Elchs. Ein paar Unglückshäher saßen darauf und rissen die restlichen Fettbrocken herunter. Bei seinem Erscheinen stoben sie kreischend auseinander.

»Mayoke!«

Er erhielt keine Antwort.

Bestimmt hatte sie die Schüsse gehört und war geflohen. Er schaute sich um und entdeckte die zierlichen Abdrücke ihrer Mokassins, die in den Wald führten. Noch bedeckte Schnee die schattigen Stellen der Taiga, doch überall dort, wo die Sonne hinschien, erwachte das Leben, blühten erste Blumen und sprossen Grashalme zwischen den wassergetränkten Flechten hervor. Ohio scheuchte eine Schar Tannenhühner auf, die schimpfend aufflogen und ins dichte Geäst der Tannen flüchteten. Doch er beachtete sie nicht. Er befürchtete, daß Mayoke den Cree direkt in die Arme lief. Torok, Gao, Huslik und Narsuak setzten leichtfüßig über jedes Hindernis. Dann waren sie am Fluß.

»Zurück!«

Die Hunde spürten, daß sie jetzt unbedingt gehorchen

mußten, und reihten sich hinter Torok ein, der direkt neben Ohio stehenblieb und knurrte. Kein Laut war zu hören, nichts Verdächtiges zu sehen. Ohio pirschte am Ufer entlang bis zu der Stelle, wo die Kanus gelegen hatten. Sie waren nicht mehr da.

»Mayoke!«

Nur das Rauschen des Wassers unterbrach die beklemmende Stille. Er schlich langsam weiter. Am Ufer lag kein Schnee mehr, und das erschwerte das Spurenlesen.

»Meine kleine Mayoke, wohin bist du gelaufen?«

Auf den Felsen, die hier das Ufer säumten, verloren sich die Spuren. Ohio lief ein Stück zurück, packte Torok und drückte ihn mit der Nase auf die Spur.

»Torok! Such Mayoke. Ja, dort, Mayoke! Such!«

Er zeigte ihm die Abdrücke. Torok schnupperte unschlüssig.

»Mayoke! Such Mayoke!«

Er schnüffelte noch einmal verwirrt, tat zögerlich einen Schritt.

»Ja, Torok! Lauf! Such Mayoke! Such!«

Ein Licht blitzte in den Augen des Hundes auf. Er hatte begriffen, was von ihm erwartet wurde. Er machte ein paar Schritte, und da Ohio ihn ermunterte, lief er weiter. Die Spur war frisch, und seine Nase so fein, daß er ihr mühelos folgen konnte.

»So ist es brav, mein Torok! Brav!«

Argwöhnisch musterte Ohio jede schattige Stelle, jeden Felsen, jede Flußbiegung, hinter der ein Cree im Hinterhalt liegen konnte. Aber seine Vorsicht war überflüssig, wie er wenig später begriff, als er Schüsse und Schreie vernahm. In dem zerstörten Dorf, in dessen Nähe sein Tipi stand, tobte ein Kampf. Wieder schlachteten sich Indianer gegenseitig ab, und Mayoke war dort!

»Los, Torok!«

Torok begriff, daß er nicht mehr der Spur zu folgen brauchte, und stürmte los.

Die Pausen zwischen den Schüssen wurden immer länger. Ohios Puls raste, das Blut pochte in seinen Schläfen. Er lief so schnell er konnte. Da sah er ein Kanu den Fluß herunterkommen. Er warf sich zwischen die Erlen und befahl den Hunden, sich hinzulegen. Er zählte vier Cree. Der Krieger, den sie Netsilik nannten, saß im Bug, und der Anführer, mit dem er verhandelt hatte, paddelte im Heck. Die beiden anderen behielten mit schußbereiten Gewehren das Ufer im Auge. Angetrieben von kräftigen Paddelstößen fuhr das Kanu schnell den Fluß hinunter. Ohio drückte sich an den Boden. Er schob die Zweige auseinander, spähte zu dem Boot, dann flußaufwärts. Das zweite Boot war nicht zu sehen. Sein Blick wanderte in dem Augenblick zu dem Kanu zurück, als es an ihm vorüberflog. Was er sah, ließ ihn aufspringen.

»Mayoke!« brüllte er.

Sie saß hinten im Kanu, wahrscheinlich gefesselt. Ihr Kopf fuhr herum, doch der hinter ihr sitzende Krieger versetzte ihr einen Kolbenschlag ins Genick und richtete das Gewehr auf Ohio, der losgerannt war. Doch der Cree hatte ebensowenig Chancen, Ohio zu treffen, wie dieser, dem stromabwärts jagenden Kanu zu folgen. Er rutschte auf einem glitschigen Stein aus und fiel hin. Torok war sofort bei ihm. Der benommene Ohio schob ihn sachte zur Seite und sah gerade noch, wie das spitze weiße Heck des Kanus hinter einer Biegung verschwand. Lieber wäre er gestorben als Mayoke in den Händen dieser Indianer zu sehen, die zu allem fähig waren.

»Meine kleine Mayoke ...«

Torok winselte und leckte mit seiner großen rauhen Zunge seine Tränen. Wie sollte er seinem Herrn helfen? Er winselte unruhig, weil er nicht verstand, was vor sich ging, und scharrte am Boden. Ohio schenkte ihm ein schwaches Lächeln, das eher einer Grimasse glich.

»Mein Torok, du kannst nichts dafür. Keine Sorge.«

Er überlegte fieberhaft, was er tun könnte.

Es hatte keinen Sinn, die Verfolgung zu Fuß aufzunehmen. Zunächst einmal brauchte er ein Boot und eine Waffe. Vielleicht war das zweite Kanu noch da. Sein Bogen und sein Gewehr lagen neben dem Tipi. Und dann mußte er sich um die Hunde kümmern.

Aber er konnte sich nicht dazu entschließen, die entgegengesetzte Richtung einzuschlagen. Sich freiwillig von Mayoke zu entfernen, die dieser Cree vor seinen Augen zu schlagen gewagt hatte, sie, die sein Kind unter ihrem Herzen trug! Bei dem Gedanken ballte er die Fäuste. Sein Körper verweigerte ihm den Gehorsam. Er erhob sich, als müßte er einen Elch stemmen.

»Los, schnell!«

Auf den verkohlten Überresten der Hütten saßen Raben. Bei seinem Erscheinen flogen sie davon und bewiesen ihm dadurch, daß niemand anderes in der Nähe war. Er ging am Ufer entlang zu seinem Tipi und schöpfte schwachen Trost aus der Tatsache, daß es noch stand. Er entdeckte das zweite Kanu am Strand. Daneben lagen zwei Leichen. Er trat näher. Es waren Ojibwa. Gao suchte die Umgebung ab und führte ihn zu einem weiteren Toten. Ein Cree. Eine Kugel hatte ihm den halben Kopf weggerissen.

»Was für ein Wahnsinn«, murmelte Ohio immer wieder, als er um eine vierte Leiche herumging.

Er schlüpfte soeben in sein Tipi, da vernahm er ein Stöhnen. Torok hatte einen weiteren Cree entdeckt. Er lag am Ufer und blutete stark. Ein Pfeil steckte in seinem Oberschenkel, ein zweiter in seiner Brust. Ohio näherte sich ihm vorsichtig, aber der Mann war dem Tod geweiht und konnte ihm nicht mehr gefährlich werden. Er sah Ohio flehend an, und als er sprechen wollte, quoll Blut aus seinem Mund.

»Mögen die großen Geister sich deiner erbarmen«, sagte Ohio, »und erkennen, daß die Weißen eine Mitschuld an eurem Irrsinn tragen.«

Er hob ihm leicht den Kopf und erlöste ihn, indem er ihm mit einem Ruck die Halswirbel brach.

Er kehrte ins Zelt zurück. Sein Gewehr hatten sie mitgenommen, doch neben einem der Toten hatte er ein anderes bemerkt. Er trug seine Sachen zum Kanu und zählte seine Pfeile. Er hatte noch mindestens drei Dutzend. Zum Glück hatte er so viele angefertigt. Er durchsuchte die Toten und fand, was er suchte: Zündhölzer, Pulver und zwei gefüllte Kugelbeutel. Der Magen krampfte sich ihm zusammen, als er Mayokes Sachen einpackte. Plötzlich hob sich die Zeltbahn am Eingang, und Umiak schlüpfte herein.

»Meine kleine Umiak!«

Ihr Zustand ließ keinen Zweifel. Sie hatte geworfen.

Auf ein paar Minuten mehr oder weniger kam es jetzt auch nicht mehr an, sagte er sich.

»Los, schnell! Zeig sie mir!«

Voller Stolz führte sie ihn zu ihrer Höhle. Er wand sich gerade zwischen den Felsen hindurch, als wütendes Knurren an sein Ohr drang. Eine Rauferei! Er erriet sofort, wer die Streithähne waren. Er wollte schon losstürzen, um dazwischenzugehen, hielt dann aber inne. Wozu? Dieser Kampf war unausweichlich. Und es war besser, er fand jetzt statt, solange er noch hier war. So konnte er wenigstens aufpassen, daß kein dritter sich einmischte.

Mit beklommenem Herzen verfolgte er den Kampf zwischen Torok und Vulk und riß Huslik zurück, der sich dazwischenstürzen wollte.

Warum, so fragte Ohio sich, überschlugen sich die Ereignisse manchmal derart, daß das Leben geradezu zu explodieren schien? Zuerst tauchten die Cree hier auf, dann wurde Mayoke entführt, Umiak bekam ihre Jungen, und jetzt kämpften seine besten Hunde gegeneinander! Und alles innerhalb weniger Stunden, nachdem sie hier zwei Monde lang so ruhig gelebt hatten wie eine Wolke, die am Sommerhimmel dahinzog. Ein Gewitter entlud sich über ihm.

Die beiden Hunden sprangen auf den Hinterpfoten umeinander und schnappten ins Leere. Wieder stürzte sich einer auf den anderen, gingen sie zu Boden und wälzten sich in einer Staubwolke.

Großer Geist der Tiere, bitte bereite diesem Kampf ein Ende!

Ohio war, als schlage jeder Biß in sein eigenes Fleisch. Die Krallen der beiden Hunde kratzten über den Boden und rissen Erdklumpen heraus. Ihre blutbefleckten Körper bildeten ein einziges Knäuel aus Fell, so daß unmöglich festzustellen war, wer gerade die Oberhand hatte.

Schließlich bekam Torok seinen Gegner an der Kehle zu fassen und drückte ihn zu Boden. Vulk trat weiter gegen Toroks Bauch, dann ging Vulk die Luft aus, und er erstarrte. Nach einiger Zeit, die Ohio wie eine Ewigkeit vorkam, lockerte Torok die Umklammerung seiner Kiefer ein wenig. Vulk verdrehte die Augen. Er lag reglos auf dem Rücken, über sich Torok, den offenen Rachen an seiner Kehle. So verharrten sie lange, und jedesmal, wenn Vulk eine Bewegung andeutete, gebärdete Torok sich, als wollte er zubeißen.

Der Anführer der Meute hob langsam den Kopf, hörte aber nicht auf zu knurren und sah sich um, um seinen Sieg auszukosten und sich zugleich zu vergewissern, daß jeder die Lehre verstanden hatte. Er war der Chef, und wer auch immer nach dieser Position trachtete, dem blühte dieselbe Züchtigung. Jetzt erst entfernte er sich mit berechneter Langsamkeit. Vulk lag immer noch auf dem Rücken, und sowie er sich auch nur rührte, war Torok blitzschnell bei ihm, bereit, ihm die Kehle durchzubeißen. Er allein bestimmte, wann der andere aufstehen durfte, und Vulk mußte diese Schmach erdulden. Mit gesträubtem Fell, gefletschten Zähnen, gewölbter Brust und dem hoch erhobenen Kopf des Siegers ging er knurrend von Hund zu Hund, und einer wie der andere machte sich klein, klemmte den Schwanz ein und legte die Ohren an, um zu zeigen, daß er die Herrschaft des Leithunds anerkannte.

Vulk kroch zu einem Gebüsch und leckte in dessen Schatten seine Wunden. Ohio würde später nach ihm sehen. Die Rangfolge war geklärt, wenn auch nur einstweilen, denn es war nur eine Frage der Zeit, bis der Streit von neuem entbrennen würde. Mit zunehmendem Alter würde Vulk selbstbewußter werden und seine Kämpferqualitäten verbessern, und Torok wurde nicht jünger. Das war der Lauf der Welt. Eines Tages beanspruchte der Sohn den Platz des Vaters, und dieser Machtwechsel vollzog sich, ob in einer Hundemeute oder einem Wolfsrudel, selten ohne Reibereien und Blutvergießen.

»Los! Sehen wir uns die Welpen an!«

Es waren acht, fünf männliche und drei weibliche, die Ohio sofort ertränkte. Die Weibchen behielt er nie. Ein zweites Weibchen im Rudel erhöhte das Risiko von Spannungen um ein Vielfaches. Umiak verließ ihre Höhle, um die drei Welpen zu suchen, die Ohio heimlich weggenommen hatte, kehrte aber schnell wieder zurück, weil die fünf Rüden fiepten wie kleine Vögel. Fünf Welpen genügten. Hätte Umiak acht ernähren müssen, wären mit Sicherheit einige zu kurz gekommen.

»Gut gemacht, Umiak! Deine Kleinen sind großartig. Du wirst schön brav hier bleiben.«

Er streichelte sie, dann wälzte er einen großen Stein vor den Eingang zur Höhle, der gerade so viel Platz ließ, daß die Hündin an ihm vorbeischlüpfen konnte. Dann ließ er die Hunde, die noch angebunden waren, frei und untersuchte Vulk. Er hatte nur am rechten Hinterlauf eine tiefere Wunde, die Ohio mit ein paar Stichen sofort nähte, dann sah er nach Torok. Er blutete aus einem Kratzer am Ohr.

»Mein tapferer Torok, ich vertraue dir die Meute an. Du mußt hier auf mich warten.«

Der Hund sah ihn an, und seine klugen Augen funkelten.

»Hast du mich verstanden? Du bleibst hier, Torok!«

Er neigte den Kopf wie stets, wenn er seine ganze Aufmerksamkeit auf das richtete, was Ohio ihm begreiflich zu machen versuchte. Ohio sah ihm tief in die Augen und schöpfte aus dem Blick seines Hundes etwas Trost, denn er spürte, wie sein Mut zu wanken begann.

»Sie haben Mayoke entführt! Verstehst du, Torok? Sie haben meine kleine Mayoke entführt!«

Toroks braune Augen fingen das matte Licht des Spätnachmittags ein. Er leckte die Hand, die seinen Kopf streichelte, und wackelte mit den Ohren. Etwas Schlimmes war geschehen, das hatte er der Stimme seines Herrn entnommen. Er war bereit. Er würde tun, was Ohio von ihm verlangte. So gut er das konnte.

5

Die Dämmerung war bereits fortgeschritten, und der Wald warf lange Schatten auf den Fluß, von dem malvenfarbene Nebelschwaden aufstiegen und die Bäume wie mit langen Bändern schmückten. Ohio stieß das Kanu mit dem Fuß vom Ufer ab, setzte sich ins Heck, tauchte das Paddel ein und ließ sich zur Flußmitte treiben.

»Bleib da! Bleib!«

Torok kannte den Befehl. Er sah Ohio nach, ohne ihm nachzulaufen, und die Meute folgte seinem Beispiel. Die Strömung erfaßte das Boot und riß es mit. Ein beklemmendes Gefühl überkam Ohio, als er sich ein letztes Mal umdrehte und sah, wie ihm die Hunde verständnislos nachblickten. Hier draußen drohten ihnen so viele Gefahren, von Grizzlys, Menschen, Wölfen ... Und doch fühlte Ohio sich jetzt besser. Es beruhigte ihn ein wenig, daß er mit kräftigen Schlägen in die Richtung paddeln konnte, in der Mayoke verschwunden war. Er hatte nur den einen Gedanken, dem Mann, der sie zu schlagen gewagt hatte, mit einem Stein den Schädel zu zertrümmern.

»Wenn du ihr auch nur ein einziges Haar krümmst«, stieß er zwischen den Zähnen hervor, als könnte ihn jemand hören.

Das Paddel erzeugte Wirbel, die sich hinter ihm in der Strömung abzeichneten. Das Boot war etwas zu groß für einen einzelnen Mann, doch Ohio steuerte es mit sicherer Hand und fühlte sich sofort wieder in seinem Element, auch wenn er in den acht langen Wintermonaten etwas aus der Übung gekommen war. Der Fluß führte kein Eis mehr und immer weniger Bäume. Allmählich entledigte er sich der Schlammmassen und nahm wieder den grauen, leicht bläulichen Farbton des Schmelzwassers an. Die Ufer zogen vorüber, aber Ohio sah nicht hin. Er behielt den Fluß im Auge, versuchte, seine Tücken zu erahnen, denn ein Unfall hätte ihn wertvolle Zeit gekostet. Der Tag neigte sich dem Ende entgegen, bald mußte er die Fahrt unterbrechen. Er kannte den Fluß nicht. Er wußte lediglich, daß er zum großen Wollastonsee führte, an dem eine Gruppe von Cree lebte. Ob ihm Stromschnellen oder Wasserfälle den Weg versperrten? Diese Frage ließ ihm keine Ruhe, und das Tosen des Flusses und das Gefühl, wieder ein Kanu zu steuern, weckten schmerzliche Erinnerungen an den Bootsunfall, den er damals auf der Karibujagd gehabt hatte. Mit einem Mal wurde ihm bewußt, welch gewaltige Strecke er zurückgelegt hatte, seit er im letzten Sommer aus seinem Dorf aufgebrochen war. Wie viele Abenteuer hatte er erlebt, wie viele Überraschungen und Enttäuschungen, Mißgeschicke, Augenblicke des Zweifelns und des Überschwangs!

Seit er Mayoke kannte, sehnte er sich nach Ruhe, und noch mehr, seit sie ein Kind erwartete. Eigentlich hatte er sich von seinem rastlosen Leben erholen wollen, und nun zwangen ihn die Ereignisse abermals, alles in Frage zu stellen. Wie weit würde er noch reisen müssen? Welche Kämpfe würde er noch zu bestehen haben? Nun war er es leid. Warum waren sie beide nicht nach Norden gezogen und hatten alles weit hinter sich gelassen? Sie brauchten nichts und niemanden, um in der Taiga zu überleben. Sie hätten sich ein schönes Plätzchen an einem Wasserfall oder auf einem sonnigen Hügel suchen und dort den Sommer über Lachse fangen und Gänse und Karibus jagen können. Die Hunde hätten frei herumlaufen und die Tage damit zubringen können, faul in der Sonne zu liegen oder Streifzüge zu den Flechtenmatten zu unternehmen und Hasen und Lemminge zu jagen. Umiak hätte ihre Welpen aufgezogen, und Mayokes Bauch wäre immer dicker geworden. Er hätte einen zweiten Schlitten gebaut und ein Fischrad, mit dem sie Lachse gefangen hätten, um sie anschließend zu räuchern. Sie hätten ein Leben in vollkommener Harmonie geführt. Die Regentage hätten sie, eingewickelt in Felle, am Feuer im Tipi verbracht. Ohio verging fast vor Sehnsucht nach ihr.

Warum hatten sie wieder unter Menschen gehen müssen? Was war das nur für eine Kraft, die ihn dazu trieb, seine Reise fortzusetzen, allen Widrigkeiten zum Trotz? Warum hatte er sein Glück verscherzt? Gewiß, er hatte gelobt, Mudois Dorf aufzusuchen, aber er machte sich nichts vor, dieser Schwur war nur ein willkommener Vorwand gewesen. Solange er nicht am Ziel seiner Reise war, konnte er nicht in Frieden leben. Das wußte er. Er dachte wieder an Cooper und das, was er über ihn in Erfahrung gebracht hatte. Sein Vater hatte seine Mutter verlassen, als sie mit ihm schwanger war. Er hatte versprochen, wiederzukommen. Doch er hatte sein Versprechen nicht gehalten. Zurück in England, hatte er sich in dem Ruhm gesonnt, den ihm die Reise über das Felsengebirge eingebracht hatte, und geheiratet. Der große Cooper hatte Sacajawa vergessen. Sie war ja nur eine kleine Indianerin, die ihm vorübergehend den Kopf verdreht hatte!

Wie konnte seine Mutter diesen Mann noch so lieben? Damals, als er von all dem noch nichts wußte, hatte er beschlossen, sich auf die Suche nach dem unbekannten Vater zu machen, seiner Spur zu folgen und herauszufinden, was aus ihm geworden war, um ihn zu verstehen. Was er dann erfuhr, empörte ihn. Sein Interesse an Cooper erlosch. Doch dann traf er Keith, den alten Waldläufer, und diese Begegnung versöhnte ihn mit den Weißen. Und wie es der Zufall wollte, war dieser kluge und warmherzige alte Mann einst mit Cooper gereist. Er kannte ihn gut und hielt ihn einer solchen Gefühllosigkeit gegenüber einer Frau, die, wie er versicherte, sein ganzes Denken beherrscht habe, nicht für fähig. Damals hatten diese Enthüllungen Ohio nicht über die Maßen erschüttert, nun aber beschäftigten sie ihn mehr und mehr. Aus welchem Grund zog es ihn mit solcher Macht in den Osten? Welche Antworten erhoffte er sich auf all seine Fragen? Er grollte diesem Fremden, weil er seine Mutter betrogen hatte, aber er war ihm auch böse, weil er ihn um seinen inneren Frieden gebracht und dazu getrieben hatte, sich auf eine Reise zu begeben, deren Sinn ihm ein Rätsel war.

Und doch hatte er auf dieser Reise auch jene kennengelernt, die sein ganzes Glück werden sollte. Und er hatte erkannt, in welcher Gefahr die Seinen schwebten. Früher oder später würden Eindringlinge ihr Land überschwemmen, und die Erfahrungen, die er gesammelt hatte, würden ihn vielleicht in die Lage versetzen, seinem Volk zu zeigen, wie es sich zur Wehr setzen konnte.

Alles geriet durcheinander, aber nur eines zählte: Mayoke. Seine kleine Mayoke. Er wagte gar nicht daran zu denken, unter welchen Bedingungen sie gefangengehalten wurde. Nur eines beruhigte ihn. Wenn die Cree sie nicht sofort getötet, sondern sich die Mühe gemacht hatten, sie mitzunehmen, dann nicht, um sich ihrer gleich wieder zu entledigen. Aber aus dieser Erkenntnis erwuchs eine Sorge. Was hatten sie mit ihr vor?

Wenn sie ihr auch nur ein Haar krümmten!

Die Wipfel der Tannen ragten zackig in den Abendhimmel und glitzerten in der untergehenden Sonne. Irgendwo klagte ein Seetaucher, und in der Ferne bellte ein Fuchs. Ohio paddelte noch einige Zeit, dann entdeckte er einen flachen, leicht erhöhten Felsen, der einen trockenen und bequemen Lagerplatz für die Nacht versprach. Er steuerte ans Ufer. Das Kanu rutschte leise knirschend auf den Strand. Ein lautes Knacken drang aus den Erlen, gefolgt von einem Brummen, und als Ohio gleich darauf Abdrücke im Sand fand, da wußte er, daß er einen großen Schwarzbären aufgescheucht hatte. Das gefiel ihm nicht. Um diese Jahreszeit waren Bären nach dem langen Winterschlaf ausgehungert und gingen jedes Wagnis ein, um sich etwas Freßbares zu beschaffen. Und der hier würde im Schutz der Nacht ganz bestimmt um die Proviantsäcke herumschleichen.

Doch es wurde bereits dunkel und Ohio sah keinen anderen Platz, wo er sein Lager aufschlagen konnte.

»Ich werde im Kanu schlafen«, beschloß er. »Er wird sich hüten, ihm zu nahe zu kommen. Schon gar nicht, wenn ich ein Feuer entzünde und zwei- oder dreimal in der Nacht Holz nachlege.«

Er entlud das Kanu, dann machte er sich, mit Speer und Buschmesser bewaffnet, auf die Suche nach trockenem Holz, bevor es stockdunkel wurde. Als er in den Wald eindrang, vernahm er das Schnüffeln des Bären, der aus sicherer Entfernung die Gerüche einsog. Er fand einige morsche Erlen und eine recht dicke Kiefer, die er in zwei Hälften zum Lagerplatz schleppte. Er entfachte sofort ein Feuer. Der beruhigende Schein der Flammen tat ihm gut. Er hatte keinen Hunger, doch er zwang sich, etwas zu essen, denn er beabsichtigte, morgen den ganzen Tag zu paddeln, ohne sich die kleinste Pause zu gönnen. Er wollte sich gerade hinlegen, da hörte er ein Tier durch die Erlen preschen. Der Bär griff an! Er sprang zum Kanu, in dem sein Speer lag. Er hörte das Keuchen des Tieres. Es kam direkt auf ihn zu, und er hatte kaum Zeit, sich ihm zuzuwenden. Es bewegte sich schnell wie ein Blitz. Alles geschah in Sekundenbruchteilen. Er zwang sich, ruhig zu bleiben, und zielte auf den Hals des Tieres, um es zu töten oder zumindest in die Flucht zu schlagen. Und in diesem Augenblick erkannte er, daß es Vulk war. Entsetzt sah er, wie der Speer den Kopf seines Hundes traf. Er hatte keine Zeit mehr gehabt, die Waffe in eine andere Richtung zu lenken. Sie stürzten beide zu Boden. Ohio brauchte einen Moment, bis er sich wieder gefaßt hatte, während ihn Vulk freudig begrüßte und ihm winselnd das Gesicht leckte.

»Vulk!«

Im Schein des Feuers sah Ohio, daß der Speer den Hundekopf nur gestreift und ein paar Haare abrasiert hatte.

»Mein lieber Vulk, du verrückter Kerl! Ich hätte dich töten können!«

Der Husky hechelte. Er war die ganze Strecke galoppiert! Ohio konnte es nicht fassen. Vulk war allein, und das hieß, daß er sich davongestohlen hatte. Die anderen Hunde waren bei Torok geblieben, wie er es ihnen befohlen hatte. Vulk hatte nicht gehorcht, aber Ohio konnte ihm deswegen nicht böse sein. Im Gegenteil, er war froh über seine Gesellschaft.

»Zeig mir dein Bein!«

Er fand seine Befürchtung bestätigt. Die Wunde war wieder aufgebrochen. Er säuberte sie mit warmem Wasser und schnitt mit der Messerspitze die Ränder der Wunde aus, ehe er sie erneut nähte.

»Du wirst brav am Feuer bleiben.«

Doch der Husky dachte gar nicht daran, sich vom Fleck zu rühren. Nun, da er seinen Herrn gefunden hatte, sehnte er sich nur noch nach Ruhe. Ohio gab ihm von dem Pemmikan, den er aus dem Dorf mitgenommen hatte. Der Husky fraß, doch plötzlich hob er den Kopf und begann, wütend zu bellen.

Der Bär!

Ohio hörte ihn im Gestrüpp in Ufernähe herumschleichen.

»Bleib hier!«

Der Hund sträubte das Fell und fletschte angriffslustig die Zähne, doch in dunkler Nacht hatte er keine Chance, den Bären an einem Ort zu stellen, an dem Ohio ihn erledigen konnte. Ohio lud das Gewehr und lauerte darauf, daß sich im Schein des Halbmonds etwas rührte. Er vermochte nichts zu erkennen, aber Vulks anhaltendes Knurren verriet ihm, daß der Bär noch da war. Wahrscheinlich würde er sich die ganze Nacht in der Nähe herumtreiben.

An Schlaf war da nicht zu denken.

Er belud das Kanu, ließ Vulk einsteigen und paddelte in der Hoffnung, nicht auf einen Felsen aufzulaufen, über den Fluß. Die Überfahrt verlief ohne Zwischenfall. Wie befürchtet, fand er am anderen Ufer keinen geeigneten Lagerplatz.

Die Böschung war steil und ging direkt in ein Gewirr von Felsen und Erlensträuchern über. Er ließ sich eine Weile stromabwärts treiben, dann bog er in eine kleine Bucht ab und ging an Land. Der Boden war schlammig, doch zwischen den Binsen fand er eine Stelle, die halbwegs trocken war.

»Vulk, jetzt wird geschlafen. Wir haben einen anstrengenden Tag vor uns.«

Ohio konnte jedoch keinen Schlaf finden. Wo war Mayoke? Wie ging es ihr? Und dann mußte er an seine Mutter denken, deren langes Schweigen und deren Ängste er heute besser verstand. All die Jahre des Wartens, der Angst, der Ungewißheit! Ja, jetzt verstand er alles, und am schlimmsten war wohl die Ungewißheit, denn sie nährte eine kleine Flamme, die niemals erlosch! Wie viele Stunden mochte Sacajawa damit zugebracht haben, alle Möglichkeiten zu prüfen, wie viele Träume und Alpträume mochten sie in den Nächten verfolgt haben? Wie hatte Cooper so etwas tun können, wo er doch angeblich nur nach England zurückgekehrt war, um den Leuten, die seine Expedition ausgerüstet hatten, Rechenschaft abzulegen und den Angehörigen der verunglückten Kameraden persönlich die Todesnachricht zu überbringen? Wie konnte ein Mann mit so viel Ehrgefühl kurzerhand seine Pläne umstoßen und seinen Schwur brechen? Hatte er nicht bereits alles für seine Rückkehr geplant und organisiert? Hatte er nicht Hunde und die gesamte Ausrüstung bei den Ottawa gelassen? Was war geschehen? Was Ohio in Erfahrung gebracht hatte, genügte ihm nicht. Er mußte sich Klarheit verschaffen, damit seine Mutter ihren Frieden finden konnte.

Als er endlich einschlief, hörte Vulk, der zusammengerollt neben ihm lag, wie sein Herr mehrmals den Namen der jungen Indianerin murmelte, die auch er in sein Herz geschlossen hatte.

6

Seit Menschengedenken jagten die Nahanni in einem Gebiet, das so groß war, daß ihnen niemals in den Sinn gekommen wäre, sie könnten eines Tages gezwungen sein, seine Grenzen festzulegen. Das Gebiet war durchzogen von hohen Bergzügen, deren Gletscher und verschneite Wiesen gegen die tiefgrünen Wälder abstachen, die sich an ihre Hänge schmiegten. Die Nachbarn der Nahanni, die Tagish und Chipewyan im Norden und die Sushine im Süden, waren ihre Freunde und Blutsverwandten, denn wie Sacajawa und Ujka hatten auch viele andere in einen anderen Clan eingeheiratet. Doch dann war der Tagish Klawask gekommen und hatte eine Feuerwaffe, Fallen aus Stahl und vortreffliche Erfindungen wie Zündhölzer und Whisky mitgebracht. Und seitdem war nichts mehr wie zuvor …

Seit eh und je lebten die Nahanni vom Fleisch des Karibus, fertigten Kleider und Tipis aus seiner Haut, Faden aus seinen getrockneten Sehnen, Küchengerätschaften aus seinen Knochen, Wasserbehälter aus seinen Därmen und Mokassins aus seinem Rückenleder. Die Nahanni waren keine Fallensteller. Nur gelegentlich fingen sie einen Vielfraß, um mit seinem Pelz die Kapuzen ihrer Anoraks zu füttern. Den Luchs ließen sie unbehelligt. Doch dann hatte Klawask vorgeschlagen, seine Schätze gegen Pelze zu tauschen. Damit hatte alles angefangen.

Die Stämme und Familienverbände stritten sich um die besten Pelzgründe, in denen viele Luchse lebten. Und die Fallensteller der Sushine beanspruchten die großen Isotiasümpfe, in denen die Nahanni den Elch jagten, ganz für sich…

Zum Glück war Sacajawa da. Von Anfang an vermittelte sie bei den immer wieder aufflammenden Streitigkeiten, und Uzbek, der Häuptling des Nahanni-Dorfs, ermunterte sie mit Billigung des Schamanen, sich bei allen Fragen einzuschalten, die, direkt oder indirekt, den Handel mit den Weißen betrafen. So fand sich stets eine gute Lösung, denn sie war gerecht und auf das Wohl der Gemeinschaft bedacht. Sie beendete den Streit um die besten Pelzgründe, indem sie das Los entscheiden ließ, und sie schlug den Sushine eine gerechte Aufteilung der Sümpfe vor, worauf sie sich nach langem Palaver einließen. Und mit der Begründung, daß Einigkeit stark mache, erbot sie sich, im Namen aller mit Klawask zu verhandeln, damit nicht jeder für sich zu feilschen brauchte. Der Preis, den sie aushandelte, sollte gemäß der Anzahl der von jedem einzelnen abgelieferten Pelze geteilt werden. Schließlich warnte sie nachdrücklich davor, von Klawask Lebensmittel wie Mehl und Pemmikan ins Dorf bringen zu lassen, um einen etwaigen Mangel an Karibufleisch auszugleichen, falls die Jagd zugunsten der Fallenstellerei vernachlässigt wurde. Und so wurde mit Uzbeks Zustimmung beschlossen, daß kein Nahanni auf die Pelztierjagd gehen sollte, solange das Dorf seine Bestände an Fleisch noch nicht aufgefüllt hatte. Alle billigten diese weise Entscheidung.

»Was schlägt uns Klawask vor? Wir sollen Luchse und Biber statt Karibus jagen und die Pelze gegen Nahrungsmittel tauschen, die nicht die unseren sind. Lassen wir uns von diesen neuen Waren nicht blenden. Gewiß, wir können Zündhölzer, Kerzen und Eisenklingen gut gebrauchen, und wir tauschen auch einige Pelze gegen Waren ein, aber auf die Karibus dürfen wir nicht verzichten, denn die große Herde ist die Seele unseres Volkes. Wir sollen uns nicht mehr von ihr ernähren? Das hieße doch, uns der Tatsache verschließen, daß das Blut unserer Vorväter in unseren Adern fließt. Oder würdet ihr das Kanu in ein ausgetrocknetes Flußbett setzen?

Nichts anderes aber tut unser Volk, wenn es diesen Weg einschlägt!«

»Sacajawa hat recht!« bekräftigte Uzbek. »Solange wir leben, wird das Blut von *hai-uktu*, der großen Herde, in unseren Adern fließen und uns Kraft und Scharfblick geben. Ich habe gesprochen.«

Alle stimmten zu, und die Sushine folgten ihrem Beispiel. Auch sie wollten keine Lebensmittel kaufen, solange Wälder und Flüsse sie mit allem versorgten, was sie zum Leben brauchten.

Im Sommer kam Klawask wieder und brachte in seinem Kanu die versprochenen Eisenfallen mit, um sie als Vorschuß auf die Pelze zu verteilen. Sacajawa erklärte ihm, was das Dorf beschlossen hatte, nahm alle Fallen an sich und verteilte sie gerecht. Klawask protestierte, doch Uzbek eröffnete ihm, daß es nur so gemacht werde oder gar nicht.

»Denke nicht, daß wir uns zum Narren halten lassen«, ermahnte Sacajawa den Tagish. »Du nimmst die weite Reise vom Kontor am Pellyfluß in unser Dorf nur auf dich, weil es für dich einträglich ist, Waren gegen Pelze zu tauschen. Es ist wahr, du stellst uns Fallen zur Verfügung, aber das gibt dir nicht das Recht, uns zu übervorteilen.«

Der verdutzte Klawask murmelte ein paar unverständliche Worte, und in den folgenden Tagen versuchte er, hinter ihrem Rücken mit Männern aus dem Dorf handelseinig zu werden, indem er sie mit Branntwein bestach, doch vergebens. Einer verriet ihn, und darauf drohte ihm Sacajawa, selbst an den Pellyfluß zu reisen, und so versprach er, sich an die Regeln zu halten.

Von da an herrschte wieder Eintracht, und jeder baute sich auf dem Gebiet, das ihm zugelost worden war, eine Trapperhütte. Es kam sogar vor, daß sich drei oder vier zusammentaten und gegenseitig dabei halfen. Aber Sacajawa wußte, daß der Friede nicht lange währen würde. Nur mit viel diplomatischem Geschick und Beharrlichkeit würde es ihr gelingen, den Stürmen zu trotzen, die den ruhigen Gang ihres Lebens bedrohten.

Das unvermutete Auftauchen der Weißen am Pellyfluß rührte an eine alte Wunde, die langsam verheilte, seit sie ein Kind unter dem Herzen trug. Wie gern hätte sie Klawask um einen Gefallen gebeten, doch sie hatte sich beherrscht. »Ich hätte ihn bitten können, bei den beiden Weißen, die das Kontor führen, Erkundigungen einzuziehen. Als Engländer müßten sie Cooper eigentlich kennen und wissen, was aus ihm geworden ist.« Aber sie hatte Ujka geheiratet und sich fest vorgenommen, die kleine Tür, die sie in ihrem Herzen bis dahin offengehalten hatte, endgültig zu schließen. Sie hatte das Medaillon, das Cooper ihr geschenkt hatte, in eine Schlucht geworfen und mit ihrer Vergangenheit abgeschlossen. Sie mußte ihn vergessen, ein neues Leben beginnen und sich ganz Ujka und ihrem gemeinsamen Kind widmen. Doch trotz aller Mauern, die sie um sich errichtet hatte, kehrten ihre Gedanken häufig auf gewundenen Pfaden zu Cooper zurück. Ujka wußte es. Fünfzehn Jahre hatte er warten müssen, und als sie ihn endlich geheiratet hatte, hatte er sich damit abgefunden, daß er Sacajawa mit jenem Unbekannten teilen mußte. Doch dies trübte sein Glück nicht. Sacajawa war die schönste Frau der Nahanni und genoß ein hohes Ansehen, das auch seines aufwertete. Daß ihre Träume und ihr Schweigen von jenem Mann beherrscht wurden, war ein Teil von ihr, der mit ihr wuchs und nie ganz verschwand, wie ein Knoten an einem Baum.

7

Ein rosiges Licht stieg hinter dem Wald herauf, und die gezahnten Wipfel der Fichten sägten ein schwarzes Band zwischen den Himmel und sein im Fluß gespiegeltes Bild. Ohio war im Morgengrauen aufgebrochen. Vulk saß reglos im Bug und beobachtete den Horizont, den der Nebel in dunkles Grau hüllte. Mit leisem Flügelschlag stiegen die Gänse aus den seichten Buchten auf, in denen sie gerastet hatten. Noch lag tiefe Stille über der Taiga, auch wenn das Pfeifen von Finken und dann und wann der schüchterne Ruf eines Kleibers aus dem Wald drangen.

Vulk sog die Gerüche ein, die der Dunst übers Wasser trug. Mehrere Male erhob er sich, um Witterung aufzunehmen, als etwa die massige Gestalt eines Elchs im Nebel verschwand oder, etwas später, ein Bär am Ufer im Schlaf gestört wurde und sich trollte.

Die Landschaft wurde flacher und der Fluß breiter. Die mit Espen bewachsenen Hügel verschwanden und wichen Hochwäldern aus Kiefern, vereinzelten schlanken Birken und rundlichen Tannen. Das Steuern des Kanus machte ihn zunehmend weniger müde, doch Ohio kam nur langsam vorwärts und mußte kräftig paddeln, denn die Strömung war ihm keine große Hilfe mehr. Dann verbreitete sich der Fluß zu einem See, und der Wind, der auf kein Hindernis mehr stieß, frischte auf und kräuselte seine goldene Oberfläche. Ohio konnte nicht mehr weiterfahren, und so betrachtete er den Sonnenuntergang und suchte mit den Augen den Horizont ab, an dem er den Schein eines Feuers auszumachen glaubte. Schließlich legte sich der Wind. Ohio paddelte sofort weiter. Der See war riesig, doch in der Dunkelheit waren nun deutlich die Lichter eines Dorfes zu erkennen. Dort mußten Mayokes Entführer sein, und diese Gewißheit verlieh ihm neue Kraft. Er hielt direkt auf das Licht zu, von ihm angezogen wie ein Falter vom Feuer, in dem er sich die Flügel versengen wird. Er hatte keinen Plan. Ohio war zu allem entschlossen, und dieser unbändige Wille ließ ihn geradewegs auf Mayoke und ihre Entführer zufahren.

Er paddelte stundenlang, mal auf der einen, mal auf der anderen Seite. Das Kanu glitt lautlos dahin und zerschnitt wie ein weißes Messer die silbrige Wasseroberfläche, in der sich der Mond spiegelte. Die Lichter erloschen, aber er orientierte sich an den Sternen und fuhr weiter geradeaus. Vulk, vom Plätschern der Wellen eingelullt, döste zu seinen Füßen. In unregelmäßigen Abständen wachte er auf, gähnte, hob den leeren Blick zum Sternenzelt und schlummerte wieder ein. Ohio dachte an seine Meute und malte sich aus, wie sie nach Wolfsart auf einer Anhöhe lag.

Wenn den Hunden nur nichts zustieß! Hoffentlich blieben sie, wo sie waren! Was würden sie tun, wenn sie merkten, daß er nicht zurückkam?

Im Schutz der pechschwarzen Nacht, die stets dem Morgengrauen vorausging, landete er an einem mit Treibholz übersäten Kiesstrand an. Vulk sprang ans Ufer, markierte, schüttelte sich und erschnupperte die neuen Gerüche. Ohio hatte nicht die leiseste Ahnung, in welcher Richtung das Dorf lag. Links oder rechts? Als er sah, wie Vulk um ihn herumlief, kam ihm eine Idee. Er ahmte das Kläffen eines Hundes nach. Keine Antwort. Er fing gerade wieder an, als Vulk, als Antwort auf das Echo, seinerseits bellte. Schon ertönte in der Ferne ein halbherziges Bellen, und das genügte ihm. Jetzt wußte er, welche Richtung er einschlagen mußte. Er versteckte sein Kanu unter den Bäumen und nahm seinen Bogen an sich. Diese lautlose Waffe war ihm lieber als das Gewehr der Weißen, das Lärm machte und versagte, wenn das Pulver feucht wurde.

Bis zum Dorf war es weiter, als er vermutet hatte. Der leichte Westwind hatte ihn beim Paddeln offenbar vom Kurs abgebracht. Das mit Erlen überwucherte Ufer war unwegsam, und im Schatten der Krüppeltannen lag noch Schnee. Schließlich stieß er auf einen Pfad, der um die Bucht, an deren Ende das Dorf lag, herumführte. Er lauschte. Er hörte nur das Plätschern der Wellen an den Steinen.

»Bei Fuß, Vulk. Und still!«

Der Hund gehorchte. Sie schlichen sich leise bis zur ersten Hütte. Das Dorf zählte ebenso viele Hütten wie Tipis, in denen nun, da der Morgen graute, Feuer aufflammten und goldbraune Flecken auf die durchscheinenden Häute warfen. Ohio versteckte Bogen und Köcher unter einem Baumstumpf und sah sich vorsichtig im Dorf um. Am Seeufer stand eine große Blockhütte. Sie war neu, denn die Kiefernstämme, aus denen sie bestand, waren noch weiß und frisch. Das Kontor. Licht fiel durch ein Fenster. Ohio trat näher und spähte hinein. Im Schein einer Laterne saß ein frisch rasierter junger Mann mit blondem Haar an einem Tisch aus vierkantig behauenen Hölzern. Er war allein. Ohio zögerte nicht lange und klopfte an die Scheibe. Der junge Mann schaute auf, erhob sich und preßte das Gesicht ans Fenster.

»Mach auf«, rief Ohio.

»Wer bist du?«

»Ich heiße Ohio. Ich komme von weit her.«

Der junge Mann holte die Laterne und hielt sie ans Fenster.

»Was willst du?«

Ohio setzte gerade zu einer Antwort an, da trat ein Mann von imposanter Gestalt in den Lichtkegel. Der junge Mann fuhr herum wie ein ertappter Sünder und beriet mit dem anderen, der kurz darauf vortrat.

»Was willst du?«

»Ich komme von weit her. Ich bin in der Nacht über den See gepaddelt, um noch vor dem Tag hier zu sein.«

Der Mann stieß einen leisen Fluch aus, ging zur Tür und entriegelte sie murrend.

»Das Kontor öffnet erst um neun Uhr, komm später wieder.« Er sprach das Algonkin fehlerlos, allerdings mit starkem Akzent.

»Ich bin von Indianern überfallen worden. Sie haben meine Begleiterin entführt, die ein Kind erwartet. Ich habe keine Zeit zu verlieren.«

Die beiden Weißen wechselten einen Blick. Die finstere Miene des Hünen wurde ein wenig freundlicher. »Na gut, komm rein.«

Er ließ ihn eintreten. Vulk blieb vor der Tür. Ein köstlicher Duft erfüllte den überheizten Raum.

»Wir haben gerade Brot gebacken. Trinkst du einen Kaffee mit uns? Wo ich schon mal wach bin.«

»Ich … ich weiß nicht, was Kaffee ist.«

»Dann vielleicht einen Tee?«

»Einen Tee, ja, sehr gern.«

Der Mann wandte sich in einer Sprache, die Ohio nicht kannte, an den jüngeren.

»Was genau ist flußaufwärts geschehen?«

»Woher wißt ihr, daß es flußaufwärts war?«

»Hast du nicht gesagt, du seist über den See gepaddelt? Alles Übel kommt von da oben.«

»Das Übel, das ich unterwegs gesehen habe, kam weder von oben noch von unten. Der Grund allen Übels ist die Zwietracht, die der weiße Mann unter unseren Völkern sät.«

Die beiden Männer blickten überrascht und leicht belustigt.

»Zugegeben, das Land hat Probleme, aber meinst du nicht, daß deine Sicht der Dinge ein wenig naiv oder zumindest zu einseitig ist?«

Ohio war jetzt nicht nach einem sorglosem Geplauder zumute.

»Mich interessiert im Augenblick nur eines. Habt ihr diese stinkenden Cree gesehen oder von der Bande gehört?«

»Die Assiniboine, die hier leben, unterhalten keine engen

Beziehungen mehr zu den Cree im Norden. Die Bande stammt wohl von den Kasbaseen?«

»Ich weiß es nicht. Am Cochrane wurde ein ganzes Dorf zerstört.«

»Wir haben davon gehört«, seufzte der Mann. »Dahinter steckt wahrscheinlich wieder dieser Waters, ein Idiot von einem Schotten, der mit den Franzosen in Fort Waboden paktiert. Die Cree vom Cochrane haben einen Handelsposten der Hudsonbai-Kompanie aufgesucht und dort ihre Pelze getauscht, und Waters hat sich mit Hilfe der Ojibwa und ein paar Huronen gerächt.«

»Er hat alle niedergemacht.«

»Niemand weiß, was wirklich geschehen ist.«

»Ich schon. Ich habe mit ihrem Schamanen gesprochen, er hat mir alles erzählt.«

Der Weiße zuckte die Schultern. »Es gibt so viele Versionen wie Indianer.«

»Eigentlich geht mich diese Geschichte ja gar nichts an. Ich bin auf der Suche nach diesen Cree. Wenn sie nicht hier sind, wo könnten sie sich dann aufhalten?«

Der Weiße ließ sich alles von Anfang an erzählen, aber Ohios Geschichte interessierte ihn offenbar mehr als Mayokes Schicksal.

»Wenn du eine Begleiterin suchst, dann nimm dir doch eine von hier. Hier leben sehr schöne junge Assiniboine.«

»Ich werde Mayoke finden«, entgegnete Ohio mit finsterem Blick, »und wenn ich alle Dörfer im hohen Norden einzeln durchsuchen muß.«

»Das Land der Cree ist vom Krieg zerrissen. Banden streifen umher, mehrere Dörfer sind zerstört, das Reisen ist gefährlich. Allein hast du keine Chance.«

»Zeige mir, wie ich zu den Kasbaseen komme.«

»Wie du willst.«

Ohio mußte dem Fluß westlich des Sees folgen, dann den Genwalfluß hinauf bis zur Vijiansx-Portage, einem Fußpfad, der zu den Kasbaseen führte.

»Der Genwal hat nur eine schwache Strömung. Du kannst ohne große Mühe stromaufwärts paddeln.«

»Und wenn die Strömung so schnell wie ein Pfeil wäre! Nichts wird mich davon abhalten, diese Stinktiere zu finden.«

»Angenommen, du findest sie wirklich, wie willst du denn allein mit einer ganzen Bande fertig werden?«

»Bei meinem nächsten Besuch werde ich es dir erzählen.«

Der Weiße machte ein skeptisches Gesicht und nahm seine Jacke, dann trat er zu Ohio und drückte ihm die Hand.

»Viel Glück.«

Und fort war er. Ohio stand auf, um ihm zu folgen, doch der junge Mann hielt ihn zurück.

»Ich heiße Hans. Komm mit! Ich habe etwas für dich.«

Ohio folgte ihm neugierig ins angrenzende Zimmer. Hans wühlte in einem Koffer, zog eine dicke Stofffjacke, ein blau-rot kariertes Wollhemd und eine Lederhose mit aufgenähten Stoffstreifen an den Seiten hervor und hielt sie Ohio hin.

»Ich brauche die Sachen nicht.«

»Und ob du sie brauchst. Nur mit dieser Uniform hast du eine Chance, unbehelligt durchzukommen.«

»Was ist das für eine Uniform?«

»Sie wird von den Männern getragen, die hier oben die Post befördern. Dieser Postdienst ist unabhängig und wird von allen, die Handel treiben, in Anspruch genommen. Die Forts und Kontore halten durch ihn Verbindung zueinander. Du brauchst dich einfach nur als einer dieser Männer auszugeben, dein Akzent und deine hellen Augen tun ein übriges. Man wird dir glauben. Sicherheitshalber solltest du dir noch die Haare schneiden.«

»Die Haare schneiden?«

»Ja, die meisten Waldläufer, die solche Aufträge ausführen, tragen das Haar kürzer. Du brauchst es nur ein wenig zu stutzen, das betont deine europäische Seite.«

Ohio sah den jungen Mann forschend an. »Warum tust du das?«

»Ich habe selbst eine kleine Mayoke, die ein Kind erwartet.«

»Eine Indianerin aus dem Dorf?«

»Ja.«

»Wie heißt sie?«

»Shellburne.«

»Ich wünsche dir einen hübschen Jungen«, sagte Ohio und nahm die Sachen, die der andere ihm hinhielt. »Ich bringe sie dir zurück.«

Dann zögerte er und sah Hans direkt in die Augen. »Ich kenne einen Weißen, der eine schöne Indianerin geschwängert und dann verlassen hat. Laß Shellburne nicht im Stich.«

8

Hans begleitete ihn zum See und legte einen Beutel ins Kanu, der neben Proviant, einem Paket Zündhölzer und Kerzen auch fingierte, an die Handelsposten im Norden adressierte Briefe enthielt.

»Wer seid ihr eigentlich, du und dein Vater?« fragte Ohio. »Für welche Kompanie arbeitet ihr?«

»Für die, die uns die besten Waren anbietet. Eigentlich versucht mein Vater, sich mit beiden gut zu stellen. Da wir mit vielen Pelzen handeln, kommen alle auf ihre Kosten, und im Augenblick halten wir uns aus allem heraus.«

»Seid ihr Engländer oder Franzosen?«

»Vater ist Deutscher, aber meine Mutter war Französin.«

»War?«

»Ja, sie ist bei unserer Ankunft in Montreal an Skorbut gestorben, das ist jetzt zehn Jahre her.«

»Und die Uniform?«

»Gehört mir. Ich habe in den Diensten des Gouverneurs von Neufrankreich gestanden und Post vom Winnipegsee nach Fort Chipewyan befördert. Ich habe den Dienst quittiert, als ich Shellburne kennenlernte.«

»Aber das Kontor ist neu. Ihr lebt noch nicht lange hier.«

»Ein Missionar hat die Siedlung gegründet. Er hat strikte Neutralität gewahrt und mit den Pelzen der Assiniboine gehandelt. Nach seinem Tod haben wir das Geschäft übernommen, aber wir kümmern uns nicht um die Seelen!«

»Seelen?«

»Hast du noch nie von Gott gehört?«

»Nein, was ist das?«

»Gott hat die Welt erschaffen, und die Missionare sind seine Stellvertreter auf Erden.«

»Dann herrscht Gott neben den großen Geistern?«

»Gott herrscht über allem.«

»Woher wollt ihr das wissen?«

»Hör zu, es ist Sache der Missionare, dir das zu erklären. Ich verstehe nicht viel davon. Für den Fall des Falles bin ich getauft, das ist alles.«

»Getauft?«

»Das ist eine Zeremonie, bei der du dich Gott anvertraust.«

»Die Nahanni gehören ihrer Erde.«

»Ja, aber Gott hat die Erde erschaffen.«

»Die großen Geister herrschen über allem. Dieser Gott ist eine Erfindung der Weißen.«

»Wie schon gesagt, ich mische mich da nicht ein.«

Ohio machte das Kanu abfahrbereit und ließ Vulk einsteigen. Hans hielt das Boot fest, während Ohio Platz nahm, und blickte zum Horizont.

»Es wird ein schöner Tag. Vor dem Abend wird kein Wind aufkommen. Bis dahin hast du den Fluß erreicht.«

»Ich hoffe, daß ich dann schon weiter bin.«

»Du hast Mut. Du wirst sie finden.«

»Danke für alles, Hans.«

Hans stieß das Kanu vom Ufer ab. Ohio winkte und paddelte dann mit schnellen Stößen auf den See hinaus. Hans bezweifelte, daß er dieses Tempo lange würde halten können, doch Ohio hielt durch, obwohl ihn Krämpfe in den Unterarmen und am Rücken plagten. Am Nachmittag erreichte er den Fluß, dessen schmutzige Fluten den See braun färbten, und fuhr ihn ein kurzes Stück hinauf. Dann landete er an einem Sandstrand an, entzündete mit Treibholz ein Feuer und wärmte sich etwas von dem Pemmikan auf, den er von Hans bekommen hatte. Bis das Essen fertig war, zog er die Uniform an. Zum Glück paßte sie.

Dann kürzte er sich mit dem Messer die Haare auf Kinn-
länge. Er bereute es sofort, denn nun, da sie nicht mehr so
lang waren, daß er sie hinten zusammenbinden konnte, fielen
sie ihm ins Gesicht. Er fertigte sich aus einem schmalen
Lederstreifen ein Stirnband, dann aß er ohne Appetit. Seit
zwei Tagen hatte er nicht mehr geschlafen, aber er verspürte
keine Müdigkeit.

Plötzlich sprang Vulk, der neben ihm gedöst hatte, auf und
begann zu knurren. Ohio stürzte zum Feuer und schüttete
Wasser in die Glut, die zischend erlosch. Dann zog er das
Kanu in den Wald und verwischte seine Spuren. Er spähte
flußaufwärts, wohin Vulk blickte, sah aber nichts.

Erst viel später tauchte ein großes Kanu auf, in dem ein
Dutzend Indianer saßen. Es war mit zusammengenähten
Elchhäuten bespannt und offensichtlich sehr schwer beladen.
Ohio schloß daraus, daß es sich um eine der Gruppen handelte, die Handelsgüter und Felle von den Kontoren im Norden zum Oberen See transportierten, wo die Güter umgeschlagen und von größeren Booten in die Städte Montreal
und Quebec weiterbefördert wurden. Er trat auf den Strand
und winkte ihnen, als sie seine Höhe erreicht hatten. Sofort
richteten sich mehrere Gewehre auf ihn, und die Augen der
Insassen suchten den Waldsaum hinter ihm ab.

»Ihr habt nichts zu befürchten«, rief Ohio. »Ich bin allein.«

»Wir fürchten niemand!« rief der, der das Kanu steuerte,
und stand auf.

Ohio bemerkte ein zweites Kanu, das dem ersten in einigem Abstand folgte. Die Spitze des ersten rutschte auf den
Sand. Der Steuermann bohrte eine Stange in den Grund,
damit die Strömung das Heck nicht wegdrückte, hatte aber
offenbar nicht die Absicht auszusteigen.

»Was tust du hier?«

»Ich habe den Auftrag, Post in den Norden zu bringen.«

»Hast du Whisky zum Tauschen?«

»Nein.«

»Schade. Wir sind in Eile. Brauchst du etwas?«

»Ich suche eine Gruppe von Cree, die auf dem Cochrane eine Chipewyan entführt haben.«

»Was willst du von ihnen?«

»Ich glaube, die Entführung war ein Versehen. Gestern ist ein Bote aufgebrochen, um den Häuptling der Chipewyan davon zu unterrichten. Die Entführte ist seine Tochter, und ich fürchte, er wird grausame Rache üben und Hunderte von Kriegern aussenden, um nach ihr zu suchen.«

»Das geht uns nichts an. Die Cree können auf ihrem Gebiet tun, was ihnen beliebt.«

»Habt ihr die Gruppe getroffen oder von ihr gehört?«

»Nein. Die meisten Cree sind hinauf zum Schwarzen See gezogen, nachdem sie ihre Pelze getauscht hatten. Die hier!« Er deutete ins Innere des Kanus.

»Ich dachte, sie seien an den Kasbaseen.«

»Ganz bestimmt nicht. Ihr großer Häuptling Toqueiyazi veranstaltet an Vollmond am Schwarzen See ein riesiges Potlatch. Viele Cree sind bereits dort. Es soll das größte Potlatch werden, das ein Häuptling der Cree jemals gegeben hat.«

»Aus welchem Anlaß?«

»Der große Toqueiyazi tritt die Macht an seinen Sohn Oulickbuck ab.«

»Und ihr nehmt nicht daran teil?«

»Wir Huronen haben Besseres zu tun.« Sie lachten. »Wer bist du eigentlich?«

»Ich bin Mark, Coopers Sohn.«

»Kenne ich nicht.«

»Macht nichts. Ich wünsche euch eine gute Reise.«

Der Hurone dankte und stieß das Kanu in Richtung Flußmitte. Das zweite Boot wartete, bis das erste sich ein Stück entfernt hatte, und folgte ihm dann. Ohio sah ihnen beklommen nach. Soeben war ihm ein schrecklicher Gedanke gekommen. Vielleicht hatte Mayoke gefesselt unter den Pelzen gelegen. Aber was hätte er schon tun können, allein gegen zwei Dutzend bis an die Zähne bewaffnete Männer? Er konnte ja nicht alle Kanus und alle Hütten im hohen Norden durchsuchen und jeden Menschen, der ihm begegnete, verdächtigen.

Er entrollte seine Karte und suchte den Schwarzen See. Er lag südlich der Kasbaseen, ungefähr zwei Tagesreisen entfernt. Was sollte er tun? Es war zum Verzweifeln. Mit jedem Tag wuchs die Zahl der Möglichkeiten. Mayoke konnte überall sein, und solange er keinen verläßlichen Hinweis hatte, war er auf bloße Vermutungen angewiesen. Er studierte die Karte lange und überlegte. Die Entführer hatten sich nicht nach Süden gewandt, denn die Assiniboine, und dessen war er sich sicher, hatten sie nicht gesehen, also blieben nur zwei Möglichkeiten: Sie zogen nach Osten und trugen ihre Kanus von See zu See bis zum Sealfluß, obgleich er keinen Grund sah, warum sie diese Richtung hätten einschlagen sollen, oder sie fuhren, was er für wahrscheinlicher hielt, den Fluß hinauf. In diesem Fall wollten sie entweder zu den Kasbaseen, oder sie bogen zum Schwarzen See ab.

»Ein Glück, daß du da bist, mein lieber Vulk.«

Ohio war niedergeschlagen. Lieber hätte er gekämpft, als tagelang ein Kanu zu verfolgen. Er konnte diese Machtlosigkeit kaum ertragen, die ihn zwang, seine Gegner zu suchen. Lieber wollte er in einem ungleichen Kampf sterben als ohne Mayoke leben. Da es noch einige Stunden hell blieb, stieg er, obwohl ihn plötzlich eine bleierne Müdigkeit überkam, wieder ins Kanu und paddelte, von Muskelkrämpfen geplagt, weiter. War die Strömung anfangs noch schwach, so wurde sie immer stärker. Kurz vor Einbruch der Dunkelheit erreichte er die Stelle, wo sich die beiden Flüsse vereinigten. Der eine führte zu den Kasbaseen, der andere zum Schwarzen See. Er bemerkte eine unbewohnte Hütte und zahlreiche Holzstangen für Tipis.

»Ein Fischerlager«, vermutete Ohio und paddelte im Schutz des Ufergestrüpps vorsichtig näher.

Vulk sprang behend an Land, pinkelte an einen Baum und trabte mit erhobenem Schwanz, ohne das geringste Anzeichen von Unruhe, in Richtung Lager.

»Niemand da«, folgerte Ohio.

Tatsächlich war das Lager verlassen. In der Hütte herrschte eine große Unordnung, und Ohio fand zahlreiche leere Rumflaschen. Er machte Feuer und bereitete sich eine Mahlzeit, die er, unter häufigem Gähnen und mit schweren Lidern, hinunterschlang, dann schlief auf seinem Karibufell ein. Vulk legte sich neben ihn und döste, wachte aber in unregelmäßigen Abständen auf, lief lautlos zur Tür und schnupperte, alle Sinne hellwach, durch den Spalt die Gerüche der Nacht, ehe er beruhigt zurückkehrte und sich wieder neben den unruhig schlafenden Ohio legte.

Es war Nacht, und Ohio beobachtete, hinter einer dichten Reihe junger Espen verborgen, die wimmelnde Menge hunderter betrunkener Indianer, die zum Rhythmus von Trommeln um lodernde Feuer tanzten. Der Lärm war ohrenbetäubend. Die Krieger hatten sich die nackten Oberkörper bemalt und fuchtelten mit den Armen in der Luft herum, ohne länger auf den Rhythmus zu achten, während junge Frauen weiße Männer umgarnten, die neben den Häuptlingen auf großen, mit Häuten bespannten Sesseln aus Karibuknochen saßen. Einige tanzten und streichelten dabei die geschmeidigen, festen Körper der schönsten Indianerinnen, ehe sie mit ihnen in der Nacht verschwanden. Da entdeckte er sie: Mayoke. Zwei Weiße und mehrere Ojibwa machten sie betrunken. Er wollte ihren Namen rufen, doch er brachte keinen Laut heraus. Er wollte zu ihr stürzen, doch er konnte sich nicht bewegen, und erst in diesem Augenblick bemerkte er, daß er gefesselt war. Hilflos mußte er das widerwärtige Schauspiel mit ansehen. Nachdem sie Mayoke ausgezogen hatten, begannen sie, im Kreis um sie herum zu tanzen. Sie torkelte, doch die Männer, die abwechselnd vortraten, um sie zu betatschen, fingen sie auf. Bald zog sie einer zu den Fellen, die etwas abseits lagen, und die anderen folgten und warteten, bis sie an die Reihe kamen. Ohios Blick blieb an einem Weißen hängen, der die Szene mit einem gemeinen Grinsen beobachtete, als weide er sich am Leid der kleinen Indianerin, die weinend um sich schlug. Ohio wußte, daß es Cooper war.

In diesem Augenblick erwachte er. Vulk stand neben ihm und winselte. Ohio war in Schweiß gebadet und atmete schwer. Er brauchte eine Weile, um zu sich zu kommen.

»Mayoke!« schluchzte er mehrere Male, und Tränen vermischten sich mit dem Schweiß auf seinen Wangen.

Er zündete eine der Kerzen an, die Hans ihm gegeben hatte, und wischte sich über die Stirn. War es möglich, daß er im Traum die Zukunft vorausgesehen hatte? Er wußte es nicht, aber die Schamanen, denen er auf seiner Reise begegnet war, hatten ihn gelehrt, daß bestimmte Menschen durch Konzentration der geheimnisvollen Welt der Geister teilhaftig werden konnten. Dank einer besonderen Energie konnten sie Botschaften empfangen, die nur flüchtig das Bewußtsein streiften, wie ein Geruch, den ein Mensch nicht wahrnahm, ein Hund aber bis zu seinem Ursprung zurückverfolgen konnte.

»Mayoke ist dort unten.«

Er war davon überzeugt.

Er raffte seine Sachen zusammen, belud das Kanu und fuhr in die Nacht hinaus, dem Schwarzen See entgegen. Vom Fluß stieg eine alles durchdringende Feuchtigkeit auf, und das Wasser glänzte im Mondschein wie Metall. Doch Ohio biß die Zähne zusammen und paddelte weiter, in den Anblick des Waldes verloren, hinter dem bereits der Morgen graute.

9

Zwei Anhöhen beengten den Fluß an beiden Ufern, und die Strömung wurde so stark, daß Ohio das Paddel weglegen mußte. Er fällte eine junge Espe, hieb die Zweige ab und stakte damit über seichtere Stellen hinweg stromaufwärts. Er war froh, das kräfteverzehrende Paddeln nicht fortsetzen zu müssen. Staken erforderte viel Geschick, vor allem aber mußte man den Fluß lesen können oder, wie er es nannte, das Wasser verstehen. Ob jemand es vermochte, einen Fluß zu lesen und die Botschaften zu entschlüsseln, die seine Ufer und seine Oberfläche aussandten, ob er in der Lage war, seine wechselnden Launen zu verstehen, seine Strömungen und Gegenströmungen, die mal Freund, mal Feind sein konnten – dies machte den Unterschied zwischen einem guten und einem schlechten Staker aus. Der eine teilte scheinbar mühelos die Strömung, so wie eine gut geschärfte Axt an der richtigen Stelle und im richtigen Winkel in das Holz des Baumes biß. Der andere stieß zu kräftig, ermüdete rasch, arbeitete ungleichmäßig wie ein Holzfäller, der mehrere Kerben nebeneinander hieb.

Ohio liebte das Staken. Bereits als Knabe hatte er sich darin hervorgetan. Wie viele Stunden hatte er mit kleinen Kanus, die Ujka, der Gefährte seiner Mutter, für ihn gebaut hatte, draußen vor dem Dorf geübt? Trotz mangelnder Körperkraft fuhr er damals schon schneller als mancher Erwachsene. Er liebte das Gefühl, wenn das Wasser gegen den Bug des Boots drückte, das genau in Richtung der Längsachse fuhr. Die

Stange mußte langsam und gleichmäßig von vorn nach hinten gleiten und den Körper im Gleichgewicht halten. Danach verharrte der Körper einen Augenblick reglos, nur die Arme wurden gestreckt, und der Staker drückte gegen die Stange und richtete sich wieder auf, wobei er sie hin und her drehte, um das Kanu zu lenken.

Die kleinste Unregelmäßigkeit, das kleinste Schlingern führte zur Katastrophe. Geriet der Bug in die Strömung, wurde das Boot mitgerissen und herumgedreht. Um schnell und geradeaus zu fahren, mußte man in die Haut eines Lachses schlüpfen. Ohio hatte die schlanken Fische ausgiebig beobachtet. Sie machten sich den Fluß vortrefflich zunutze, suchten Gegenströmungen, die an Felsen oder Landzungen entstanden, schwammen dicht am Ufer hin und strichen dann am Rand eines Wirbels vorbei, um die dort waltenden Kräfte auszunutzen. Er hatte beobachtet, wie sie die Flußseite wechselten. Sie wählten dafür jene Abschnitte, wo die Strömung am schwächsten und die Entfernung am kleinsten war, ruhten sich in den Wirbeln aus und nutzten Seitenströmungen, um wieder an Schwung zu gewinnen. Eine natürliche Gabe. Wenn Ohio einen Fluß hinauffuhr, wurde er zum Fisch.

Da er sich kaum eine Pause gönnte, holte er zwei Gruppen von Cree ein, die auf dem Weg zu Toqueiyazis Potlatch am Schwarzen See waren. Ohio gab sich als Postkurier aus, und sein Auftauchen schien die Männer nicht zu überraschen. Sie waren bester Stimmung, und keiner zeigte sich feindselig. Hier fürchteten sie niemanden. Kein Feind, es sei denn, er rückte in sehr großer Zahl an, hätte sich auf Toqueiyazis Gebiet gewagt, in dem Hunderte von Cree zusammenkamen.

Am zweiten Tag, als Ohio die Jiogkfälle passiert hatte, holte er weitere Boote ein, und zwar jeder Größe. Die meisten wurden vom Ufer aus getreidelt. Alle diese Cree kamen aus dem Norden, aus den Tundragebieten an der Baumgrenze, wo sie überwintert hatten. Bei den Bärenstromschnellen sammelten sie sich zu Gruppen, schulterten ihre Kanus und luden die Säcke mit ihren Geschenken auf kleine Holzschlitten, die von Hunden gezogen wurden. Die Sommersonne, die den letzten Schnee zum Schmelzen brachte, trug ihren Teil zur Feststimmung bei. Kinder tollten, Frauen scherzten, Männer lachten. Tipis säumten die Portagen, die um die Stromschnellen herumführten. Dort machte man Rast, trank Tee und unterhielt sich, doch Flaschen mit Branntwein wurden selten geöffnet. Die hob man sich für das große Potlatch auf, von dem alle mit Begeisterung sprachen.

In all dem Trubel fiel Ohio nicht auf. Wenn er hier war, dann weil er eingeladen war, und das genügte. Er bemerkte mehrere Indianer von Nachbarstämmen der Cree und sogar zwei Weiße, die mit ihnen reisten. In der Hoffnung, einen der Entführer wiederzuerkennen, musterte er verstohlen jedes neue Gesicht, doch er entdeckte keinen.

Am Morgen des dritten Tages erreichte er den Schwarzen See. Am Ufer standen mehrere Dutzend Tipis, in denen Reisende auf ein Abflauen des Windes warteten, um dann die Fahrt zu Toqueiyazis Dorf auf der anderen Seite anzutreten. Ohio schlief im Kanu. Vulk hielt Wache und knurrte, sowie ein fremder Hund dem Boot zu nahe kam. Gegen Abend legte sich der Wind, und alle stiegen wieder in die Boote. Neben Ohios Kanu waren es elf, vom Einsitzer bis zum Achtsitzer. Die Cree sangen und paddelten dazu im Takt, und Ohio träumte vom Frieden. War es möglich, daß all diese Männer, die rings um ihn sangen und lachten, Verbrechen begingen, wie er sie unterwegs gesehen hatte? Er stellte sich vor, daß alles wieder so wäre wie zuvor. Er würde Mayoke finden, mir ihr und den Cree tanzen. Krieg, Verbrechen und Landraub hätten ein Ende.

Der Gesang gab den Takt vor. Das Klatschen, mit dem alle Paddel gleichzeitig ins Wasser tauchten, begleitete rhythmisch ihre Fahrt. Und im Licht des Mondes, der sich in einen goldenen Schleier hüllte, glitzerten für kurze Zeit zwölf parallele Furchen hinter den Booten. Die Feuer des Dorfs leuchteten in der Nacht. Es brannten Dutzende, und um sie herum standen überall Tipis.

Schließlich landeten sie an. Gut hundert Cree strömten ans Ufer und empfingen die Neuankömmlinge. Man lachte, umarmte sich brüderlich, doch neben der allgemeinen Wiedersehensfreude herrschte auch Trauer bei jenen, die vom Tod eines geliebten Menschen erfuhren. Ohio hielt sich keineswegs abseits, sondern schritt höflich lächelnd Toqueiyazi entgegen, der im Kreis seiner Angehörigen nahte, ihm den rituellen Willkommensgruß entbot und dann, erfreut über die Ankunft so vieler Gäste, von denen er die wenigsten kannte, weiterging. Ohio kehrte zu seinem Boot zurück und zog es ans Ufer, wobei er einige Rollen aus Birkenholz benutzte, die zu diesem Zweck im Sand lagen. Vulk, ganz verstört wegen der vielen Menschen und des Trubels, war nicht von seiner Seite gewichen. Ohio befestigte ein Seil an seinem Lederhalsband und band ihn am Kanu fest.

»Du bleibst brav hier, Vulk!«

Der Husky sah ihn aufmerksam an.

»Platz.«

Er legte sich ins Kanu auf ein Fell. Ohios Reisegefährten hatten sich, hungrig von der langen Fahrt, zu den Feuern begeben oder schleppten ihr Gepäck zu den Lagerplätzen, wo lange Stangen für Tipis bereit lagen.

»Was tust du da?«

Er drehte sich um. Eine Indianerin mit sehr mattem Teint und langem Haar, das ihr bis auf den Rücken fiel, lächelte ihn mit schelmisch funkelnden Augen an.

»Ich binde meinen Hund an!«

»Lädst du nicht aus?«

»Ich errichte mein Tipi erst, wenn es hell wird. Bei schönem Wetter schlafe ich gerne unter freiem Himmel.«

»Auch wenn ein bequemes Nachtlager für dich bereit ist?«

»Das ist nicht das, was ich suche.«

»Was dann? Branntwein?«

»Das schon gar nicht.«

»Vergnügst du dich nicht gern? Morgen beginnt das Potlatch, und alle sind hier, um zu feiern.«

»Man kann auch feiern, ohne den Branntwein der Weißen zu trinken.«

»Und ohne die Liebesfreuden zu teilen?«

»Du bist schön, und du wirst keine Mühe haben, jemanden zu finden.«

Ihr Lächeln gefror. Sie sah ihn verächtlich an, wirbelte herum und schritt hoch erhobenen Hauptes davon.

Ohio lief ihr nach. »Verzeih. Ich wollte dich nicht kränken. Ich bin sehr müde. Todmüde.«

Sie sah ihn an, wieder milder gestimmt. »Willst du etwas essen?«

»Gern!«

»Dann komm.«

Er folgte ihr. Sie hieß Angma und bewohnte mit ihrer Großmutter ein geräumiges Tipi. Ihre beiden Brüder und ihre Eltern waren bei einem Jagdzug nach Süden von Irokesen getötet worden. Ihr Liebster war mit einer Schar Krieger ausgezogen, um nach ihnen zu suchen, und ebenfalls nicht zurückgekehrt. Sie fragte Ohio, wer er sei. Er antwortete, er heiße Mark und sei von den Cree zu dem großen Fest eingeladen worden, weil er Post in den Osten befördere.

»Du ähnelst mehr einem Weißen als einem Indianer.«

»Man sagt auch, daß ich von beiden etwas habe.«

Lachend schöpfte sie ihm Biberragout in einen Holznapf. Es roch köstlich, und er aß gierig. Draußen hörte man Gelächter und Gesänge.

»Toqueiyazi hat das Trommeln verboten und hebt die Kisten mit dem Branntwein für morgen auf.«

»Er hat das Trommeln verboten?«

»Ja, das Potlatch beginnt morgen, und er möchte nicht, daß die Gäste sich vor der Zeit verausgaben.«

»Eine weise Entscheidung.«

»Toqueiyazi ist ein großer Häuptling.«

»Wird die Größe eines Häuptlings an der Größe eines Potlatchs und an der Zahl der Gäste und Branntweinflaschen gemessen?«

»Du spottest über deinen Gastgeber.«

»Ich habe zu viele Greuel gesehen.«

Sie verstand nicht und drang nicht in ihn. Er fragte sie vorsichtig über die Cree aus, die den Cochranefluß heraufgekommen waren, doch sie wußte nicht, wohin diese oder jene gezogen waren. Am liebsten hätte er das Lager durchkämmt, doch er widerstand der Versuchung. Mayoke war bestimmt hier und wurde irgendwo versteckt gehalten. Aber er durfte keine Aufmerksamkeit erregen. Die Entführer hatten ihn bei den Ojibwa, den Todfeinden der Cree, gesehen, und wenn sie ihn erkannten, war es um ihn geschehen. Man würde ihn sofort gefangennehmen und beim Potlatch zu Tode martern. Er mußte unauffällig zu Werke gehen.

Die Großmutter schnarchte laut, und Angma mußte sie schütteln, damit sie aufhörte. Ohio fielen die Augen zu. Sein ganzer Körper verlangte nach Ruhe. Er mußte neue Kräfte sammeln. Wenn er Mayoke fand, würden sie fliehen müssen. Angma trat zu ihm, streifte ihm die Jacke ab und knöpfte sein dickes Wollhemd auf. Sie deutete auf die weichen Decken aus Hasenfell, die ausgebreitet in einer Ecke lagen. Er schälte sich aus seiner Lederhose und schlüpfte unter die Decken. Das Mädchen zog sich splitternackt aus, dann legte sie ein paar Holzscheite aufs Feuer, schüttete Sand darüber und löschte die Kerze, die im Tipi ein mattes Licht verbreitet hatte. Sie drückte sich an ihn, und er ließ sie gewähren, doch er zeigte so wenig Begeisterung, daß sie von ihm ließ, ehe sie zum Höhepunkt kam.

»Verzeih mir, ich habe seit drei Tagen nicht geschlafen. Ich kann nicht mehr.«

Sie schmiegte sich an ihn. Ihre warme und lebendige Gegenwart erinnerte ihn daran, wie schön es war, neben Mayoke zu liegen, und im Verlauf dieser kurzen, unruhigen Nacht murmelte er mehrmals ihren Namen.

10

Die Sonne stand bereits hoch und drang durch die Karibuhäute des Tipis, als Ohio die Augen öffnete. Er war allein,
doch am Feuer stand eine dampfende Schale Tee mit Fladenbrot und Heidelbeeren. Er aß mit Appetit, kleidete sich an
und trat ins Freie. Die meisten Männer hatten sich erst gegen
Morgen hingelegt und schliefen noch, doch die Frauen machten sich rings um große Feuer zu schaffen.

Er ging zum Strand. Vulk schlief im Kanu. Er ließ ihn schlafen und kehrte ins Dorf zurück. Es bestand nur aus wenigen
Hütten, die dort, wo ein Fluß mit grünlichem Wasser in den
See mündete, auf der Flanke eines Hügels standen. Er erblickte
in der Ferne mehrere Kanus, die auf das Dorf zuhielten. Nachzügler, die gerade noch rechtzeitig zu dem großen Potlatch
kamen, zu dem sich mindestens sechshundert Cree und ihre
Freunde versammelten. Sie hatten Glück, denn sie hatten den
Wind im Rücken. Hätte er von der Seite oder von vorn geblasen, hätten sie sich bis zum Abend gedulden müssen.

Ohio steuerte auf die Tipis zu und schlenderte von Feuer
zu Feuer. Er bemerkte Angma, die neben einem Ofen, den
kräftige Männer mit Holzklötzen fütterten, mit zwei anderen
Frauen Teig knetete. Ein Stück weiter schnitten andere Fleisch
und spießten kleine Stücke auf lange Weidenstöcke. Keulen
von Elch, Bison und Karibu lagen bereit. Plötzlich entdeckte
Ohio die Gesuchten. Er bog sofort ab, verbarg sich hinter
einer Birke und beobachtete sie. Er erkannte Netsilik und
einen anderen aus der Bande, die Mayoke entführt hatte.

Wegen der vielen Menschen, die durchs Lager schlenderten, hatten sie ihn nicht bemerkt.

»Sie ist hier! Mayoke ist hier!«

Ohio mußte seinen ganzen Willen zusammennehmen, um sich nicht schreiend auf die Entführer zu stürzen. Am liebsten hätte er sie auf der Stelle erwürgt. Statt dessen kehrte er ins Tipi zurück, wo er, vor Blicken geschützt, um seine Fassung rang.

Er beschloß, bis zum Abend zu warten. »Der Branntwein wird mir helfen, keiner wird etwas bemerken. Irgendwann muß sich einer dieser Hundesöhne in die Büsche schlagen, dann schnappe ich ihn mir.« Bei dem Gedanken lächelte er rachsüchtig. »Und dann fliehen wir im Schutz der Dunkelheit.«

Er streckte sich auf die Häute und schloß die Augen. Er mußte Kräfte sammeln.

Am späten Nachmittag kam Angma, um ihn zu wecken. Er stellte sich schlafend.

»Ich habe schlecht geschlafen«, sagte er zu ihr.

»Ja, dein Schlaf war unruhig wie der eines Luchses, und du hast von einer gewissen Mayoke gesprochen.«

Sie wollte sich an ihn schmiegen, doch er stieß sie sanft zurück.

»Angma, ich habe einen Besuch zu machen, aber heute abend teilen wir die Liebesfreuden, und ich werde erst aufhören, wenn du mich darum bittest.«

»Das wird deine letzte Gelegenheit sein.«

Enttäuscht ließ sie ihn allein.

Am Abend loderten mindestens fünfzehn Feuer, und in der allgemeinen Ausgelassenheit waren ebenso viele Kisten mit Branntwein und Rum geöffnet worden. Männer schlugen Trommeln, die mit getrockneten Karibuhäuten bespannt waren, oder hieben mit Elchknochen auf Moschusochsenhörner, die je nach Größe und Form unterschiedlich tönten, und Frauen schüttelten dazu mit Steinen gefüllte Holzrasseln oder sangen mit kehligen Stimmen lustige Lieder.

Die jüngsten Mädchen, die nur einen einfachen Lederrock

trugen, wirbelten bereits mit nackten Brüsten auf den Tanz-
plätzen, die von in Biberfett getränkten Fackeln aus Birkenrinde beleuchtet wurden. Die Männer tranken und lauschten
den Liedern, von denen man einige zu Ehren Toqueiyazis
und seines Sohnes ersonnen hatte:

Es ist ruhmreich, den großen Häuptling zu sehen,
Es ist ruhmreich, ihn herrschen zu sehen.
Das Potlatch ist nach seinem Bild.
In großer Zahl sind die Cree zusammengeströmt
Und feiern heute seine zahlreichen Siege.
Möge sein Sohn auf seinen Spuren wandeln
Und die Cree zu Sieg und Wohlstand führen.

Die Cree jubelten Toqueiyazi und seinem Sohn zu, die zum
Zeichen des Triumphs und des Dankes ihre Speere schwangen. Mit stolz gewölbter Brust schritt der große Häuptling
von Gruppe zu Gruppe, überreichte Flaschen und hielt die
Frauen an, Speisen auszuteilen, damit alle Gäste gut versorgt
waren. Heute war sein Ruhmestag. Er wußte, daß er immer
Toqueiyazi bleiben würde, »Sieger in zahlreichen Schlachten
und Ausrichter des größten Potlatchs aller Zeiten«. Er und
sein Sohn wurden mit Geschenken überhäuft und revanchier-
ten sich mit Messern, Beilen, Fallen und Halsketten. Ohio war
von den Schätzen tief beeindruckt. Wie viele Menschenleben
mochten sie gekostet haben?

Ohio aß gerade, als er Angma auf sich zukommen sah.

»Dort hinten gibt es vorzüglichen Rum.«

Sie nahm ihn an der Hand und zog ihn fort. Er mußte von
dem Rum kosten. Sein fruchtiger Geschmack erinnerte ihn
entfernt an das berauschende Getränk, das die Nahanni aus
vergorenen Heidelbeeren brauten. Sie schenkte ihm noch einmal ein, und als sie kurz wegsah, kippte er den Inhalt des
Bechers auf die Erde.

»Du schüttest den Rum des großen Häuptlings weg?«
donnerte ein Mann mit glasigen Augen.

Mehrere Cree fuhren herum, doch Ohio ließ sich nicht einschüchtern und entgegnete: »Ich schütte nur den Bodensatz weg. Irgendein Idiot hat Fleisch hineinfallen lassen.«

»Rum schüttet man nicht weg.«

Zum Glück ging ein anderer dazwischen und drängte ihn ab. Doch Ohio bemerkte, daß mehrere Umstehende ihn neugierig musterten. Er faßte Angma an der Hüfte und führte sie zu einem anderen Feuer, an dem Betrunkene begonnen hatten, zum immer schnelleren Rhythmus der Trommeln zu tanzen. Das Fest war in vollem Gang.

»Ich komme gleich wieder, Angma. Ich möchte nur nach Vulk sehen.«

»Ich begleite dich.«

»Nein. Warte hier. Ich bin gleich zurück.«

Sie ließ ihn gehen. Ohio schlug die Richtung zum Strand ein, bog dann ab und kehrte zum Festplatz zurück, blieb aber im Schatten außerhalb des Feuerscheins. Er suchte lange und wollte schon aufgeben, als er Netsilik endlich entdeckte. Er torkelte mehr über den Tanzplatz, als daß er tanzte. Ohio ließ ihn nicht mehr aus den Augen.

Nach einer Weile war Netsilik des Tanzens müde und verschwand mit einem Mädchen in den Heidelbeeren. Ohio wartete. Netsilik hatte es eilig, und die Sache dauerte nicht lange. Die Indianerin kam alleine wieder, und sowie sie fort war, schlich Ohio zu der Stelle, wo sie so hastig die Liebesfreuden geteilt hatten. Fast wäre er über Netsilik gestolpert. Er lag ermattet am Boden und lallte vor sich hin. Er war völlig betrunken. Ohio steckte sein Messer zurück in die Scheide und riß ihn in die Höhe. Netsilik schimpfte. Da er sich nicht auf den Beinen halten konnte, nahm ihn Ohio kurzerhand auf den Rücken und trug ihn fort, ehe einer der wenigen noch nüchternen Gäste auf sein undeutliches Murren aufmerksam wurde. Erst als sie am Seeufer anlangten, leistete Netsilik Gegenwehr. Ohio warf ihn ins Wasser. Der Cree japste nach Luft. Das Wasser war eiskalt und brachte ihn endlich zu sich. Er schüttelte den Kopf und stürzte sich auf Ohio, doch der wich geschickt aus und stieß ihn zu Boden. Netsilik wollte schreien, doch Ohio packte ihn an der Gurgel.

»Du weißt, wer ich bin, habe ich recht? Du hast mich erkannt.«

Netsilik antwortete nicht. Er zitterte, aber mehr vor Kälte als vor Angst.

»Du sagst mir jetzt sofort, wo Mayoke ist, sonst lasse ich dich meine Klinge kosten.«

Der Mann versuchte, sich zu wehren, doch Ohio drückte noch fester zu und ritzte ihm die Haut mit dem Messer. Er hielt ihm seine Finger hin. Sie waren rot von Blut.

»Du wirst darin baden, du Stinktier, wenn du mir nicht sofort sagst, wo sie ist.«

Da er noch immer keine Antwort bekam, schob er ihm die Klinge tief in den Mund. Netsilik würgte und riß entsetzt die Augen auf.

»Raus mit der Sprache! Das ist deine letzte Chance. Ich vergeude keine Zeit mehr mit dir. Beim nächsten Mal schlitze ich dich auf wie einen Fisch und hole mir danach einen deiner Spießgesellen und bringe ihn zum Sprechen.«

»Ich weiß nicht, wo sie ist.«

»Willst du mich zum Narren halten?«

Ohio packte ihn an den Haaren, drückte seinen Kopf gegen den Boden und beugte sich über ihn. Netsilik spuckte Blut und schlug um sich.

»Ich schwöre … Ich schwöre es dir. Wir wollten sie hierherbringen, aber …«

»Was aber? Was habt ihr mit ihr vorgehabt? Was ist geschehen?«

Er verstummte, weil ihm zu Bewußtsein kam, daß er gebrüllt hatte. Netsilik wollte etwas sagen, doch er hielt ihm brutal den Mund zu. Er lauschte. Niemand kam. Sein Gebrüll war im Lärm des Festes untergegangen.

»Sprich. Das ist deine letzte Chance.« Ohio schüttelte ihn.

»Wir wollten sie Toqueiyazis Sohn bringen. Wir wollten sie ihm zum Geschenk machen …«

»Mayoke zum Geschenk machen!«

Er schüttelte ihn so heftig, daß sein Hinterkopf auf die Kieselsteine schlug.

»Weiter, was ist geschehen?«

»Es war an den Jiogkfällen… Wir sind morgens aufgewacht, und sie war nicht mehr da. Jemand hat sie entführt.«

»Sie wird entflohen sein«, versetzte Ohio und schöpfte wieder Hoffnung.

»Nein. Hinter dem Tipi fanden wir Fußspuren, die nicht von uns stammten. Wir hatten dich im Verdacht.«

»Weißt du, was ich jetzt tun werde?«

Netsilik schüttelte den Kopf.

»Ich lege dich gefesselt ins Kanu, dann hole ich einen deiner Komplizen und löse ihm die Zunge. Und wenn er mir nicht dasselbe sagt wie du –«

Er hielt inne. Ein Mann war über ihm am Ufer aufgetaucht. Seine Gestalt stach dunkel gegen den erleuchteten Festplatz ab.

»Was ist hier los?«

Ohio legte sich auf Netsilik und setzte ihm die Klinge an die Kehle.

»Angma und ich wollen allein sein. Geh woanders hin.«

»Angma? Alles in Ordnung, Angma?«

So ein Pech. Er war an einen Mann geraten, der sie kannte und offensichtlich nicht betrunken war.

»Laß uns in Ruhe«, wiederholte Ohio.

»Ich lasse euch in Ruhe, wenn Angma mir sagt, daß alles in Ordnung ist. Hier bei uns tut man Frauen keine Gewalt an, wenn sie die Liebesfreuden nicht teilen wollen.«

Der Mann war beim Sprechen nähergetreten, um sich selbst ein Bild zu machen. Ohio mußte handeln. Er schnellte in die Höhe und schmetterte ihm die Faust ans Kinn. Der Mann sackte zusammen, und Ohio warf sich auf ihn. Im selben Augenblick sprang Netsilik auf und rannte zu den Feuern.

»Zu Hilfe! Ein Ojibwa! Ein Ojibwa!«

Ohio wollte aufstehen, doch der Cree war wieder zu sich gekommen und packte ihn an der Gurgel. Sie wälzten sich auf den Steinen. Der Mann war stark. Noch wenige Augenblicke, und Ohio war verloren. Netsilik würde mit Verstärkung zurückkommen, und er wußte nur zu gut, was ihn dann erwartete. Die Gelegenheit war zu günstig. Die Cree würden ihn langsam zu Tode martern. Mit verzweifelter Anstrengung versuchte er, sich loszureißen, doch sein Gegner wußte, daß er nicht mehr lange auszuhalten brauchte. Schon nahten laute Stimmen.

»Vulk!« brüllte Ohio.

Alles ging blitzschnell. Vulk befreite sich, und mit wenigen Sätzen war er bei ihnen und biß dem Mann die Kehle durch. Ohio rannte zum Kanu, schob es ins Wasser und sprang hinein. Vulk schwamm ihm nach. Fünf Männer tauchten am Ufer auf, unter ihnen Netsilik. Der Schnellste holte das Kanu ein. Ohio schlug mit dem Paddel nach ihm, doch es war zu spät. Der Mann bekam das Heck zu fassen und kippte das Boot um. Ein Triumphgeheul ertönte, und Ohio stürzte ins Wasser. Mit wilden Zügen schwamm er auf den See hinaus. Zwei Cree schafften seine Sachen, die auf dem Wasser trieben, ans Ufer, die anderen leerten das vollgelaufene Kanu, drehten es wieder um und kletterten hinein. Einer setzte sich mit einer Lanze nach vorn, die beiden anderen paddelten, der eine mit Ohios Paddel, der andere mit den Händen.

Ohio schwamm parallel zum Ufer. Das Wasser war eiskalt, und er wußte, daß ihm nur wenig Zeit blieb, bis sein Körper ihm den Dienst versagen würde. Das Kanu kam näher, und auf der Böschung rannten mehrere Cree neben ihm her. Er war verloren.

Er tauchte, um einem Lanzenstoß zu entgehen, und kam ein Stück weiter prustend wieder an die Oberfläche. Die Männer brachen in Lachen aus und johlten. Sie waren sich ihrer Sache sicher und versuchten nicht einmal mehr, ihn einzuholen. Sein Fluchtversuch war lächerlich. Seine Glieder wurden steif. Er hob den Blick. Er war jetzt auf der Höhe des

Waldes angelangt, der den Kriegern am Ufer die Verfolgung erschwerte, denn es war verhältnismäßig dunkel. Er tauchte erneut und schwamm unter dem Kanu durch, das sich zwischen ihn und das Ufer geschoben hatte, um ihm den Fluchtweg abzuschneiden. Ein Stück weiter tauchte er wieder auf und schwamm mit kräftigen Stößen in Richtung Ufer. Vulk stieß in dem Augenblick wieder zu ihm, als er ein letztes Mal tauchte.

»Aufgepaßt, er will ans Ufer!« schrie Netsilik.

Ohio kam so geräuschlos wie möglich zwischen den Binsen wieder nach oben. Der Kopf wollte ihm zerspringen vor Kälte.

»Tötet den Hund!« hörte er jemanden rufen.

Er spähte nach oben, sah aber niemanden. Er mußte jetzt alles wagen. Er sprang auf, bekam eine Wurzel zu fassen und zückte sein Messer. Ein Cree tauchte vor ihm auf, doch Vulk war schneller und fiel ihn an.

»Dort ist er!« rief Netsilik vom Kanu aus. »Dort, schnell!«

Das Dickicht am Waldrand hatte die anderen aufgehalten. Plötzlich standen zwei vor ihm. Er hatte keine Wahl: Er mußte zurück ins Wasser. Während er erneut unter dem Kanu hindurchtauchte, kam ihm eine Idee. Er brachte sich in die Senkrechte, stieß mit aller Kraft von unten gegen das Boot und warf es um. Die Cree konnten nicht schwimmen, und Ohio nutzte ihre Verwirrung, um ans Ufer zu klettern und in den Wald zu flüchten. Äste peitschten ihm das Gesicht, doch er rannte weiter, stolperte über Wurzeln und schlug sich an Steinen die Hände auf. Aber sonst war er unverletzt. So unverletzt wie Vulk, der ihn soeben eingeholt hatte.

11

Das Laufen tat ihm gut, aber irgendwann mußte er stehenbleiben, und er wußte, daß er dem Tod nur vorläufig entronnen war. Er machte sich Vorwürfe. Warum hatte er das Kanu
der Verfolger nicht früher zum Kentern gebracht, statt sein
Heil in dieser sinnlosen Flucht zu suchen und sich so lange
dem eisigen Wasser auszusetzen? Er schlotterte, und seine
Glieder waren steif. Seine Finger versagten ihm den Dienst.
Müdigkeit überkam ihn.

Im Wald war es stockfinster, und der Boden war mit
Schmelzwasser vollgesogen. Er beneidete Vulk, der sich neben ihm schüttelte und von den wenigen Wassertropfen
befreite, die noch in seinem warmen Fell hingen. Er selbst
hatte keinen trockenen Faden am Leib, und seine Zündhölzer
waren naß. Eine Decke hätte ihm genügt. Er hätte sich ausgezogen, hineingewickelt und an Vulk geschmiegt. Er hätte
lange gezittert, aber irgendwann wäre ihm wieder warm geworden.

Schlafen. Das war alles, was er jetzt wollte. Sich in einen
Winkel verkriechen, zu einer Kugel zusammenrollen und
die Augen schließen. Er kämpfte dagegen an, doch sein Geist
hatte keine Gewalt mehr über seinen Körper. Er wußte, daß er
gehen mußte, doch er konnte Arme und Beine nicht mehr
bewegen. Sie waren zu weit weg. Er sah seinem armen Körper beim Sterben zu und fühlte sich gut dabei. Eine wohlige
Wärme durchströmte ihn, er trat in eine langgestreckte
Höhle, in der große Feuer brannten. Wie schön der Tod war!

Am Feuer erwartete ihn eine junge Frau. Mayoke! Plötzlich ein Schmerz an seiner rechten Körperseite. Ein Kratzen. Mit übermenschlicher Anstrengung öffnete er die Augen. Er spürte Vulks warme und rauhe Zunge auf seinem Arm, dann auf seinem Gesicht. Er lag im schwammigen Moos des Unterholzes. Er brauchte nur die Augen zu schließen, und schon war er wieder am Feuer. Auf der anderen Seite erwartete ihn der Alptraum einer kalten Nacht. »Ich muß mich bewegen«, aber sein Körper regte sich nicht. Und doch spürte er deutlich die Gegenwart Vulks. Also lebte er noch. »Du mußt dich bewegen! Schon, aber was dann? Wie soll ich diesen ungleichen Kampf auf Leben und Tod gewinnen? Gehen. So schnell wie möglich gehen, bis du deine Hände wieder spürst. Und dann?«

Mit einer letzten verzweifelten Anstrengung, die ihm Schmerzensschreie entlockte, erhob er sich und setzte mechanisch einen Fuß vor den anderen. Er wußte nicht, wohin er ging. Kehrte er ins Dorf zurück, entfernte er sich von ihm? Es war ihm gleich. Er ging, weil sein Überlebenswille es gebot, doch er dachte nicht weiter voraus.

Er ging, ohne die Äste zur Seite zu biegen, die ihm das Gesicht zerkratzten. Er zitterte und klapperte mit den Zähnen. Sein Körper folgte dem Gespenst seines Ichs wie ein Schatten, den der Raubvogel im Flug auf die Erde warf. Wie lange marschierte er so? Er wußte es nicht, aber plötzlich trat er in das fahle Mondlicht einer großen Lichtung. Und ganz mechanisch machte er sich an die Ausführung eines Plans, den ersonnen zu haben er sich gar nicht erinnerte. Er zückte das Messer und zog die nasse Lederjacke aus. Die Kälte krallte sich mit eisigen Klauen in seinen Rücken. Mit steifen Fingern schnitt er einen dünnen Streifen aus dem Leder. Da er zitterte, fiel es ihm schwer, und er mußte mehrmals von vorn beginnen. Dann schnitt er aus einem krummen Kiefernzweig einen kleinen Bogen und befestigte den Lederstreifen daran. Nun brauchte er ein Stück trockenes Holz, und da der Boden zu naß war, suchte er in den unteren Ästen der Kiefern. Er brach einen nach dem anderen ab, denn er konnte kaum etwas erkennen. Er hatte Glück, denn zufällig stieß er auf ein Vogelnest, das Sonne und Wind getrocknet hatten. Ein hervorragender Zunder.

Seine Wahl fiel schließlich auf einen dicken Ast, dessen Knacken ihm gefiel. Ein trockenes Knacken. Mit dem Messer hobelte er Späne ab, bis er eine handtellergroße ebene Fläche erhielt, in die er seitlich eine kleine Kerbe schnitt. Dann nahm er einen Stock zur Hand, wickelte den Lederstreifen des Bogens darum und begann, den Bogen rasch hin und her zu bewegen, so daß der Stock sich wie eine Spindel in der Kerbe drehte. Das Holz erhitzte sich, und Rausch stieg aus dem Reisig und Moos des Nestes auf. Gleichwohl mußte Ohio dreimal ansetzen, ehe der Zunder schwach zu glimmen begann. Sofort verdoppelte er seine Anstrengungen für kurze Zeit, hielt dann abrupt inne und blies leicht in die Glut. Eine Flamme züngelte empor. Er nahm Fichtenzweige, die er gesammelt hatte, und legte sie sachte auf das Moos, wobei er sorgsam darauf achtete, daß er die zarten Flammen nicht erstickte.

»Gerettet!«

Ein Triumphschrei entfuhr Ohio, der jetzt noch heftiger zitterte. Es war höchste Zeit! Er stürzte zu den Bäumen und brach alle unteren Äste ab.

Vulk, der die ganze Zeit winselnd um ihn herumgestrichen war, fand jetzt endlich eine Möglichkeit, ihm zu helfen. Er nahm einen Ast ins Maul und trug ihn zum Feuer. Ohio konnte es nicht fassen.

»Gut gemacht, Vulk! Gut gemacht!«

Erfreut schleppte der Hund weiteres Holz herbei. Ohio legte die Äste aufs Feuer und wärmte sich an den Flammen. Das Leben kehrte zurück. Die Wärme drang durch die Haut seiner Hände, und er zog sie erst zurück, als ihm ein brenzliger Geruch in die Nase stieg. Da er nicht wußte, wo er war, widerstand er der Versuchung, sich ganz auszuziehen. Er mußte jederzeit zur Flucht bereit sein. Auch wenn ihn der

Wald ein wenig schützte, so bildete das Feuer über der Lichtung doch eine Art leuchtende Kuppel, die weithin sichtbar war. Vulk würde ihn rechtzeitig warnen, so daß er nicht zu fürchten brauchte, überrumpelt zu werden. Er trocknete ein Kleidungsstück nach dem anderen über der Glut. Er war hungrig, da er aber nichts zu essen hatte, richtete er sich ein Lager aus Kiefernzweigen her und legte sich ans Feuer, einen Vorrat an Brennholz zum Nachlegen griffbereit.

»Vulk, ich verlasse mich auf dich. Schön aufpassen!«

Er wollte einstweilen nicht an Mayoke denken und an das, was er erfahren hatte. Man hatte sie ein zweites Mal entführt! Wer konnte ein solches Wagnis eingegangen sein, und zu welchem Zweck? Ehe er einen klaren Gedanken fassen konnte, fiel er auch schon in einen tiefen Schlaf. Zum Glück schreckte er in regelmäßigen Abständen hoch und lief so nicht Gefahr, das Feuer ausgehen zu lassen.

Als er am Morgen erwachte, fiel es ihm schwer, die Augen zu öffnen, und er konnte nicht aufstehen. Er befühlte seine Stirn. Sie glühte.

Fieber.

Und er hatte nichts mehr. Der Lederbeutel mit den heilsamen Kräutern und Wurzeln war zusammen mit seiner übrigen Habe den Hundesöhnen der Cree in die Hände gefallen. Er zog das kleine Etui aus Birkenrinde aus der Tasche, das die feuchten Zündhölzer enthielt. Er trocknete ein Zündholz nach dem anderen, dann die Reibefläche, die er von der Schachtel abgeschnitten hatte. Auf diese Weise rettete er dreißig Hölzer, die übrigen waren unbrauchbar. Diese Arbeit ermattete ihn derart, daß er das wenige erbrach, das er im Magen hatte. Ohios Fieber stieg weiter, und zum ersten Mal seit Beginn der schönen Tage zeigten sich Stechmücken. Er hatte nicht einmal die Kraft, sie zu verscheuchen. Ihm wurde abwechselnd kalt und heiß. Er versuchte aufzustehen, konnte sich aber nicht auf den Beinen halten. Die ganze Lichtung drehte sich um ihn. Also kroch er auf allen vieren.

»Wasser!«

Er schleppte sich zu einem Rinnsal aus Schmelzwasser, trank, konnte aber nichts bei sich behalten, legte sich neben das Rinnsal, da er zu erschöpft war, um ans Feuer zurückzukriechen, und begann, unruhig vor sich hin zu murmeln.

»Ich bin erledigt. Die Cree werden kommen. Es ist aus. Diesmal ist es endgültig aus.«

Er erwachte gegen Abend. Sein Gesicht und seine Arme waren mit Schwellungen übersät. Mückenstiche bluteten in den Schrammen, die er sich bei der nächtlichen Flucht durch den Wald zugezogen hatte. Er wusch sich das Gesicht, stöhnte dabei vor Schmerz. Endlich konnte er trinken, ohne sich zu erbrechen. Vulk winselte.

»Das wird schon wieder, Vulk!«

Er nahm den Kopf seines Hundes zwischen die Hände und küßte ihn. Auf allen vieren kroch er zum Feuer zurück. Es war erloschen. Er entfachte es wieder, aber der Vorrat an Holz ging zur Neige, und er mußte immer tiefer in den Wald hinein, um Nachschub zu finden.

»Ich habe Hunger. Großen Hunger!«

Wenn er überleben wollte, mußte er essen, doch er war zu schwach, um sich etwas Eßbares zu beschaffen. Die Nacht brach an. Bald würde er nichts mehr sehen. Er stand auf und ging wankend Holz suchen. Er konnte nur einen Ast tragen. Seine Kräfte schwanden. Er kehrte zum Feuer zurück.

»Los, Vulk. Hol den Rest.«

Vulk sprang in den Wald und kehrte stolz mit einem Ast im Maul zurück.

»Gut gemacht, Vulk!«

Er legte Holz nach und döste ein. Er erwachte etwas später, schlotternd vor Kälte. Er streckte den Arm aus, um nach einem Stück Holz zu greifen, und traute seinen Augen nicht. Neben ihm lag ein riesiger Haufen, bestehend aus Ästen, Holzstücken und sogar einigen grünen Weidentrieben, die ausgerissen worden waren. Vulks Klugheit erstaunte ihn. Er rief nach ihm.

»Vulk!«

Er brauchte nicht lange zu warten, und schon kam er mit einem neuen Weidentrieb angetrabt. Wie sollte er ihm den Unterschied zwischen grünem und trockenem Holz klar machen?

»Gut gemacht, Vulk!«

Er streichelte ihn lange und forderte ihn auf, sich neben ihn zu legen. Er hatte Schüttelfrost, glühte vor Fieber. Er schlief wieder ein und erwachte erst am nächsten Morgen. Vulk war nicht mehr da. Er hatte Hunger, quälenden Hunger. Er biß in das Leder seiner Jacke, um seinen Magen zu beruhigen, der sich vor Schmerzen zusammenkrampfte. Er versuchte aufzustehen, doch er war zu schwach. Wie konnte er darauf hoffen, ein Wild zu erlegen, wo er doch keine Waffe hatte, geschweige denn die Kraft, sich einen Bogen oder eine Schlinge zu fertigen? Er würde verhungern. Wie viele Tage waren vergangen? Er wußte es nicht. Er konnte nicht mehr zwischen Traum und Wirklichkeit unterscheiden. Existierte Mayoke wirklich? War da nicht Sacajawa, die das Feuer wieder entfachte, ein Kariburagout zubereitete und köstliches goldbraunes Fladenbrot aus dem Ofen nahm? Er schlug die Augen auf, und das Feuer tanzte wie eine junge Frau, die ihre bunten Röcke um ihren biegsamen Körper wirbelte.

»Mayoke!«

Er spürte ihren warmen Atem an seiner Wange, und ein Lächeln legte sich auf seine Lippen. Er öffnete die Augen und schrie entsetzt auf. Direkt über ihm fletschte ein Wolf die Zähne, die Schnauze voll Blut. Er hob abwehrend die Hände, doch der Wolf schloß das Maul bereits wieder und schüttelte sich. Ohio kroch auf allen vieren. Alles drehte sich. Das Feuer. Der Wolf. Er wollte sterben. Sehnte das Ende herbei. Doch der Wolf rührte sich nicht. Zu seinen Füßen lag ein Knäuel aus Fell.

»Vulk! Mein Vulk!«

Er hatte ihm einen Hasen gebracht.

Ohio kroch hin und packte das Tier. Er zog ihm mit bloßen

Händen das Fell ab und begann, das Tier roh zu essen. Er riß ihm den Hinterleib ab und warf ihn in die Glut. Er schmeckte das noch warme Blut des Tieres. Er kaute das saftige Fleisch lange und schluckte es mit einem Seufzer der Befriedigung. Vulk war bereits wieder auf die Jagd gegangen. Ohio konnte sich nur mit größter Mühe gedulden, bis das Fleisch gar war, denn es duftete verlockend. Gerade als es fertig war, kehrte Vulk stolz mit einem zweiten Hasen zurück.

Ohio häutete auch ihn und teilte ihn mit dem Hund.

»Mein Vulk. Du rettest mir das Leben.«

Er streichelte ihn und küßte ihn auf die Schnauze, und der Husky zwinkerte vor Vergnügen und ziepte wie ein junger Luchs, dem die Mutter den Bauch kitzelt.

12

Zwei Tage später sank das Fieber, und Ohio konnte aufstehen. Vulk brachte ihm sieben Hasen und mehrere Kragenhühner. Langsam kam er wieder zu Kräften. Er war stark abgemagert, aber den Tod brauchte er nicht mehr zu fürchten. Er erklomm mühsam einen kleinen Hügel, um festzustellen, wo er sich befand. Er war eine gute Fußstunde vom Dorf entfernt, dessen Hütten sich in der Ferne schemenhaft abzeichneten. Die meisten Gäste waren nach Toqueiyazis großem Potlatch wieder in ihre Dörfer zurückgekehrt. Ob die Ojibwa die Gelegenheit wohl dazu genutzt hatten, die verlassenen Dörfer zu zerstören? Ohio kümmerte das nicht.

Da am Himmel ein Unwetter aufzog, suchte er Schutz unter einem großen Felsen. Er bereitete sich wieder ein Lager aus Zweigen, dann baute er sich mit einem Lederstreifen, den er aus seiner Jacke schnitt, eine Schleuder und erlegte drei junge Kragenhühner, die noch nicht flügge waren und die ihre Mutter dadurch zu retten suchte, daß sie sich flügellahm stellte, um den Jäger abzulenken. Die Vögel schmeckten köstlich. Am nächsten Tag hatte er das Glück, auf ein Stachelschwein zu stoßen, das er mühelos töten konnte, da seine Verteidigungstechnik darin bestand, sich zu einer Kugel zusammenzurollen, statt zu fliehen. Dafür kostete es ihn einige Mühe, Vulk von den Stacheln zu befreien, die sich bei seinem Versuch, das Tier zu beißen, in seine Schnauze gebohrt hatten.

In einer regnerischen Nacht schlich er sich ins Dorf und zu

den Kanus, die aufgereiht am Strand lagen. Leider waren die meisten zu groß, und die beiden einzigen, die er allein hätte steuern können, wurden gerade überholt. Er konnte sie nicht zum Wald tragen, um sie selbst zu flicken. Ein Hund begann zu bellen, und er mußte fliehen. Seine ganze Beute bestand in einem langen Seil aus geflochtenem Leder, und das war herzlich wenig im Vergleich zu dem, was er zurückgelassen hatte. Er holte Vulk, den er an einen Baum gebunden hatte, und ging mit ihm am See entlang, ohne zu wissen, wohin sein Weg ihn führen sollte. Er wollte nur fort aus dieser Gegend, in der er über kurz oder lang einer Schar Cree in die Hände laufen mußte.

Er kam nur langsam voran, denn er war noch nicht wieder im Vollbesitz seiner Kräfte. Aber bei dem Marsch durch den Wald konnte er sich mit Wild versorgen, das er bei einer Kanufahrt nicht gefunden hätte. Vulk riß Hasen, und er erlegte mit der Schleuder Waldhühner. Er briet sie an kleinen Lagerfeuern, die er ohne Zündhölzer entfachte, um den kleinen Vorrat für Notfälle aufzusparen.

Nach einigen Tagen gelangte er ans Ende des Sees und folgte dem gewundenen Lauf eines Flusses. Er blieb auf der Hut, aber er begegnete keiner Menschenseele. In einem Bach fing er mit bloßen Händen ein paar Forellen, dann harpunierte er einen großen Hecht, der hinter dem Stumpf eines entwurzelten Baums, dicht unter der Wasseroberfläche, auf Beute gelauert hatte. Ein Stück weiter pflückte er Krähenbeeren, deren Kerne er zerquetschte, um ihren Saft zu gewinnen. Mit Ton vermischt, bot er einen wirksamen Schutz gegen Stechmücken. Er rieb sich das Gesicht und die Hände damit ein, ehe er seinen Marsch in Richtung der Jiogkfälle fortsetzte. Auch dort war kein Mensch. Hier also verlor sich Mayokes Spur! Eine tiefe Traurigkeit überkam ihn.

»Wo bist du, Mayoke? Wo bist du?«

Er irrte über die Lagerplätze. Er wußte nicht, wonach er hätte suchen sollen. Was für ein Hinweis hätte ihm auch weiterhelfen können? Keiner. Er war allein und hilflos. Er war ja nicht einmal in der Lage gewesen, Mayoke zu beschützen, geschweige denn das Kind, das sie unter dem Herzen trug. Er war das Vertrauen, das sie in ihn gesetzt hatte, nicht wert. Eine dumpfe Wut überkam ihn, und er lief unschlüssig im Kreis. Wohin sollte er sich wenden? Wo versteckte man sie? Was sollte er tun?

»Was soll nur aus mir werden?«

Er mußte zurück in sein Lager, die Hunde holen, das Kanu fertig bauen. Ein Teil seiner Ausrüstung war noch dort. Er würde sich mit allem Nötigen versehen und die Suche wieder aufnehmen. Er würde alle Dörfer der Umgebung durchstöbern und nach Einbruch des Winters die Suche ausdehnen, wenn nötig, den gesamten hohen Norden durchkämmen, von Küste zu Küste. Er würde bis zum letzten Atemzug nach ihr suchen.

Um zum Cochranesee zu gelangen, mußte er nur drei kleinere Flüsse durchqueren. Er schätzte, daß er in acht Tagen bei seiner Meute sein konnte.

Doch schon am nächsten Tag legte er, getrieben von einer bösen Vorahnung, eine sehr große Strecke zurück. In der Nacht hatte er einen Alptraum gehabt. Er kam in seinem Lager an, und nichts war mehr da, keine Hunde, kein Tipi, kein Kanu. Nur die verkohlten Überreste des zerstörten Dorfes und die verstreuten Knochen derer, die an diesem verwünschten Ort gestorben waren. Noch nie war er so verzweifelt gewesen, denn die Aussicht, seine Hunde wiederzusehen, Torok und die anderen, war die letzte Hoffnung, an die er sich noch klammern konnte.

Auf die schönen Tage nach Vollmond folgte eine Schlechtwetterperiode. Es regnete ununterbrochen. Der Waldboden war aufgeweicht und naß wie ein Schwamm. Das Leder seiner Mokassins löste sich auf, seine Kleider, die er sich bei der Flucht durch den Wald zerrissen hatte, gingen in Fetzen. Die geschwollenen Schrammen und Stiche in seinem Gesicht eiterten. Doch das kümmerte ihn nicht. Eines Morgens, als er am Fuß eines Hügels am Seeufer entlangging, glitt er auf einem Stein aus, knickte um und stürzte schwer. Er schrie vor Schmerz. Sofort war Vulk bei ihm und leckte ihm das Gesicht. Stöhnend schleppte er sich unter die Bäume und wartete, bis der Schmerz nachließ, um sich dann das Bein näher anzusehen. Aber er wußte Bescheid. Ein oder mehrere Muskelstränge waren gerissen, und er würde erst in zwei Wochen wieder gehen können!

»Ich bin selbst schuld«, dachte er. »Ich mache einen Fehler nach dem anderen. Ich hätte mir ein Kanu beschaffen sollen. Ohne Kanu kann man im Sommer nichts tun.«

In den folgenden Tagen machte er sich unablässig Vorwürfe und wurde immer verzagter. Sein Leben und seine Reise zogen langsam vor ihm vorüber, und in allem sah er nur weitere Beweise für sein mangelndes Urteilsvermögen, seine Selbstsucht, seine Unfähigkeit, mit den Widrigkeiten des Lebens fertig zu werden. Alles, was ihm widerfahren war, hatte er sich selbst zuzuschreiben. Die Strafe, die ihm die großen Geister auferlegten, war die natürliche Konsequenz seiner Fehler. Er lebte nicht mehr. Da war es nur gerecht, wenn er überlebte. Er baute sich aus Zweigen einen notdürftigen Unterstand, der den Regen durchließ, und hockte stundenlang niedergeschlagen an einem kleinen Lagerfeuer. Er hatte sich eine Schiene angelegt, damit er wenigstens Holz sammeln konnte, mehr tat er nicht. Vulk jagte für ihn. Oft blieb er stundenlang fort und kam dann mit einem Hasen, einem Eichhörnchen oder einem Waldhuhn im Maul wieder. Um Wasser zu erwärmen oder Fichtentee zu kochen, hatte er sich einen ausgehöhlten Felsen gesucht, in den er Steine warf, die er zuvor im Feuer erhitzt hatte. Er pflückte Schachtelhalmstengel und bereitete sich daraus einen Aufguß, der Muskelschmerzen linderte.

Nach und nach verlor er jedes Zeitgefühl. Er führte stundenlang Selbstgespräche, bei Tag und bei Nacht. Eines Morgens erwachte er in der festen Überzeugung, daß Mayoke nun aus freien Stücken mit einem anderen zusammenlebte. Durch ihre Trennung war ihr klar geworden, daß er unfähig war, eine Frau zu beschützen und die Verantwortung für ein Kind zu tragen. Er brauchte sich ja nur anzusehen. Er war nur noch ein Schatten seiner selbst, vergleichbar einem Lachs, der nach dem Laichen alle Farbe verlor, in einem toten Flußarm auf der Seite lag und, das Auge weiß, der Körper vernarbt, auf das Ende wartete.

Der Himmel blieb trostlos grau, und Ohio begann zu husten. Er bekam wieder Fieber. Er erhob sich mühsam und arbeitete einen ganzen Tag, um das Dach seines Unterstands mit Kiefernzweigen und Birkenrinde abzudichten. Er humpelte, und sein Bein erinnerte ihn an seinen erbärmlichen Zustand, sobald er eine falsche Bewegung machte. Er zwang sich, ein Schneehuhn zu essen, aber gleich darauf streckte ihn eine Übelkeit auf sein Lager. Zwei Tage lang phantasierte er, hustete und erbrach alles, was er zu sich nahm. Vulk stellte das Jagen ein und blieb bei ihm. Eines Nachts näherte sich ein Schwarzbär, doch der Hund schlug ihn mit wütendem Knurren in die Flucht. Das Feuer erlosch, und Ohio schlotterte vor Kälte in seiner zerschnittenen Jacke. Zum Glück wärmte ihn Vulk.

Eines Nachts klarte der Himmel schließlich auf. Am Morgen schien die Sonne, und die Taiga dampfte wie feuchte Wäsche. Ohio spürte die wohlige Wärme auf seinen mit Schorf und Bläschen übersäten Wangen und öffnete ein Auge. Er blieb lange erschöpft liegen, dann raffte er sich auf, um Feuer zu machen, hatte aber nicht mehr die Kraft, den Bogen hin- und herzubewegen. Er hatte vergessen, daß er noch Zündhölzer hatte, und erst am Spätnachmittag, nachdem er sich mit einem rohen Schneehuhn gestärkt hatte, fiel es ihm wieder ein. Er entblößte den Oberkörper, um seinen kranken Körper zu sonnen, und stellte verblüfft fest, wie mager er war. Er war nur noch Haut und Knochen. Aber die Muskeln an seinem Bein waren geheilt, und er konnte nach und nach wieder gehen.

Mehrere Tage vergingen. Er kam wieder zu Kräften und begann allmählich damit, sich wieder zu orientieren. Seit wann war er hier? Er wußte es nicht. Es war auch nicht wichtig. Er hatte Mayoke gesehen. Sie lebte in einem Dorf der Cree an einem großen See und war die Frau eines mächtigen Häuptlings. Sie bewunderte ihn und vergaß Ohio. Er war in ihrem Leben nur ein durchziehender Vogel gewesen. Jetzt konnte er nur noch versuchen, seine Hunde wiederzufinden, aber er machte sich keine falschen Hoffnungen. Bestimmt waren auch sie von irgend jemandem entführt worden, der in der Lage war, sich um sie zu kümmern. Dennoch wollte er zu seinem Lager zurückkehren. Dieses Unterfangen, so sinnlos es auch sein mochte, gab ihm einen Grund, unbedingt überleben zu wollen.

13

Als er sich wieder auf den Weg machte, lag eine drückende Hitze über der Taiga, die ein tausendfaches Summen erfüllte. Myriaden von Insekten waren geschlüpft, und die Forellen im See schnappten wie besessen nach Mücken. Drei Fischadler schwebten über ihnen, stießen dann und wann mit angelegten Flügeln herab und tauchten ins aufspritzende Wasser nieder. Sie packten den Fisch mit den Krallen, schwangen sich schwerfällig wieder in die Lüfte und trugen ihn ans Ufer, wo sie ihn in aller Ruhe verspeisten. Ohio verscheuchte einen, der unter zornigem Gekreisch von seiner Beute abließ. Er hatte Appetit auf Fisch, und die Gelegenheit war günstig. Mücken fielen in Schwärmen über ihn her, doch das Jucken erschien ihm fast angenehm im Vergleich zu dem seelischen Schmerz, der ihn peinigte.

Dann, eines Abends, als ein Unwetter aufzog, erreichte er die Stelle, an der der Cochrane in den See mündete. Er war sich nicht mehr sicher, ob er zu seinem alten Lagerplatz zurückkehren sollte. Doch er zog weiter, getrieben von einer geheimnisvollen Kraft. Er trug nurmehr Lumpen am Leib, und sein Gesicht, seine Arme und Beine waren mit blutenden Stichen, Schrunden und Pusteln übersät. Er war zum Skelett abgemagert und stank ekelerregend, denn er wusch sich nicht mehr, und der Eiter aus seinen Wunden schimmelte auf seinen zerrissenen Kleidern.

Zwei Tage später kam der Hügel in Sicht, auf dem einst ein Dorf gethront hatte. Er verlangsamte seine Schritte. Sein Herz pochte, und Tränen traten ihm in die Augen. Er erklomm den Hang und blieb stehen. Ein Stachelschwein streifte zwischen den verkohlten Überresten der Hütten umher.

Ohio rief Vulk zurück, der sich auf das Stachelschwein stürzen wollte, und ging zu der Stelle, wo sein Tipi gestanden hatte. Es war nichts mehr da. Kein Tipi. Keine Hunde. Nicht einmal das halbfertige Kanu. Gar nichts. Er war nicht überrascht. Er hatte es geahnt. Er hatte sich nur Gewißheit verschaffen müssen. Er sank zu Boden und blieb lange reglos sitzen, starrte niedergeschlagen auf seine zerfetzten Mokassins und seine dürren Beine. Das bißchen Leben, das ihm geblieben war, hatte ihn verlassen.

Weiße Wolken zogen am Himmel, und eine Schar Raben flog krächzend vorüber. Er legte sich auf die nackte Erde und schlief, Vulk an seiner Seite, ein.

Die Sonne stand tief, als Vulk aufsprang und knurrte. Ohio öffnete ein Auge. Vulk spähte zum Wald hinüber. Sie sahen den Husky im selben Augenblick. Er kam im vollen Galopp auf sie zu, warf sich mit seinem ganzen Gewicht auf Ohio und wollte gar nicht mehr von ihm ablassen.

»Torok! Mein Torok!«

Ohio verlor die Fassung und begann, heftig zu schluchzen. Unzählige Male wiederholte er den Namen des Leithunds und vergrub sein Gesicht in seinem Fell. Torok zerkratzte ihm mit den Pfoten den Bauch, und Vulk winselte vor Freude und feierte mit ihnen. Die beiden rivalisierenden Hunde schienen sich über das Wiedersehen zu freuen! Ohio brauchte lange, ehe er die Fassung zurückgewann.

»Du bist da, mein Torok! Du bist da!«

Der Husky begann, so hartnäckig zu bellen, daß Ohio aufstand und ihm folgte. Torok lief voraus, kam zurück, jagte wieder bellend davon. Doch Ohio war zu schwach, um schneller zu gehen. Nach einiger Zeit lichtete sich der Wald, und vor ihnen lag ein See. In diesem Augenblick hörte Ohio sie. Seine Hunde! Die ganze Meute war da! Sie kamen angestürmt, drängten sich um ihn und begrüßten ihn ausgelassen,

und er konnte sie nicht einmal mehr sehen, denn Freudentränen verschleierten ihm die Augen.

»Meine Hunde!« rief er immer wieder.

Auch Umiak kam gelaufen, mit ihren Welpen, die fröhlich
um sie herumtollten und an Ohio hochsprangen.

Er sah Mayoke nicht kommen. Als er die Augen hob, stand
sie da. Das Gesicht tränenüberströmt, starr von Entsetzen. Sie
sahen einander an, keiner Bewegung fähig. Dann rief er sie,
aber nur leise, denn er fürchtete, den magischen Augenblick
zu stören, wenn er laut ihren Namen rief.

»Mayoke –«

Sie flog in seine Arme.

»Ohio! Ohio!«

Ein heftiges Schluchzen schüttelte sie.

»Was haben sie dir angetan, Liebster? Was haben sie dir
nur angetan?«

Sie betrachtete sein Gesicht, küßte seine Wunden, untersuchte weinend seine Arme und Beine, und Ohio brachte
kein Wort heraus. Er drückte sie mit aller Kraft an sich. Alles
drehte sich um ihn. Sie half ihm, wieder aufzustehen.

»Komm, Liebster! Komm, es ist vorbei!«

Es war nicht weit bis zum Tipi. Sie legte ihn auf die Felle
und zog ihn aus, dann wusch sie seine Wunden mit Hasenhäuten und heißem Wasser, in das sie etwas Fett gegeben
hatte. Ohio hatte ihre Hand ergriffen und ließ sie nicht mehr
los. Und so machte sie alles mit der anderen. Er konnte nicht
die Augen von ihr lassen, und sie lächelte ihn zärtlich an. Als
sie fertig war und ihn mit einer wohlriechenden Salbe aus
Harz, Brombeerblättern und Brennesseln eingerieben hatte,
entkleidete sie sich und legte sich zu ihm. Sie mischten ihre
Freudentränen, ehe ihre Körper sich fanden, und sie blieben
einer im anderen, bis es dunkel wurde. Mayoke wachte die
ganze Nacht, betrachtete den Schlafenden im Schein einer
Kerze, umsorgte und beruhigte ihn, wenn er aus dem Schlaf
hochfuhr.

»Ich bin da, Ohio. Alles wird gut. Schlaf weiter.«

Sie kochte ihm eine Fleischbrühe mit wildem Gemüse, das sie gesammelt hatte, und flößte ihm mehrmals in der Nacht davon ein. Sie wechselte die Verbände und küßte ihn, ließ ihre feuchten Lippen über seinen abgemagerten Körper wandern, um ihm Kraft zu geben.

Am Morgen liebte Ohio sie wieder mit unendlicher Zärtlichkeit. Das war alles, was sie ihm in den folgenden fünf Tagen gestattete. Trinken, essen und mit ihr schlafen.

Sie erzählten sich, was geschehen war. An jenem Tag, an dem Mayoke entführt worden war, paddelten die Cree bis zum Abend und trafen sich dann mit mehreren anderen Gruppen, um gemeinsam zum Potlatch zu reisen. Die Männer tranken und holten sie, damit sie an dem Gelage teilnahm. Doch sie sagte, daß sie ein Kind erwarte und deshalb nicht trinken könne. Das war ihre Rettung, denn wenig später hörte sie die Schreie dreier junger Ojibwa-Frauen, die den Cree in die Hände gefallen waren. Die ganze Nacht lag sie gefesselt und zitternd vor Angst in einem Tipi, aber niemand kam, um sie zu holen. Zu groß war die Furcht der Cree vor *tuisdakji*, dem großen Geist, der über werdende Mütter wachte.

Sie blieben noch einen ganzen Tag und schliefen ihren Rausch aus. Dann stieß eine weitere Gruppe zu ihnen, und sie zogen gemeinsam weiter zu den Jiogkfällen, wo bereits zahlreiche Cree lagerten. Die Entführer gaben ihr ein Stück Dörrfisch, warfen sie gefesselt in ein Tipi und setzten sich an ein Feuer, wo sie sich unterhielten und tranken. Sie war fast eingeschlafen, als jemand mit einem Messer ein Loch in die Rückwand des Tipis schnitt. Sie hätte beinahe aufgeschrien, als sie ihn erkannte. Es war der alte Keith! Der Weiße, der ihnen am Ende des Winters begegnet war und Cooper kannte.

»Der alte Keith! Unglaublich!«

»Er kam aus dem Süden. Er kannte einige der Cree, die zu Toqueiyazis Potlatch wollten. Er hatte bei den Fällen sein Nachtlager aufgeschlagen, und einer der Männer hatte ihm von mir erzählt. Sie hatten die Absicht, mich zu einem Schamanen zu bringen und mein Kind entfernen zu lassen. Sie wollten mich Toqueiyazis Sohn zum Geschenk machen.«

Der alte Keith hatte Mayoke im Wald versteckt und sich dann, um keinen Verdacht zu erregen, wieder auf sein Lager gelegt, als sei nichts geschehen. Die Cree bemerkten Mayokes Verschwinden erst spät in der Nacht und beschlossen, erst am Morgen die Verfolgung aufzunehmen. Sie schöpften keinen Verdacht gegen Keith, und am Tag darauf suchten sie lustlos die Umgebung ab. Sie hatten es eilig, zum Potlatch zu kommen, und die schwangere Mayoke war ihnen, so schön sie auch sein mochte, ein Klotz am Bein.

Der Alte tat so, als ziehe er weiter nach Norden, und eilte heimlich zu Mayoke zurück. Sie beschlossen, auf schnellstem Wege hierher zurückzukehren.

»Als wir hier ankamen, wollte ich mich sofort auf die Suche nach dir machen, aber Keith redete es mir aus. Er war davon überzeugt, daß du früher oder später hier auftauchen würdest.«

»Und was tat er?«

»Er machte sich auf, um dich zu suchen. Siehst du den Hügel da hinten? Er ist weithin sichtbar, und auf seiner Kuppe, gleich unterhalb der Felsen, steht eine Kiefer, in die der Blitz eingeschlagen hat. Keith hat mich gebeten, sie bei deiner Rückkehr anzuzünden, damit er die Suche einstellen kann.«

»Wann hast du sie angezündet?«

»Am Tag nach deiner Rückkehr. Ich bin hinaufgestiegen, als du geschlafen hast.«

»Der gute alte Keith…«

»Er läßt dir bestellen, daß du eine gewisse Claire Morin in Quebec aufsuchen sollst. Sie arbeitet bei der Schiffahrtsgesellschaft des Roten Flusses.«

»Aber wir gehen nicht nach Quebec.«

»Er ist überzeugt, daß du es eines Tages tun wirst.«

»Wie kann er davon überzeugt sein, wenn ich es selber nicht bin?«

»Ohio, du mußt dich ins Unvermeidliche fügen. Auch ich habe immer gewußt, daß du die Reise nicht abbrechen und die Sache zu Ende bringen wirst.«

14

Umiak lag unter einer hohen Kiefer und sah gelassen zu, wie die fünf Welpen sich balgten, knurrten und bissen, sich gegenseitig schubsten und hintereinander herjagten. Auch Ohio beobachtete sie und sann bereits darüber nach, was später wohl aus ihnen werden würde. Der Weiße mit den zwei schwarzen Flecken über den Augen hatte mit Sicherheit keine Anlagen zum Führungshund, aber der andere, der makellos weiß war und ein wenig tolpatschig und übermütig wirkte, wurde bestimmt einmal so ein Kraftprotz wie Gao. Man sah es an seinen dicken Pfoten und seiner hohen und breiten Stirn. Die beiden Schwarzen mit den grauen Streifen unter den Augen ähnelten Huslik, Hunde von schlankem Wuchs und gute Läufer. Und der letzte, das war der zukünftige Torok. Aus allen Raufereien ging er als Sieger hervor. Und er war stets derjenige, der die Initiative ergriff und den anderen seinen Willen aufzwang.

»Er soll Nanook heißen«, beschloß Ohio.

»Und der da Tagush«, schlug Mayoke vor, die den Weißen besonders ins Herz geschlossen hatte.

»Und die beiden Schwarzen?«

»Buck und Ukiok, und der letzte Wabuk.«

Mayoke streichelte Umiak, und die Welpen sprangen an ihr hoch und stießen sich gegenseitig weg. Sie packte zwei im Genick und warf sie sanft ins Moos, wo sie sich kugelten. Sofort fielen die anderen über sie her und knabberten an ihren Pfoten. Die älteren Hunde verfolgten die Spiele der

Kleinen mit herablassender Miene, ohne sich daran zu beteiligen.

Ohio kam langsam wieder zu Kräften. Es war ein ruhiger Ort. Wälder umgaben den See, der zwischen sanft ansteigenden Hügeln lag, und die Gefahr, hier eines Tages überrascht zu werden, war gering. Ohio hatte den Hügel erklommen, der zu den höchsten Erhebungen in dieser recht flachen Landschaft zählte, und sich davon überzeugt, daß Keith das Signal von weitem hatte bemerken müssen. Ob er ihn wiedersehen würde? Er hoffte es. Der alte Mann mit den sanften und durchdringenden Augen hatte ihn mit den Weißen versöhnt. Er hätte ihm gern gedankt. Auf der Rückreise würde er nach ihm suchen.

Die Tage verliefen ereignislos. Mayokes Bauch wurde runder, und die wilden Tiere beeilten sich mit der Aufzucht ihrer Jungen, denn der Sommer war kurz, kaum mehr als eine Atempause in diesen kalten Gefilden. Weder Ohio noch Mayoke sprachen vom Aufbruch. Sie fühlten sich gut und genossen die Zeit. Da Ohio nicht auf die Jagd ging, richtete er das Lager so her, als wollte er es nie wieder abbrechen. Die Hunde streiften durch die Umgebung oder dösten unter den Tannen am See. Vulk war seit seiner Rückkehr kein einziges Mal mit Torok aneinandergeraten. Es war, als fühle sich der Anführer der Meute seinem alten Widersacher zu Dank verpflichtet, weil er ihm den Herrn gesund und wohlbehalten zurückgebracht hatte. Ohio hatte den kleinen Schlitten für Mayoke fast fertig. Er beabsichtigte, Vulk mit den jungen Hunden, mit deren Ausbildung er beim ersten Schnee beginnen wollte, davor zu spannen.

Es war ihm zur Gewohnheit geworden, auf den Hügel zu gehen, und eines Morgens stieß er beim Aufstieg auf eine kleine Karibuherde. Er pirschte sich an und schoß einen Pfeil auf einen großen Bullen ab, der an den Flechten äste. Der Pfeil zerschnitt lautlos die Luft und durchschlug den Körper des Tiers, ohne einen Knochen zu treffen. Dem Bullen war zunächst kaum etwas anzumerken. Er zuckte kurz zusammen und blickte in die entgegengesetzte Richtung, nicht dorthin, wo Ohio stand, sondern dorthin, wo der Pfeil, nachdem er seinen Körper durchbohrt hatte, aufgetroffen war. Er war tot, er wußte es nur noch nicht. Ohio schoß noch zwei Pfeile auf junge Karibus ab, dann erst ergriff das Leittier die Flucht.

Zwei Karibus, der große Bulle und ein Jungtier, lagen tot auf dem Hang. Das dritte, das er weniger gut getroffen hatte, war geflohen, und er wartete bis zum Mittag, ehe er die Hunde auf seine Spur ansetzte. Wenn ein angeschossenes Tier nicht sofort verfolgt wurde, flüchtete es nicht weit, sondern legte sich irgendwo hin und verblutete. Die Meute konnte es schnell finden. Und tatsächlich, es hatte sich nur wenige Bogenschußweiten entfernt am Fuß eines Hügels im Wald verkrochen. Ohio und Mayoke zerlegten die drei Tiere und schafften das Fleisch und die Häute mit Hilfe der Hunde zu ihrem Tipi. Sie räucherten und trockneten das Fleisch, dann gerbten sie die Häute.

»Siehst du, Mayoke, mit der Feuerwaffe der Weißen hätte ich nur ein Tier erlegt. Nach dem ersten Schuß wären alle geflüchtet.«

»Und sie wären mit einem Donnerschlag in den Ohren gestorben, während der Flug des Pfeils nicht einmal den Gesang der Vögel stört. Der Tod ist sanft wie die Strahlen der untergehenden Sonne.«

Ohio erhob sich und bewunderte das Mädchen, das allmählich den Körper einer schönen Frau mit vollen Brüsten bekam. Ihr Gesicht war sanfter geworden und verströmte jene natürliche und vollkommene Schönheit, die nur erlangt, wer im Einklang mit seiner Umgebung lebt. Eine heitere Ruhe lag in ihrem Blick, und ihr Rücken und ihre Schultern hatten eine herrliche Sonnenbräune angenommen. Ohio schlang die Arme um sie und legte sie auf den Flechtenteppich. Er spürte unter sich ihren runden Bauch und genoß diesen Kontakt mit dem Kind, das er so ungeduldig erwartete.

»Ich habe gespürt, wie er strampelt!«

»Er strampelt immer häufiger.«

»Er kann es nicht erwarten, an die frische Luft zu kommen.«

»Wieso bist du dir so sicher, daß es ein Junge wird?«

»Ich weiß es.«

Sie liebten sich zärtlich und lange. Sie setzte sich gern auf ihn, und Ohio legte die Hände auf ihre braunen Hüften und folgte den wogenden Bewegungen ihres vollkommenen Körpers. Er schwamm im Glück wie in einem Traum.

Der böige Nordostwind kündigte das Ende des Sommers an. Er blies zwei Tage lang, und als er abflaute, kam die Kälte. Ohio und Mayoke schlotterten unter ihrer Decke aus Hasenfell und entfachten mitten in der Nacht wieder das Feuer. Am Morgen überzog eine hauchdünne Eisschicht die geschützten Stellen des Sees.

Innerhalb weniger Tage schmückten sich Wälder und Hügel mit Feuerfarben, und die wilden Tiere entfalteten eine große Betriebsamkeit. Auch die Hunde befiel Unruhe. Sie verloren ihr Sommerfell und heulten in der Dämmerung. Ohio ließ sich von diesem Treiben anstecken, das sich auch am Himmel zeigte, den in Scharen ziehende Gänse, Enten und andere Vögel bevölkerten, die es eilig hatten, in wärmere Gefilde zu kommen. Jeden Abend gingen Hunderte von Gänsen und Enten auf dem See nieder, um am nächsten Morgen weiterzuziehen. Und jeden Tag blieben einige Junge zurück, die zu schwach waren, den anderen zu folgen, und den zahlreichen Raubvögeln, die sich vor dem Winter ebenfalls ein Fettpolster anfressen mußten, zu einer Mahlzeit verhalfen. Die Natur traf ihre gnadenlose Auslese. Auf dem Hügel zankten sich Schwarzbären um die Heidelbeerfelder, und immer größere Karibuherden zogen vorüber. Ohio erlegte sechs Tiere, trocknete einen Teil des Fleisches und verfütterte den Rest an die Hunde. Die Welpen hatten sich prächtig entwickelt, nur Buck war infolge eines langwierigen Ohrenleidens im Wachstum deutlich zurückgeblieben.

»Mit deiner Klugheit machst du das wett«, lobte ihn Ohio, denn Buck verstand alles mit verblüffender Schnelligkeit.

Alles war bereit, die beiden Schlitten, die Zugleinen und die Geschirre. Ohio und Mayoke hatten den Herbst dazu genutzt, ihre Ausrüstung instandzusetzen, und Ohio ertappte sich dabei, daß er auf einen frühen Wintereinbruch hoffte. Er brannte darauf, die Reise fortzusetzen.

»Was bin ich nur für ein rastloser Mensch, daß ich es den Gänsen und Karibus gleichtue, die unermüdlich jeden Herbst ihre große Reise antreten?«

»Nur kennen die Gänse und Karibus ihr Ziel. Kennst du es denn auch?« fragte Mayoke und strich über ihren prallen Bauch.

»Wir reisen zum Brochetsee und sprechen mit dem Mann, der Mudoi getroffen hat. Er kann uns bestimmt den Weg zu seinem Dorf zeigen.«

»Und danach in das große Dorf der Weißen?«

»Ja, wir reisen nach Süden, und anschließend kehren wir nach Hause zurück.«

»Wo ist unser Zuhause?«

»Wir gehen in mein Dorf, denn ich muß meine Mutter wiedersehen und ihr von allem berichten.«

»Von Cooper?«

»Ja, ich werde ihr berichten, was ich herausgefunden habe. Danach können wir leben, wo immer du willst.«

»Wo, ist mir gleich, wenn ich nur mit dir und dem Kind zusammen bin«, sagte Mayoke.

»Bis zu unserem Tod«, erwiderte Ohio.

15

»Ohio! Ohio, wach auf!«

Sie atmete schwer.

»Was ist los?«

»Es ist soweit.«

Er zündete eine der letzten Kerzen an und entfachte ein Feuer.

»Was soll ich tun?«

Er sah sie an. Ihr Gesicht war schmerzverzerrt, und Haare klebten an ihren roten, schweißnassen Wangen.

»Mach Wasser heiß und laß mich allein … Ich werde dich rufen«, antwortete sie und biß die Zähne zusammen.

Er tat, wie geheißen, und verließ widerstrebend das Tipi. Er hätte ihr gern geholfen, aber er wußte nicht, wie er das hätte tun können. Gewöhnlich standen mehrere Frauen einer werdenden Mutter bei, doch Mayoke war allein und unerfahren. Angst überkam ihn. Er ging an den See, lief unruhig am Ufer auf und ab und näherte sich jedesmal etwas mehr dem Tipi, wenn er ihr Stöhnen hörte. Wie lange würde er warten müssen? Er hatte keine Ahnung, wie lange eine Geburt gewöhnlich dauerte. Bei den Seinen war das Frauensache, die Männer mischten sich nicht ein. Der Vater bekam das Neugeborene erst zu sehen, wenn es gewaschen war und die Mutter nach der überstandenen Prüfung wieder lächelte.

Mayoke war jedoch allein, und der Gedanke, daß sie litt, war ihm unerträglich, zumal aus dem Stöhnen bald Schreien wurde. Irgendwann hielt er es nicht mehr aus, lief zum Tipi und schlug die Plane am Eingang zur Seite. Er sah das Blut, dann ihr verzerrtes Gesicht. Sie atmete schwer.

»Mayoke!«

Er nahm ihre Hand, und sie griff derart heftig nach seiner, daß es ihm fast weh tat. Irgend etwas stimmte nicht! Er mußte etwas tun. Wie gern hätte er ihr die Schmerzen abgenommen. Aber körperliche Schmerzen ließen sich nicht teilen.

Wie konnte er ihr helfen? Er konnte diese Qualen nicht länger ertragen. Mayoke drohte, in seinen Armen zu sterben. Man brauchte kein Heiler sein, um das zu erkennen. Sie schrie nicht einmal mehr. Das bißchen Kraft, das ihr noch geblieben war, brauchte sie zum Atmen. Sie mußte das Kind nur noch herauspressen, doch es wollte nicht kommen. Instinktiv beugte sich Ohio zu seinem Kind hinunter. Er sah einen Teil seines Körpers, vermutlich sein Hinterteil. Er tauchte ein Stück Hasenleder in warmes Wasser und wischte das Blut weg. Mayokes Atem wurde schwächer. Er versuchte, das Kind zu drehen, aber er bekam es nicht zu fassen. Wenn Mayoke starb, würde er auch nicht mehr leben wollen!

Kurz entschlossen hielt er sein Messer in die Flammen, wartete, bis die Klinge sich ein wenig abgekühlt hatte, und schnitt den Riß ein, der sich bereits auf natürliche Weise gebildet hatte. Mayoke bäumte sich auf und stieß einen erstickten Schrei aus, doch er hörte ihn nicht. Das Kind mußte heraus, das war es, was er bewirken mußte, um die beiden zu retten. Er schnitt noch tiefer in Mayokes Fleisch. Jetzt konnte er den kleinen Körper, dessen weiche Knochen er unter der zarten Haut fühlte, drehen. Er drückte ihr die Beine auseinander und zog behutsam. Das Kind glitt heraus. Es war ein Junge, und er lebte. Ohio spürte das Klopfen des kleinen Herzens unter seinen Händen, und Rührung übermannte ihn, als er ihn schreien hörte. Mayoke hatte die Besinnung verloren. Er fühlte ihr den Puls, wusch das Kind ein wenig und legte es ihr auf den Bauch, dann säuberte er ihre Wunde mit warmem Wasser und nähte sie.

Als Mayoke wieder zu sich kam, spürte sie auf sich den

kleinen zerbrechlichen Körper ihres Kindes, dessen Mund ihre Brust suchte. Sie lächelte matt, und Ohio half dem in eine Decke gewickelten Kind, die Mutterbrust zu finden.

»Ohio! Unser Kind!«

»Ja, Mayoke! Ruh dich aus. Alles wird gut. Es ist der schönste kleine Junge, den ich je gesehen habe.«

»Unser Junge«, wiederholte sie mehrere Male fassungslos wie im Traum.

Und erschöpft schlief sie wieder ein.

Ohio verharrte lange reglos und betrachtete gerührt das Lächeln in ihrem von der Anstrengung gezeichneten Gesicht. Ein Lächeln von unendlicher Sanftheit. Und er betrachtete entzückt das Gesicht ihres Sohns, den kleinen, perfekt ausgebildeten und mit Milch verschmierten Mund, die zarte Nase, die kleinen, blau geäderten Ohrläppchen, die bewundernswerten Hände mit Fingern, die so zierlich waren, daß sie schon unter leichtem Druck zu brechen drohten. Er wirkte so zerbrechlich, so geborgen in den Armen seiner Mutter. Großes Glück erfüllte Ohio. Er war Vater. Er hatte einen Sohn. Er würde ihn Mudoi nennen.

Der Herbst war ganz plötzlich gekommen, doch der Winter sträubte sich noch. Er kam und ging, zaudernd und unberechenbar wie ein Bär, der Angriffe vortäuschte, ehe er wirklich attackierte. Eines Abends, als Ohio Holz sammelte, sah er, daß die Übergangszeit zu Ende ging. Dichte Wolken färbten den Himmel weiß, der Wind flaute ab, und tiefe Stille kehrte ein. Nur noch Mudoi war zu hören, der in den Armen seiner Mutter brabbelte.

»Der Winter«, sagte Ohio einfach nur, als er ins Tipi trat.

»Ja, morgen wird alles weiß sein.«

Freude klang aus Mayokes Stimme. Wie Ohio liebte sie den Winter und seine bezaubernde Stille. Sie liebte die trockene Kälte, die Seen und Flüsse erstarren ließ. Sie liebte die Morgendämmerung, wenn Rauhreif im Fell der Hunde hing und der gefrorene Boden unter den Kufen des Schlittens sang. Sie liebte die langen Märsche mit Schneeschuhen durch die weiße Weite, die Nächte, in denen die Nordlichter ihre leuchtenden Schleier entrollten und die Wölfe ihren Gesang anstimmten, dem die Hunde niemals antworteten. Und diese Liebe zum Winter würden sie an ihren Sohn weitergeben.

Die Hunde wurden wild und reizbar. Der Charakter der Jungen trat deutlicher zutage. Nun, da sie entwöhnt waren, übernahmen die ausgewachsenen Hunde, die sie bislang nicht beachtet hatten, die Aufgabe, ihnen die Regeln der Meute einzuschärfen und beizubringen, wo ihr Platz war. Es gab keine Raufereien, es blieb bei gelegentlichem Knurren und Schubsen. Vulk und Torok, die an der Spitze der Rangordnung standen, unterließen solche Maßregelungen, die unter ihrer Würde waren, und bestraften Hunde wie Huslik und Narsuak, die ihre Macht mißbrauchten.

Obwohl die beiden Rivalen Vulk und Torok seit Monaten frei herumliefen, waren weitere Rangkämpfe unterblieben, und Ohio achtete sehr darauf, daß er keinen bevorzugte. Daß Mayoke aus ihrer Vorliebe für Vulk keinen Hehl machte, störte Torok nicht, denn er hatte nur Augen für Ohio. Im Gegenteil, es war, als befürworte er diese Beziehung, um seine eigene zu schützen. Und Ohio, der Vulk zum Leithund von Mayokes Gespann machen wollte, sah darin ein gutes Zeichen.

Mittlerweile hatte er mit der Ausbildung von Nanook, Buck, Ukiok, Wabuk und Tagush, den Hunden des letzten Wurfs, begonnen. Er führte sie an der Leine spazieren, ermunterte sie zu ziehen und brachte ihnen die einfachsten Befehle bei. Er widmete jedem viel Zeit, besonders viel jedoch Wabuk, der sich als weniger gelehrig erwies, und am meisten Nanook, dem er die Richtungskommandos beibrachte. Denn er hielt ihn für fähig, eines Tages die Rolle des Leithunds zu übernehmen. Und er wurde nicht enttäuscht. Nanuk zeigte gute Anlagen. Er hatte braune, klare, kluge Augen und die seltene Gabe, Zusammenhänge zu begreifen. Er nahm ein Ereignis nicht nur hin. Er wollte es verstehen, und zwar immer, und seine Neugier war grenzenlos.

»Aus dem wird einmal ein außergewöhnlicher Hund«, sagte Ohio, während er auf einem Kiefernbrett Fleisch zerkleinerte.

»So außergewöhnlich wie Torok?«

»Torok ist einmalig, und die Liebe zu mir beflügelt ihn.«

»Du liebst ihn, nicht wahr? Ich meine, du liebst ihn mehr als einen Hund.«

Diese Frage hatte sich Ohio noch nie gestellt. »Ich liebe ihn wie ... Torok, aber die Liebe, die wahre Liebe habe ich erst durch dich und unser Kind kennengelernt. Ich hätte nie gedacht, daß ich solcher Gefühle fähig bin. Das kleine Wesen, das du im Arm hältst und das ein Teil von dir ist, von uns, erhellt mein Leben. Es ist eine Sonne, die nie untergeht. Die Frucht unserer Liebe. Ihm habe ich es zu verdanken, daß ich jetzt vieles besser verstehe.«

»Was denn zum Beispiel?« fragte Mayoke.

»Sacajawas Liebe zu mir, ihre Ängste, ihre Hoffnungen. Wie schwierig muß es für sie gewesen sein, mich so fern von dem, den sie liebte und der mir sein Blut gegeben hat, zur Welt zur bringen. Mich alleine großzuziehen. Woher nahm sie nur die Kraft? Ich könnte mich niemals von Mudoi trennen. Dieses Kind hat mich darin bestärkt, die Reise fortzusetzen und die Sache zu Ende zu bringen.«

»Und deinen Vater zu finden.«

»Er soll erfahren, was sein Sohn über seinen schändlichen Verrat denkt.«

»Vielleicht hat er gute Gründe, Ohio. Sei nicht so hart.«

»Was? Wie kannst du ihn verteidigen?« brauste Ohio auf. »Nenn mir einen Grund, einen einzigen Grund, der es in deinen Augen rechtfertigt, Frau und Kind zu verlassen! Einen konnte ich mir vorstellen, und ich hoffte schon beinahe, daß ich recht hatte, aber nun, da ich ihn noch am Leben weiß, gibt es keinen mehr. Keinen einzigen.«

»Wahrscheinlich hast du recht«, räumte Mayoke ein und küßte zärtlich den Schopf ihres Kindes, dem sie gerade die Brust gab.

16

Ohio blinzelte. Ein weißer Mantel hatte sich über die Umgebung gebreitet. Er erkannte nichts wieder, weder die Hügel noch den Wald mit den zerzausten Wipfeln und Ästen, die sich unter der Schneelast bogen. Erst gegen Morgen hatte es aufgehört zu schneien, und Ohio hatte in der Nacht mehrmals aufstehen und den Schnee von den Zeltbahnen fegen müssen. Mayoke hatte die Gelegenheit genutzt, das Kind zu stillen, das zwischen ihnen geschlafen hatte.

Plötzlich durchstießen die Hunde die weiße Decke, eine Mütze aus Schnee auf dem Kopf. Sie schüttelten sich die Flokken aus dem Fell, mit denen sie wie weiße Büsche aussahen, dann gähnten sie lautstark und streckten sich, indem sie mit dem Schwanz wedelten, den Rücken wölbten und die Krallen spreizten.

»Gut geschlafen, Freunde?«

Er ging von einem zum anderen, auf dem Arm Mudoi, eingepackt in warme Kleidung, die er ihm aus Hasen- und Biberfellen genäht hatte. Mit großen Augen bestaunte sein Sohn die Hunde, die sich auf die Hinterbeine stellten, um ihn zu beschnuppern.

»Das ist Mudoi«, sagte Ohio lächelnd, während Mayoke vom Tipi aus Vater und Sohn voller Zärtlichkeit beobachtete.

Nachdem er Mudoi wieder in Mayokes Arme gelegt hatte, blickte Ohio zum Himmel, der sich von seiner Schneelast befreit hatte. Es versprach ein herrlicher Tag zu werden. Er legte seine Schneeschuhe an und machte sich, gefolgt von der gesamten Meute, auf den Weg zu den großen Wiesen, die sich nördlich des Hügels erstreckten. Die Hunde galoppierten durch den frischen Schnee, und die Flocken, die sie aufwirbelten, fingen das Morgenlicht ein, das schräg in den Wald fiel. Ohio spurte eine gerade Piste. Sie kreuzten zahlreiche Hasenspuren, an denen die Hunde aufgeregt schnüffelten, doch er rief sie zurück, damit sie ihm folgten und halfen, den Schnee hinter ihm festzustampfen. Auf den Wiesen angekommen, schlugen sie einen großen Bogen und kehrten dann auf demselben Weg zurück. Die Sonne hatte inzwischen ihren Zenit überschritten, und der Himmel erstrahlte blendend klar. Ohio schnallte die Schneeschuhe ab, hängte sie sich über den Rücken und stapfte weiter die Piste entlang. Er schritt kräftig aus, denn er hatte Hunger.

Plötzlich überkam ihn ein merkwürdiges Gefühl, und er beschleunigte seine Schritte. Es war das erste Mal seit Mudois Geburt, daß er so lange fort geblieben war. Und dann sah er sie. Tritte in seinen eigenen.

»Nein!«

Die Hunde sträubten das Fell. Torok schnüffelte an den Abdrücken. Sie waren groß und tief. Ein Bär!

»Schnell, Torok! Lauf!«

Vulk schloß zu ihm auf.

»Du auch, Vulk«, schrie er. »Schnell!«

Die beiden Hunde stürmten davon, Ohio folgte ihnen. Der Bär folgte der Piste, die geradewegs zum Tipi führte. Im Laufen sah Ohio das kleine Gesicht seines Sohnes vor sich, das er zum Abschied geküßt hatte. Er wollte nicht glauben, daß ihm etwas zugestoßen war. Er bedeutete ihm zuviel. Er nahm einen so großen Platz in seinem Leben ein. Das Herz wollte ihm zerspringen, und er mußte etwas langsamer laufen. Er gelangte auf die Lichtung unweit des Lagers, wo er morsche Bäume gefällt hatte. Die Mehrzahl der Hunde war Torok und Vulk nachgejagt. Nur die jungen waren bei ihm geblieben. Er blieb stehen und lauschte. Kein Laut war zu hören, nicht das leiseste Brummen, kein Schrei. Er rannte weiter, ohne zu wissen, ob ihn diese Stille beruhigte oder noch mehr ängstigte. Als das Tipi endlich in Sicht kam, war er völlig außer Atem.

»Mayoke!«

Die Plane am Eingang war zur Seite geschlagen.

»Pst! Du weckst Mudoi auf.«

Ohio schloß die Augen. Er war unendlich erleichtert, ihre Stimme zu hören. Dann lief er weiter und umarmte sie mit aller Kraft.

»Oh, Mayoke, ich hatte solche Angst. Schreckliche Angst.« Er troff von Schweiß und rang noch nach Atem.

»Setz dich.«

Sie goß ihm einen großen Becher Tee ein, und er trank ihn in einem Zug leer.

»Er kam gegen Mittag. Zum Glück hörte ich ein Brummen, als er sich näherte. Ich versteckte mich hinter dem Tipi. Er bot mir seine Flanke, und mein Pfeil durchbohrte ihn. Er blieb sofort stehen und richtete sich auf. Ich schoß einen zweiten Pfeil ab, und das hätte ich nicht tun sollen.«

»Warum nicht?«

»Weil er mich bemerkte. Der erste Schuß war perfekt. Ich hätte hinter dem Tipi in Deckung bleiben und warten sollen, bis er seine Wirkung tun würde.«

»Er hat angegriffen.«

»Ja! Ich lief in den Wald, um Mudoi in Sicherheit zu bringen. Auf jeden Fall hatte ich keine Zeit mehr, auf einen Baum zu klettern. Mit wenigen Sätzen hatte er mich eingeholt und stürzte sich auf mich.«

Ohio stellte sich die Szene vor und sah Mayoke entsetzt an.

»Ich fiel in den Schnee.«

Sie zeigte ihm ihren Oberschenkel. Vier parallele Risse klafften in der Haut, die ein riesiger Bluterguß blau färbte.

»Von dem Prankenhieb, mit dem er mich zu Fall gebracht hat«, erklärte sie. »Ich drehte mich um, und da sah ich, daß er über den Boden kroch, das Maul voller Blut. Er lag im Sterben. Mein Pfeil hatte eine große Ader direkt über dem Herzen zerfetzt. Wenige Augenblicke später war er tot.«

Ohio betrachtete den Bären und Mayoke mit Grauen. Sie war nur knapp dem Tod entronnen.

»Das ist meine Schuld. Ich hätte euch nicht allein lassen dürfen.«

Mayoke sah ihn scharf an. »Das meinst du doch nicht im Ernst.«

Ohio riß erstaunt die Augen auf.

»Ohio, ich bin nicht hilflos und schutzbedürftig. Ich habe einen Bären getötet, den du vielleicht verfehlt hättest. Oder soll mein Leben darin bestehen, daß ich mich unter deinen Schutz stelle, unser Kind und andere, künftige, großziehe und zusehe, wie du zum Gefangenen unseres gemeinsamen Lebens wirst?«

»So habe ich es nicht gemeint, Mayoke. Ich liebe dich. Ich liebe euch so sehr, dich und Mudoi. Ich würde es nicht ertragen, wenn euch etwas zustieße.«

»Wenn es dazu kommen sollte, wirst du es als eine Prüfung des Lebens erdulden. Unsere Liebe darf keine Fessel sein, sonst wird sie nicht wachsen. Du mußt dein Leben weiterleben, Ohio.«

»Warum sagst du das?«

»Weil du eine Bestimmung hast, Ohio, und ich möchte dich nicht daran hindern, sie zu erfüllen. Im Gegenteil, ich möchte dir helfen.«

»Von welcher Bestimmung sprichst du?«

»Du hast mir doch von dem Gespräch erzählt, das du mit dem alten Schamanen Keshad geführt hast, bevor du dich zu deiner großen Reise aufgemacht hast. Keshad hat dir gesagt, daß nur die große Reise den dunklen Schatten der Ungewißheit von deinem reinen Herzen verbannen kann.«

»Genau so war es!«

»Und auch ich spüre, auf meine Weise, die Macht dieser schicksalhaften Sendung.«

17

»Vorwärts, Hunde!«

Ohio lief ein wohliger Schauer über den Rücken, als der Schlitten sich mit einem Ruck in Bewegung setzte und er die Arme anwinkeln mußte, um den Stoß abzufangen. Er hatte zehn Hunde angespannt, die acht erfahrenen sowie Nanook und Wabuk. Die beiden jungen Hunde stellten sich etwas ungeschickt und tolpatschig an, eiferten aber der Meute nach, die geradeaus über die Piste galoppierte.

»Brav, Nanook! Sehr gut, Wabuk!«

Ohio war ebenso begeistert wie die Hunde, deren Erregung daran deutlich wurde, daß sie ungewöhnlich schnell liefen, vor allem aber an der Art, wie sie beim Ziehen unablässig den Rhythmus wechselten, während sie sonst gleichmäßig liefen. Ohio fand sich in der Rolle des Lenkers sofort wieder zurecht, sein Körper wurde zu einer Verlängerung des Schlittens, dessen Steifheit und Biegsamkeit er kannte, von dem er wußte, wie er in den Kurven und auf Unebenheiten des Geländes reagieren würde. Er sprang von einer Kufe auf die andere und verlagerte sein Gewicht je nach Krümmung der Kurve, Position der Hunde und Ausrichtung des Schlittens.

»Langsam, meine Hunde. Langsam.«

Auch er wäre am liebsten in vollem Galopp dahingejagt, doch er durfte den beiden jungen Hunden, die noch ungeübt waren, kein zu hohes Tempo abverlangen. Sie liefen in einem Zug bis zu der Ebene, wo sie haltmachten, um zu verschnaufen. Ohio lobte Nanook und Wabuk, auch wenn sie sich gelegentlich in den Leinen verhedderten. Er tadelte niemals einen jungen Hund, den er zum ersten Mal angespannt hatte, denn er hielt es für wichtig, ihre Freude am Ziehen, am Laufen im Gespann zu wecken, wo der Wettstreit ihre angeborene Lust am Laufen verstärkte. Er wollte auf keinen Fall ihren Eifer bremsen, indem er sie gleich beim ersten Versuch rügte und ihnen so den Spaß verleidete. Angeleint zu laufen war unangenehm genug. Und die anderen Hunde hatten ein strenges Auge auf sie. Ihnen konnte er den Rest überlassen. Sie würden es den Neuen beibringen, sich in das Gespann zu fügen.

Ohio war mit seinen Schülern zufrieden.

Am nächsten Tag war die Piste gefroren, und er durchfuhr die Strecke zweimal, wobei er nach dem ersten Mal die Hunde austauschte. Die anderen band er im Lager an eine Leine, die zwischen zwei Bäume gespannt war und die sie nicht durchbeißen würden, denn er hatte Stacheln von einem Stachelschwein zwischen die Lederstreifen geflochten.

Nach und nach dehnte er die Strecken aus, während der Frost die Länder des hohen Nordens in seinen eisigen Griff nahm.

»Morgen können wir mit zwei Schlitten ausfahren«, befand Ohio eines Abends, nachdem er die fünf jungen Hunde mit Vulk an der Spitze angespannt hatte.

Der kleine Schlitten für Mayoke war fertig, und auf seinem eigenen hatte er einen warmen und bequemen Platz für seinen Sohn eingerichtet.

»Wohin fahren wir?« fragte Mayoke, die sich auf den Ausflug freute.

»Ich habe die Piste bis zu einem großen See gespurt, der schon halb zugefroren ist. Dort könnten wir ein neues Lager aufschlagen. In dem See scheint es viele Fische zu geben, und am Nordufer ziehen zahlreiche Karibus vorüber. Ich bin auf ihre Fährten gestoßen.«

»Das Netz ist fertig. Es ist nicht sehr groß, aber wenn wir es an der richtigen Stelle ausbringen, können wir damit genügend Fische fangen.«

Ohio bewunderte das Netz, das sie mit geschickter Hand aus dem Bast der Birkenrinde geflochten und geknüpft hatte. »Ich könnte das nicht.«

»Es erfordert viel Geduld. Eine gute Arbeit für eine junge Mutter.«

»Geduld und Geschick.«

»Als Kind habe ich meinem Großvater geholfen, der jeden Abend zwei große Netze flickte, die so lang waren wie die Zugleine deines Gespanns.«

»Bei uns zu Hause fischen wir mit Rädern, an denen große Körbe angebracht sind. Sie drehen sich in der Strömung und schöpfen Lachse aus dem Wasser, die flußaufwärts wandern.«

»Lachse sind zu kräftig für solche Netze. Sie würden die Bastschnüre zerreißen.«

Neben ihnen begann Mudoi zu brabbeln und betrachtete die kleinen Holzfiguren, die sein Vater für ihn geschnitzt hatte und die vor seinen Augen baumelten. Ohio schlug die Zeltbahn zurück. Am Himmel funkelten Myriaden von Sternen, und im Westen zeigte sich schüchtern die zerfließende Form eines Nordlichts.

»Morgen wird es schön«, meinte Ohio und legte Holz aufs Feuer. Mit einem Weidenstock verstellte er die Rauchklappe an der Spitze des kegelförmigen Tipis.

Tatsächlich stand eine strahlende Sonne am Himmel und erwärmte die Taiga, als sie sich auf den Weg machten. Der See, an dem sie gelagert hatten, war vollständig zugefroren, und die zahmeren Flüsse würden bald seinem Beispiel nachfolgen. Sie hatten das Lager abgebrochen, aber zunächst nur die wichtigsten Dinge wie das Kochgeschirr und die Häute für das Tipi verladen. Ohio wollte später zurückkehren und den Rest holen.

Er hatte die Spitze übernommen und mußte den Eifer seiner Hunde bremsen, denn trotz ihres schweren Gepäcks waren sie viel schneller als das aus Vulk und den fünf jungen bestehende Gespann Mayokes. Er drehte sich häufig zu ihr um und konnte in ihrem von Rauhreif gerahmten Gesicht die große Freude lesen, die es ihr machte, ein eigenes Gespann zu lenken. Sie ermunterte die Hunde mit Zurufen und stieß den Schlitten mal mit dem einen, mal mit dem anderen Fuß an, um ihnen zu helfen. Ihre langen dunklen Haare wehten im Wind und fingen Schneeflocken ein, die das Gespann aufwirbelte. Mudoi schlief, eingehüllt in die Felle und gewiegt von den Bewegungen des Schlittens.

Bald hatten die beiden Gespanne ihr Tempo aufeinander abgestimmt. Sie verließen den Wald und überquerten die Bergwiesen und Flechtenmatten, die sich nördlich des Hügels bis zu dem großen See erstreckten. Sie scheuchten eine Herde Karibus auf, und die vom Jagdfieber gepackten Hunde wurden so unruhig, daß sie anhalten und warten mußten, bis sie sich beruhigt hatten.

Am späten Nachmittag kam der See in Sicht, und sie hielten an einem Zufluß, den ein kleiner Fichtenwald überragte. Dort, wo sich der Bach in den See ergoß, dehnte sich eine weite freie Wasserfläche, die ideal war, um das Netz auszubringen. Ohio schnitt die Stangen für das Tipi, während Mayoke Tannenzweige vom Schnee befreite, auf dem Boden ausbreitete und diese weiche Unterlage mit Bison- und Grizzlyfellen bedeckte. Sie entzündete ein Feuer, hob den schlafenden Mudoi vom Schlitten und trug ihn ins Tipi. Ohio hatte die Seiten mit Karibuhäuten bespannt und ging nun daran, oben eine große Leinwand anzubringen, die er in einem Kontor erworben hatte.

Als er damit fertig war, ging er zu den Hunden, die im Schnee lagen und die kleinen Eisklumpen zerbissen, die sich an ihren Pfoten gebildet hatten. Beim Ausschirren ließ er sich Zeit. Er sprach mit jedem Hund, tätschelte ihn, kraulte ihm den Bauch und massierte ihm die Rückenmuskeln, die vom Laufen noch angespannt waren. Immer wieder richtete er sich auf und blickte bewundernd auf den See hinaus. Im neuen Eis spiegelte sich das Licht des Himmels, der sich von

einem Rot ins Bläuliche verfärbte und dabei Gold- und Grün-
töne in allen Schattierungen annahm. Eine unsagbare Stille
lag über dem Land. Langsam kroch die Nacht herauf, und in
der Ferne heulte ein Wolf, dem ein anderer, in geringerer Entfernung, antwortete.

Noch nie hatte Ohio sich so wohl gefühlt. Durch die Häute
des Tipis sah er im Schein der Öllampe, die er angefertigt
hatte, den Schatten Mayokes, die sich summend über ihren
Sohn beugte und ihn in neue Tücher wickelte, und sein Herz
floß über vor Glück und Zärtlichkeit. Er betrachtete seine
Hunde, das winterliche Licht, das von der Landschaft und
ihren wogenden Hügeln Besitz ergriff. Er lauschte den Wölfen, und ihm war, als umfange ihn das Land, als verschmelze
es mit ihm und schicke sich an, ihm heute abend ein Schauspiel zu bieten, das sein Glück vollkommen machte. Er spürte
in seinem Innersten den Atem der Erde und schöpfte aus dieser, an der Schwelle des Winters noch nie so stark empfunde-
nen Harmonie eine Kraft, die der des Windes glich, eine reale,
aber unsichtbare Kraft, die Gutes wie Schlechtes gebären
konnte.

Er dachte auch an Sacajawa, und das Herz krampfte sich
ihm zusammen.

»Wir werden bald weiterziehen müssen«, sagte er zu
Torok, der sich genüßlich von ihm die Seiten massieren ließ.
»Weiterziehen! Nun, da wir hier das vollkommene Glück
gefunden haben, fernab vom Krieg der Indianer und Weißen,
in der Abgeschiedenheit der Taiga, die uns mit allem versorgt, was wir brauchen.«

Er verteilte getrocknetes Karibufleisch an die Hunde, dann
zog er sich ins Tipi zurück, wo Mudoi bereits schlief. Es war
wohlig warm, und die Tannenzweige verströmten einen würzigen Harzgeruch. Er sank auf die Grizzlyfelle, zog Mayoke
an sich und begann, sie zu streicheln und ihr die Kleider ab-
zustreifen.

»Ich glaube nicht, daß wir heute nacht die Liebesfreuden
teilen können«, sagte sie bedauernd. »Es ist noch zu früh.«

Sie schmiegten sich aneinander, fast wahnsinnig vor Verlangen. Sie küßten und liebkosten sich lange und taten mit ihren Mündern und Händen, was Mayokes Körper noch nicht konnte. Im Taumel der Lust überhörten sie zunächst das unterdrückte, furchtsame Bellen der Hunde. Plötzlich zerriß ein Heulen die Stille, dann der wütende Lärm eines Kampfes. Ohio stürzte ins Freie und lief, nur mit einem Knüppel bewaffnet, an der gespannten Leine entlang bis zum letzten Hund. Dort, wo Aklosik gelegen hatte, sah er ein wirres Knäuel aus Fell, Zähnen, Pfoten und Krallen. Er schlug blindlings drauflos, ehe er begriff, daß er es mit Wölfen zu tun hatte. Es waren drei. Während er nun kräftige und gezielte Hiebe verteilte, stürzten sich Torok, Gao und Vulk ins Getümmel, und da es dunkel war, hatte Ohio einige Mühe, sie von den Wölfen zu unterscheiden. Schließlich suchte ein Wolf jaulend das Weite, und drei Körper lagen reglos im Schnee. Zwei Wölfe und ein Hund. Ohio beugte sich über Aklosik, als Mayoke, ein Messer in der Hand, herbeieilte.

»Ist er tot?«

»Nein, er atmet noch.«

Ohio, der völlig nackt war, zitterte vor Kälte. Zudem verspürte er nachträglich heftige Angst. Er versetzte einem der Wölfe einen Fußtritt. Er rührte sich nicht, Blut quoll aus seinem offenen Maul. Er war tot.

»Wir müssen die Leine neu spannen und Gao, Vulk und Torok ins Tipi bringen.«

»Das übernehme ich«, sagte Mayoke.

Ohio trug Aklosik ins Tipi und legte ihn auf die Bisonhaut, wo er ein Auge öffnete. Zuerst dachte er, er habe ihn versehentlich mit dem Knüppel getroffen, doch dann sah er, daß er eine lange und tiefe Wunde hatte, die vom Ohr bis zur Schulter reichte, und eine zweite an der Brust. Bißwunden. Mayoke kam mit den drei Hunden. Sie gab Gao einen Klaps, weil er bellte, drehte den Docht der kleinen Öllampe höher und untersuchte einen nach dem anderen. Sie waren alle verletzt, doch am schlimmsten hatte es Vulk am Auge erwischt.

»Mit ihm müssen wir anfangen«, urteilte Ohio.

»Ich kümmere mich um Gao und Torok.«

Sie nahmen Nadeln zur Hand und nähten die Wunden mit Karibusehnen.

»Die Wölfe waren dürr und abgemagert«, sagte Ohio. »Die Hunde hätten auf jeden Fall die Oberhand gewonnen. Aber das soll uns eine Lehre sein. Wir müssen sie näher am Tipi festbinden.«

»Glaubst du, daß Vulk das Auge behält?« fragte Mayoke.

»Ja, er hat noch mal Glück gehabt.«

Ohio dachte daran, wie schön dieser Tag gewesen war, an den herrlichen Abend, an dem er sich in den Anblick des Himmels versenkt und den Erinnerungen hingegeben hatte, die diese Landschaft in ihm geweckt hatte. In den Ländern des hohen Nordens war der Friede nur ein durchziehendes Tier. Man mußte ihn genießen, aber man durfte sich nicht von ihm blenden lassen. Man mußte sich der *pellernevetek,* der »Last des Lebens«, immer gewärtig sein. Dieses Lebens, das gab und wieder nahm.

18

Ujka war mit zwei Jägern in die großen Sümpfe gezogen, um drei Elche zu jagen, deren Fährten er beim Fallenstellen entdeckt hatte. Sacajawa war allein im Dorf geblieben, bei ihrem Sohn Banks, der an jenem Tag geboren worden war, als die Riesenlachse den Stikinefluß hinaufzuwandern begannen. Er war ein hübscher Junge mit mattem Teint und kräftig wie sein Vater. Sacajawa hatte sich eigentlich eine Tochter gewünscht, doch sie war stolz auf dieses stramme Kerlchen, das sie an Ohio erinnerte. Er blickte mit großen neugierigen Augen in die Welt und lächelte, sowie man ihm einen Hund zeigte.

Der Winter ließ sich schwierig an. Wie von ihr vorausgesehen, hatten die meisten Jäger nicht mit dem gewohnten Eifer und Elan an der großen Karibujagd teilgenommen. Sie wollten sie möglichst schnell hinter sich bringen, um dann in ihre Pelztiergründe zurückzukehren, Biberburgen aufzuspüren und ihre Hütten fertigzustellen. Sie hatten kaum genug Tiere erlegt, um den Fleischbedarf bis zur Mitte des Winters zu decken, und als Sacajawa einen zweiten Jagdzug zu den Hochplateaus des Stikine vorschlug, lehnten die anderen mit der Begründung ab, sie würden in ihren Revieren zahlreiche Elche erlegen.

»Sie haben recht«, sagte Häuptling Uzbek zu ihr. »Und wir werden im Dorf weniger Fleisch brauchen. Sie werden alle in ihren Revieren sein und sich von Hasen und Schneehühnern ernähren.«

Das stimmte. Bereits in den ersten Wintertagen hatte sich

das Dorf geleert, und die Jäger hatten nur etwas Dörrfleisch mitgenommen, um keine unnötige Last mit sich zu schleppen. Die Frauen waren unter sich, und das enge Zusammenleben mit ihnen bedrückte Sacajawa, die sich den Jägern immer schon näher gefühlt hatte. Nach und nach verfiel sie in eine Schwermut, die ihr gar nicht ähnlich sah. Mit dem Kind an die Hütte gefesselt, meinte sie im Dorf zu ersticken, sie, die nichts mehr liebte, als durch die weißen Weiten zu streifen.

Eines Abends, als sie es nicht mehr aushielt, gab sie ihren Sohn bei Koonays, Uzbeks Schwester, in Obhut und unternahm einen langen Spaziergang. Es war kalt, und die Bewegung tat ihr gut. Sie streifte lange durch die Nacht und machte sich erst auf den Rückweg, als sie erschöpft war. Der wolkenverhangene Himmel verhieß Schnee. Sie erreichte gerade die ersten Hütten, als sie unwillkürlich den Kopf hob, und was sie sah, verschlug ihr den Atem. Der ganze Himmel war bedeckt, und nur durch ein kleines Wolkenloch funkelte ein Stern. Ein einzelner Stern! Coopers Stern! Und sie erinnerte sich. Hier hatten sie gestanden, genau an derselben Stelle, auf der Böschung, als er sie in die Arme genommen und ihr diesen Stern gezeigt hatte.

»Sieh, Sacajawa, der kleine Stern, den ich dir gestern gezeigt habe, zwischen dem großen Hund und dem Jukilezberg.«

»Der bläuliche?«

»Ja, das ist unser Stern. Ich werde ihn jeden Tag betrachten und dabei an dich denken, und sein Funkeln wird dir mein Lächeln und meine Liebe senden.«

»Auch ich werde ihn jeden Tag ansehen, bis du zurückkommst.«

Von da an hatte sie an jedem Abend, an dem der Himmel klar genug war, nach dem Stern Ausschau gehalten und zu ihm gesprochen. Sie hatte Wort gehalten, bis zu dem Tag, an dem sie beschlossen hatte, Ujkas Frau zu werden und Cooper zu vergessen. Danach hatte sie sich gezwungen, den Stern nicht mehr zu betrachten. Und heute abend blinzelte sie, ganz allein, in den Himmel. Und sah nur ihn! Sie sank in den Schnee und blieb sitzen, kurzatmig, von Krämpfen geschüttelt, die Augen voller Tränen.

»Ich will gewinnen«, klagte sie. »Ich will meinen Frieden.«

Doch sie wußte, daß sie dieses Augenzwinkern des Himmels nicht würde vergessen können, und nun wußte sie auch, daß sie Ohios Vater niemals würde vergessen können, trotz all der Jahre, trotz all der Mühen, trotz all der Opfer, die sie dafür zu bringen bereit war. Bis an ihr Lebensende. Und dann begann sie vor Verzweiflung zu schluchzen. Wäre Banks nicht gewesen, sie hätte sich der Kälte überlassen.

Als alle ihre Tränen versiegt waren, begab sie sich zu Uzbeks Schwester, die Banks gerade in den Armen wiegte. Koonays schaute auf und sah sie lange forschend an, ohne ein Wort zu sagen.

»Was ist dein Geheimnis, Sacajawa?« fragte sie schließlich. »Du kannst mir vertrauen, und es wird dir guttun, darüber zu sprechen.«

»Ich danke dir«, erwiderte Sacajawa und lächelte sie an, »aber ich habe nichts auf dem Herzen, worüber ich sprechen könnte.«

»Wie du willst, Sacajawa. Das Dorf braucht dich.«

»Wie meinst du das?«

»Mein Bruder ist ein guter Häuptling, aber die Ereignisse, die mit der Ankunft der Weißen in unserem Land einhergehen, sind zuviel für ihn. Ohne deinen Scharfblick hätten wir uns mit Ujkas Dorf überworfen. Und es hätte im Herbst keine Karibujagd gegeben. Alle hätten sich auf die Jagd nach diesen Pelzen gemacht, die ihnen den Kopf verdrehen.«

»Du übertreibst.«

»Nein, und das weißt du. Ich habe mit Klawask gesprochen. Zwischen den Kwakiutl und den Tsimshian sind blutige Kämpfe um die Seeottergründe ausgebrochen. Der Hunger bedroht andere Dörfer, deren Bewohner sich während der großen Wanderungen der Lachse und Karibus nur auf die

Fallenstellerei vorbereitet haben, statt zu jagen und zu fischen.«

Sacajawa seufzte. »Diese verwünschten Weißen bringen nur Unglück über uns!«

Koonays sah sie durchdringend an. »Hat dein Geheimnis nicht mit ihnen zu tun?«

Sacajawa antwortete nicht. Sie nahm ihr Kind, das nach der Brust verlangte, und stillte es.

»Du hast einen gesunden, kräftigen Sohn und einen mutigen, starken Mann«, setzte Koonays hinzu. »Und bald wird Ohio zurückkommen, dessen bin ich mir sicher. Du mußt den Teil des Himmels betrachten, der im Glanz der Sterne erstrahlt, und nicht den, den Wolken verdunkeln.«

Sacajawa zuckte zusammen. »Warum sprichst du von Sternen und Wolken am Himmel? Warum verwendest du dieses Bild und kein anderes?«

Das Zittern in ihrer Stimme überraschte Koonays. Sie suchte nach Worten. »Ich weiß nicht«, stammelte sie. »Ich habe keine Ahnung!«

So viele Zufälle verwirrten Sacajawa. In dieser Nacht fand sie keinen Schlaf, zu sehr quälte sie die Erinnerung an den einen, den zu vergessen sie sich geschworen hatte und der ihr doch immer wieder erschien, ohne Mitleid und ohne Reue.

Auf der anderen Seite des Ozeans, Tausende von Kilometern entfernt, in der dritten Etage eines der schönsten Häuser von London, stand Cooper auf dem Balkon und rauchte seine Pfeife, obwohl ihm ein eisiger Regen ins Gesicht peitschte. Margaret, seine Frau, hielt sich im Salon auf. Sie hatte es längst aufgegeben, ihn zu behelligen, wenn er sich wie heute den Unbilden der Witterung aussetzte, obwohl es am Kamin, in dem dicke Kastanienscheite brannten, so behaglich war. So war er nun einmal, und niemand würde ihn ändern. Ungeachtet der Kälte betrachtete Cooper den Himmel, an dem schwere dunkle Wolken zogen, und lauerte auf den Augen-

122

blick, da der kleine Stern erschien, den zu betrachten er nie vergaß, wenn sich die Möglichkeit bot. Er entdeckte ihn und starrte ihn an, bis eine Wolke ihn seinen Blicken entzog, dann ging er wieder hinein. Es war spät, er hatte einen harten Tag hinter sich und war müde. Er ging in sein Arbeitszimmer und sah hastig seine Post durch. Der vorletzte Brief des Stapels war von einem Boten jener Schiffahrtsgesellschaft gebracht worden, die seiner Firma Konkurrenz machte, und mit dem letzten Schiff aus Kanada eingetroffen. Er erhielt häufig solche Briefe. Bewerbungsschreiben von Männern, die auf seinen Schiffen anmustern wollten, Rechnungen, die Unternehmer, die bestimmte Aufträge für ihn ausführten, direkt an ihn schickten. Doch sein Herz schlug schneller, als er den Namen eines alten Expeditionsgefährten las, von dem er nie wieder gehört hatte.

»Der gute alte Keith!«

Er las den Brief, er las ihn ein zweites Mal und ließ ihn auf den Tisch fallen. Er war erbleicht und zitterte, von seinen Gefühlen übermannt. Plötzlich verschwamm ihm alles vor den Augen, die Fenster begannen sich zu drehen, zu schwanken wie ein Schiff auf aufgewühlter See. Ein Sturm war in seinem Leben aufgezogen. Ein gewaltiger Sturm, der alles hinwegfegen sollte, was sich ihm in den Weg stellte.

19

Nach wenigen Tagen waren Gao, Vulk und Torok von ihren Wunden genesen und konnten wieder ziehen. Aklosik, dessen Verletzungen schwerer waren, erholte sich nur langsam. Ohio setzte ihn auf den Schlitten, denn er wollte ihn nicht allein im Lager zurücklassen. Am ersten Tag band er ihn mit einer kurzen Leine an, damit er unterwegs nicht absprang und sich daran gewöhnte. Er lag dicht neben Mudoi und gab ihm etwas von seiner Wärme ab, und das brachte Ohio auf eine Idee. Aus Karibuhaut nähte er eine Art Sack mit zwei Öffnungen, eine mit Kapuze für Mudoi, die andere für den Kopf eines Hundes, den er bei strenger Kälte neben ihn setzen wollte.

»Wie ein kleiner Ofen«, sagte Ohio, als er Mudoi und Aklosik in dem Sack untergebracht hatte.

»Hast du denn keine Angst, daß der Hund ihn kratzen könnte?« fragte Mayoke besorgt. »Oder daß Mudoi sich ein Bein unter ihm einklemmt?«

»Nein, ich habe eine Trennwand eingenäht. Es besteht keine Gefahr.« Ohio küßte sie. »Sei unbesorgt, ich passe auf ihn auf. Ihr beide seid mein kostbarster Besitz.«

Entlang den Pisten, die er für die Übungsfahrten spurte, stellte er Fallen für Biber, Marder und Luchse auf. Die Gegend war nicht sehr wildreich, da er mit dem Gespann aber ein großes Gelände abfahren konnte, erbeutete er binnen kurzer Zeit eine stattliche Anzahl von Häuten, die Mayoke zurichtete und gerbte. Er benutzte acht Tellereisen, die er in einem Kontor am Großen Sklavensee eingetauscht hatte, Drahtschlingen und Holzfallen für Marder, bei denen er die Eingeweide von Hasen, Schneehühnern und Forellen als Köder benutzte.

An Neumond kam die große Kälte, und Ohio konnte den zugefrorenen Fluß befahren. Er entdeckte Inseln und Sümpfe, wo es von Hasen und Luchsen wimmelte. Neben den fünf Luchsen, die er in der Umgebung des Sees gefangen hatte, erbeutete er noch acht weitere.

»Dreizehn Luchse, fünfzehn Biber und zweiundsechzig Marder«, zählte er. »Das ist mehr als genug.«

Mayoke fragte ihn, was er gegen die Pelze eintauschen wolle.

»Die Gebiete, durch die wir kommen, sind von Weißen überlaufen, und ich vermute, daß man sich in der Umgebung von Quebec mit Pfeil und Bogen nicht ernähren kann.«

Ohio bewunderte das Geschick, mit dem Mayoke den Tieren das Fell abzog, die Häute abschabte und gerbte. Dazu benutzte sie einen Gerbstoff, der im Hirn des getöteten Tieres enthalten war und den sie mit einem anderen vermischte, den sie aus Espenholz gewann. Die Häute waren leicht und weich und rochen nach Rauch und den Gerbstoffen.

»Hast du die Absicht, sie nach Quebec mitzunehmen?«

»Sie sind zu schwer. Laß uns Hans in seinem Kontor besuchen und sehen, was er uns dafür bietet. Ich vertraue ihm. Außerdem habe ich ihm versprochen, die Uniform zurückzubringen.«

Mayoke hatte sie gewaschen und geflickt, aber sie war kaum wiederzuerkennen.

»Ich muß ihn dafür entschädigen.«

Ohio zeigte ihr die Reiseroute. Sie mußten zum Cochrane zurückkehren und seinem Lauf bis zum See folgen. Das Dorf der Assiniboine lag im Süden des großen Sees, den sie auf dem neuen Eis schnell überqueren würden. »Wir reisen nachts auf dem Fluß bis zum See.«

»Fürchtest du, auf Cree zu stoßen?«

»Ich möchte kein Risiko eingehen.«

Das Glück war ihnen zugetan. Zwar wurde die Piste, die Ohio bis zum Cochrane markiert hatte, von einem Schneesturm teilweise zugeweht, doch danach hielt sich das Wetter, und die trockene Kälte ermöglichte ein rasches Fortkommen. Die Hunde hatten neben der Ausrüstung auch die Pelze, das Fleisch und den Dörrfisch zu schleppen, und obwohl sie häufiger im Schritt gingen als trabten, erreichten sie das Dorf am Morgen des dritten Tages. Unterwegs waren sie keinem Menschen begegnet. Sie hatten lediglich eine alte Piste gekreuzt und benutzt, die mehrere Gespanne am Nordufer des Sees gespurt hatten.

Ohio hatte gezögert, dann aber beschlossen, ohne besondere Vorsichtsmaßnahmen ins Dorf zurückzukehren. Es wurde hell, als sie ihre Gespanne vor dem Kontor zum Stehen brachten. Ohio befahl den Hunden, sich hinzulegen, und band gerade den Schlitten an, als die Tür aufschwang, Hans heraustrat und mit einem breiten Lächeln auf seinem fröhlichen Gesicht die Stufen herunterkam.

»Ohio!«

»Ich bringe dir deine Uniform zurück.«

»Was schert mich die Uniform? Ich war in großer Sorge um dich. Ich weiß, was geschehen ist, aber ich dachte, sie hätten dich wieder erwischt, und befürchtete schon das Schlimmste. Ich habe überhaupt nichts mehr über dich gehört.«

»Wir waren hoch oben im Norden. Wir haben auf den Winter gewartet.«

»Und das ist Mayoke, wie ich vermute.«

»Und auf dem Schlitten, das ist Mudoi.«

Ohio trat zum Schlitten, bückte sich und nahm das Kind auf den Arm.

»Gehen wir hinein! Du kannst dein Gespann in die große Koppel hinter dem Haus bringen. Dort kannst du deine Leine spannen, die Hunde werden es gut haben.«

Er hielt Mayoke die Tür auf und gab ihr lächelnd das Kind zurück. »Ein Prachtkerl.«

Sie dankte ihm.

»Wärme dich am Ofen. Bediene dich. Auf dem Ofen steht Kaffee. Ich gehe hinaus und helfe Ohio. Wir sind gleich zurück.«

Sie beeilten sich. Hans verlor keine Zeit. Ohio war gerührt, wie ein Bruder empfangen zu werden, und sagte es Hans.

»Du brauchst mir nicht zu danken, Ohio. Ich bin voller Bewunderung für das, was du getan hast. Man hat nicht oft das Glück, einem außergewöhnlichen Menschen zu begegnen.«

»Du kennst mich doch gar nicht.«

»Gut genug, um das sagen zu können.«

Sie kehrten ins Kontor zurück.

»Ist dein Vater nicht da?«

»Nein, er ist auf dem Weg ins Kontor Sherridon, acht Tagesreisen südlich von hier. Er holt den gesamten Warenvorrat für den Winter. Wir haben fast nichts mehr.«

»Warum macht er diese Reise und nicht du?«

Hans lachte. »Da unten lebt eine Indianerin, die er sehr gern hat.«

»Und wie geht es Shellburne?«

»Du erinnerst dich noch an ihren Namen? Sie schläft noch oben mit unserer kleinen Mulkza.«

»Das ist sehr gut!«

Ohio trank einen Schluck von dem Gebräu, das Hans ihm gegeben hatte, und verzog das Gesicht.

»Schmeckt dir der Kaffee nicht?«

»Ich habe noch nie welchen getrunken, aber ich fürchte, daß er nicht nach meinem Geschmack ist.«

»Ich mache dir einen Tee.«

»Ich habe ein paar Pelze«, sagte Ohio ohne Umschweife, »und ich weiß nicht, was ich damit anfangen soll.«

»Wie meinst du das?«

»Nun ja … Ich brauche nichts weiter als Zündhölzer, Kerzen und vielleicht noch etwas Tee, aber die restlichen Felle würde ich gern für später aufheben, für alle Fälle … Außerdem sind sie sperrig und schwer.«

Hans lächelte. »Laß mich die Pelze sehen. Weißt du, was Gold ist? Goldmünzen?«

Er zeigte ihm welche. Ohio bewunderte die Gravur. Sie zeigte auf der Vorderseite einen Mann mit Hut und auf der Rückseite eine komplizierte Figur mit ineinander verschlungenen Schwertern und Zweigen eines ihm unbekannten Baumes.

»Das ist sehr schön. Wozu dienen diese … diese Münzen?«

»Sie dienen dazu, genau das Problem zu lösen, das du hast. Wenn du deine Felle gegen solche Münzen eintauschst, bekommst du alles, was du willst, überall.«

»Ich verstehe nicht.«

Hans erklärte ihm, wie das Geldsystem funktionierte. Plötzlich hörten sie ein dumpfes Geräusch. Mayoke war eingenickt und mit dem Kopf auf die Tischplatte gesunken. Ohio entschuldigte sich.

»Das liegt an der Hitze. Wir waren die ganze Nacht unterwegs und haben nicht geschlafen.«

»Oh! Das tut mir leid. Komm, ich zeige dir, wo ihr schlafen könnt.«

Er führte ihn in eine Kammer, in der ein großes Holzbett stand.

»Richtet euch hier ein und ruht euch aus. Ich habe zu tun. Ich werde euch zum Essen wecken.«

Ohio dankte ihm nochmals. Mayoke legte sich auf die roten Wolldecken und schlief, Mudoi in der Armen, fast sofort wieder ein. Benommen von der Hitze, wurde auch Ohio bald vom Schlaf übermannt.

Hans weckte sie am Nachmittag.

»Deine Pelze sind herrlich«, sagte er zu Ohio, als dieser in den großen Raum trat. »Und die Gerbung ist hervorragend. So etwas sieht man selten.«

»Das ist Mayokes Verdienst.«

»Ich kann dir dreizehn Goldstücke dafür bieten.«

»Dreizehn von diesen kleinen gelben Dingern für alle Pelze?«

»Ich verstehe deine Verwunderung, Ohio, aber du kannst mir vertrauen. Das ist mehr, als du in jedem anderen Kontor erhältst. Es ist ein guter Preis, auch wenn die Pelze etwas Besonderes sind.«

»Ich möchte nicht mehr und nicht weniger, als sie wert sind.«

»Das ist der Preis. Ein guter Preis.«

Ohio betrachtete den Haufen Pelze und dachte an all die Arbeit, die darin steckte, die vielen Stunden, die er gebraucht hatte, um die Fallen aufzustellen und wieder einzusammeln, das Häuten, das Abschaben, das Gerben. Und dies alles für dreizehn gelbe Münzen, die in der hohlen Hand Platz fanden. Also für nichts.

»Kann ich mir mit diesen Münzen Proviant, ein Gewehr oder ein Zelt kaufen?«

»Und hundert andere Dinge. In Quebec gibt es alles.«

»Ich brauche nicht viel.«

»Aber warum willst du die Pelze dann tauschen?«

»Ich nehme an, daß es in der Umgebung von Quebec nicht mehr viel Wild gibt. Wovon sollen wir uns ernähren? Womit soll ich die Hunde füttern?«

»Du versetzt mich in Staunen, Ohio. Bei allem Respekt und aller Bewunderung für die Deinen, aber es fällt ihnen schwer, zu planen oder vorauszuschauen. Sie leben von der Hand in den Mund und –«

»Ich meinen Adern fließt nicht nur indianisches Blut.«

»Wie meinst du das?«

Ohio erzählte ihm alles, was er wußte.

Hans hörte mit unbewegter Miene zu. »Ich erinnere mich sehr gut an diese Expedition und an Coopers Rückkehr. Das Abenteuer hat mich fasziniert, und ich habe wieder und wieder die Berichte darüber gelesen.«

»Weißt du noch, ob du etwas über meine Mutter gelesen hast?«

»Gewiß, Cooper schrieb ihr einen großen Teil seines Erfolgs zu.«

»Sonst nichts?«

»Welcher Art?«

»Was weiß ich. Irgend etwas, das erklären könnte, warum er das Interesse an ihr verlor, ohne sie zu benachrichtigen.«

»Weißt du, England, Coopers Heimat, ist eine andere Welt. Wahrscheinlich ist er ein anderer Mensch geworden, als er dorthin zurückkehrte und die Seinen wiedersah.«

»Auch in seinem Herzen?«

»Das Herz ist ein freies und wildes Tier, und Gott allein weiß, welchen Weg das seine gegangen ist.«

20

Der Vater von Hans kehrte aus dem Kontor in Sherridon zurück und machte Ohio ein verlockendes Angebot. Er schlug ihm vor, eine Gruppe von fünf Huronen zu führen, die mit Schlitten einen Posten Felle ins Kontor von Thunder Bay am Nordufer des Oberen Sees befördern sollte.

»Von dort aus brauchst du nur noch den Oberen See und den Huronsee zu überqueren. Auf dem Ontariosee bekommst du ein Schiff nach Quebec. Mit einem der großen Segler bist du rasch dort.«

»Dann sind der See und der Fluß also nicht zugefroren?«

»Der Fluß friert nie vor Januar zu, deshalb mußt du zusehen, daß du vorher dort bist. Und auf dem See verkehren so viele Schiffe, daß immer eine Fahrrinne offen bleibt. Ihre Rümpfe sind am Bug verstärkt und brechen das Eis, das sich neu gebildet hat.«

Ohio hatte Mühe, sich Schiffe vorzustellen, auf denen fünfzig Menschen Platz fanden. Er konnte es kaum erwarten, eines zu sehen.

»Die Strecke bis zum Ontariosee ist verhältnismäßig sicher, nur am Saskatechwan kam es im vergangenen Winter zu Überfällen. Aber nach Auskunft der Huronen sind die meisten Banden nach Norden zurückgedrängt worden. Falls du aber hinüber zur Hudsonbai willst, wie du es ursprünglich vorhattest, mußt du der Frontlinie folgen, an der alle Gefechte um die Vorherrschaft im Landesinneren stattgefunden haben. Und davon würde ich dir dringend abraten.«

Ohio studierte die Karte und überlegte.

»Wenn du unbedingt zum Brochetsee willst, um die Spur deines Freundes zu finden«, sagte Hans, »solltest du allein reisen und Mayoke und Mudoi hier lassen. Bei uns sind sie sicher, und du kommst schneller voran. Die Uniform wird dich schützen.«

»Ich könnte auf Cree stoßen, die mich kennen.«

»Das würde mich wundern. Die sind jetzt in ihren Pelztiergründen.«

»Mit einem leichten Schlitten könnte ich in zwei Nächten dort sein, vorausgesetzt, es gibt eine Piste.«

»Die Cree vom Schwarzen Fluß benutzen sie regelmäßig.«

»Ein Grund mehr, in der Nacht zu reisen.«

»In drei Tagen ist Vollmond«, bemerkte Hans.

Je länger Ohio über den Vorschlag nachdachte, desto besser gefiel er ihm. Er würde schnell vorankommen, den Schutz kräftiger Männer genießen, die unsichersten Gegenden meiden und die Zahl seiner Goldstücke verdoppeln, denn der Transport wurde bezahlt. Der Führer des Schlittenkonvois sollte zwölf, jeder andere acht Goldstücke erhalten.

»Ich werde mit Mayoke sprechen und dir dann Bescheid geben«, schlug Ohio vor.

Er wollte Bedenkzeit. Auf der vorgeschlagenen Route würde er sich von dem Gebiet entfernen, in dem er Mudois Stamm vermutete. Da er jedoch mit dem Gedanken spielte, auf der Nordroute zurückzukehren, hielt er sich die Möglichkeit offen, Mudois Dorf auf der Rückreise zu suchen. Außerdem hatte er Hans und seinem Vater viel zu verdanken und würde sie bitter enttäuschen, wenn er ihr Angebot ablehnte.

»Wenn ich nicht mitgehe«, fragte Ohio, »wer übernimmt dann die Führung?«

»Kujjua, ein Indianer aus dem Dorf. Nur ist ihm letztes Jahr ein Fuß erfroren und er kann nicht mehr richtig gehen. Die anderen würden murren.«

»Und was ist mit den Huronen? Kann denn keiner von ihnen die Gruppe führen?«

»Nein, die anderen würden nicht auf ihn hören und immer einen Vorwand finden, um unterwegs Zeit zu verlieren. Letztes Jahr hat ihnen mein Vater eine Prämie versprochen, wenn sie für die Strecke weniger als drei Wochen benötigen. Sie haben sieben gebraucht!«

»Wie lange ist eine Woche noch? Ich habe es mir erklären lassen, doch das ist lange her.«

»Eine Woche hat sieben Tage.«

»Das ist wirklich kompliziert.«

»Das gebe ich zu. Sich an die Mondphasen zu halten, wie ihr es tut, ist viel einfacher.«

Seit acht Tagen war er nun hier, und Hans half ihm, sich mit der Welt der Weißen vertraut zu machen. Er brachte ihm Grundkenntnisse des Französischen bei, die wichtigsten Wörter, die er brauchen würde, und Ohio machte gute Fortschritte. Außerdem hatte er ihm eine Uhr geschenkt und erklärt, was man mit Geld anfangen konnte.

»Ich werde gegen sechs Uhr heute abend aufbrechen«, sagte Ohio mit einem Grinsen.

»Wie du siehst, hat diese Methode auch ihre Vorteile.«

»Ich hätte auch sagen können, daß ich mich bei Einbruch der Dunkelheit auf den Weg mache, das wäre dasselbe.«

»Die Uhrzeit ist genauer. Wann genau ist das, bei Einbruch der Dunkelheit? Wenn das Licht schwächer wird? Wenn man nichts mehr sieht? Außerdem verschiebt sich dieser Zeitpunkt von einem Tag auf den anderen, je nachdem, wie bewölkt es ist.«

»Du sagst es. Deine Worte beweisen nur, daß eure Methode unserem Leben in der Taiga nicht angepaßt ist. Ich will heute abend nicht um sechs Uhr aufbrechen, sondern bei Einbruch der Dunkelheit. Der weiße Mann vermag die Zeit nicht vom Himmel abzulesen, also sperrt er sie in einen kleinen Glaskasten ein. Um eine Entfernung zu messen, zählt er Kilometer. Der Indianer gibt sie in Tagesreisen an. Und nur darauf kommt es doch an, habe ich recht? Auf einem zugefrorenen Fluß legen die Hunde mehr als zwölf Kilometer in der Stunde zurück, das ergibt mehr als achtzig an einem Tag. Im Gebirge brauchen sie für die gleiche Strecke vier oder fünf Tage, im Wald sogar noch länger. Was nützt es mir, wenn ich weiß, wie viele Kilometer es von einem Punkt zum anderen sind? Wichtig ist nur, wie viele Tage ich für die Strecke brauche.«

Hans hörte lächelnd zu. »Du hast recht, Ohio. Allein schon unser Verhältnis zur Zeit zeigt, daß wir in unterschiedlichen Welten leben.«

»Ja, nur daß in der einen ein paar Erklärungen ausreichen.«

»Was meinst du damit?«

»Ein Weißer kann unsere Welt nicht verstehen lernen, indem er sich ein paar schwer verständliche Begriffe aneignet, so wie ich es getan habe. Er muß jahrelang Erfahrungen sammeln, eine Haltung annehmen, die es ihm erlaubt, sich einem Land zu öffnen, es mit seinen Sinnen wahrzunehmen.«

»Manche verspüren doch bestimmt den Wunsch, eure Sicht der Dinge zu verstehen.«

»Gewiß, aber der Wunsch verleitet die Phantasie, das, was man wahrnimmt, falsch zu deuten.«

»Dann glaubst du also, daß nur die Indianer eine Landschaft richtig verstehen?«

»Nein, ich bin einem alten weißen Mann begegnet, der Teil der Landschaft war und im Einklang mit ihr lebte.«

»Keith?«

»Du kennst ihn?«

»Er ist zu Beginn des Winters hier gewesen und hat Pelze gegen Tabak, ein paar Fallen, eine Axt und Tee getauscht.«

»Ich wußte nicht, daß du ihn kennst.«

Ohio erzählte ihm von ihrer Begegnung. Er hatte ihm zwar von Mayokes Flucht berichtet, jedoch mit Absicht verschwiegen, daß Keith ihr geholfen hatte. Irgendwann würde der alte Mann wieder in die Gegend kommen, und er wollte nicht, daß die Cree dann seinetwegen über ihn herfielen.

»Behalte das aber für dich«, bat Ohio. »Sprich nicht einmal mit deinem Vater darüber. Alles kommt an den Tag. Auf Dauer bleibt nichts ein Geheimnis.«

»Ich danke dir für dein Vertrauen. Ich werde nichts sagen.«

In diesem Augenblick kehrte sein Vater ins Kontor zurück, gefolgt von zwei Indianern, die Holzkisten trugen. Sie stellten die Kisten auf den Tisch, an dem Ohio und Hans saßen, und öffneten sie. Sie enthielten Tee, Kaffee und Zucker, und die beiden räumten alles in die Regale.

»Nun, Ohio, hast du dich entschieden?«

»Bei Einbruch der Dunkelheit«, antwortete er lächelnd, »mache ich mich auf den Weg zum Brochetsee. Ich muß dort mit einem Weißen sprechen, der mir vermutlich Auskunft über einen Freund geben kann, dessen Namen mein Sohn trägt. Meine Entscheidung hängt davon ab, was er mir sagen wird.«

»Nein, so lange kann ich nicht warten! Ich muß Vorbereitungen treffen.«

Eine peinliche Stille trat ein. Hans' Vater widmete sich seiner Arbeit und begann, in einer Ecke, in der sich Fallen aller Art und Drahtrollen stapelten, aufzuräumen.

Hans sah Ohio an.

»Dann gehe ich eben… Ich wußte nicht, daß ihr es eilig habt.«

»Du scheinst mir nicht recht zu wissen, was du willst«, sagte der Vater. »Das ist nicht gut, wenn man eine solche Schar von Kriegern führen will.«

»Mein Entschluß steht fest. Von jetzt an werde ich alles tun, um den Auftrag auszuführen.«

»Hans glaubt das auch.«

»Wenn du vom Gegenteil überzeugt bist«, entgegnete Ohio in scharfem Ton, »darfst du mich nicht mit der Führung der Gruppe betrauen.«

»Du bist jung, aber Hans vertraut dir, und er kennt dich besser als ich. Ich muß ihn daran gewöhnen, Verantwortung zu übernehmen.«

Mayoke, die mit Mudoi hinausgegangen war, um die Hunde zu füttern, kehrte ins Kontor zurück und klopfte sich den Rauhreif von der Jacke.

»Sie brennen darauf, wieder zu laufen«, sagte sie.

»Ich breche heute abend auf. Wenn das Wetter sich hält, bin ich in vier Tagen zurück.«

»Wenn du das schaffst – «, begann der Vater von Hans.

»Wenn er das schafft«, fiel ihm Hans ins Wort, »schuldest du mir ein Goldstück, wenn nicht, bekommst du von mir zwei.«

Sein Vater konnte die Wette nicht abschlagen.

»Ihr verdammt mich zum Erfolg«, rief Ohio.

»Das gefällt dir, nicht wahr?«

Ohio mußte zugeben, daß er mit Freuden in die Nacht hinausjagen würde.

21

Ohio kannte kein berauschenderes Gefühl, als mit den Hunden auf einer schönen Piste, auf der sie ihr Bestes geben konnten, durch die Nacht zu fahren. Die Sterne gingen am Firmament auf, als die Meute in vollem Galopp über den See preschte. Bald stieg der Mond über den Bäumen herauf, weiß und milchig wie eine Nachtsonne, und dann kam die Kälte und veränderte die Geräusche. Aus dem Zischen der Kufen auf der gefrorenen Schneedecke wurde ein Knirschen, ein Pfeifen, aus dem Säuseln des Schlittens ein Kreischen, und das Hecheln der Hunde drang, ohne von seiner Klarheit zu verlieren, durch die unbewegte Luft und verwandelte sich in einen Gesang, dessen Rhythmus Ohios Herz höher schlagen ließ. Er wurde eins mit der Meute, atmete und lief mit ihr wie in Trance, beseelt von derselben Begeisterung, derselben Leidenschaft.

Er hatte nur das Nötigste mitgenommen und Mayokes kleinen Schlitten lediglich mit etwas Proviant und einem Schlafsack aus Hasenfell bepackt, den er in eine große Karibuhaut gewickelt hatte. Am anderen Seeufer angekommen, drang er in den Wald ein, dessen Bäume mit ihren schneebeladenen Ästen wie versteinert wirkten. Die Hunde durften sich zwei Stunden ausruhen, dann ging es weiter. Kein Lüftchen regte sich. Alles war starr. Der Schlitten war der einzige lebende und bewegliche Punkt in dieser weiten, erhabenen Landschaft, in die er mit einer Mischung aus Ehrfurcht und Verzückung zurückkehrte. Hans hatte ihm seine Uhr mitgegeben, aber er blickte nicht darauf. Er spürte, wie die Zeit verflog.

Die Piste beschrieb einen Bogen um die gefährliche Zone, wo der Fluß in den See mündete, und führte anschließend wieder auf den Fluß zurück und am Ufer entlang. Die Hunde behielten das scharfe Tempo bei, ohne Anzeichen von Ermüdung erkennen zu lassen oder außer Atem zu geraten. Die Sterne funkelten an einem kristallklaren Himmel, an dem grünliche Nordlichter wogten. Dann wurde plötzlich alles schwarz. Das war die Finsternis vor der Dämmerung. Die Ufer, eben noch schemenhaft zu erkennen, verschwanden, und Ohio nahm unter seinen Füßen nur noch vage die Furchen der Kufen wahr.

Er zog sich in den schützenden Wald zurück. Mit einem trockenen Stück Rinde, das er unterwegs von einer Birke gerissen hatte, entzündete er ein Feuer. Die Hunde hatten sich bereits im Schnee zusammengerollt, die Schnauze auf den Pfoten, darüber den dichten Wolfsschwanz. Ohio nahm die Axt, die Hans ihm mitgegeben hatte, räumte auf dem Fluß etwas Schnee beiseite und hackte Eis, um damit Wasser zu machen. Als er auf die Böschung zurückkehrte, verwischte er seine Spuren, damit niemand vom Fluß aus seine Anwesenheit bemerkte. Dann fütterte er die Hunde mit Dörrfisch und aß. Er war überhaupt nicht müde. Er blickte auf die Uhr: sieben Uhr. Sie waren über zehn Stunden unterwegs gewesen.

Er hieb Äste von einer jungen Tanne, bereitete sich daraus ein Lager und breitete den Schlafsack darüber. Er rollte sich zusammen, und kaum hatte er die Augen geschlossen, war er eingeschlafen.

Die Sonne kletterte gerade über den Horizont, als er aufwachte. Es war Mittag, aber immer noch genauso kalt. Ein paar Hunde standen auf, schüttelten sich, setzten sich in den Schnee, den Schwanz um die Pfoten gerollt, und sahen Ohio an, bereit zum Aufbruch. Der Rauhreif, der sie bedeckte, glitzerte im Licht.

»Ihr seid unermüdlich«, sagte Ohio und stand auf.

Es herrschte eine grimmige Kälte, und er bezweifelte, daß sich bei einem solchem Wetter jemand auf die Piste wagte.

Gut gelaunt spannte er an. Die Hunde jagten die Böschung hinunter. Der Schlitten schlingerte und sprühte eine weiße Garbe, in der Ohios Beine bis zu den Knien verschwanden, so daß er zu schweben schien.

Jetzt, zu Beginn des Winters, war der Fluß gefährlich. Es gab stellenweise offenes Wasser, das eine Eisdecke unterschiedlicher Dicke umschloß, doch die Piste war mit Bedacht gespurt und führte um die tückischen Zonen herum, wich manchmal sogar in den Wald aus.

Die Hunde liebten solche abwechslungsreichen Pisten. Nichts langweilte sie mehr als eine eintönige Strecke, die schnurgerade über einen See führte oder einem Flußlauf folgte. Dasselbe galt für Ohio, der hier mit dem Schlitten spielen konnte. Die Zeit verging wie im Flug, und als er auf den Brochetsee gelangte, an dessen gegenüberliegendem Ufer das Dorf gleichen Namens lag, stieß er einen überraschten Schrei aus.

»Wir sind schon da!«

Die Hunde fielen in Galopp, als sie eine Gruppe von Fischern bemerkten, die ein Netz einholten, doch Ohio ließ sie nicht zu ihnen laufen, sondern gab das Kommando, direkt auf das Dorf zuzuhalten, aus dem dünne Rauchsäulen senkrecht in den Himmel stiegen. Darauf drosselte die Meute das Tempo ein wenig. Hunde wie Narsuak und Kurvik, die dem zweiten Wurf entstammten, waren mittlerweile genauso ausdauernde Läufer wie Torok, Gao oder Umiak. Das aus zwei- bis fünfjährigen Hunden bestehende Gespann hatte den Gipfel seiner Leistungsfähigkeit erreicht und bildete eine harmonische Einheit. Mit erhobenem Schwanz und stolz gewölbter Brust trabten sie in das Dorf, in dem mehrere angepflockte Hunde mit einer Mischung aus Furcht und Neid ihren Einzug beobachteten.

Ohio hatte seine Kapuze aufgesetzt, und das Hasenfell, das

seine untere Gesichtshälfte bedeckte, war mit einer Eiskruste überzogen. Zumindest solange das Eis nicht aufgetaut war, bestand keine Gefahr, daß ihn jemand erkannte. Das Dorf zog sich, lang und schmal, an einer Wand aus Tannen hin, zwischen denen kleine Hütten und vereinzelte Tipis standen. Ohio brachte das Gespann zum Stehen und sah sich nach einer Hütte um, in der sich das Kontor befinden konnte. Ein Indianer, der einen Vorrat Eis hinter sich herzog, trat zu ihm.

»Woher kommst du bei dieser Kälte?«

»Vom Handelsposten am Wollastonsee. Ich möchte mit dem Inhaber des Kontors sprechen. Wie heißt er noch gleich?«

»Ron. Aber er ist nicht da.«

»Wo ist er denn?«

»Er ist nach Nurukte, um Waren zu holen.«

Ohio stieß einen langen, enttäuschten Seufzer aus.

»Seine Frau ist hier geblieben, aber sie nimmt nur Pelze entgegen. Sie hat keinen Schlüssel zum Warenlager. Sie trinkt.«

»Kann ich sie sehen?«

Der Mann zuckte mit den Schultern. »Wenn du willst, aber du wirst nichts von ihr bekommen.«

»Ich möchte nichts tauschen oder kaufen. Ich möchte nur eine Auskunft.«

Der Mann zeigte ihm eine Hütte, die auf der Rückseite durch einen Anbau vergrößert worden war. Ohio fuhr um sie herum, band die Hunde im Wald an, ohne sie auszuspannen, und verfütterte den restlichen Fisch, ehe er zur Hütte ging.

Er klopfte an die Tür, und da er keine Antwort erhielt, stieß er sie auf. Es war niemand da. Unterdessen hatte sich ein Indianer den Hunden genähert und nahm sie in Augenschein.

»Ein großartiges Gespann. Wärst du bereit, einen deiner Hunde zu tauschen?«

»Nein. Ich trenne mich von keinem.«

»Ich habe eine läufige Hündin. Wärst du bereit, sie von einem deiner Hunde decken zu lassen?«

»Möglicherweise. Ich suche Rons Frau.«

»Sie ist bei ihrer Mutter. Ich bringe dich hin, wenn du willst.«

»Hast du Fisch?«

»Genug, um sieben Hunde durch den Winter zu bringen.«

»Forellen?«

»Forellen und Hechte.«

»Ich nehme zwanzig schöne Forellen, und deine Hündin wird gedeckt.«

»Einverstanden.«

Sie gelangten zu einer Hütte, die halb in die Erde versenkt war und vor der eine unbeschreibliche Unordnung herrschte. Sie traten ein.

»Offka! Hier ist jemand für dich.«

Ohio nahm die Kapuze ab und riß die Augen weit auf, denn man sah nicht viel.

»Was will er?«

»Er kommt von Nelson.«

»Kenne ich nicht.«

»Er führt das Kontor im Westen und kennt Ron. Er hat mir gesagt, ich könnte hier Auskunft über einen Freund bekommen, einen Montagnai, der vor zwei oder drei Jahren hier durchgekommen ist. Er hieß Mudoi.«

»Wer soll das sein?«

»Ein Freund, der hier vorbeigekommen ist. Ron kennt ihn. Er hat mit dem Weißen, den ich getroffen habe, über ihn gesprochen.«

»Der Name sagt mir nichts. Gar nichts. Und wer bist du?«

»Ich befördere Post. Mein Name ist unwichtig, ich suche das Dorf dieses montagnais, das ist alles.«

»Ich weiß nichts über einen Mudoi.«

Ohio begriff, daß aus dieser unwirschen Frau, die mehr bellte als daß sie sprach, nichts herauszubringen war. Er dankte ihr, setzte seine Kapuze wieder auf und trat ins Freie.

»Sie ist noch halb betrunken«, sagte der Indianer zu ihm.

»Wann kommt dieser Ron zurück?«

»In ein paar Tagen. Vielleicht später.«

»Das ist vage.«

»Komm mit.«

Ohio folgte ihm zu einem Tipi, in dem eine junge Indianerin und ihr Bruder damit beschäftigt waren, zerrissene Packsäcke zu flicken.

»Wo ist euer Vater?«

»Auf dem See.«

»Du brauchst nur auf ihn zu warten«, schlug ihm der Mann vor. »Er arbeitet für Ron, seit er bei uns ist. Vielleicht kann er dir Auskunft geben.«

Ohio holte die Fische und brachte Huslik zu der Malamutin des Indianers, einer Hündin von kräftigem Wuchs, die der Husky mit Interesse beschnupperte.

»Warum hast du gerade diesen Hund ausgesucht? Ist er nicht so gut wie die anderen?«

»Ganz und gar nicht. Sie haben alle das gleiche Blut, aber der hier kennt noch nicht die Freuden der Begattung. Es wird ihm guttun. Lassen wir sie allein.«

Ohio versorgte die Hunde und tränkte sie, obwohl der Fisch viel Wasser enthielt, dann massierte er ihnen lange die Muskeln und prüfte dabei die Elastizität der Sehnen, denn zu Beginn des Winter bestand die Gefahr, daß sie überbeansprucht wurden und sich entzündeten. Es war ein kalter, aber schöner Tag, und es wehte kein Lüftchen. Er legte sich auf den Schlitten und wollte gerade einschlummern, da hörte er Stimmen und sah drei Männer auf sich zukommen, darunter der, den er kannte.

»Kuzajuik erinnert sich an deinen Mudoi.«

Ohio erhob die Hand zum Zeichen der Freundschaft. Kuzajuik erwiderte seinen Gruß.

»Ja, ich weiß noch, was Mudoi zu mir gesagt hat, es war lustig.«

»Lustig?«

»Ja, er sagte, die Hudsonbai ähnele einem dicken Mann mit einem großen Geschlecht und er wohne an der äußersten Spitze des Geschlechts.«

Ohio holte die Karte vom Schlitten und entrollte sie.

»Irrtum ausgeschlossen, nicht wahr?«

»Ja!«, stimmte Ohio schmunzelnd zu.

Der dritte Indianer starrte ihn mit seltsamem Blick an, und Ohio hatte das unangenehme Gefühl, ihn irgendwo schon einmal gesehen zu haben. Nun, da er die erhoffte Auskunft bekommen hatte, wollte er sich so schnell wie möglich davonmachen.

»Sehen wir nach Huslik«, schlug er vor.

»Willst du denn schon wieder aufbrechen?«

»Ich will, daß er sich ausruht. Er hat anstrengende Tage hinter sich.«

Betrachteten die Indianer ihn jetzt voller Argwohn? Bildete er es sich nur ein, oder war ihre Stimmung tatsächlich umgeschlagen? Er steuerte entschlossen auf den kleinen Zwinger zu, in dem Huslik und seine Verlobte eingesperrt waren. Der Hundebesitzer ging neben ihm her, die beiden anderen tuschelten hinter ihnen.

»Ist sie schon einmal gedeckt worden?« fragte Ohio, als sie ankamen.

»Nein.«

»Dann ist sie es jetzt«, stellte er fest, als er die Blutstropfen im Schnee sah.

»Bist du sicher?«

»Ganz sicher.«

Ohio betrat den Zwinger und packte Huslik am Lederhalsband.

»Los, komm!«

Der Husky sträubte sich und knurrte ärgerlich, aber Ohio zog ihn fort.

»Warst du beim großen Potlatch Toqeiyazis?« Es war mehr eine Feststellung als eine Frage.

Ohio zuckte unwillkürlich zusammen. »Nein, ich war im

Süden, am Woodsfluß. Es soll ein sehr großes Potlatch gewesen sein.«

»Du hast Ähnlichkeit mit dem Kerl, der die Festlichkeiten gestört hat.«

»Aber ich bin es nicht.«

Huslik zappelte und bellte in Richtung Zwinger, was ihm einen Vorwand lieferte, sich zu entfernen.

»Ich binde Huslik an und hole die beiden Flaschen, die ich mitgebracht habe. Ein ausgezeichneter Brandy. Den trinken wir zusammen.«

Er kehrte ihnen den Rücken, ohne eine Antwort abzuwarten. Er bewahrte die Ruhe und hütete sich, schneller zu gehen oder sich umzublicken. »Der Kerl, der mich erkannt hat«, sagte er sich, um sich zu beruhigen, »hat nur eine verschwommene Erinnerung an den Abend, sonst hätte er sich längst auf mich gestürzt.«

Auf halbem Wege blickte er sich um. Niemand folgte ihm. Er beschleunigte seine Schritte. Er war gerade bei den Hunden angekommen und spannte Huslik an, da sah er mehrere Männer um eine Ecke biegen.

»Er hat Verstärkung geholt!«

Ohio zog mit einem kurzen Ruck an der Leine. Der Knoten löste sich. Die Männer sahen, daß er den Schlitten startbereit machte, und fielen in Laufschritt, aber es war zu spät. Ohio trieb die Hunde an. Narsuak und Gao schieden mit Bedauern, denn sie hatten noch einen Rest von dem gefrorenen Fisch vor sich liegen, an dem sie genüßlich gekaut hatten.

Ohio konnte nicht denselben Weg nehmen, auf dem er gekommen war, ohne zu dicht an den Männern vorbeizufahren, und so bog er in der Hoffnung, irgendwann wieder an den See zu gelangen, auf eine gestampfte Piste ein, die hinter den Hütten verlief. Doch sie führte in die entgegengesetzte Richtung, tief in den Wald hinein. Als er dessen gewahr wurde, war es schon zu spät. Das Gespann war in Galopp gefallen, und die Piste war viel zu schmal, um zu wenden.

22

Ohio ärgerte sich über sich selbst, weil er so unbesonnen gehandelt hatte. Jetzt mußte er wohl oder übel einer Piste folgen, die ihn immer weiter vom richtigen Weg abbrachte. Er war in eine äußerst unangenehme Lage geraten.

Er wußte nicht, wohin die Piste führte. »Wenn ich Pech habe, hört sie bald auf, dann bin ich erledigt. Bei dem Neuschnee haben sie mich bald eingeholt, selbst mit ihren Malamuten, die so langsam sind wie Stachelschweine.«

Wenn die Meute die gefrorene Piste verließ, auf der sie schnell vorankam, mußte sie durch den Tiefschnee stapfen und hinterließ eine überdeutliche Spur, auf der es ein Kinderspiel war, sie einzuholen.

Sein Entschluß war schnell gefaßt. Er stieg mit seinem ganzen Gewicht auf die Bremse und stoppte die Hunde neben einer dicken Tanne, deren Äste sich unter der Schneelast bis zum Boden bogen. Er mußte handeln, ehe die Entfernung vom See zu groß wurde, und die Zeit, die sie zum Anspannen brauchten, nutzen, um auf die richtige Piste zurückzukehren. Einfach weiterzufahren war töricht und sinnlos. Er prüfte den Stand der Sonne und ging nach vorn zu Torok, nahm ihn am Halsband und zog ihn zu der Tanne, unter der nur wenig Schnee lag. Die anderen folgten, und als der Schlitten einen Ruck machte, brachte er sie zum Stehen.

»Hooo, meine Hunde! Nicht bewegen! Nicht bewegen!«

Die Hunde drehten sich um, ohne zu verstehen. Was hatte ihr Herr vor?

Ohio drehte den Schlitten und schob ihn unter den Ästen durch, dann befahl er Torok, tiefer in den Wald hineinzugehen, und hieß ihn abermals stehenbleiben. Er band den Schlitten an einen Baum, um einen Aufbruch zur Unzeit zu verhindern, und kehrte zur Tanne zurück. Dort angekommen, schaufelte er so gut es ging mit seinem Schneeschuh die Spur zu, die von der Piste abbog und unter der Tanne verschwand. Dann eilte er zu seinem Gespann zurück.

»Los, Torok.«

Der Leithund stapfte durch den Schnee, der ihm bis zur Brust reichte, glücklicherweise aber nicht zu tief war. Hinter ihm verbreiterten Vulk und Narsuak die Spur, so daß der Rest des Gespanns besser durchkam. Ohio entfernte sich in einem rechten Winkel von der Piste, und als er so tief in den Wald vorgedrungen war, daß seine Kommandos dort nicht mehr zu hören waren, bog er in Richtung See ab, dessen ungefähre Lage er anhand der Sonne bestimmt hatte. Doch die Hunde gerieten außer Atem, und so mußte er vorausgehen, zuerst ohne, dann mit Schneeschuhen, weil er zu tief einsank. Auf der harten Piste waren die Hunde in vollem Tempo galoppiert, doch jetzt würden sie mindestens zwei Stunden bis zum See brauchen, vorausgesetzt, es kam nichts Unvorhergesehenes dazwischen. Er marschierte schnell, so schnell er konnte, doch er kam nur langsam voran, sehr langsam, und auch ihm ging bald die Luft aus.

Plötzlich blieb er stehen und fuhr herum.

»Still«, befahl er den Hunden. »Still!«

Auch sie hatten es gehört. In der Ferne feuerte ein Mann seine Hunde an. Ohio versuchte festzustellen, woher die Stimme kam, doch es gelang ihm nicht. Jagte der Mann über die Piste, die er vorhin verlassen hatte, oder verfolgte er ihn? Ihm war, als entferne sich die Stimme. Er wollte Gewißheit.

»Wenn sie mir jetzt schon auf den Fersen sind, ist es aus!«

Er hatte nicht einmal ein Gewehr mitgenommen. Er hatte nur einen Bogen und sechs Pfeile, und die Zahl der Verfolger war gewiß groß. Er hatte mindestens vier Gespanne im Dorf gezählt.

»Los, meine Hunde!«

Sie stapften noch eine gute halbe Stunde weiter. Ohio wurde ruhiger, als er eine Anhöhe erklomm, die ein Wald aus Birken und Espen bedeckte. Von der Kuppe aus sah er, daß der See etwas weiter östlich lag, als er vermutet hatte. Es war nicht mehr sehr weit, und er schöpfte wieder Hoffnung, zumal der Tag sich neigte. In der Nacht stiegen seine Chancen, den Cree zu entkommen, insbesondere wenn sie nicht bemerkten, daß er von der Piste abgebogen war.

Sie hatten es bemerkt.

Ohio hörte sie, als er am Fuß des Hügels anlangte.

Er zögerte. Sollte er fliehen und versuchen, den See zu erreichen, oder sollte er ihnen einen Hinterhalt legen? Er sah sie in der Ferne. Es waren mehrere, mit drei Gespannen. Allein hatte er gegen sie keine Chance. Er ärgerte sich. Auf jedem harten Untergrund hätte er sie mühelos abgeschüttelt, doch im Tiefschnee war er wie ein Elch, den die Wölfe zu Tode hetzten.

»Los, meine Hunde! Weiter!«

Sie gaben ihr Bestes, denn sie spürten die Besorgnis, die in seiner Stimme mitschwang, doch ihre Kräfte erlahmten. Die Verfolger kamen näher.

Ohio brachte das Gespann zum Stehen, lief nach vorn und ersetzte Torok durch Vulk, der bisher in der Spur des Leithunds gelaufen und deshalb noch frischer war. Torok knurrte ungehalten, doch Ohio wies ihn so scharf zurecht, daß er verstummte und sich fügte.

»Los, Vulk. Zieh!«

Vulk warf sich mit aller Kraft ins Geschirr, um zu beweisen, daß er der Position, die er so begehrte, würdig war. Der Rest der Meute bekam neuen Auftrieb und eiferte dem jungen Leithund nach. Die Cree holten nicht mehr auf, doch dies sollte nicht lange so bleiben. Sie gelangten in den dichten Wald, der das gesamte Gebiet zwischen Hügel und See bedeckte, und der Schnee wurde wieder tiefer. Es machte Ohio rasend, daß er seinen Verfolgern eine Piste spurte. Sie holten wieder auf.

Da kam ihm eine Idee. Wenn er mit ihr keinen Erfolg haben würde, mußte er sich in das Unvermeidliche fügen und kämpfen. Er dachte an Mayoke und Mudoi. Sie brauchten ihn. Er durfte sie nicht allein lassen. Er durfte nicht sterben! Er holte die wenigen gefrorenen Fische vom Schlitten, die er mitgenommen hatte, und warf sie hinter sich, dann feuerte er Vulk an, der sich mühsam durch den Schnee kämpfte. Der Wald wurde dichter, und er sah die Verfolger nicht mehr, doch er entnahm dem Gebrüll, das er vernahm, daß seine Kriegslist Erfolg hatte. Ihre Hunde stritten sich offensichtlich um die Fische. Das verschaffte ihm etwas Luft.

»Vorwärts, Vulk! Vorwärts, meine Hunde!«

Er rannte hinter dem Schlitten her, schob ihn, sobald er langsamer wurde, und zwang dadurch die vor ihm laufenden Hunde, das Tempo zu erhöhen.

»Gut so, Vulk! Gut so, Torok! Weiter!«

Sie gelangten in ein Dickicht aus Erlen und Weiden, und Ohio bahnte sich mit dem Beil einen Weg. Er war schweißgebadet, aber er wußte, daß es die letzte Kraftanstrengung war, die ihm abverlangt wurde. Bis zum See konnte es nicht mehr weit sein, und bald wurde es dunkel. Schon legte sich der Schatten der Dämmerung über den Wald. Er schaute sich nicht um. Er hieb sich durch das Dickicht, und die Hunde folgten ihm.

»Der See! Endlich.«

Er drehte sich um, als die Hunde aus dem Gebüsch brachen. Ein Cree hatte den Haltebügel des Schlittens gepackt und trat mit aller Kraft auf die Bremse.

Die Hunde blieben stehen. Der Cree rief seine Begleiter zu Hilfe. Ohio brüllte einen Befehl, und die Meute gehorchte und preschte nach vorn. Um nicht zu stürzen, hielt sich der Cree an dem Bügel fest und sah das Messer nicht, das sich in seinen Leib bohrte. Er riß die Augen auf, schnappte nach Luft und fiel mit ausgebreiteten Armen nach hinten. Mit einem Satz war Ohio auf den Kufen. Froh, wieder eine gleichmäßige und harte Oberfläche vorzufinden, warfen sich die Hunde ins Geschirr. Ein zweiter Verfolger tauchte am Ufer auf, dicht gefolgt von einem Gespann, dann einem zweiten. Er brachte sein Gewehr in Anschlag.

»Djee!«

Vulk bog rechts ab.

»Yap!«

Er schlug einen Haken nach links.

Die erste Kugel pfiff weit links vorbei.

»Djee! Yap!«

Ohio jagte im Zickzack davon. Eine zweite Kugel verfehlte sie. Zu hoch diesmal. Dann verschwand das Ufer in der Dunkelheit. Er hatte es geschafft! Er fuhr noch eine Zeitlang weiter, dann war der See überquert, und er hielt an. Der Mond war aufgegangen, und der Schnee reflektierte sein sanftes Licht. Er war außer Gefahr. Er entzündete sogar ein Feuer, brachte Schnee zum Schmelzen und tränkte die Hunde. Die Cree hatten die Verfolgung aufgegeben. Sie hatten eingesehen, daß ihre Hunde nicht schnell genug waren. Ohio gönnte seinen ein paar Stunden Ruhe, dann fuhr er weiter. Es war eine schöne Nacht, und trotz der aufreibenden Verfolgung im Tiefschnee flog das Gespann nur so dahin. Bei Tagesanbruch verließ Ohio die Piste und legte sich zwischen den Hunden schlafen. Am Abend erhoben sie sich frisch und ausgeruht, streckten sich und brannten darauf, weiterzulaufen. Ohio kehrte auf die Piste zurück, und sie trabten in einem zügigen Tempo bis zum Dorf, das sie kurz vor dem Morgen erreichten.

23

»Unglaublich«, wiederholte Hans.

Beim Aufstehen hatte er Ohios Schlitten bemerkt. Er lag mit den Kufen nach oben hinter dem Haus, und die Hunde waren ein Stück weiter angeleint. Alles war in bester Ordnung. Er hatte ihn nicht einmal kommen hören. Ohio schlief, Mayoke im Arm.

»Er hat nicht einmal vier Tage gebraucht«, errechnete Frank, der Vater von Hans.

»*Sie* haben keine vier Tage gebraucht«, verbesserte ihn Ohio, der in diesem Augenblick gähnend ins Zimmer trat. »Und wir hätten noch früher hier sein können, wenn wir keinen Umweg gemacht hätten.«

»Hast du dich verirrt?«

Ohio schilderte sein Abenteuer in allen Einzelheiten.

»Du bist glimpflich davongekommen!«

»Wieder einmal!«

»Das Glück ist dir hold.«

»Ich glaube nicht an das Glück.«

Hans stand auf, ging zur Tür und öffnete sie. Ein Indianer kam herein, und mit ihm weiße Dampfkringel.

»Sei willkommen, Kirtoyuk!«

»Ich bringe dir Pelze.«

»Stell den Sack hier ab. Ich mache Tee.«

»Im Süden heißt es, daß die Hudsonbai-Kompanie für zwei Biber ebensoviel bietet wie die anderen für drei.«

»Wer sagt das?«

»Jedermann.«

»Und hast du jemanden getroffen, der Biber getauscht hat?«

»Nein, aber so heißt es.«

Hans zuckte mit den Schultern. »Leeres Gerede!«

»Ich komme aus dem Nordwesten«, schaltete Ohio sich ein. »Ich bin in vielen Kontoren der Bai und der Nordwest gewesen, aber das habe ich nirgendwo erlebt.«

Kirtoyuk drehte sich um und sah den Fremden durchdringend an. Seine Augen funkelten. »Dein Wort ist nichts wert. Du arbeitest für diese Kompanie hier.«

»Ich arbeite für niemanden, nur für mich selbst«, seufzte Ohio mit einem Achselzucken.

»Wie auch immer«, sagte Hans, »jedenfalls werde ich mir die Pelze ansehen und dir ein Angebot machen. Du kannst es annehmen oder ablehnen. Es liegt ganz bei dir.«

»Ich kenne die Gepflogenheiten von euch Weißen und die schönen Worte, mit denen ihr uns einwickelt. Am Ende sind wir immer die Betrogenen.«

»Hier wird niemand betrogen«, wiederholte Hans seufzend.

Es war jedes Mal dasselbe, und er war dieser endlosen Diskussionen überdrüssig. Sie liefen stets nach dem gleichen Muster ab. Aber dies verstand der Indianer nun einmal unter Handeln. Undenkbar, ein Geschäft dieser Größenordnung in wenigen Minuten abzuwickeln. Immerhin handelte es sich um Pelze, die er nach tagelangen Märschen erbeutet, dann abgeschabt, getrocknet und auf einem langen, beschwerlichen Weg ins Kontor gebracht hatte. Das Feilschen war ein Ritual, dem man sich nicht entziehen konnte, selbst wenn der Preis, den er am Ende aushandelte, nur wenig über dem Erstgebot lag. Denn um das Geschäft zu machen, mußte der Weiße etwas nachgeben, und im Wissen darum setzte er sein Angebot zunächst entsprechend niedriger an.

Hans prüfte die Pelze und machte zwei Stapel. Er zählte sie. Sie waren fünf Goldstücke oder dreißig *plus* wert. Unter einem *plus* verstand man dreißig gut bearbeitete Biberfelle mittlerer Größe. Er bot fünfundzwanzig *plus*. Empört über das Angebot, packte der Indianer seine Pelze zusammen. Wie üblich. Frank, der hinausgegangen war, um über den Kauf von einem Dutzend gefrorener Forellen zu verhandeln, kam zurück, hütete sich aber, sich einzumischen, und verschwand. So begann das Feilschen immer. Kirtoyuk wandte sich zum Gehen, doch Hans rief ihm nach: »Das hindert dich doch nicht daran, mit mir einen Tee zu trinken und von der Jagd zu erzählen.«

Der Mann focht einen inneren Kampf. Auch das war die Regel. Dann setzte er sich, scheinbar widerstrebend. Man plauderte über dies und jenes. Er tat gekränkt, kam aber nicht auf das Thema zurück. Das blieb Hans überlassen.

»Trotzdem, die Pelze sind schön, bis auf wenige Ausnahmen.«

»Reden wir nicht mehr davon.«

»Und weil sie so schön sind, will ich bis siebenundzwanzig gehen.«

Der Mann zeigte keine Reaktion.

»Zeig sie mir noch mal.«

Kirtoyuk tat so, als überlege er. Lohnte sich die Mühe? Genau in diesem Augenblick beschlossen die Indianer in den meisten Fällen, einen Wutanfall zu bekommen.

»Du bist ein verfluchter Weißer und hockst in deinem warmen Haus. Du hast keine Ahnung, welche Entfernungen ich zurücklegen mußte, um diese Pelze zu bekommen! Nein, du hast keine Ahnung, sonst würdest du dich nicht über mich lustig machen und mir siebenundzwanzig *plus* bieten, obwohl sie viel mehr wert sind. Nein! Du hast keine Ahnung!«

In diesem Augenblick durfte man ihn unter keinen Umständen unterbrechen. Man mußte zuhören. Später, wenn es an dem Weißen war, wütend zu werden, und auch seine Zeit kam, hörte der Indianer ebenfalls zu.

»Zeig sie mir! Ich möchte sie mir genau ansehen!«

Kirtoyuk ließ sich schließlich dazu herbei, ihm den Sack zu

geben, tat aber so, als sei er an der neuerlichen Prüfung nicht im mindesten interessiert.

Hans beugte sich abermals über die Felle. Diese Begutachtung war nötig, denn sie gehörte zum Ritual und mußte länger dauern als die erste.

Schließlich legte er den letzten Pelz zurück.

»Na schön, weil du es bist und weil du mir deine schönsten Pelze reservierst, gebe ich dir neunundzwanzig.«

Kirtoyuk verharrte lange reglos, dann schüttelte er ablehnend den Kopf. Hans seufzte. Jetzt war er an der Reihe, in Wut zu geraten, und er tat es ohne Feuer. Dieses Theater ermüdete ihn!

»Du bist dir wohl nicht darüber im klaren, was für ein Angebot ich dir mache! Kein Mensch wird dir einen solchen Preis bieten. Ich gebe mir einen Ruck und lege dir zuliebe noch etwas drauf, und du scherst dich nicht darum! Ich dachte, wir seien Freunde, aber wie ich sehe, bist du gar nicht in der Absicht hergekommen, mir deine Pelze zu verkaufen!«

Kirtoyuk lauschte, ohne mit der Wimper zu zucken, sah Hans aber mit unzufriedener Miene an. Er liebte dieses letzte Wortgefecht, bei dem der Weiße den Beleidigten spielen und aus der Haut fahren mußte. Heute jedoch leierte Hans eine Rede herunter, der es an Würze und Überzeugungskraft fehlte.

»Dreißig Häute!«

»Einverstanden«, seufzte Hans müde.

Doch Kirtuyak war enttäuscht. Die Darbietung seines Gegenübers hatte wahrlich zu wünschen übrig gelassen.

»Und eine Flasche Whisky!«

Hans hob verdutzt den Kopf, denn diese nachgeschobene Forderung fiel aus dem Rahmen.

»Einverstanden.«

Hans wühlte in einem Schrank und reichte Kirtoyuk eine Flasche, die dieser mißtrauisch beäugte. Er nahm sie nebst der Quittung, die Hans ihm ausstellte, und verließ das Kontor unter skeptischem Murren. Hans hatte zu schnell nachgegeben. Ob er einfach nur müde war?

»Er nimmt ja gar keine Waren mit«, wunderte sich Ohio.

»Er kommt später mit seiner Gefährtin wieder.«

»Spielt sich das immer so ab?«

»Ausnahmslos!« sagte Hans mit müdem Gesicht.

»Aber der Handel kommt immer zustande?«

»Ja. Wenn ein Indianer unzufrieden ist, geht er das nächste Mal in ein anderes Kontor, aber wenn er mit seinen Pelzen erst einmal über die Schwelle getreten ist, wird das Geschäft auch gemacht.«

»Lehnen Sie dein Angebot niemals ab?«

»Bisher ist jedenfalls noch keiner mit seinen Pelzen wieder gegangen. Wenn sie mit Pelzen kommen, dann um mit etwas anderem wieder zu gehen. So haben sie es beschlossen, und nichts kann sie davon abbringen. Sie würden es als persönliche Niederlage empfinden und sich dem Gespött ihrer Freunde aussetzen. Man würde über ihn sagen: ›Er versteht es nicht einmal, einem Weißen seine Pelze anzudrehen!‹«

»Wenn man diese Schwäche kennt, ist es leicht, sie auszunutzen.«

»Wir bieten ihnen anständige Preise, Ohio, jedenfalls bessere als die Bai. Wenn ich einen Indianer übervorteile, setzt er später nie wieder einen Fuß in meinen Laden. Er wird es mir nicht einmal sagen und zum Tauschen einfach anderswo hingehen.«

»Zum Glück gibt es ein Anderswo.«

»Das ist Konkurrenz.«

Kirtoyuk kam, übers ganze Gesicht strahlend, mit seiner Gefährtin wieder, einer Frau reiferen Alters. Sie war recht beleibt und hatte eine vorspringende Nase, trug aber den Kopf hoch, was ihr eine gewisse Würde verlieh. Sie legte ihre Jacke ab, strich an den Regalen entlang und begann, Waren zu stapeln. Kirtoyuk selbst hatte nur zwei Wolfsfallen, Schlingendraht und Schießbedarf für sein Gewehr genommen und betrachtete nun voller Stolz alles, was seine Gefährtin dank ihm kaufen konnte.

»Dir bleibt nur noch der Gegenwert von drei *plus*«, warnte Hans.

Sie wollte noch Stoff und mußte sich von einigen Rollen Nähgarn wieder trennen.

»Nun sind wir quitt!«

Kirtoyuk rechnete nicht nach. Er vertraute Hans, und von dieser Rechnerei verstand er ohnehin nichts. Für ihn zählte nur, was er sah, all die aufgetürmten Waren.

Zwei andere Indianer stürzten mit Pelzen ins Kontor. Diesmal übernahm Frank das Feilschen, zur großen Erleichterung seines Sohnes, der Ohio verschwörerisch zuzwinkerte. Ohio überließ die beiden Männer müde ihren Geschäften und begab sich zu Mayoke, die gerade Mudoi stillte. Er legte sich neben sie ins Bett und schlief fast augenblicklich ein. Er hatte viel Schlaf nachzuholen.

24

Die Tage vergingen, und der Schneesturm tobte noch immer. Man konnte kaum einen Fuß vor die Tür setzen. Der Schnee, der vom Boden aufgewirbelt wurde, vermischte sich mit dem, der vom Himmel fiel, fegte waagrecht durch die Luft und blieb an den Nordseiten der Hütten kleben, die unter den kräftigen Böen ächzten. Zeitweise wirbelte der Wind so heftig, als wolle er jeden in die Irre führen, der die Unvorsichtigkeit besaß, sich nur wenige Schritte von einem Orientierungspunkt zu entfernen.

»Verstehst du nun, warum ich den Aufbruch verschoben habe?« fragte Ohio.

»Es gab keinerlei Anzeichen für einen solchen Sturm«, staunte Hans. »An jenem Abend, als du mir unten am See deine Bedenken mitgeteilt hast, war der Himmel völlig klar.«

Es war mehr eine Frage als eine Feststellung.

»Die Zeichen, die uns eine Landschaft sendet, lesen sich nicht wie Fußstapfen im Schnee, sondern wie die Spur, die ein Vogel im Flug hinterläßt.«

»Zeichen, die für den Nichteingeweihten unsichtbar sind.«

»Unsichtbar für den, der es nicht versteht, mit den Augen zu hören, mit der Nase zu sehen, mit den Ohren zu riechen. Die Wahrnehmung ist ein allumfassendes Sehen, ein Akt, bei dem sich der Geist durch die gewonnenen Eindrücke vergangener, gegenwärtiger und künftiger Ereignisse bewußt wird, und diese Eindrücke hängen wiederum davon ab, wie aufgeschlossen er ist, ob er die Grenzen der eigenen Wahrnehmung zu überschreiten vermag. Man darf dem Wind nicht lauschen, man muß seinen Atem einsaugen, sein Wesen, seine Besonderheit erkennen. Man darf einen Hufabdruck nicht untersuchen, sondern muß zu erfassen suchen, wie das Tier in dem Augenblick gestimmt war, als es ihn hinterlassen hat, muß den Raum wahrnehmen, der ihn in gleicher Weise umgibt wie das Tier, um ihn zu verstehen. Der menschliche Geist ist nicht dazu da, über die Welt zu gebieten. Der innere Zusammenhang einer Landschaft läßt sich nicht erklären.«

»Aber sie spricht zu dir.«

»Ja, wenn ich sehe, daß sie zu mir spricht.«

»Deine Worte klingen wie die eines Dichters.«

»Du hast mich mit großer Geduld die Sprache der Weißen gelehrt. Es ist nur natürlich, daß ich dich meine lehre.«

»Künftig werde ich häufiger an den See gehen und zu erlauschen versuchen, was er mir sagt.«

»Du hast verstanden, worauf es ankommt: Eine Landschaft hat die Macht, das Leben über sich selbst zu erheben.«

Hans und Ohio verharrten lange schweigend im Wind, der ihnen das Gesicht peitschte. Die Hunde hatten sich, nachdem sie gefressen hatten, wieder in ihren Schneekuhlen verkrochen und verschwanden langsam unter einer weißen Decke. Der Sturm heulte, und sie lauschten seinem monotonen Gesang, der dem Heulen eines Wolfsrudels ähnelte, bis die Kälte sie zwang, ins Haus zurückzukehren.

Mayoke und Shellburne spielten mit ihren Kindern auf einer Decke, die ausgebreitet auf dem Fußboden lag. Mulzka, die Tochter von Hans, brabbelte ohne Unterlaß, und Mudoi hörte ihr zu und sah sie aus fröhlichen Augen an. Es duftete appetitlich nach frischem Brot.

»Das Brot meines Vaters ist das beste, das ich je gegessen habe«, sagte Hans und leckte sich die Lippen.

Einmal im Monat buk Frank ein Dutzend große Laibe, im Sommer in einem Steinofen, den er draußen errichtet hatte, im Winter in einer großen gußeisernen Pfanne auf dem Feuer.

»Mehl gehört zu euren guten Erfindungen«, räumte Ohio ein.

Nachdem es acht Tage lang ununterbrochen gestürmt hatte, drehte der Wind schließlich nach Norden und flaute ab. Der Himmel klarte auf, die Kälte kehrte zurück, und auf das Heulen, Kreischen und Pfeifen folgte eine seltsame Stille. Der Sturm hatte allen Schnee vom See geblasen, und das Eis begann bunt zu schillern, als die Sonne aufging.

»Morgen brechen wir auf«, beschloß Ohio.

»Ich werde Chukachida Bescheid sagen«, erbot sich Hans.

»Das würde ich lieber selbst tun.«

»Wie du willst.«

Chukachida war ungefähr dreißig Jahre alt, wortkarg und knurrig, aber er besaß ein schönes Gespann aus acht Malamuten, das er mit vier kräftigen Hunden seines Bruders verstärken wollte. Er sollte den Posten Felle zum Kontor am La-Ronge-See transportieren, wo andere Hunde sie übernehmen würden.

»Guten Tag, Chukachida. Wir brechen morgen bei Tagesanbruch auf.«

»Mein Bruder wird uns begleiten.«

»Ich dachte, du wolltest seine Hunde nehmen?«

»Er will mitkommen.«

»Dann sag ihm, er soll seinen Schlitten dalassen. Er und ich werden abwechselnd mit den Schneeschuhen vorausgehen. Das ist besser. Nach dem Sturm könnte es sein, daß der Schnee im Wald schwer festzustampfen ist.«

»Schon, aber auf dem Fluß sind wir mit einem zusätzlichen Schlitten schneller.«

»Vielleicht.«

»Mein Bruder würde seinen Schlitten gern mitnehmen.«

»Mit Hans ist vereinbart, daß du für den Transport zum La-Ronge-See zwölf Hunde nimmst. Die Pelze sind zu schwer für ein achtköpfiges Gespann.«

»Mein Bruder kann mir welche abnehmen.«

»Vier Hunde werden schwerlich genügen, um ihn und die Ladung zu ziehen. Das weißt du genau.«

Chukachida antwortete nicht.

»Er kann mitkommen, aber ohne Schlitten.«

»Ich glaube nicht, daß er damit einverstanden ist.«

»Ich gebe dir eine Stunde Zeit, um mich wissen zu lassen, ob ihr mitkommt oder nicht«, sagte Ohio und ließ ihn stehen.

Er hörte den Mann murren.

Am nächsten Morgen mußten Ohio und Mayoke einige Zeit auf Chukachida warten, ehe er endlich auftauchte. Mit acht Hunden.

»Ich hatte dir doch gesagt, bei Tagesanbruch und mit zwölf Hunden«, fuhr ihn Ohio barsch an.

»Ich komme jetzt und mit acht Hunden. Ich kann auch wieder gehen.«

Sie sahen sich herausfordernd an. Ohio war erbost über diese Einfältigkeit.

»Weil du nur acht statt zwölf Hunde bringst und zu spät kommst, glaubst du wohl, du hast gewonnen? Habe ich recht? Na schön, ich überlasse dir diesen Sieg, aber ich hoffe, du beweist unterwegs ebensoviel Stolz.«

Sie luden die Pelze auf, die sehr viel Platz beanspruchten. Ohio überprüfte seine Ladung und küßte Mudoi, der in warme Luchsfelle gewickelt war. Mayokes kleinen Schlitten hatte er hinten an seinen gebunden, denn er zog es vor, alle dreizehn Hunde zusammen anzuspannen. So konnte er vorausfahren und, wenn nötig, mit den Schneeschuhen eine Piste spuren.

»Danke, Frank.«

Sie gaben sich die Hand.

»Hans, ich danke dir von ganzem Herzen«, sagte Ohio und umarmte ihn. »Ich werde auf der Nordroute zurückkehren. Es ist sehr unwahrscheinlich, daß wir uns wiedersehen, aber ich werde nie vergessen, was du für mich getan hast.«

Hans war zu bewegt, um etwas zu sagen.

Ohio stellte sich auf eine der Kufen und drehte sich um, um Chukachida das Zeichen zum Aufbruch zu geben. »Ich fahre bis zur Mündung des Geikieflusses durch und warte dort auf dich.«

Der Mann nickte.

»Los, meine Hunde!«

Sie preschten davon, und Ohio mußte mit seinem ganzen Gewicht auf die Bremse steigen, um auf dem Hang, der hinunter zum See führte, nicht die Herrschaft über den Schlitten zu verlieren. Er glitt weit über das Eis.

25

Als Chukachida mit seinen langsamen, aber kräftigen Malamuten endlich an der Mündung des Geikieflusses eintraf,
hatte Ohio mit den Schneeschuhen parallel zum Fluß bereits
eine Piste durch den Wald gespurt. Sie führte um den tük-
kischen Mündungsbereich herum, wo sich ungleichmäßiges
Eis und offenes Wasser, in dem Fischotter tollten, abwech-
selten.

Sie kehrten bald auf den Fluß zurück. Der Sturm hatte den
Schnee zusammengepreßt und hier und dort Schneewehen
aufgeworfen, die sie jedoch ohne Mühe durchquerten. Ohios
Gespann ließ die Hunde Chukachidas weit hinter sich, aber
etwas weiter wurde die Landschaft hügelig, und der Fluß
verengte sich. Hier lag, vom Wind geschützt, hoher Pulverschnee, und Ohio mußte wieder vor dem Gespann hergehen.

Das Wetter blieb klar und kalt, doch obwohl die Luft weder
feucht noch dunstig war, überzog ein trostloses Grau den
Himmel. Bald stieg eine fahle Sonne, deren Strahlen nicht
wärmten, schräg über den Horizont herauf. Am Nachmittag,
als Ohios Uhr drei Uhr zeigte, erlosch eine lange Dämmerung
in der Nacht. Bereits um vier gingen die Sterne auf, und in
ihrem Licht schritt er weiter auf dem Fluß dahin, der in einen
Bach überging.

Sie hielten an, als der Bach sich in einem Sumpf verlor, aus
dem hier und dort Erlen und Zwergbirken ragten, und zogen
noch bei Dunkelheit weiter. Erst gegen Mittag, als die Sonne
aufging, machten sie eine längere Rast und entzündeten mit

Tannenreisig ein kleines Feuer. Die Unerschrockenheit Ohios und Mayokes, die ihm folgte, ohne zu klagen oder das geringste Anzeichen von Schwäche zu zeigen, spornte den Ehrgeiz des wortkargen Chukachida an. Am Nachmittag des zweiten Tages erbot sich Ohio, ihn an der Spitze abzulösen, obwohl er selbst schon den ganzen Morgen die Piste gespurt hatte, doch der Mann lehnte unwirsch ab. Obwohl er erschöpft war, ließ er sich bis zum Abend nicht umstimmen.

Doch Chukachida verfügte weder über die Konstitution noch über die Ausdauer Ohios, und so begannen seine Kräfte zu schwinden. Am nächsten Morgen stand er unter Schmerzen auf und spannte ungelenk an, doch Ohio setzte die Reise in unvermindertem Tempo fort. Sie fuhren über einen See, dann durch eine unwegsame Schlucht, in der hoher Schnee lag. Die Mittagspause ließ Ohio ausfallen, um noch vor Einbruch der Dunkelheit das Dorf zu erreichen. Diesmal löste ihn Chukachida nicht ab. Er konnte nicht mehr und stapfte murrend hinter dem Schlitten her.

Als sie endlich das Dorf am La-Ronge-See erreichten, suchte Chukachida in Ohios Gesicht nach Anzeichen von Erschöpfung, doch zu seinem Erstaunen entdeckte er keine. Er war froh, daß ihre Wege sich hier trennten, und grinste bei dem Gedanken, was die Huronen unter ihm durchmachen sollten.

Craig, der Inhaber des Kontors am La-Ronge-See, war ein kleiner Mann unbestimmbaren Alters mit Brille und niedriger, kahler Stirn, rotem Gesicht, ausweichendem Blick und immer in Bewegung. Das Dorf war leer bis auf ein paar Alte, Frauen und Kinder und eben jene Huronen, die Ohio zum Oberen See begleiten sollten. Ohio übergab Craig den Brief, den ihm Frank für ihn anvertraut hatte. Der Weiße las ihn, dann wandte er sich an einen der Huronen und informierte ihn.

»Dieser Mann wird den Konvoi führen«, sagte er und stellte Ohio vor. »Er hat den Auftrag, euch in weniger als drei Wochen ans Ziel zu bringen. Ihr erhaltet im Kontor am Oberen See zwei Goldstücke als Prämie, wenn ihr die Frist einhaltet.« Und an Ohio gewandt, fuhr er fort: »Das ist Oshawa. Er wird dir bei den Weißen und bei den Huronen als Dolmetscher dienen.«

»Ausgezeichnet«, sagte Ohio. »Wie viele Hunde habt ihr?«

»Genug für das, was wir zu tun haben.«

Ohio sah die vier Männer an, die ihn kalt musterten. »Hör zu, Oshawa, ich habe nicht die Absicht, von meiner Autorität als Führer des Konvois Gebrauch zu machen, und ich teile mit euch den zusätzlichen Lohn, den ich bekomme, wenn wir die Frist einhalten, denn ich habe mein Wort darauf gegeben. Das ist das einzige, was mich interessiert. Bereitet euch vor, wie ihr es für richtig haltet, aber seid morgen pünktlich zur Stelle.« Er blickte auf seine Uhr. »Wir treffen uns um sechs Uhr hier vor dem Kontor.«

»Wie?« rief Chukachida dazwischen. »Du willst morgen schon weiter? Ohne den Hunden eine Pause zu gönnen?«

»Die Hunde werden noch genug Zeit zum Ausruhen haben, wenn kein Mond scheint oder ein Sturm tobt. Solange wir Licht und günstiges Wetter haben, ruhen wir uns nicht aus.«

Chukachida betrachtete Ohio nun mit einer Mischung aus Ehrfurcht und Bewunderung. Sein Eigensinn faszinierte und ärgerte ihn zugleich. Wer war dieser junge Indianer mit den Glutaugen? Er zuckte mit den Schultern, brummelte einen Abschiedsgruß und entfernte sich. Dieser Ohio war ohne Zweifel verrückt.

Man führte Ohio und Mayoke zu einer leeren Hütte, in der sie übernachten konnten. Ein Mann, den Craig schickte, brachte ihnen Brennholz. Ohio fütterte die Hunde, und Mayoke bereitete unterdessen eine kräftige Mahlzeit zu. Sie wollten sich gerade schlafen legen, da ging die Tür auf. Ein eisiger Luftzug wirbelte herein, verwandelte sich in der Wärme zu Dampf und wirbelte in Spiralen über den Holzboden, die immer kleiner wurden und sich in Ofennähe schließlich verflüchtigten. Es war Chukachida.

»Ich komme, um dir zu sagen, daß du dich vor Oshawa in acht nehmen solltest.«

Ohio war verdutzt. »Aber warum sagst du mir das?«

»Ich habe Achtung vor dir, und ich mag diesen Mann nicht.«

»Aber Hans hatte doch schon mit ihm zu tun. Die Transporte sind planmäßig verlaufen.«

»Irgend etwas hat sich geändert.«

»Was?«

»Das kann ich dir nicht sagen. Er hat mir eine Menge Fragen gestellt, und er hat ein seltsames Funkeln in den Augen. Er führt mit seinen Huronen etwas im Schilde, soviel ist gewiß.«

»Danke, ich werde auf der Hut sein.«

»Du tätest gut daran.«

Er ging so schnell, wie er gekommen war, und zog die Tür hinter sich zu. Ohio blickte ihm durch die vereiste Fensterscheibe nach.

»Ein seltsamer Mann!«

»Die Sache gefällt mir nicht«, gestand Mayoke und drückte Mudoi an sich.

»Vielleicht irrt er sich. Mach dir keine Sorgen, es wird alles gut gehen.«

Doch Ohio schlief schlecht. Unablässig schaute er auf die Uhr und fieberte dem Aufbruch entgegen. Gegen vier Uhr stand er auf, buk Fladenbrot, brühte Tee auf und machte Wasser, das er an die Hunde verteilte. Gegen fünf weckte er Mayoke. Eine Stunde später scharrten die Huskys am vereinbarten Treffpunkt vor dem Kontor ungeduldig mit den Pfoten. Dann verlor Ohio die Geduld und machte sich auf die Suche nach den Hunden der Huronen. Er fand sie neben einer Hütte, noch angebunden. Er trat ein. Er brannte ein Zündholz an, fand eine Kerze und zündete sie an. In dem Raum stank es nach Branntwein. In der Ecke lag ein Strohsack, auf dem mehrere Personen schliefen. Zwei Huronen und zwei halbnackte Frauen. Die anderen lagen ein Stück weiter, auf einem zweiten Strohsack.

»Aufstehen! Aufstehen, es ist schon spät.«

Er schüttelte sie und erhielt ein Grunzen als Antwort.

»An der frischen Luft werdet ihr nüchtern, los!«

Endlich öffnete Oshawa die Augen. Er wollte sich aufsetzen, sank aber zurück und hielt sich den Kopf. »Morgen, wir fahren morgen … ja, morgen.«

Ohio war außer sich. Es versprach, ein herrlicher Tag zu werden, ideal zum Reisen, kalt und windstill, und er wollte ihn nicht ungenutzt verstreichen lassen. Er packte Oshawa und zerrte ihn ins Freie, stieß ihn in eine Schneewehe und rieb ihm das Gesicht mit Schnee ein. Der Hurone schlug um sich, brüllte und brach dann, besiegt, in Lachen aus. Schlotternd vor Kälte flüchtete er in die Hütte.

»Ich könnte dich umbringen«, sagte er zu Ohio.

»Weil ich dich geweckt habe? Mayoke und unser Kind warten draußen, und du schläfst wie ein Weib.«

»Wir haben gestern getrunken und die Liebesfreuden geteilt. Wir sind müde, und wir fühlen uns nicht gut.«

»Unterwegs werdet ihr schon munter.«

Der Hurone warf Ohio einen düsteren Blick zu. Ohio wollte einen zweiten Mann holen, um ihn derselben Behandlung zu unterziehen, doch Oshawa fiel ihm in den Arm.

»Laß mich das machen, sonst nimmt es ein böses Ende.«

Ohio überlegte, was er tun sollte. Er war aufbruchbereit und hatte nur den einen Wunsch, sich zum Oberen See aufzumachen. Das Warten war unerträglich.

»Hör zu, ich gebe euch eine Stunde Zeit, um eure drei Schlitten zu packen und anzuspannen. Wenn ihr bis dahin nicht am Kontor seid, nehme ich einen Teil der Pelze und breche auf.«

»Laß uns morgen fahren, dann wird es keine Probleme geben.«

»Eine Stunde.«

Ohio knallte wütend die Tür hinter sich zu. Als er bei seinen Hunden ankam, lagen sie im Schnee und warteten. Die beiden Schlitten waren angebunden. Er sah Licht im Kontor und trat ein. Mayoke stand am Ofen und wärmte sich, eine dampfende Tasse in der Hand. Er beruhigte sich ein wenig.

»Craig hat mir angeboten, hier drinnen zu warten«, sagte sie. »Hast du sie gefunden?«

»Ja. Sie haben gestern abend mit den Frauen getrunken. Ich mußte sie wecken.«

Die Tür zum Nebenraum knarrte, und Craig erschien. Die Krähenfüße in seinen Augenwinkeln machten sein verschlossenes Gesicht etwas freundlicher. »Gibt es Schwierigkeiten?«

»Sie haben sich gestern abend betrunken«, antwortete Ohio.

»Nimm dir Tee.«

Und das war alles. Ohne sich weiter um sie zu kümmern, ging Craig mit einer Liste in der Hand im Laden aus und ein. Mudoi war nach dem Stillen eingeschlafen, und Mayoke wiegte ihn summend in ihren Armen. Der Morgen graute. Immer wieder stand Ohio auf und spähte aus dem Fenster, obwohl er genau wußte, daß es überflüssig war, denn seine Hunde würden sofort anschlagen, wenn ein Gespann nahte.

Sie kamen zwei Stunden später. Oshawa grinste.

»Es war nicht leicht, sie zum Aufstehen zu bewegen.«

»Erwartest du, daß ich dich dazu beglückwünsche?«

»Wir sind bereit«, erwiderte Oshawa, als habe er nichts gehört.

»Wir werden die verlorene Zeit wieder hereinholen!« versprach Ohio. »Ich habe nicht die Absicht, schon am ersten Tag in Verzug zu geraten.«

»In Verzug womit?«

»Mit dem Zeitplan. Ich möchte dich daran erinnern, daß wir in drei Wochen am Oberen See sein wollen.«

»Wir werden sehen.«

Ohio nahm es als Drohung und dachte an Chukachidas Warnung.

26

Zwischen dem La-Ronge-See und dem Saskatchewanfluß erstreckte sich ein riesiges Sumpf- und Waldgebiet, das ein Indianerpfad durchquerte, dem man leicht folgen konnte, da er durch eingekerbte Kreuze an den Bäumen markiert war. Nur hatte ihn seit Winteranfang niemand mehr benutzt, und so mußten sie mit Schneeschuhen durch den Schnee stapfen. Zudem mußten sie gleich zu Beginn auf einen Höhenzug ausweichen, um ein undurchdringliches Erlendickicht zu umgehen. Klettern mit Schneeschuhen war eine Strapaze, denn man rutschte leicht aus und mußte seitwärts gehen und die Füße stark anheben, um nicht im Schnee hängenzubleiben.

Ohio ging voraus, doch der Hurone hinter ihm dachte gar nicht daran, ihn abzulösen, sondern begnügte sich damit, die Spur zu verbreitern. Hinter dem Mann folgte Mayoke mit dem kleinen Gespann und ebnete die Piste für die drei schwer beladenen Schlitten, darunter auch der Ohios, den ein Hurone lenkte. Beim Lenken kam es nur darauf, das Gespann zurückzuhalten, wenn es überholen wollte. Ansonsten brauchte man nur hinter dem Haltebügel herzugehen und zu schieben, wenn das Gelände schwierig wurde. So marschierten sie vier Stunden lang, bis Oshawa eine Pause verlangte.

»Morgen! Heute hattet ihr schon eine Pause.«

»Wir werden doch nicht bis zum Abend marschieren, ohne etwas zu essen und zu trinken!«

»Willst du dich hier vorn ausruhen?«

Oshawa zuckte mit den Schultern, blieb stehen und entzündete ein Feuer, auf dem er sich einen Tee kochte und ein Fladenbrot erwärmte. Der Mann, der mit Ohio die Piste spurte, wagte es nicht, ihn allein zu lassen, und folgte ihm keuchend. Am Fuß eines Hügels stießen sie auf einen Bach und hackten ein Loch ins Eis, um zu trinken.

»Besser als Branntwein«, sagte Ohio zu dem Mann, der ihn nicht verstand.

Mayoke stillte Mudoi, der in seinen warmen Fellen sofort wieder einschlief, dann zogen sie weiter. Oshawa und seine drei Gefährten holten sie erst am Nachmittag wieder ein, als der Tag sich bereits neigte. Mayoke ging mit Schneeschuhen voraus und spurte die Piste. Als Oshawa sah, daß eine Frau die ganze Arbeit machte, war er peinlich berührt und erbot sich, sie abzulösen. Der tiefe Pulverschnee ließ sich schlecht festtreten, so daß die Hunde sich plagen mußten. Sie stapften wie durch Sand und hatten größte Mühe, die schweren Schlitten von der Stelle zu bewegen. Bei dieser kräftezehrenden Arbeit waren die Malamuten den Huskys überlegen, doch Ohios Hunde machten dies durch eine Ausdauer wett, die an Halsstarrigkeit grenzte.

Vulk, der an der Spitze von Mayokes Gespann lief, führte die fünf Hunde des letzten Wurfs sehr umsichtig, zur großen Erleichterung Ohios, der gezögert hatte, Mudoi auf diesem Schlitten statt auf seinem eigenen unterzubringen. Im anderen Gespann führte Torok ein strenges Regiment. Er duldete nicht die kleinste Nachlässigkeit und wachte darüber, daß keiner gegen ihn aufmuckte. Allein Umiak behandelte er mit einer gewissen Nachsicht, solange sie ihm nicht in die Quere kam und sich als Anführerin der Meute aufspielte, wozu sie mitunter neigte, da sie als dominierende Hündin keine anderen Hündinnen hatte, die sie unterwerfen und ihre Macht spüren lassen konnte.

Neuerdings hatte Ohio ein besonderes Auge auf Huslik. Seit er diesen von Natur aus verschlossenen und mürrischen Hund direkt hinter Torok anspannte, machte er einen selbständigeren und aufgeweckteren Eindruck. Hatte seine Aufmerksamkeit bislang ausschließlich Torok gegolten, so war sie nun ganz auf Ohio gerichtet. Er hatte entdeckt, daß zwischen den Kommandos und Manövern wie Langsamerwerden, Anhalten oder Richtungsänderungen ein ursächlicher Zusammenhang bestand. Offensichtlich hatte er hier eine Möglichkeit gefunden, sich auszutoben. Von Tag zu Tag blühte er mehr auf, und das Lob, das ihm Ohio spendete, ermutigte ihn auf diesem Weg. Torok ließ ihn gewähren und wies ihn nur zurecht, wenn er bei der Ausführung eines Befehls, der Zurückhaltung verlangte, zu hitzig reagierte. Das Tempo zu drosseln bedeutete nicht, abrupt auf wenigen Metern langsamer zu werden. Man mußte behutsam zu Werke gehen, damit die Zugleine nicht durchhing und Schlingen bildete, die zu tückischen Fußangeln wurden. In seinem Eifer, alles richtig zu machen, neigte Huslik zu übereilten und unbedachten Reaktionen. Eine Rechtskurve zu laufen hieß nicht, einfach nur in diese Richtung abzubiegen. Das Tempo des Gespanns und die Beschaffenheit des Geländes mußten dabei ebenso berücksichtigt werden wie etwaige Hindernisse und etliche andere Umstände, deren mehr oder weniger richtige Beurteilung den Unterschied zwischen einem außergewöhnlichen Leithund wie Torok und einem einfachen Befehlsempfänger ausmachte. Letzteres war Huslik vorläufig noch. Aber die Lehrzeit war lang, und Ohio setzte Vertrauen in diesen Hund, der über die Anlage von Urteilsvermögen verfügte.

Mit dem jungen Gespann war Ohio hochzufrieden. Es arbeitete gut und willig. Die Hunde zogen gern, und Mayoke lenkte sie mit viel Fingerspitzengefühl, geizte mit Zurechtweisungen und ließ ihrem jugendlichen Ungestüm freien Lauf, solange sie den Schlitten nicht in Gefahr brachten, auf dem ihr wertvollster Schatz schlief, der kleine Mudoi, der von Zeit zu Zeit erwachte und von diesem schaukelnden Schneeschiff aus, das seine Wiege geworden war, die vorüberziehende Landschaft betrachtete.

Die Schatten wurden länger und verschwanden schließlich, als die Dämmerung das Blau verwischte. Ohio ging nach vorn und löste Oshawa ab, dessen Schritte im tiefen Schnee schwer und langsam geworden waren.

»Wäre es nicht an der Zeit, Rast zu machen?«

»Sobald ich einen schönen Lagerplatz gefunden habe.«

Oshawa witterte eine Falle und murmelte etwas in seiner Sprache. Ohio hörte nicht hin und schritt kraftvoll aus. Sie gelangten in offeneres Gelände, das mit kleinen Seen übersät war. Der Schnee war nicht mehr so tief und ließ sich besser feststampfen.

Die Sterne gingen auf. Ohio entdeckte eine Böschung mit umgestürzten Kiefern, die reichlich Brennholz lieferten, und hielt darauf zu.

»Machen wir uns gleich an die Arbeit«, schlug er vor.

Die anderen warteten.

»Mayoke und ich stellen unser Tipi auf und machen anschließend etwas zu essen. Ich schlage vor, zwei von euch bauen euer Tipi auf.«

»Wir haben ein Zelt, und es erstaunt mich, daß ein Weißer wie du auf Reisen kein Zelt benützt. Du machst alles anders!«

»Wer hat dir gesagt, ich sei ein Weißer?«

»Man erzählt, du seist der Sohn eines Weißen, der das ganze Land durchquert hat.«

»Verstehe«, erwiderte Ohio. »Aber ich bin auch der Sohn Sacajawas, jener Nahanni, die es den Weißen erst ermöglicht hat, die Berge zu überwinden.«

»Also ein Mischling?«

»Durch das Mischen des Bluts erhält man die besten Schlittenhunde, habe ich recht?«

»Du bist hochmütig«, bemerkte Oshawa, nachdem er den anderen ihr Gespräch übersetzt hatte.

»Ich verteidige mich immer, wenn ich angegriffen werde.«

Dabei ließen sie es bewenden. Sie waren erschöpft und hungrig.

Ohio fuhr fort, die Aufgaben zu verteilen.

Ihm war aufgefallen, daß der jüngste Hurone, ein gewisser

Montani, eine besondere Vorliebe für Hunde hatte, und so schlug er ihm vor, sich um die Tiere zu kümmern, was seine müden Augen vor Freude strahlen ließ.

»Du schirrst sie aus und bindest sie an die Leine, danach zeige ich dir, wie du sie füttern mußt. Die beiden letzten holen Holz und machen Feuer.«

Die fünf Huronen berieten sich, wer das Tipi aufbauen und wer Holz sammeln sollte, dann ging jeder an seine Arbeit. Zwischen Oshawa und einem seiner Männer entbrannte ein Streit. Einer warf dem anderen vor, das Kochgeschirr vergessen zu haben.

»Wenn man bedenkt, in welchem Zustand sie waren, ist es kein Wunder, daß sie etwas vergessen haben«, bemerkte Mayoke.

»Wir haben ein zweites Kochgeschirr, behelft euch damit«, sagte Ohio und hielt es Oshawa hin.

Der Hurone bedankte sich nicht einmal und ging weg.

»Ich mag ihn nicht«, meinte Mayoke.

»Das sieht man.«

»So deutlich?«

»Wie eine Elchfährte.«

»Was meinst du, wovor müssen wir uns in acht nehmen?« fragte Mayoke.

»Ich weiß nicht. Ich bin mir noch nicht darüber im klaren. Die Pelze stellen einen beträchtlichen Wert dar, aber sie tragen den Stempel der Kompanie. Sie können sie nicht verkaufen, es sei denn, sie verstümmeln sie so, daß sie nicht mehr viel wert sind. Wenn sie den Posten so schnell wie möglich abliefern, verdienen sie am meisten.«

»Aber sie könnten sie doch einer anderen Kompanie verkaufen.«

»Im Norden vielleicht, aber nicht im Süden.«

»Hoffentlich hast du recht.«

Am nächsten Morgen zogen sie vor Tagesanbruch weiter. Die Huronen waren träge, aber Ohio hatte sie dazu bewegen können, das Lager abzubrechen, und gönnte ihnen gegen Mittag eine zweistündige Rast. Oshawa kannte die Route und erklärte ihm, daß sie sich dem Saskatchewan näherten, wo er eine von den Ojibwa oder den Atsina markierte Piste zu finden hoffte. Doch am Abend stieg die Temperatur, und in der Nacht fiel so viel Schnee, daß sie den Fluß erst zwei Tage später erreichten. Die Huronen verrichteten nun regelmäßiger die Arbeit an der Spitze und packten die Schlitten neu, um das Tempo der verschiedenen Gespanne aufeinander abzustimmen. Am schwersten wurden nun die beiden letzten Schlitten beladen, deren Gespanne eine leichtere, von den anderen bereits gewalzte Piste vorfanden. Es wurde noch milder. Schneefall setzte ein, und ein Westwind kam auf, der nichts Gutes verhieß.

»Nutzen wir das schlechte Wetter, um den Hunden eine Pause zu gönnen«, beschloß Ohio. »Wir fahren weiter, sowie der Sturm vorüber ist.«

Sie lagerten an einem See, den ein schützender Wald umgab. Am nächsten Morgen schlug Ohio vor, den Tag zum Fischen zu nutzen, um Pemmikan zu sparen. Er hackte ein Loch ins Eis, spießte einen Köder auf einen der Angelhaken, die er im Kontor am Wollastonsee eingetauscht hatte, und hängte die Schnur ins Wasser. Sie war dünn und gleichzeitig erstaunlich reißfest. Die Huronen lagen den ganzen Tag auf der faulen Haut und kamen erst in den kurzen Nachmittagsstunden zum Fischen. Von Zeit zu Zeit schneite es, dazu blies ein böiger Wind. Als Köder benutzte Ohio die Innereien der Fische, die er in großen Mengen fing, kleine Seesaiblinge und etwas größere Rotforellen. Für die fünf Meuten brauchten sie viel Fisch, und so gönnte er sich nur eine kurze Pause, um zu essen und sich aufzuwärmen.

In der Abenddämmerung hörten die Fische auf zu beißen, und Ohio stand auf. Er fühlte sich wie zerschlagen.

»Ein Glück, daß zu mir zu Hilfe gekommen bist«, sagte er zu dem Huronen, der sich kaum eine Stunde zuvor eingefunden und magere zehn Fische herausgezogen hatte.

Beleidigt und schimpfend zog der andere von dannen.

Am nächsten Tag stürmte es noch immer, und Ohio suchte sich eine andere Stelle zum Angeln. Oshawa half ihm, das Loch zu hacken. Sie ließen ein Lot hinab und stellten fest, daß das Wasser hier mindestens dreimal so tief war wie an der Stelle, an der Ohio gestern sein Glück versucht hatte.

»Hier werden wir keine kleinen Fische fangen«, prophezeite Ohio. »Das Loch wird die großen anlocken.«

Eine gute Stunde lang fingen sie nichts, doch genau in dem Augenblick, als der junge Montani zu ihnen stieß, spürte Ohio einen Ruck an der Leine. Sie schnitt ihm in die Haut, und so wickelte er sie sich um die Jacke und lehnte sich zurück, um dem Zug entgegenzuwirken.

»Mehr Schnur geben!« riet ihm Oshawa, auf einmal sehr aufgeregt.

Ohio befolgt seinen Rat, doch was er befürchtet hatte, trat ein. Der große Fisch war auf den Grund geflüchtet und stand still, und trotz aller Anstrengungen gelang es ihm nicht, ihn aufzuscheuchen.

»Lauf los und schneide mir eine Weidenrute«, rief Ohio und deutete ans Ufer.

Montani kam der Aufforderung nach, nachdem Oshawa übersetzt hatte. Seine Augen glänzten vor Erregung, als er im Laufschritt mit der Rute wiederkam.

»Nimm die Schnur und halte sie gespannt!«

Ohio band sie an die Spitze der Rute.

»Langsam loslassen«, befahl er und stemmte die Beine fest gegen das Eis, so daß er mit der Rute einen Bogen bildete.

Die Schnur spannte sich und sirrte im Wind. Ohio klemmte sich die Rute unter die Achsel und klopfte mir der freien Hand mehrmals auf das Holz.

»Was tust du da?«

»Die Erschütterungen werden ihn aufscheuchen.«

Tatsächlich bewegte sich der Fisch und begann, im Kreis zu schwimmen. Auch auf die Gefahr hin, die Schnur zu zerreißen, stemmte sich Ohio wieder gegen das Eis. Er mußte den

Fisch dazu bringen, sich vom Grund zu entfernen. Nun, da er schwamm, war es leichter. Ohio holte etwas Schnur ein. Der Fisch beschrieb Kreise, und Ohio zog ihn langsam nach oben. Mittlerweile hatte er die Rute weggelegt und arbeitete mit der Hand. Oshawa und Montani feuerten ihn an. In diesem Augenblick trat Mayoke, mit Mudoi auf dem Rücken, zu ihnen.

Sie hatte den Kampf von weitem verfolgt und ahnte, daß er einen kapitalen Fisch an der Angel hatte.

»Wir müssen das Loch vergrößern.«

Das war nicht einfach. Denn sie mußten aufpassen, beim Hacken nicht die Schnur zu durchtrennen. Doch Montani ging sehr vorsichtig zu Werke.

»Ich sehe ihn!« rief er plötzlich, als der riesige Fisch sich der Oberfläche näherte.

Es war ein Seesaibling, der annähernd fünfzehn Pfund wiegen mochte. Er zappelte noch ein wenig, doch Ohio harpunierte ihn mit dem Speer, und sie hievten ihn aufs Eis. Die beiden Huronen pfiffen bewundernd und beglückwünschten Ohio zu dem Fang.

»Jetzt seid ihr an der Reihe. Ich bin mir sicher, daß aus dem Loch noch zwei oder drei zu holen sind.«

Sie fingen noch zwei. Sie waren zwar etwas kleiner, doch tat dies der Freude der beiden Huronen, die bislang nur mit dem Netz gefischt hatten, keinen Abbruch. Am Abend aßen sie gemeinsam und nicht wie sonst getrennt in ihren jeweiligen Zelten, und es entspann sich ein entspanntes Gespräch. Das Fischen, so schien es, hatte ihr Verhältnis verändert. Die Huronen betrachteten Ohio jetzt mit anderen Augen. Seine Befürchtungen und Mayokes Bedenken verflogen.

27

Nach dem Sturm und den Schneefällen wurde es noch kälter. So kalt, daß sich zwei Huronen Erfrierungen an Nase und Wangen zuzogen. Damit Mudoi nicht fror, steckte ihn Ohio in den Doppelsack, der Platz für seinen Sohn und einen Hund bot, der ihn wärmen sollte. Sie probierten es mit mehreren Hunden, entschieden sich am Ende aber für Umiak. Die anderen sträubten sich und blieben nur auf dem Schlitten, weil sie dazu gezwungen wurden. Doch der Hündin bereitete es sichtlich Vergnügen, als werde ihr Mutterinstinkt in dieser ungewöhnlichen Situation geweckt. Sie schmiegte sich an den kleinen Körper, der ganz natürlich ihre Nähe suchte, und blieb dann ruhig liegen, um das Kind nicht zu wecken.

Trotz der Kälte legte Ohio ein zügiges Tempo vor, und da Mayoke mit ihm Schritt hielt, wagten es die Huronen nicht, sich zu beschweren. Sie marschierten jeden Tag zehn Stunden und kamen gar nicht auf den Gedanken, mit dem strengen Zeitplan zu brechen, der vorsah: Aufstehen um fünf Uhr, Pause gegen Mittag, Halt in der Dämmerung. Sie, die sich beim Reisen normalerweise nur nach ihrem Gefühl richteten, so daß kein Tag wie der andere war, hatten sich dem Rhythmus angepaßt. Nicht einmal morgens murrten sie mehr. Sie wußten, daß Ohio sein Ziel konsequent bis zum Ende verfolgte. Einen solchen Kerl konnte nichts aufhalten.

Am Saskatchewan stießen sie auf eine alte, halb verschneite Piste, der Torok mühelos folgte. Sie konnten die Schneeschuhe abschnallen und kamen wieder zügiger voran.

Zwar lag mehr oder weniger hoher Schnee auf der Piste, doch der Untergrund war fest, und das bedeutete für die Hunde eine geringere Kraftanstrengung. Die Gespanne Ohios und Mayokes ließen die Malamuten, die Traben nicht kannten, weit hinter sich, und Ohio hatte seine Mittagspause bereits beendet, als die anderen endlich aufschlossen. Doch er geduldete sich. Er entzündete ein großes Feuer, brachte Schnee zum Schmelzen und tränkte die Hunde. Mudoi durfte sich auf einem Bisonfell am Feuer rekeln, dessen Wärme ein eilends zwischen zwei Holzstangen gespannter Schirm aus Leinwand zurückwarf. Die Huronen wußten es zu schätzen, daß Ohio sich geduldet hatte. Als sie ausschirrten, warteten heißer Tee und warme Fladenbrote am Feuer auf sie.

Kurz vor dem Cedarsee begegneten Ohio und Mayoke drei Gespannen, die auf dem Weg nach Westen zum Handelsposten am Swan River waren. Die Indianer, welche die drei Weißen begleiteten, gehörten einem fremden Stamm an, und in Oshawas Abwesenheit konnte Ohio nicht mit ihnen sprechen. Also wechselte er ein paar Worte mit einem der Weißen und erfuhr von ihm, daß der Rest der Piste gut markiert war und daß er, sofern kein Sturm aufkam, darauf hoffen durfte, in etwa acht Tagen am Oberen See zu sein. Mehr konnte er nicht in Erfahrung bringen, denn die Männer waren in Eile. Ihre Hunde trippelten während der Rast ungeduldig auf der Stelle und rauften miteinander.

»Du kommst mit der fremden Sprache schon gut zurecht«, sagte Mayoke bewundernd.

»Hans war ein guter Lehrer, und Oshawa bringt mir jeden Tag ein paar weitere Wörter bei.«

Sie rasteten an Ort und Stelle. Ein Stück weiter führte die Piste quer über den See, so daß hier die letzte Gelegenheit war, ein Feuer zu machen und einen geschützten Platz zu finden. Am nächsten Tag begegneten sie zwei weiteren Gespannen, die ein Ojibwa und ein französischer Waldläufer lenkten. Der Weiße kam vom Handelsposten Winnipeg und war auf dem Weg nach Montreal. Seine Meute bestand aus acht prächtigen Huskies, und Ohio bedauerte es, daß er ihm nicht folgen konnte, sondern auf die Huronen warten mußte. Ein Sturm kam auf und hielt sie zwei Tage lang in dem Geisterdorf Northome fest, das die Irokesen zwei Jahre zuvor im Verlauf blutiger Kämpfe mit den Engländern überfallen und niedergebrannt hatten.

Drei Tage später erreichten sie den Handelsposten Wakish, wo Oshawa einen Indianer traf, den er gut kannte. Der Inhaber des Kontors war nicht da.

»Wir müssen die südliche Route zum Walkersee nehmen«, erklärte Oshawa. »Die Piste am Rainy Lake ist unpassierbar.«

»Warum?«

»Zwei Tagesreisen von hier hat der Wald gebrannt. Umgestürzte Bäume versperren den Weg.«

»Warum hat man sie nicht weggeräumt? Die andere Strecke ist viel länger.«

»Nicht sehr viel. Und sie ist viel schöner.«

Ohio schöpfte Verdacht. Oshawa wich seinem Blick aus. Er hätte gern persönlich mit dem Mann gesprochen, von dem er die Auskunft angeblich bekommen hatte, doch was half ihm das, wenn Oshawa seine Fragen übersetzte?

Nach der Karte war es ein beträchtlicher Umweg, der sie mindestens zwei Tage kostete, und Ohio hätte sich gern bei einer weiteren Person genauer erkundigt. Bestimmt gab es einen Weg nach Osten, der um das Waldbrandgebiet herumführte. Oshawa bestritt diese Möglichkeit zu energisch, um nur von der Sorge geleitet zu sein, auf einer schwierigen Piste ja keine Zeit zu verlieren.

Ohio mußte sich schweren Herzens fügen. Er hatte den Eindruck, daß sich Oshawas Haltung ihm gegenüber änderte, je näher sie dem Ziel ihrer Reise kamen. Er wurde kühler, selbstbewußter. Ohio verdoppelte seine Wachsamkeit.

Die Piste, die nach Süden führte, war in der Tat ausgezeichnet, breit und fest, zumal der letzte Schneefall über zehn Tage zurücklag. Nur die zahlreichen Schneewehen, die der Wind aufgeworfen hatte, machten ihnen zu schaffen. Erstaunlich viele Pisten mündeten in die, der sie folgten, und eines Abends schlugen sie ihr Lager an einem See auf, an dem nicht weniger als acht Zelte standen. Ohio war überrascht, nur Huronen zu sehen, und bedauerte es, daß er kein Wort ihrer Sprache konnte. Er war abhängig von Oshawa, und der nützte die Situation aus. Ohio wollte sich erkundigen, ob es eine Abkürzung zum Oberen See gab. Er hatte zahlreiche Pisten bemerkt, die nach Osten abzweigten.

»Sie führen nirgendwo hin«, erklärte Oshawa. »Das sind Trapperpfade oder Wege, die an einer Hütte oder einem kleinen Lager enden.«

»Der See liegt eine knappe Tagesreise im Osten. Es ist Unsinn, weiter nach Süden zu fahren. Es gibt gewiß eine Piste, die uns schneller ans Ziel bringt. Erkundige dich.«

Oshawa ging und ließ sich nicht mehr blicken. Am nächsten Tag kam er zu spät und scherte sich nicht um Ohios Vorhaltungen.

»Hast du dich erkundigt?«

»Wonach?«

»Das weißt du genau. Ob es eine Piste zum See gibt.«

»Ach so. Heute abend stoßen wir auf die Hauptpiste. Sie führt geradewegs dorthin.«

»Wohin genau?«

Ohio kochte. Oshawa blieb vage und trieb ungeniert sein Spiel mit ihm.

»Wir können sie nicht verfehlen. Dort befindet sich ein großes Lager.«

Die Piste führte durch einen dichten Wald aus Kiefern und Rottannen, und so hatte Ohio keinen Orientierungspunkt, doch am Abend war er überzeugt, daß man ihn zum Narren hielt. Sie waren am See vorbeigefahren.

»Jetzt ist es genug, Oshawa. Auch wenn ich die Sprache deines Volkes nicht verstehe, so weiß ich doch, woran ich bin. Der See liegt hinter uns, wir entfernen uns immer weiter von ihm. Und was deine vermeintliche Piste angeht, so hätten wir längst auf sie stoßen müssen!«

Ohio hatte die Stimme gehoben, und mehrere Huronen, die inzwischen mit ihnen reisten, traten näher. Oshawa wandte sich an einen von ihnen, und der Angesprochene machte Ohio, der nichts verstand, viele Zeichen.

»Er kennt die Gegend genau. Das Handelskontor Duluth an der Spitze des Sees liegt eine Tagesreise von hier. Morgen gelangen wir auf die Piste, die geradewegs hinführt.«

»Das ist unmöglich.«

Ohio kamen Zweifel. Alle schienen sich ihrer Sache so sicher zu sein.

Am nächsten Morgen brachen sie abermals mit Verspätung auf. Ohio war wütend, aber Mayoke beruhigte ihn.

»Wir haben noch nicht viel Zeit verloren, Ohio. Wenn wir erst einmal am See sind, brauchen wir nur noch zwei oder drei Tage.«

»Die Sache nimmt eine Wendung, die mir nicht gefällt.«

»Die Leute sind hier zu Hause.«

»Was machen die vielen Huronen hier? Wohin wollen sie?«

Diese Fragen quälten Ohio. Er sollte die Antwort bald bekommen. Er rechnete mit allem, nur nicht mit dem, was ihm bevorsteht.

Ohio verzweifelte und tobte, als sie am Nachmittag in eine Gegend kamen, in der Dutzende von Huronen Bäume zersägten und über Pisten transportierten, die so breit waren wie die Spur, die eine Karibuherde hinterließ. Und je weiter sie kamen, desto zahlreicher wurden die Pisten und Menschen. Was ihn jedoch am meisten erstaunte, oder zumindest sein größtes Interesse erregte, war das zahme Tier, das sie zum Abtransport des Holzes oder als Fortbewegungsmittel benutzten: das Pferd. Nur mit Mühe konnte er die Hunde zurückhalten, die Jagd darauf machen wollten, doch überall herrschten eine solche Geschäftigkeit und ein solches Gewimmel von Menschen und Tieren, daß selbst die Hunde beeindruckt waren und zurückhaltender wurden. Oshawa, der an der Spitze des Konvois fuhr, sprach Männer an und ließ sich von ihnen den Weg zeigen – Ohio wußte nicht, welchen –, den sie in diesem Gewirr von Pisten einschlagen mußten. Und plötzlich gelangten sie auf eine große Lichtung an einem See. Der Wald war gerodet worden, um Platz zu schaffen für ein befestigtes Lager, in dessen Umgebung nach Ohios Schätzung mehrere tausend Zelte und Tipis standen. Überall wimmelte es von Menschen, und viele trugen schwarz-blaue Uniformen!

»Was ist – «

Mayoke machte ebenso große Augen wie er. Der Anblick des Lagers versetzte sie eher in Erstaunen als in Angst. Sie konnten nicht fassen, was sie sahen!

Sie fuhren an Palisaden entlang, die ein großes Gebäude aus Stein umschlossen, und hielten ganz am Ende einer von Zelten gesäumten Piste. Ohio band den Schlitten an und ging zu Oshawa. Zwei Männer zu Pferd näherten sich. Ohio bestürmte Oshawa mit Fragen, doch der sah ihn scharf an.

»Hör zu! Überlasse alles mir, sonst seid ihr alle tot, du, Mayoke und dein Sohn! Laß mich machen und verhalte dich ruhig, sonst bist du tot!«

»Das ist eine Drohung!«

Oshawa packte ihn am Kragen. Er zitterte. »Begreifst du denn nicht? Ich tue das für dich!«

Mayoke entwand ihn Oshawas Griff, als die beiden Reiter abstiegen. Sie trugen Uniform und wandten sich in einer Sprache, die sie nicht verstanden, an den Huronen.

»Nicht, Ohio! Laß ihn! Er spricht die Wahrheit!«

»Woher willst du das wissen?«

»Ich fühle es, Ohio! Laß ihn, bitte!«

Die beiden Männer begannen mit Hilfe der Huronen, die in Leinensäcke verpackten Pelze abzuladen. Oshawa beobachtete Ohio verstohlen.

»Sie stehlen die Pelze!«

»Rühr dich nicht, Ohio! Was sind schon Pelze gegen unser Leben?«

»Ich bin für sie verantwortlich.«

Mayoke sah ihn scharf an und machte ein ernstes Gesicht.

»Du bist auch für uns verantwortlich. Ist das nicht wichtiger?«

Ohio wußte nicht mehr, was er tun sollte. Die Ereignisse hatten ihn völlig überrollt. Auch er hatte das Gefühl, daß es besser war, nicht einzugreifen.

Die Pelze wurden auf einen Wagen verladen, den ein mächtiges Pferd mit langem Fell zog, von dem Ohio trotz seiner Wut beeindruckt war.

»Ich drehe diesem Oshawa den Hals um!«

Die beiden Weißen stellten Oshawa eine Reihe von Fragen und notierten seine Antworten auf ein Blatt Papier, dann ritten sie davon. Wutentbrannt stürzte sich Ohio auf den Huronen.

»Raus mit der Sprache, du Hundesohn!«

»Eigentlich wärst du längst tot, also beruhige dich! All diese Männer, die du hier siehst, ob Weiße oder Indianer, sind deine Feinde. Ein Wort, und du stirbst. Verstehst du?«

»Nein, ich verstehe nicht!«

»Dann halt den Mund und hör zu.«

Oshawa erzählte Ohio, was hier vor sich ging. Der große Häuptling Saveak, Goldener Sonnenstrahl, der nicht nur die Huronen, sondern auch andere Stämme des Südens anführte und aus zahlreichen Schlachten gegen die Engländer als Sieger hervorgegangen war, hatte sich mit den Amerikanern verbündet, um die Engländer aus dem Süden des Landes zu vertreiben. General Bendoc Lendt hatte den Huronen die Rückgabe großer Gebiete versprochen, wenn sie ihm als Gegenleistung freien Zugang zu den Großen Seen garantierten. Die Huronen fühlten sich von den Europäern betrogen, die, ob Engländer oder Franzosen, ihre Kolonien auf Kosten ihrer indianischen Verbündeten immer weiter ausdehnten, und hatten diese Gelegenheit, Rache zu üben und wildreiche Jagdgründe zurückzuerobern, beim Schopf gepackt.

Saveak hatte seine Krieger, von denen viele für europäische Handelskompanien arbeiteten, zu sich gerufen und aufgefordert, die Pelze, die sie beförderten, zu rauben. Einige Huronen hatten sogar ganze Kontore geplündert und die Inhaber ermordet.

Ohio lauschte entsetzt.

»Dir hatten wir eigentlich dasselbe Schicksal zugedacht«, gestand Oshawa, »aber…nun, wie soll ich es erklären? Ich brachte es nicht fertig, und auch von den anderen wollte es keiner tun. Wir haben Achtung vor dir und deiner Art, mit Frau und Sohn zu reisen, zu fischen –«

»Aber was soll ich jetzt tun?«

Ohio war ratlos. Er konnte Oshawa nicht zürnen, denn er hatte nur seinem Häuptling gehorcht.

»Ihr müßt heute nacht fliehen. Niemand wird etwas bemerken. Am Morgen werde ich Alarm schlagen müssen, denn ich bin für dich verantwortlich. Sie wissen, wie viele wir sind und wie viele Hunde wir mitgebracht haben. Niemand wird dich einholen können. Deine Hunde sind die schnellsten, die ich je gesehen habe.«

»Und die Pferde?«

»Auf kurzen Strecken könnten sie dich einholen, aber dein Vorsprung wird schon zu groß sein. Du gehst kein Wagnis ein!«

»Was ist mit den Pelzen. Ich kann sie nicht einfach so aufgeben.«

»Vergiß sie!«

»Hans hat sie mir anvertraut. Ich kann nicht ohne sie –«

»Ohio!«

Mayoke konnte ihre Wut nur mit Mühe bezähmen. Sie sah sich ängstlich um wie ein in die Enge getriebenes Tier und drückte ihr Kind an sich, als wolle sie es vor einer unsichtbaren Bedrohung schützen.

»Ohio! Du läßt die Pelze hier und rettest uns, sonst gehe ich allein mit Mudoi.«

Ohio verschlug es die Sprache. Er erkannte Mayoke nicht wieder.

»Du mußt dich entscheiden, die Pelze oder dein Sohn.«

»Aber warum sollte man mich verfolgen, wenn ich nur mein Eigentum mitnehme?«

»Weil deine Hunde, dein Schlitten, überhaupt alles bei deiner Ankunft verzeichnet wurde und in ihren Augen nicht mehr dir gehört. Und weil die Amerikaner nicht wollen, daß die Europäer erfahren, wie stark wir sind. Die Europäer ahnen nicht, daß wir so viele sind. Die Amerikaner werden es nicht zulassen, daß ein möglicher Spion von hier flieht.«

Verzweifelt blickte Ohio zu Montani, der schweigend nickte. Eine Schar Huronen näherte sich. Oshawa ging ihnen entgegen. Sie beglückwünschten sich gegenseitig.

»Das ganze Land ist verrückt geworden, Mayoke.«

»Willst du es auch werden?«

»Nein, aber Hans hat uns gut behandelt, und ich habe nicht das Recht…nun ja, ich schäme mich, die Ware, die er mir anvertraut hat, einfach so aufzugeben.«

»Meinst du nicht, er würde ebenso handeln?«

»Ich werde eine Möglichkeit finden.«

»Die Pelze zurückzubekommen?«

»Nein, ihn zu entschädigen. Ich könnte nicht ruhigen Gewissens nach Hause zurückkehren.«

»Wir müssen jetzt unsere Flucht vorbereiten.«

Er schaute sich um und ließ den Blick über die vielen tausend Bewaffneten schweifen. Hunderte von Rauchsäulen stiegen in den kalten Himmel.

»Hast du das Fort gesehen, Mayoke?«

»Ich lese Begeisterung in deinen Augen, aber mich läßt es kalt.«

»Ich bin nicht begeistert, nur beeindruckt.«

28

Es war zwei Uhr morgens, als Ohio und Mayoke lautlos anspannten. Die jungen Hunde hätten vor Erregung und Vorfreude am liebsten laut gebellt, und es war schwer, sie im Zaum zu halten.

»Ruhe!« befahl Ohio immer wieder und schlug ihnen mit einer Weidengerte auf die Schnauze, sowie sie einen Laut von sich gaben.

Er hatte Oshawa nicht wiedergesehen. Er ging zu seinem Zelt, doch es war leer.

»Er feiert wohl seine Ankunft.« Er hätte sich gerne bei dem Huronen bedankt, denn im Grunde hatte er sich als guter Kerl erwiesen.

Er ging an der Zugleine entlang bis zu Torok und faßte ihm unter die Schnauze.

»Mein lieber Torok, du mußt jetzt gut aufpassen, denn es wird nicht einfach sein, hier herauszukommen. Niemand darf etwas merken.«

Der Chef der Meute sah ihn an und lauschte. Er wußte, daß Ohio Konzentration von ihm erwartete, wenn er so mit ihm sprach, und er war bereit. Danach überprüfte Ohio die Ladung seines Schlittens. Mayokes Schlitten blieb leer. Mudoi fuhr heute bei ihm mit, denn sein Vertrauen in die jungen Hunde war begrenzt, zumal sie viele Kurven laufen mußten, um aus diesem Labyrinth von Pisten und Zelten herauszufinden. Er achtete besonders darauf, daß der Kopf seines Sohnes geschützt war, und rückte die Kapuze des Sackes zurecht.

»Können wir?«

Wolken verdunkelten den Himmel, und Ohio wartete darauf, daß sie sich verzogen und der Mond zum Vorschein kam. Doch zu lange durfte er nicht warten. Aus Angst, die Meute auf den vereisten Wegen im Lager nicht bremsen zu können, hatte er die Geschirre von fünf Hunden ausgehakt, so daß nur ihr Halsband mit der Zugleine verbunden war. Sie sollten mitlaufen, aber nicht ziehen. Auf diese Weise hoffte er, ausreichend bremsen und das Tempo der anderen kontrollieren zu können.

»Langsam, Torok! Langsam!«

Ohios Herz klopfte zum Zerspringen. Die Hunde preschten sofort los, als sie spürten, daß er den Schlitten losgebunden hatte, doch Torok drehte sich um, fletschte die Zähne und ließ ein drohendes Knurren vernehmen. Huslik verstand und teilte ein paar Bisse aus. Aklosik und Kurvik hatten sich umsonst angestrengt und zügelten ihr Verlangen, sich in die Geschirre zu werfen. Ohio blickte nach hinten. Mayoke stand auf der Bremse und kontrollierte ihr kleines Gespann. Sie bogen nach rechts in eine gerade Piste ein, gelangten bald auf eine zweite, breitere und schließlich auf eine dritte, die zu einer Sägerei und von dort zum See führte. Ohio atmete auf und ließ die Hunde schneller traben, aber nicht galoppieren. Sie passierten die letzten Zelte. Hunde bellten.

»Geradeaus«, brüllte Ohio, als Narsuak und Kurvik abbiegen wollten. Torok behielt unbeirrt seine Richtung bei.

Die Gebäude der Sägerei tauchten vor ihnen auf, als Ohio die dunkle Gestalt eines Reiters bemerkte, der den Weg freimachte, um sie vorbeizulassen. Der Mann, ein Weißer, der zu seiner Uniform eine imposante Mütze aus Luchsfell trug, wendete sein Pferd, schloß zu Ohio auf und trabte neben ihm her.

»*Stop your team! Stop them!*« rief er und bedeutete ihm, anzuhalten.

Ohio brachte das Gespann zum Stehen.

»Ich sprechen etwas Französisch.«

»Das triffst sich gut, ich auch. Wohin des Wegs?«

»Zum Kontor von Thunder Bay.«

»Wer schickt dich? Was hast du dort zu tun?«

»Oshawa. Indianer holen.«

»Ich kenne keinen Oshawa. Da unten ist keiner mehr, und ich weiß von keinem solchen Befehl. Und wieso brichst du mitten in der Nacht auf? Was transportierst du?«

»Ich nur gehorchen. Hinfahren.«

»Wer ist dieser Oshawa?«

Ohio zögerte, da der Offizier einen Säbel zog und das Pferd unruhig wurde.

»Häuptling.«

»Hier gibt es keinen Häuptling. Ich bin für die Sicherheit des Lagers verantwortlich und wäre von deiner Abfahrt unterrichtet worden. Du durchquerst das Gebiet, das ich zu überwachen habe. Du zeigst mir jetzt, was du beförderst, und dann kommst du mit.«

Ohio setzte den Schneeanker, und als er sich wieder aufrichtete, schnellte er wie eine Raubkatze in die Höhe, packte den Offizier am Arm, riß ihn aus dem Sattel und entwand ihm den Säbel. Der Mann stürzte zu Boden, und Ohio versetzte ihm einen Fausthieb ins Genick.

Das Pferd schlug aus, und Ohio verscheuchte es mit dem Säbel.

»Schnell!«

Doch die Leinen hatten sich verheddert, weil Torok seinen Platz verlassen hatte, um seinem Herrn zu helfen, und Ohio brauchte eine Weile, bis er sie wieder entwirrt hatte. Mayoke drängte zur Eile. Dann ging es endlich weiter, diesmal im Galopp, doch der Offizier kam schneller wieder zu sich als erwartet und rief um Hilfe.

Sie preschten an der Sägerei vorbei, dann einen Hang hinunter und gelangten auf eine Piste, die am Wald entlangführte. Ohio hoffte inständig, daß er den richtigen Weg eingeschlagen hatte. Seine Hunde jagten nur so dahin, doch Mayokes Gespann fiel zurück. Er trat auf die Bremse und drosselte das Tempo ein wenig. Mächtige Holzstöße aus gleich langen Klötzen stapelten sich auf beiden Seiten des Wegs, ehe es in den Wald ging. Unter den Bäumen war es dunkel. Ohio überlegte. Sollten sie diesen Umstand nutzen und sich verstecken oder die Flucht fortsetzen? Er wußte nicht, was Pferde zu leisten vermochten. Nach Oshawas Auskunft waren sie schneller als Hunde, konnten auf längeren Strecken aber von ihnen abgeschüttelt werden.

»Was sind denn längere Strecken? Es hat keinen Sinn, sich hier zu verstecken. Morgen früh durchkämmen sie den Wald. Fliehen ist unsere einzige Chance.«

Die Kufen knirschten auf der harten Piste. Ohio drehte sich unablässig nach Mayoke um, um festzustellen, ob sie noch da war und ob hinter ihr Pferde auftauchten. Er rechnete jeden Augenblick damit, denn die Kraft dieser riesigen Tiere hatte ihn tief beeindruckt.

Eine Stunde später, als sie den Oberen See erreichten, rissen die Wolken auf. Ein Dorf schmiegte sich ans Ufer. Ohio ließ Mayokes Schlitten auf seine Höhe kommen.

»Dieses Dorf hat Oshawa nicht erwähnt.«

»Wir umfahren es und halten uns dann nach Osten«, schlug Mayoke vor.

»Ich wundere mich, daß wir nicht verfolgt werden«, erwiderte Ohio.

»Vielleicht haben sie es versucht, und wir waren zu schnell.«

Ohio blieb skeptisch.

»Wie geht es Mudoi?«

»Er schläft. Los, weiter.«

Es wurde höchste Zeit. Im Dorf bellten Hunde, und Ohio wollte es unbedingt vermeiden, Aufsehen zu erregen. Sie fuhren die Böschung hinunter. Am Strand lagen große Boote, deren halb verschneite Rümpfe mit großen Holzkeilen abgestützt waren. Ohio hätte sie sich gern genauer angesehen, doch sie fuhren in unvermindertem Tempo vorbei. Vor ihnen lag, weiß und riesig, der See. Die Hunde bogen auf die Piste ein, die hart am Ufer nach Norden führte, doch sie mußten nach Süden, in die entgegengesetzte Richtung. Ohio hielt das Gespann an, setzte den Schneeanker und ging auf dem Weg zurück, den er gekommen war. Mayoke nutzte die Gelegenheit, um nach Mudoi zu sehen. Er schlief friedlich in seinem warmen Fellsack neben Umiak.

Ohio sah keine Piste und wunderte sich darüber. Doch er hatte richtig gesehen. Es gab tatsächlich keine. Er kehrte zu den Schlitten zurück.

»Wir dürfen keine Zeit verlieren.«

»Sie haben uns nicht verfolgt. Wir müssen umkehren und nach Süden fahren.«

»Hast du eine Piste gefunden?«

»Nein. Aber die Oberfläche ist hart, und alle Waren, die ins Land kommen oder es verlassen, werden hier umgeschlagen. Früher oder später müssen wir auf eine Piste stoßen.«

Ohio legte die Felle wieder hin, nachdem er Mudoi geküßt und Umiak dafür gelobt hatte, daß sie so ruhig geblieben war. Dann ließ er das Gespann wenden. Mayoke tat es ihm nach, ohne daß die Leinen sich verhedderten.

Die Hunde trabten leichtfüßig über den Schnee, den der Wind zusammengepreßt hatte, und mieden die Schneewehen und den Tiefschnee, der sich an der Böschung aufgehäuft hatte. Der Wind blies ihnen in den Rücken, und Ohio spürte, wie die Kälte durch seine Jacke aus Elchleder drang. Eis und Schnee reflektierten das helle Mondlicht, und die Sicht war fast so gut wie bei Tag. Die Hunde jagten dahin, und Ohio berauschte sich an dieser Geschwindigkeit, mit der sie der Gefahr entkamen. Er hätte nicht gedacht, daß die Sache so glimpflich für sie ausgehen würde.

Tatsächlich hatte der Offizier entschieden, daß es für eine Verfolgung zu Pferd viel zu kalt sei, da sich die Tiere eine Lungenentzündung holen konnten. Er hatte erwogen, ein oder zwei Schlitten loszuschicken, doch bis man die Hunde angespannt hatte, wäre der Vorsprung der Flüchtigen bereits zu groß gewesen. Er meldete den Vorfall seinem Vorgesetzten

und ließ es dabei bewenden. Es gab Wichtigeres zu tun. Die
Truppen mußten sich darauf vorbereiten, die Dörfer südlich
der Großen Seen anzugreifen.

29

Seit über einer Stunde glitten sie über den See und hatten noch immer keine Piste gefunden. Doch sie kamen gut voran, obwohl der Wind an manchen Stellen den Schnee weggeblasen hatte und die Hunde über das Eis rutschten. Ohio hielt auf das Ufer zu, als Torok plötzlich ohne erkennbaren Grund einen Haken schlug. Die anderen Hunde liefen ungeordnet hinter ihm her, und die Folge war, daß die Zugleine durchhing. Vom eigenen Schwung fortgerissen, geriet der Schlitten, ehe Ohio reagieren konnte, ins Rutschen und rammte Gao und Aklosik, die ungehalten knurrten. Mayoke hatte ihr Gespann zum Stehen gebracht. Ohio blickte sich um, doch das Knacken von berstendem Eis sagte ihm genug.

»Los, meine Hunde!« brüllte er. »Zurück, Mayoke! Das Eis –«

Es gab unter ihm nach, bevor er den Satz beendet hatte. Vor Schreck machten die Hunde ein Hohlkreuz und krochen mit gespreizten Krallen weiter, die Augen weit aufgerissen, das Fell gesträubt. Unter dem Gewicht des Schlittens war ein Teil des Eises gebrochen. Gao und Aklosik patschten durch ein Gemisch aus Wasser und Eis, die anderen zogen. Einen Augenblick lang trieb der Schlitten im Wasser, dann saugte sich die Ladung voll. Gao und Aklosik wollten aufs Eis klettern, doch es brach unter ihnen weg.

»Mudoi!«

Er versuchte, ihn herauszuziehen, doch die verängstigte Umiak zappelte in dem Sack, in dem sie mit ihm gefangen war. Der Schlitten neigte sich auf die Seite, auf die Ohio drückte, und begann zu sinken. Ohio zückte sein Messer und stach ohne Rücksicht auf Umiak in den Sack, um ihn aufzuschlitzen. Das Wasser schwappte schon bis zur Oberkante des Schlittens, er drohte zu kippen. Ohio bekam keine Luft mehr. Das eiskalte Wasser preßte ihm die Brust zusammen und nahm ihm den Atem, aber er mußte wenigstens Mudoi retten. Er hörte Mayoke schreien, wie aus weiter Ferne, doch der Alptraum war Wirklichkeit. Schließlich kam Umiak frei. Wieder versuchte Ohio, Mudoi herauszuziehen. Der Junge weinte, als der Schlitten versank und mit ihm der Sack, der mit Riemen festgezurrt war. Ohio packte ihn an der Hüfte und zog mit aller Kraft, aber Mudois Bein hatte sich in einem Riß des zerfetzten Sackes verfangen, und der Schlitten riß ihn mit sich in die Tiefe. Ohio ließ nicht los und tauchte mit ihm unter. Die Kälte preßte ihm erbarmungslos die Schläfen zusammen, der Schädel wollte ihm schier zerspringen. Er stocherte mit dem Messer direkt neben dem Bein des Kindes. Es spielte keine Rolle, ob er ihn verletzte. In wenigen Augenblicken waren sie ohnehin tot. Der Schlitten setzte auf dem Grund auf, als es ihm endlich gelang, seinen Sohn zu befreien. Er tauchte an die Oberfläche mehrere Meter über ihm.

»Ohio!«

Mayoke brüllte, um ihn auf sich aufmerksam zu machen. Sie lag, wenige Meter vom Loch entfernt, auf dem Eis und warf ihm ein Seil zu. Mudoi im Arm, schwamm er bis zur Kante und ergriff es. Er hielt sich am Eis fest, doch es brach weg. Er band das Seil um den leblosen Körper in seinem Arm und schob ihn in Richtung Mayoke, die ein Stück zurückgekrochen war. Weinend zog sie das Kind zu sich her. Ohios Bewegungen wurden fahrig, er konnte keinen klaren Gedanken mehr fassen. Aufs Geratewohl zerschnitt er die Leinen der Hunde, die noch um ihn herum im Wasser patschten.

»Ohio! Ohio, das Seil!«

Sie hatte es ihm ein zweites Mal zugeworfen. Er sah sie wie

durch einen Schleier. Sie kauerte auf dem Eis, das Kind im Arm, das Seil in der anderen Hand. Er ergriff es, und während sie zog, versuchte er, sich aufs Eis zu hieven, das an dieser Stelle dicker war. Vergebens.

»Geh … Kümmere dich … um Mudoi!« Die Stimme versagte ihm.

»Geh!« brüllte er noch einmal.

Aber sie blieb. Ein Hund versuchte, neben ihm aufs Eis zu klettern. Andere hatten es bereits geschafft. Das Eis zerbrach, sowie er sich darauf stützte, obwohl es immer dicker wurde. Während er mit der einen Hand das Seil festhielt, krallte er sich mit der anderen in das Fell des Hundes, der sich hochzog. Doch die Haare waren glitschig, seine Finger steif. Er ließ los, sank bis zur Brust ins Wasser zurück. Endlich hielt das Eis. Er packte das Seil mit beiden Händen, und Mayoke, die das Kind aufs Eis gelegt hatte, zog ihn heraus. Er kroch ein paar Meter.

»Schnell! Mudoi! Ein Feuer … schnell!«

Sie hob Mudoi auf und rannte ans Ufer, wobei sie einen Bogen um die Stelle machte, an der das Eis nachgegeben hatte. Sie schaute sich um, um festzustellen, ob Ohio nachkam. Er konnte nicht aufstehen, und so kroch er auf allen vieren. Er konnte nicht einmal mehr denken.

Flammen züngelten vor ihm empor, und er trocknete mit Hasenhäuten den kleinen roten Körper seines Kindes. Er war in einem Tipi, das ein großes Feuer erleuchtete. Mayoke ließ das Kind auf ihren Knien hopsen, und es quietschte vor Vergnügen. Plötzlich bekam er keine Luft mehr und rang nach Atem. Mit letzter Kraft versuchte er, die Augen zu öffnen. Er war gefallen und lag am Ufer. Schnee verstopfte ihm die Nase. Er riß die Augen auf. Er sah nichts. Mayoke hatte bestimmt schon die Böschung erklommen und machte Feuer. Ja, ganz bestimmt. Sie würde sich zunächst um Mudoi kümmern, dann wiederkommen und ihn holen. Er mußte warten. Tun konnte er ohnehin nichts. Seine Hände versagten den

Dienst. Und seine Füße spürte er nicht mehr. Er schloß die Augen. Ein Hund schmiegte sich winselnd an ihn und stieß ihn mit der Schnauze in die Seite, um ihn zum Aufstehen zu bewegen.

»Torok!« stammelte er. »Hör auf ... Toro –!«

Er wollte sich bewegen, doch sein Körper gehorchte nicht. Er hatte sich von seinem Geist gelöst. Sein Wunsch, sich zu bewegen, erreichte ihn nicht.

Plötzlich verspürte er ein wohliges Gefühl von Wärme. Er war in einem Tipi. Dicke Holzscheite brannten in einem aus Steinen aufgeschichteten Herd, der Boden war mit Fellen ausgelegt. Er erkannte die Felle wieder. Sie stammten von den beiden Grizzlys und dem Bison, die Mayoke und er in den Sümpfen östlich des Großen Sklavensees erlegt hatten. Mudoi lag neben Mayoke und schlief. Eines seiner Händchen war mit Hasenleder umwickelt. Er entsann sich, daß der Junge sich bei einem Unfall leichte Erfrierungen an der Hand zugezogen hatte, und tiefe Rührung überkam ihn. Er faßte nach der Hand, streichelte die zarte und flaumige Haut des Armes und küßte sie. Mudoi würde wieder gesund werden. Alles würde gut werden. In Zukunft würde er noch besser auf ihn achtgeben. Mayoke lächelte im Schlaf. Er legte sich zu den beiden, breitete einen Arm schützend über seinen Sohn und schlief ein.

Als er erwachte, legte Mayoke gerade Holz nach, doch das Feuer brannte nicht mehr in einem Herd, sondern auf dem Boden. Wie durch einen Nebel sah er über sich eine gespannte Zeltplane, doch er lag nicht im Tipi. Er hatte nicht die Kraft, den Mund zu öffnen. Er versuchte es, brachte aber nur ein Seufzen hervor. Mayoke drehte sich um und sah ihn an. Ihr Gesicht war nicht wiederzuerkennen. Wieder versuchte er, etwas zu sagen, doch kein Wort kam über seine Lippen. Er sah Mayoke in die Augen. Ihr Blick war ernst und hart. Er streckte die Hand nach ihr aus, und allein diese Anstrengung entlockte ihm einen Schmerzensschrei. Mayoke flößte ihm einen warmen Trunk ein. Wie gut das tat! Er trank alles und sank erschöpft zurück. Er blickte sich kurz nach Mudoi um, sah ihn aber nicht. Wieder wollte er sprechen, doch es ging nicht. Es war, als halte eine unsichtbare Kraft die Worte in seinem Innern zurück. Dann begann sich alles um ihn her zu drehen, und er schloß die Augen.

Wäre Ohio nicht gewesen, hätte Mayoke den kleinen Körper ihres Kindes an sich gedrückt und sich dem Tod überlassen. Sie hatte sofort erkannt, daß kein Leben mehr in ihm war und jede Hilfe zu spät kam, als sie ihn übers Eis zu sich herzog. Sie erklomm das Ufer und entzündete, still vor sich hin weinend, ein Feuer. Sie zitterte, aber nicht vor Kälte, und drückte Mudoi an sich. Sie handelte ganz mechanisch. Sie zog ihm die nassen Kleider aus und setzte ihn in die mit Hasenfell gefütterte Bauchtasche ihrer Lederjacke, die eigens für ihn gedacht war. Dann kehrte sie zu ihrem Schlitten zurück und spannte die Hunde aus, die ihre Leinen noch nicht durchgenagt hatten. Sie nahm ihre Axt und die Abdeckplane vom Schlitten, errichtete damit ein Schutzdach und breitete Tannenzweige darunter aus, dann schleppte sie Ohio unter Aufbietung all ihrer Kräfte zu dem Lager und legte ihn darauf.

Seine Kleider wurden bereits steif, seine Glieder waren es zum Glück aber noch nicht ganz, weil Torok sich an ihn geschmiegt hatte. Sie zog ihn aus und deckte ihn mit einer Jacke zu, dann hängte sie seine Kleider zum Trocknen an das große Feuer, das sie mit Treibholz unterhielt.

Über drei Stunden lang rieb sie den phantasierenden Ohio ab. Schließlich wurde sein Puls wieder regelmäßig, und er schlief in trockenen Sachen unter dem Schutzdach ein, unter dem sich die Wärme des Feuers staute. Dann erst nahm sie sich ihres toten Kindes an. Sie weinte nicht mehr. Schluchzte nicht mehr. Ihre Verzweiflung war viel zu groß. Sie setzte sich und legte sich den kleinen Körper auf die Schenkel, wie sie es oft getan hatte, um mit ihm zu spielen und ihn zu kitzeln, was er sehr geliebt hatte. Dann zog sie ihm trockene Sachen an und blieb so sitzen, denn ein unerträglicher Schmerz hinderte sie daran, auch nur die geringste Bewegung zu machen und den Blick von dem kleinen Wesen zu wenden, das sie mehr liebte, als sie für möglich gehalten hatte. Ach, was hätte sie darum gegeben, mit ihm zu sterben, nur um dieses Gewicht nicht mehr zu spüren, das ihr auf die Brust drückte und den Atem nahm!

Wie lange verharrte sie so? Ohio erwachte für einen Augenblick aus seiner Erstarrung, und sie legte Mudoi auf das Lager aus Zweigen, machte in einem Ledersack Wasser warm und gab Ohio zu trinken. Nach und nach gesellte sich zu dem Schmerz über den Tod ihres Kindes ein anderer. Sie hatte zwei Menschen, die sie liebte, und der Tod des einen ließ die Liebe zum anderen erkalten. Sie wollte nach Hause. Es war aus. Sie wollte alles vergessen und um Mudoi trauern, allein.

30

Mayoke war Holz sammeln gegangen, als Ohio zu sich kam und Mudoi in seine Kleider gewickelt fand, kalt und leblos, die Augenlider zugenäht, wie es bei Kindern der Brauch war, die noch nicht laufen gelernt hatten. Die großen Geister nahmen sie an der Hand und führten sie ins jenseitige Reich, wo sie ihnen die Augen wieder öffneten.

»Mudoi! Mein kleiner Mudoi!«

Er nahm ihn auf den Arm, und während er ihn wiegte, stieg eine dumpfe Wut in ihm auf, die ihn erstaunte. Wem konnte er denn einen Vorwurf machen außer sich selbst? Er und kein anderer hatte den Schlitten gelenkt. Er hätte sehen müssen, daß das Eis sich veränderte. Er hätte sich fragen müssen, warum es keine Piste gab. Und beim ersten Knacken des Eises hätte er nach Mudoi greifen müssen. Ja, er allein war an allem Unheil schuld.

Zwei Stunden später, als Mayoke mit einem Vorrat an Feuerholz zurückkam, hielt er Mudoi noch immer im Arm. Sie sprach kein Wort, und ihr Gesicht war ausdruckslos. Was sollten sie einander auch sagen? Ohio senkte den Blick. Sein Kopf schmerzte, und wieder begann sich alles um ihn her zu drehen. Er setzte Mudoi behutsam ab und legte sich wieder hin. Er wäre gern aufgestanden, um Mayoke zu helfen, doch ihm fehlte die Kraft. Angestrengt versuchte er, sich den genauen Hergang des Unfalls ins Gedächtnis zurückzurufen, doch er erinnerte sich nur bruchstückhaft. Er sah Hunde auf dem Eis, andere neben sich im Wasser. Er entsann sich, daß

Torok sich neben ihn gelegt hatte. War er wohlauf? Alles blieb verschwommen, und immer wieder mußte er die Augen öffnen, um sich zu vergewissern, daß nicht alles nur ein böser Traum war. Nein, es war weit schlimmer, und zum ersten Mal in seinem Leben überkam ihn tiefe Verzweiflung. Das Schlimmste war eingetreten. Lieber wäre er mit seinem kleinen Mudoi gestorben. So hätten sie wenigstens gemeinsam die Reise ins Jenseits antreten können. Er hätte ihn geführt, und Mayoke hätte ihm nicht die Augenlider zunähen müssen. Warum hatte sie damit nicht gewartet, bis er erwacht war? Es eilte doch nicht.

Am späten Nachmittag stand er auf. Mayoke war nicht da. Er konnte sich kaum auf den Beinen halten. Einige Hunde waren an die Zugleine gebunden. Andere waren frei, lagen da und gähnten träge.

»Torok!«

Der Chef der Meute hatte unter einer Tanne geschlafen. Schnee stob auseinander, als er aufsprang und zu seinem Herrn gestürmt kam. Ohio schlang die Arme um seinen Leithund und brach in Tränen aus.

»Mein Torok!«

Vulk kam näher, und Torok begann zu knurren und hielt ihn auf Distanz.

»Komm her, Vulk!«

Ohio streichelte ihn, doch Torok knurrte weiter.

»Hör auf, Torok!«

Der Leithund beruhigte sich. So verharrte Ohio lange und suchte Trost in der Wärme dieser wilden Umarmung. Das fahle Licht des Tages wollte gerade verlöschen, als Mayoke mit zwei Schneehühnern wiederkam und sie unter das Schutzdach warf. Ihre Blicke begegneten sich, aber sie sagten nichts. Ohio rupfte die Vögel, und sie zwangen sich zu essen, ohne ein Wort zu wechseln. Mayoke schlief erschöpft ein, und Ohio hütete das Feuer. In der Ferne ertönte das Heulen eines Wolfes, das an die Klage einer verirrten Seele erinnerte und sich mit dem Gemurmel Mayokes vermischte, die schlecht träumte. Plötzlich schreckte sie vom Lager hoch, und Ohio wußte nicht, was er tun sollte, denn sie stieß ihn sanft zurück. Sie konnte und wollte ihre Verzweiflung nicht teilen. Es war, als räche sie an sich selbst die Ungerechtigkeit dieses Unfalls, der ihr den Sohn genommen hatte.

In der Nacht bewölkte sich der Himmel. Wind kam auf, und erste Schneeflocken tanzten über den Flammen. Ohio wartete auf das Morgengrauen. Er schlief mit Unterbrechungen. Der Wolf war verstummt, und Stille lag über der einsamen weißen Weite. Jedes Mal, wenn Ohio einschlief, und sei es nur für ein paar Minuten, erwachte er in der Hoffnung, einem bösen Traum zu entrinnen, und jedes Mal holte ihn die Wirklichkeit ein. Er warf einen flehenden Blick zu dem kleinen Körper und hoffte, ein Brabbeln, ein Atmen zu hören, doch er hörte nur den Tod. Den Tod seines Kindes und den Tod der beiden braven Hunde Gao und Aklosik, die er, wie ihm nun wieder einfiel, nicht hatte befreien können.

Der Morgen war grau und windig. Ohio schlüpfte unter dem Schutzdach hervor und ging mit einem großen Stock bis zum Rand des Loches, über dem sich bereits wieder eine dünne Eisschicht gebildet hatte. Er begriff, was geschehen war. Ein Fluß von beträchtlicher Größe ergoß sich hier in den See und attackierte das Eis, das je nachdem, wo Wirbel und Strömungen von unten an ihm fraßen, unterschiedlich dick war. Er zerschlug das neue Eis und sah in etwa drei Metern Tiefe die dunkle Masse seines Schlittens, und die Umrisse seiner beiden Hunde, die tot im Geschirr hingen. Der Anblick verursachte ihm Übelkeit. Er wollte dem verwünschten Ort gerade den Rücken kehren, da kam ihm eine Idee, und er spähte noch einmal zu dem Schlitten auf dem Grund.

»Ich werde ihn bergen.«

Er mußte etwas tun. Ein vager Plan nahm in seinem Kopf Gestalt an. Wieder am Ufer, schnitt er dreißig Weidengerten und markierte damit einen Weg zu dem Loch, der über das dickste Eis führte. Dann stutzte er zwei Tannen und begann, sie hinter sich herzuziehen. Drei Mal zwang ihn ein heftiger

Hustenanfall stehenzubleiben, und er ermüdete rasch. Er beschloß, die Bergung des Schlittens auf morgen zu verschieben, und jagte den ganzen Nachmittag Schneehühner. Er mußte wieder zu Kräften kommen. Da es schneite, fand er nur fünf und erlegte drei mit seiner Schleuder. Mayoke lag die ganze Zeit neben ihrem Kind. Ohio band die Hunde los, die sich sogleich auf die Suche nach etwas Freßbarem machten, und briet die Hühner am Feuer.

»Du mußt etwas essen, Mayoke.«

Es war das erste Wort, das er seit dem Unfall an sie richtete.

Sie antwortete nicht und aß. Die Gegenwart dieser Frau, die er liebte, war ihm zur Last geworden. Dabei hatte er geglaubt, sie immer zu brauchen, selbst in den schlimmsten Lebenslagen. Doch er fand einfach nicht die Worte, die sie in ihrem Schmerz vereinen konnten. Er fand sie nicht und verschanzte sich wie sie hinter einer Wand aus Schweigen.

Als er mitten in der Nacht erwachte, weinte Mayoke, und er blickte hinauf zum Stern seiner Mutter. So verharrte er lange und lauschte dem Schluchzen, das ihm das Herz brach. Mehrere Male verschwamm alles vor seinen Augen. Die Sterne wurde zu kleinen Steinen, die er vom Kanu aus betrachtete, während er über das klare Wasser eines endlos weiten Sees glitt. Es war warm, und er paddelte zu einer Halbinsel, vor der Dutzende Forellen an der Wasseroberfläche nach Fliegen schnappten. In der Ferne zog ein Biber eine silberne Furche, und über ihm kreiste bedrohlich der Schatten eines Adlers am blauen Himmel. Er beugte sich über das Paddel, das er senkrecht eintauchte, und blickte auf den Grund. Weiße Steine auf schwarzem Torfboden, wie Sterne am Nachthimmel. Er wußte nicht recht, ob es an seinen Augen lag oder ob das Wasser sich trübte, aber mal war der Grund zu sehen und dann wieder nicht. Doch das kümmerte ihn nicht, er paddelte weiter. Plötzlich sah er auf dem Grund seinen Schlitten. Dicht neben ihm schwebten, in einigen Metern Tiefe, seine beiden ertrunkenen Hunde, und etwas weiter zwei Körper, die nur undeutlich zu erkennen waren. Er riß die Augen auf und wollte anhalten, doch das Kanu wurde vom eigenen Schwung zu weit abgetrieben. Er wendete und paddelte wie besessen zurück, beschrieb immer weitere Kreise, konnte die Stelle aber nicht mehr finden. Er paddelte hin und her, fuhr die Strecke noch einmal ab, wendete, doch vergebens. Dann kam Wind auf, und er sah nicht mehr bis auf den Grund. Er blickte zum Himmel. Dunkle Wolken zogen auf und kündigten einen Sturm an, und so beschloß er, schleunigst ans Ufer zu paddeln.

Er erwachte. Der Wind blies Schneeflocken unter das Schutzdach. Ohio errichtete eine Schutzmauer aus Schnee und entfachte das Feuer wieder. Mayoke zitterte, obwohl sie sich in ihre Jacke gewickelt hatte. Er blieb die ganze Nacht wach und unterhielt das Feuer. Als der Morgen graute, war er entschlossener denn je, den Schlitten und die wertvolle Ladung zu bergen. Unterdessen waren die Hunde ohne Beute von der Jagd zurückgekehrt. Nur dem einen oder anderen war es bei ihrem Streifzug gelungen, einen Hasen zu reißen. Ohio sah es an den Blutflecken in ihrem Fell. Mayoke hatte Fieber und hustete. Er gab ihr zu trinken, sammelte am Ufer einen großen Vorrat an Brennholz und ließ sie allein. Er legte den Hunden das Geschirr an, holte die Zugleine und das Seil von Mayokes Schlitten und ging auf dem Weg, den er markiert hatte, zu dem Loch im Eis.

Es war töricht, die Bergung allein zu wagen. Er wußte es, doch es war ihm gleich. Er bestrafte sich damit. Es war ein windiger Tag, grau und kalt, und immer wieder fiel graupelartiger Schnee. Eine dünne Eisschicht bedeckte das Loch. Ohio zerschlug sie mit den Holzstangen. Die Hunde hielten sich mit eingezogenen Schwänzen abseits, und er mußte sie mehrmals ermahnen, ehe sie endlich näher kamen. Der Unfall hatte sich in ihrer Erinnerung eingeprägt. Dieser Ort roch nach Tod.

Ohio prüfte das Eis um das Loch, dann ließ er dort, wo es am stabilsten war, die beiden langen Stangen nebeneinander zum Schlitten hinabgleiten und bohrte sie mit der Spitze in den Schlamm. Dann nahm er Mayokes Beil und hackte eine zwei Meter lange Rinne ins Eis bis zu einer Stelle, wo es noch dicker war, und lehnte die Stangen mit dem anderen Ende an die Kante. Er machte mehrere Knoten in Mayokes Zugleine, die nur für fünf Hunde gedacht war, und band sie mit Seilen an die Geschirre der elf Huskies. Er befahl ihnen, sich zu setzen, dann hieb er Kerben ins Eis, damit sie beim Ziehen nicht wegrutschten.

Jetzt mußte er nur noch das andere Ende der Zugleine am Bug des Schlittens befestigen und den Schlitten ausrichten. Hoffentlich hatten die Hunde genug Kraft, um ihn aus dem Wasser zu ziehen. Er zögerte einen Augenblick und ärgerte sich schon im nächsten Moment über diesen Anflug von Schwäche. Er entkleidete sich bis auf das Lederhemd, das er unter seiner Jacke trug. Der Wind ließ ihn schaudern, und er wälzte sich im Schnee, bis seine Haut fast unempfindlich gegen die Kälte war.

»Brav, meine Hunde! Sitz!«

Er wickelte sich das Ende der Leine um das Handgelenk und glitt ins Wasser. Die Kälte nahm ihm den Atem. Sie war entsetzlich. Es kostete ihn viel Überwindung, den Kopf ins Wasser zu tauchen. Es war, als wollten seine Schläfen zerspringen. Er wußte, daß er wenig Zeit hatte. Im eisigen Wasser blieben ihm nur wenige Minuten, allerhöchstens fünf oder sechs, ehe das Blut so stark abkühlte, daß es kein Zurück mehr gab. Er tauchte. Die Sicht unter Wasser war schlecht. Er tastete sich zum Schlitten, befestigte die Leine und zog ihn auf die beiden Stangen. Er tauchte auf und japste nach Luft. Seine Finger waren schon taub, sein Kopf schien auf das Doppelte angewachsen, und seine Ohren schmerzten ihn so sehr, daß er sie sich am liebsten vom Schädel gerissen hätte. Wie durch eine Wolke sah er, daß Torok die Meute an den Rand des Loches gezogen hatte.

»Nein!« stieß er mühsam hervor. »Zurück! Zurück!«

Torok lief los.

»Langsam!«

Zum Glück war die Leine elastisch und riß nicht, als sie sich spannte. Der Schlitten ruckte und blieb wieder stehen.

»Los! Und fest!«

Die Rücken der Hunde bogen sich, und es gelang ihnen, den Schlitten bis auf die Höhe des Eises zu ziehen, doch weiter kamen sie nicht, denn die vollgesogene Ladung war zu schwer. Der Schlitten blieb an der Kante hängen, der vordere Teil in der Luft, der hintere in einer Brühe aus Schnee, Wasser und Eis. Ohio faßte nach der Leine und versuchte, sich aus eigener Kraft aufs Eis zu hieven, doch er konnte nicht mehr greifen. Seine Finger waren zu steif gefroren. Er spürte seine Kräfte schwinden. Er versuchte, sich mit den Ellbogen aufs Eis zu stemmen, und rutschte ab. Ein Schleier legte sich auf seine Augen, und ihm war, als werde er in die Tiefe gezogen. Aber noch hielt er sich mit den Ellbogen am Rand des Loches fest. Blitzschnell war Torok bei ihm, packte ihn mit den Zähnen am Hemd und zog, doch Ohio blieb mit der Hüfte hängen. Verzweifelt strampelte er mit den Beinen und kam in dem Augenblick frei, als Vulk zu Hilfe eilte und an einem anderen Zipfel des Hemdes zerrte.

Gleich darauf lag er auf dem Eis. Er kroch auf allen vieren, dann stand er mühsam auf. Er wußte nicht mehr, ob er träumte. Nur schnell ans Ufer. Einen Fuß vor den anderen setzen. Torok nach. Ans Feuer.

»Ich habe meine Kleider auf dem Eis vergessen. Und der Schlitten? Da ist Mayoke. Ist sie es überhaupt? Wo ist Mudoi? Er ist doch nicht ertrunken? Nur weiter. Mayoke spricht, aber ich verstehe nichts. Mein Kopf! Was für Schmerzen! Meine Ohren!«

Sie stützte ihn, bis sie unter dem Schutzdach waren, am Feuer. Sie zog ihm das nasse Hemd aus, dann ging sie auf den See und holte seine Jacke. Um die Hunde würde sie sich später kümmern. Torok und Vulk hatten ihre Leinen bereits durchgenagt, andere taten es ihnen nach. Sie kleidete Ohio an und legte Holz aufs Feuer. Sie geriet in Sorge, als er zu zittern aufhörte, doch bald darauf bekam die fahle Haut seiner

Gliedmaßen wieder Farbe. Sie war ihm böse, weil er den Bergungsversuch allein unternommen hatte. Zählte sie in seinen Augen denn gar nicht?

Er phantasierte die ganze Nacht im Fieber, und sie wachte bei ihm. Noch immer wurden zwei seiner Finger nicht richtig durchblutet. Sie liefen an den Spitzen schwarz an, und Mayoke fürchtete, daß er sie verlieren würde. Am Morgen kehrte sie aufs Eis zurück. Der Himmel hatte aufgeklart, die große Kälte kam zurück. Von den Hunden war nichts zu sehen. Bestimmt waren sie auf der Jagd. Sie mußten einen mächtigen Hunger gehabt haben.

Der Schlitten war fest gefroren und mit Eis überzogen. Mit der Axt ging sie daran, die Ladung blockweise zu bergen, wobei sie darauf achtete, die wichtigsten Teile nicht allzusehr zu beschädigen. Im Bug waren vor allem leichtere Ausrüstungsgegenstände wie Schlafsäcke und Felle verstaut. Sie trug die Blöcke ans Feuer und taute sie auf. Bald war der Teil des Schlittens, der aus dem Wasser ragte, völlig leer. Mehr konnte sie nicht tun, denn das Wasser drückte in die Löcher, die sie gehackt hatte, und gefror sofort. Den Rest der Ausrüstung konnte sie nur bergen, wenn sie die Hunde vor den Schlitten spannte und ihn weiter herauszog, wenigstens ein Stück. Doch die Hunde waren noch nicht zurück.

Am Abend erwachte Ohio allmählich aus seinem lethargischen Zustand und stellte zahlreiche wirre Fragen. Mayoke begriff, daß er den Unfall und die Ereignisse vom Vortag durcheinanderbrachte. Sie hatte ein Kochgeschirr vom Schlitten gerettet und machte ihm einen Fichtentee, den er direkt aus dem Blechnapf trank. Endlich kehrten die Hunde zurück. Mayoke ging zu ihnen, und im Schein des Feuers sah sie, daß ihr Fell mit Blut befleckt war. Und an dem Blut klebten Haare. Sie hatten einen jungen Elch gerissen.

»Gut gemacht, Hunde! Gut gemacht!«

Erst am übernächsten Tag konnte Ohio aufstehen. Mayoke hatte die Hunde vor ihren kleinen Schlitten gespannt und war zu dem Elchgerippe gefahren. Leider hatten zwei Wölfe es teilweise abgenagt. Gleichwohl fand sie unter einer Schulter, die noch im Schnee stak, etwas Fleisch, mit dem sie sich stärken konnten.

Mayoke blieb Ohio gegenüber kühl und distanziert. Wegen seines unsinnigen Versuchs, die Bergung allein durchzuführen, machte sie ihm schwere Vorwürfe. Und er wußte nicht, was er erwidern sollte. Es war ihm gleich. Er ärgerte sich zunächst, als sie den steifgefrorenen Leichnam ihres Sohns in eine Kiefer hängen wollte, damit er in der Nacht nicht von einem Marder oder Fuchs angefressen wurde. Dann ließ er sie gewähren. Und in diesem Augenblick sagte sie zu ihm, daß sie die Absicht habe, in ihr Dorf zurückzukehren und Mudoi in der letzten Ruhestatt ihrer Familie beizusetzen.

»Ich werde ihn nicht hier lassen, mitten unter all den Wahnsinnigen. Die großen Geister haben dieses Land schon vor langer Zeit verlassen.«

Ohio protestierte nicht und stellte auch keine Frage. Er sah sich dazu nicht imstande. Er sagte ihr nur, daß sie die fünf Hunde und den kleinen Schlitten nehmen könne. Er selbst werde nach Quebec weiterfahren. Dann verschanzte er sich hinter hartnäckigem Schweigen, das scheinbar nichts zu brechen vermochte. Zwei Tage lang mühte er sich allein, das Heck des Schlittens zu bergen. Mayoke legte unterdessen am Flußufer Schlingen, in denen sie eine stattliche Anzahl von Hasen fing, taute die Sachen auf, die ihr Ohio in Form von Eisblöcken brachte, und trocknete sie. Alle Häute und Beutel waren durch Axthiebe beschädigt, und sie flickte sie geduldig. Am dritten Tag, an dem Ohio zweimal ins kalte Wasser fiel, weil er das Loch vergrößern mußte, gelang es den Hunden endlich, den Schlitten aus seinem Eisgefängnis zu befreien. Er machte ein riesiges Feuer und taute ihn bis tief in die Nacht auf.

Tags darauf konnten sie mit den Häuten, die ihnen geblieben waren, das Tipi errichten. Ohio entzündete ein Feuer, und zum ersten Mal seit dem Unfall verspürte er einen Hauch von

Wohlbefinden, der ihm das Herz erwärmte. »Ähnelt unser Leben nicht diesem Tipi?« dachte er. »Haben wir nicht vielleicht eine Chance, es zu flicken? Das Tipi wird nie mehr so aussehen wir vorher, aber mit Willenskraft haben wir es aufgebaut, und heute abend ist es behaglich und warm unter diesen Häuten, die uns vor Wind und Schnee schützen.« Doch er brachte es nicht fertig, sein Schweigen zu brechen und mit Mayoke über diese leise Hoffnung zu sprechen.

Seine schwarzen Fingerspitzen entzündeten sich, daher beschloß er, sie am ersten Gelenk abzuschneiden. Mayoke hätte sich dieser Aufgabe besser annehmen können, doch er wollte es allein machen. Das war seine Strafe. Sie ließ ihn allein und verteilte die Hasen, die sie am Morgen gefangen hatte, an die Hunde. Ohio tauchte seine Hand lange in Eiswasser, um sie unempfindlich zu machen, dann ergriff er das Messer, dessen Klinge er im Feuer zum Glühen gebracht hatte, legte die beiden Knochen frei und trennte mit einem kurzen Schnitt die Glieder vom Gelenk. Der Schmerz war entsetzlich, unerträglich, doch er war ihm noch lieber als die Qualen, die er in seinem Inneren litt. Er fand noch die Kraft, nach der einzigen Flasche Branntwein zu greifen, die er mit sich führte, und trank sie zur Hälfte aus. Eine fremdartige Wärme durchströmte ihn, doch der Schmerz ließ kaum nach.

31

Sacajawa hatte die Hungersnot vorausgesehen.

Klawask hatte das Mehl nicht gebracht, mit dem die Nahanni fest gerechnet hatten, und in den Pelzgründen waren die Tiere, die man zu Beginn des Winters als Köder gejagt hatte, selten geworden. Aus diesem Grund hatten die Nahanni die Vorräte an Karibufleisch angegriffen, die ohnehin für den Winter nicht reichten, und begannen nun, den Lachs zu essen, der eigentlich für die Hunde bestimmt war. In Ujkas Dorf war die Lage nicht besser, so daß von dort keine Hilfe zu erwarten war.

»Diese Hungersnot wird uns eine Lehre sein«, erklärte Sacajawa, als sie sich mit Uzbek beriet.

»Wie kannst du so etwas sagen?« entgegnete der Häuptling. »Alte und Kinder drohen zu verhungern.«

»Ich sah es kommen, aber niemand wollte auf mich hören. Jetzt ist es zu spät zum Jammern. Im Herbst war die große Herde da, unzählige Karibus, aber wir haben sie vorbeiziehen lassen, ohne uns unseren Teil zu holen, weil ihr es nicht erwarten konntet, in die Pelzgründe zu eilen, um euch Tauschwaren für die Wunderwerke der Weißen zu verschaffen!«

Uzbek senkte beschämt den Blick. Er hatte zu denen gehört, die schon nach der ersten Jagd die Hochplateaus verlassen hatten, obwohl sie etliche weitere Tiere aus der Nachhut der Herde hätten schießen müssen, um die Fleischvorräte ausreichend zu ergänzen. Er hatte angenommen, die an jenem Tag erlegten vierzig Karibus würden genügen.

»Was sollen wir tun?«

»Rankhan hat vorgeschlagen, nach Osten in die Spatziziberge zu gehen und Ziegen und Schafe zu jagen.«

»Im Schnee ist schwer an sie heranzukommen«, gab Uzbek zu bedenken. »Besser, wir ziehen nach Süden und versuchen, Elche aufzuspüren.«

»Zwei oder drei Elche werden nicht genügen.«

»Ein paar Schafe auch nicht. Gewiß, die Herden sind zahlreich, aber du weißt sehr gut, daß eine solche Jagd im Winter meist zum Scheitern verurteilt ist.«

»Mit Pfeil und Bogen ja, aber Rankhan besitzt eine dieser Feuerwaffen der Weißen, deren Reichweite um ein Mehrfaches größer ist.«

»Vor nicht allzu langer Zeit hast du diese Waffen noch verurteilt«, erwiderte Uzbek mit leisem Spott.

»Wir sind lange ohne sie ausgekommen«, entgegnete Sacajawa, »und ich weiß nicht, ob die großen Geister uns den Weg zu den Bergtieren weisen, nachdem wir die große Herde, die sie uns geschickt haben, verschmäht haben. Es würde mich wundern, wenn sie es im nächsten Herbst ebenso gut mit uns meinen.«

Verlegen blickte Uzbek zu Ckorbaz, dem Schamanen der Nahanni. Überschritt Sacajawa nicht ihre Befugnisse, wenn sie auf diese Weise die Ereignisse deutete? Maßte sie sich nicht die Autorität des Schamanen an? Doch Ckorbaz verharrte in Schweigen und tat so, als denke er nach. Er hatte nur wenig Handlungsspielraum. Er war es, der Ohio aus dem Dorf gejagt hatte. Natürlich wäre der junge Mann auch ohne sein Zutun gegangen, doch Sacajawa hatte sich gehütet, ihm das zu sagen. Im Gegenteil, sie machte ihn dafür verantwortlich und hatte damit gedroht, die Flamme seiner Macht auszublasen und all seine Betrügereien zu verraten, mit denen er die Leute glauben machte, er habe magische Kräfte. Sie kannte viele seiner Geheimnisse, und so hatte er ihr versprechen müssen, Ohio willkommen zu heißen, wenn er dereinst zurückkehren sollte. Ckorbaz war hinterlistig, aber keinesfalls dumm und wußte genau, was gut für ihn war. Er hatte die Nahanni geschickt beeinflußt und nach und nach durchblicken lassen, daß das Schicksal Ohio eines Tages zum Wohle aller ins Dorf zurückführen würde. Und was Sacajawa anging, so behandelte er sie weiter mit größter Vorsicht.

»Die großen Geister werden die Nahanni nicht im Stich lassen«, erklärte er im Brustton der Überzeugung.

»Warum«, so fragte Uzbek, »sollte sich Rankhan unserem Jagdzug anschließen, er, der nur die Einsamkeit erträgt?«

»Wir werden keinen großen Jagdzug unternehmen. Nur fünf werden gehen: Rankhan, Ujka und ich, dazu Ulah und Nutak, die mit ihren Hunden das Fleisch ins Dorf bringen werden. Rankhan will sonst niemanden dabei haben.«

Uzbek fühlte sich gekränkt, weil er nicht zu den Auserwählten gehörte.

»Er hält es für ratsam«, setzte Sacajawa hinzu, »daß du hier bleibst. Wir leben in einer schwierigen Zeit, und das Dorf sollte nicht ohne den Schutz eines Häuptlings bleiben.«

Das war geschickt, und Uzbek wußte es zu schätzen.

Rankhan war ein Kutchin-Jäger, der einen Großteil seines Lebens damit zugebracht hatte, das Gebirge in alle Himmelsrichtungen zu durchstreifen. Er war weithin bekannt, und viele Geschichten rankten sich um diesen ewigen Reisenden, dem man nur unter ungewöhnlichen Umständen begegnete. Man sagte ihm nach, daß er mit den Grizzlys spreche und in Erwartung des Wildes oder eines Feindes auf dem Ast eines Baumes schlafen könne, ohne das Gleichgewicht zu verlieren. Man erzählte sich, daß er mit den Schneestürmen singe und mitten im Eisaufbruch mit einer Stange auf einer Eisscholle einen Fluß hinuntergefahren sei. Noch weit eindrucksvoller waren seine Großtaten als Jäger, die man ihm zuschrieb, ihm, der einen Elch aufspüren konnte, wo ein ganzer Klan nicht einmal eine Fährte entdeckte, und der imstande war, mondelang bei eisiger Kälte eine Herde Karibus zu verfolgen oder alle möglichen Arten von Vögeln anzulocken, indem er ihren Ruf nachahmte. Rankhan der Große, von dem jedermann mit Ehrfurcht und Bewunderung sprach, der Held, dessen bewegtes Leben in seinen Adleraugen loderte und in seiner Stimme mitschwang.

»Hat er denn keine anderen Pläne, als für uns zu jagen?« fragte Uzbek.

»Weißt du denn nicht, daß Rankhan gerade dabei ist, sich ein Gespann aufzubauen?«

»Ich weiß nur, daß er eine Hündin gegen zwei Ziegenfelle eingetauscht hat. Ulah hat sie mir gezeigt.«

»Zeilza ist trächtig, und Rankhan will bei uns bleiben, bis sie geworfen hat. Ursprünglich wollte er westlich von hier Fallen stellen.«

Uzbek verstand noch immer nicht.

»Er braucht Fleisch für sein Gespann.«

»Aber hat er nicht einen kompletten Elch aus den Isotiasümpfen mitgebracht?« wunderte sich Uzbek.

»Er hat das Fleisch verteilt. Oder traust du ihm zu, daß er seine Hunde füttert, während unsere Kinder hungern?«

»Rankhan ist ein großer Jäger und ein großer Mann, aber dieser Jagdzug darf nicht der einzige bleiben. Ich werde eine zweite Gruppe zusammenstellen und mit ihr im Süden auf Elchjagd gehen. Wir werden in zwei Monden aufbrechen, wenn die Tage wieder länger werden und die Elche zurückkehren.«

»Wie du meinst, Uzbek.«

Einige Tage später kehrte Rankhan aus dem Dorf der Chipewyan zurück. Er brachte schlechte Kunde. Auch dort waren die Bewohner vom Hunger bedroht und litten zusätzlich unter einer geheimnisvollen Krankheit, die vornehmlich kleine Kinder befiel. Sieben waren bereits gestorben. Auch die Chipewyan warteten bislang vergeblich auf Klawask, der ihnen Mehl, Feuerwaffen, Fallen, Tee, Glasscheiben, Stoffballen und vieles andere versprochen hatte.

Die Nahanni, die sich in Sacajawas Hütte um Uzbek und

Rankhan versammelt hatten, konnten ihre Besorgnis nicht verbergen.

»Wie es heißt«, berichtete Rankhan, »soll Klawask unterwegs von Kriegern der Tahltan ausgeraubt und ermordet worden sein.«

»Aber was wird dann aus unseren Pelzen?« rief Uzbek. »Haben wir sie umsonst erbeutet?«

»Bewahrt sie gut auf. Am Liardfluß wird gerade ein Handelsposten errichtet. Dort werdet ihr alles bekommen, was ihr begehrt.«

»Sind es viele Tagesreisen dorthin?«

»Es werden immer weniger.«

»Wie meinst du das?«

Rankhan war kein mitteilsamer Mensch und mußte stets dazu ermuntert werden, deutlicher zu werden, denn er sprach häufiger mit sich selbst als mit anderen. Im übrigen war er in Gedanken schon in den Bergen, bei der Jagd auf Schafe und Ziegen.

»Die Biberindianer und die Sekani jagen in der Umgebung des Kontors und dringen immer tiefer in die Wälder vor. Und aus dem Süden kommen die Awokanak in das Kontor. Man wird eine Piste anlegen. Man wird Bäume fällen, Steige in Gletscher hauen und Brücken über die eisfreien Zonen und die Forellenfälle bauen. Das Reisen wird leichter.«

»Und wer wird sich dieses Gebiet aneignen?« fragte Sacajawa, die im Unterschied zu den anderen gar nicht von den Neuigkeiten angetan war.

»Ich vermute, das ist bereits geschehen.«

»Auf jeden Fall sind die Gebiete in der Umgebung dieser verwünschten Handelsposten bald nichts mehr wert!«

Sacajawa war vor Zorn rot angelaufen, und Stille trat ein.

»Was meinst du damit?« fragte Uzbek.

»Weißt du denn nicht, wie Hurtik im Bärental, das ihm als Pelzgebiet zugelost wurde, zu Werke gegangen ist?«

»Was hat er getan? Er ist ein tüchtiger Jäger!«

»Zu tüchtig! Er hat alle Luchse, die dort lebten, getötet: die

Weibchen, die Männchen, die Jungen. Im Frühling wird man im Tal kein Miauen von Kätzchen mehr hören. Und nächstes Jahr wird man den Luchs dort vergeblich suchen. Es wird keiner mehr da sein!«

Die Männer waren völlig verdutzt über Sacajawas Heftigkeit. Sie zitterte vor Wut.

»Andere werden kommen, Sacajawa«, sagte Nutak mit sanfter und versöhnlicher Stimme.

»Welche anderen? Die aus dem Bibertal oder die aus dem Tal des singenden Flusses? Die, die Yufrak oder sein Bruder erlegt haben?«

»Sie haben nicht alle getötet.«

»Aber gewiß! Das dicke Männchen haben sie übrig gelassen, weil sie es nicht überlisten konnten. Das ist mir ein schöner Vater, der keine Kinder haben wird!«

Sie kannten alle die Geschichte von diesem dicken Luchs, dem es gelungen war, sich aus einer Falle zu befreien, und der seitdem auf keine List mehr hereinfiel.

»So beruhige dich doch, Sacajawa«, sagte Uzbek. »Die Gebiete werden sich nächstes Jahr erholen, und die Luchse werden zurückkommen.«

»Wie sollen sie sich denn erholen? Willst du deinen Jägern verbieten, wieder hinzugehen?«

»Bis dahin haben wir die Gewehre. Wozu sollten wir dann noch auf die Pelzjagd gehen?«

»Gewehre! Und was ist mit all den anderen Dingen, Tee, Zucker, Mehl, Tuch, Kochgeschirr, Kerzen, Zündhölzer? Kennst du einen einzigen Nahanni, der keine von ihren durchsichtigen Scheiben für seine Hütte haben möchte? Und was ist mit all den Dingen für die Gewehre? Woher bekommst du das Pulver und die Kugeln? Aus dem Fluß? Aus dem Wald?«

Das Gespräch hatte sich zu einem Streit zwischen Sacajawa und dem Häuptling ausgewachsen, und alle anderen Nahanni waren verstummt. Rankhan beobachtete Sacajawa. Seine Augen funkelten verschmitzt, und ein gezwungenes Lächeln umspielte seine Lippen.

»Beruhige dich, Sacajawa!« rief Uzbek. »Sowie wir die Feuerwaffen und die durchsichtigen Scheiben haben, genügen ein paar Pelze, um uns den Rest zu beschaffen. Dann kommt alles wieder in Ordnung.«

Sacajawa merkte, daß sie den Bogen überspannt hatte, und mäßigte ihren Ton. »Nein, Uzbek, denn die Weißen haben nicht nur Scheiben und Waffen zu bieten, sondern vieles andere mehr. Solange es Pelze gibt, wird es immer auch Indianer geben, die der Versuchung nicht widerstehen können, diese Dinge einzutauschen, die im Licht unserer Begehrlichkeit so hell erstrahlen, daß wir ihren bedrohlichen Schatten nicht sehen.«

Uzbek schwieg.

»Sacajawa hat durchaus nicht unrecht«, sagte Rankhan leise. »Es fehlt an Karibufleisch, und die Pelze, die sich in euren Hütten stapeln, machen eure Kinder nicht satt.«

»Ja, aber wenn Klawask gekommen wäre, wie er es versprochen hat –«

»Das ist die zweite Lehre«, schnitt ihm Sacajawa das Wort ab. »Mach dich nicht von den Weißen abhängig, niemals! Und vertraue ihnen nicht«, fügte sie ernst hinzu, wie zu sich selbst.

Und damit ging sie, gefolgt von Rankhan, der in der überheizten Hütte, in der sie stundenlang beratschlagt hatten, keine Luft mehr bekam. Sie lenkte ihre Schritte zu Ohios Zwinger vor dem Dorf, den sie Rankhan für seine drei Hunde zur Verfügung gestellt hatte. Der Jäger holte sie ein, als sie am Zaun entlangging, hinter dem die Hunde schnupperten.

»Es ist falsch, wenn du dich so ereiferst, Sacajawa!«

»Ich dachte, du teilst meine Ansicht.«

»Das tue ich auch. Nur sollten die Männer aus diesem und anderen Dörfern auf dich hören, und wer bellt, ist schlecht zu verstehen.«

»Wer sagt dir, daß andere Dörfer auf mich hören werden?«

»Der alte Schamane der Chipewyan glaubt es. Er hat mir von der Jagd erzählt.«

»Er selbst hat mir doch den Weg zu den Karibus gewiesen. Es war nicht mein Verdienst.«

»Aber in den Augen derer, die davon nichts wissen, sehr wohl.«

»Und warum wissen es andere?«

»Niemand außer dir und mir.«

»Du bist ein merkwürdiger Jäger, Rankhan.«

»Darf ich das als Kompliment nehmen?«

Sie antwortete nicht.

»Sag mir, Rankhan, hast du niemals den Wunsch verspürt, dein rastloses Leben aufzugeben und dir eine Frau zu nehmen.«

»Doch, einmal.«

Überrascht ließ sie von den Eisblöcken ab, die sie vom Schnee befreite, und drehte sich zu ihm um.

»Erstaunt dich das?«

»Ja, das heißt, ich weiß nicht. Wann war das?«

»Beim Lachsfang in den Schwansstromschnellen.«

Sie errötete.

»Aber … aber warum hast du mir nichts gesagt? Du warst mir gegenüber immer so kühl.«

»Daß ich es immer war, hätte dir die Augen öffnen müssen.«

»Du führst ein einsames Leben, streifst immer rastlos umher.«

»Das hat vielleicht seinen Grund, und es ist besser so.«

»Warum?«

»Weil ich dich liebe, Sacajawa.«

Sie öffnete den Mund, um zu antworten, doch Rankhan gebot ihr mit einer Handbewegung zu schweigen. Er sah sie an, und sie begriff, daß er in ihr las wie in einem offenen Buch. Rankhan war weit mehr als ein großer Reisender und ein kühner Jäger. Er verfügte auch über eine ungewöhnliche Beobachtungsgabe, die es ihm erlaubte, anderen Menschen ins Herz zu blicken. Ihm konnte und wollte Sacajawa nichts vormachen.

»Aber … warum hast du all die Jahre gewartet?« sagte sie mit einer gewissen Bitterkeit. »Jetzt bin ich mit Ujka zusammen.«

»Weil *ich* dich nicht geteilt hätte, wie er es tut.«

32

Ohio vermutete, daß der kleine Elch, den die Hunde gerissen hatten, nicht allein gewesen war, und er täuschte sich nicht. Die Elchkuh war im Wald geblieben, der an den Sumpf grenzte, und es gelang ihm, so nahe an sie heranzukommen, daß er sie mit einem Pfeil erlegen konnte. Er machte sich erst in der Nacht auf den Rückweg, obwohl er schon vor dem Morgen aufgebrochen war. Er kam gut vorwärts, denn seine Spur war gefroren und er konnte ohne Schneeschuhe marschieren. Doch er hatte viel Zeit damit verloren, das Tier zu zerlegen und aus Ästen zwischen zwei Kiefern eine Plattform zu errichten, auf der das Fleisch vor den Wölfen sicher war.

Er gelangte an den See. Die Umrisse des Tipis stachen deutlich gegen den dunklen Wald ab, und er ahnte sofort, daß sie fort war. Kein Feuer, kein Licht, und als er den Blick zu der Birke hob, in der sie Mudoi aufgebahrt hatte, wurde er in seiner Vermutung bestätigt.

Sie war gegangen.

Für immer.

Mit einem Schlag wurde ihm bewußt, welche Leere Mudoi und Mayoke in seinem Leben hinterließen. Einen bodenlosen Abgrund. Wegen seiner Unbesonnenheit hatte sein Leben jeden Sinn verloren. Er entzündete kein Feuer und legte sich schlafen. Bilder stiegen vor ihm auf und ließen ihn nicht mehr los. Er sah die Lichtung, auf der Mayoke und er auf Mudoi gewartet hatten, die Lichter, die der Frühling am Himmel und überall in der Taiga entzündete, diese fröhlichen Lichter, die so gut zu ihrem Lachen und ihrem Lächeln paßten. Er sah die Hunde und Welpen, die auf der Wiese tollten, und Mudoi, der mit seinen kleinen Augen erstaunt in die Welt blickte. Er sah seinen kleinen Mund an Mayokes runder und voller Brust, ihren zärtlichen Blick, wenn sie seine flaumige, zarte Haut streichelte. Ja, er sah dies alles wieder, und er begriff nicht, wie er es hatte zerstören können. Wie konnte das Leben so grausam sein, so unerbittlich? Warum wurde ihm das Glück verweigert? Hätte er innehalten sollen, als er das Glück in Händen hielt, so wie der Jäger, wenn er das Wild erlegt hat? Hatte er das Schicksal verhöhnt, als er sich erneut auf die Suche nach Antworten auf selbstsüchtige Fragen begeben hatte?

Er versank in Hoffnungslosigkeit, und in der tiefsten Verzweiflung sah er das Gesicht des alten Schamanen Keshad wieder vor sich und erinnerte sich seiner Worte: »Höre auf dein Herz, die Geister werden dich verstehen.« Da wußte er, daß er die Sache zu Ende bringen und weitersuchen mußte. An diese Gewißheit mußte er sich klammern. Er durfte dem Leben nicht entsagen, obgleich es so leicht gewesen wäre, sich der Kälte zu überlassen. Er stand auf und machte Feuer, dann ging er die Hunde füttern. Er bemerkte, daß Mayoke ihm Nanook dagelassen hatte.

»Aber wie will sie alleine nach Hause kommen?«

Sie hatte es ihm gesagt.

»Was soll mir denn noch Schlimmeres widerfahren?«

Er hatte keine Antwort darauf gewußt. Es hatte mehr wie ein Vorwurf als eine Frage geklungen.

Sie war gegangen, nichts hätte sie aufhalten können. Und merkwürdigerweise empfand er, ohne genau zu wissen, warum, eine gewisse Befriedigung, eine unbestimmte Erleichterung, vermutlich deshalb, weil er davon überzeugt war, daß er diese Strafe verdiente, und weil er es nicht ertrug, in ihr das Spiegelbild seines eigenen Kummers zu sehen.

»Das geschieht mir recht«, sagte er sich immer wieder mit Überzeugung.

Am nächsten Tag machte er sich mit den sieben Hunden, die ihm geblieben waren – Torok, Vulk, Umiak, Kurvik, Huslik, Narsuak und Nanook – auf den Weg. Bei Neumond war die große Kälte zurückgekehrt, doch er spürte sie nicht, denn ein inneres Feuer verzehrte ihn.

Er fuhr nach Süden, um unliebsame Begegnungen zu vermeiden. Die Gefahren, die dort lauerten, kümmerten ihn nicht. Zwei Tage später erreichte er die Landzunge Reweenaw, überquerte sie und gelangte in ein Dorf, in dem er große Schlitten sah, die von Pferden gezogen wurden. Es war fast dunkel, und niemand beachtete ihn. Überall herrschte reges Treiben, und zahlreiche Hundeschlitten und Pferdegespanne fuhren hin und her. Neben einer großen Hütte mit prächtigen Steinmauern, die ein Kontor beherbergte, wurden Waren auf- und abgeladen. Obwohl er müde war, fuhr er weiter und schlug im Wald sein Lager auf. Auch im nächsten Dorf hielt er nicht an und sprach mit niemandem.

Bis Wodona begegnete er keinem Menschen mehr. Doch das Wetter war ideal: eine trockene Kälte, und die Luft so klar, daß er das Dorf schon von weitem sehen konnte. Er staunte über dessen Größe, noch mehr über die imposanten Steinhäuser, doch am meisten überraschte ihn etwas anderes. Das Dorf hatte etwas Beklemmendes, Beängstigendes, und er brauchte eine Weile, bis er begriff, was nicht stimmte.

»Kein Rauch! Ich sehe keinen Rauch!«

Und das hatte seinen Grund. Das Dorf war menschenleer!

Dutzende von Raben flogen krächzend auf, Füchse suchten das Weite. Er hielt das Gespann an und lauschte. Stille. Doch er sah keine Spuren eines Kampfes, keine niedergebrannte Hütte, keinen Hinweis auf das, was hier geschehen sein mochte. Er trat in die erste Hütte. Niemand. Keine Leiche. Keine zerstörte Einrichtung. So durchquerte er das ganze Dorf, mit einem Gefühl tiefer Beunruhigung. Nichts erschien ihm so tröstlich wie die Einsamkeit, wenn er in der Taiga war, aber nicht hier!

Schließlich bemerkte er ein erleuchtetes Fenster. Die Hütte

stand neben einem großen Steingebäude mit spitzem Dach, auf dem die Umrisse eines Kreuzes dunkel gegen den schneeweißen Himmel abstachen. Ohio trat an die vereiste Scheibe und spähte hinein. Ein Mann mit langen weißen Haaren saß neben einem kleinen Ofen und schaukelte sachte mit einem Stuhl. Ohio klopfte mehrmals und immer lauter an die Fensterscheibe, ehe der Alte sich endlich umdrehte. Er sah ihn ohne Verwunderung an. Er wirkte sogar erfreut. Ohio trat ein.

»Da seid ihr ja endlich!«

»Wen erwartest du denn?« fragte Ohio. »Ich bin allein.«

»Dann gehörst du nicht zu den Irokesen?«

»Nein, ich bin ein Nahanni. Ich komme aus dem Westen. Was ist hier geschehen?«

»Sind alle hinüber nach Fort Midlands, wo sich die englischen Truppen sammeln, um gegen die Amerikaner und ihre indianischen Verbündeten zu kämpfen, denen sie das Blaue vom Himmel versprochen haben.«

»Und du?«

»Ich bin für niemanden. Ich gehöre Gott.«

»Worum geht es bei diesem Kampf?«

»Um die Vorherrschaft an den Großen Seen.«

»Aber diese Gebiete gehören euch nicht!«

»In gewisser Weise schon. Quebec gehört jetzt den Engländern, ebenso der Rest der ehemaligen Kolonie Neu-Frankreich. Engländer und Franzosen haben die Kämpfe eingestellt.«

»Aber im Norden und Westen geht der Krieg weiter.«

»Das ist nur ein Kleinkrieg zwischen Pelzhändlern. Das Land ist jetzt fest in englischer Hand.«

»Und die Amerikaner?«

»Die Grenzen im Süden sind immer noch fließend und verschieben sich so schnell, wie die Krieger der Ottawa und Irokesen Bündnisse schließen.«

Ohio kannte sich nicht mehr aus mit all den Kriegen und Kleinkriegen, die Weiße, Indianer und Pelzhändler ausfochten und die nur Tod und Zerstörung brachten. Dies alles ging ihn nichts mehr an. Indianer und Weiße sollten sich ruhig gegenseitig umbringen. Ihm war es gleich.

»Du solltest besser von hier fortgehen.«

»Ich habe keine Eile.«

»Bist du getauft?«

»Getauft?«

»Bist du ein Kind Gottes?«

»Ich bin der Sohn Sacajawas.«

Der alte Priester seufzte.

»Du mußt dich bekehren lassen, mein Sohn.«

»Ich bin nicht dein Sohn.«

»Wenn du deine Seele retten willst, mußt du Gott dein Herz öffnen.«

»Dem Gott der Weißen.«

»Dem Gott allen Seins auf Erden.«

»Nein, dem Gott der Weißen! Dem Gott, den ihr mitgebracht habt. Wie den Krieg und den Branntwein. Bevor die Weißen kamen, lebten die Indianer in Frieden. Ich möchte weder deinen Gott noch die Weißen.«

»Du redest wie Pontiac, der Häuptling der Ottawa, der seine Brüder zur Gottlosigkeit verleitet hat.«

»Warum bleibst du hier?«

»Weil ich nichts fürchte.«

»So wie ich. Ich habe alles verloren. Ich habe nichts mehr zu verlieren.«

»Doch, das wichtigste, deine Seele«, murmelte der alte Priester.

»Sag, wie komme ich nach Quebec?«

»Auf der Nordroute. Meide den Ontariosee und Montreal. Am Ende der Agawabucht führt eine Piste in den Wald. Bringe mir die Karte da hinten.«

Ohio holte die Rolle, auf die der Alte deutete. Zusammen beugten sie sich darüber.

»Danach gelangst du zum Abitibisee. Von dort führt ein Pfad geradewegs nach Quebec, mit Herbergen alle fünfzig bis sechzig Kilometer. Dort bekommst du Heu und Verpflegung.«

»Heu?«

»Hast du denn kein Pferd?«

»Nein, Hunde.«

»Womit willst du sie füttern?«

»Ich werde jagen.«

Der alte Priester lachte schallend. »Jagen! Dort findest du im Umkreis von hundert Kilometern keinen Elch mehr! Entlang dieser Route ist alles ausgerottet. Ich mache dir einen Vorschlag. Du beförderst für mich einen Brief an den Intendanten des Generalgouverneurs, und als Gegenleistung gebe ich dir Pemmikan, hundert Kilo, wenn du willst.«

»Wieso als Gegenleistung? Wenn du willst, befördere ich deinen Brief auch umsonst.«

Ohio sah ihn kalt an, und der Priester runzelte verlegen die Stirn.

»Gut, dann setze ich jetzt den Brief auf. Den Pemmikan findest du in dem Schuppen dort, hinter der langen schmalen Hütte.«

Ohio wischte die beschlagene Scheibe und spähte zu der bezeichneten Stelle.

Eine Stunde später brach er auf und ließ den alten Priester in seinem verlassenen Dorf zurück.

33

Als Ohio drei Tage später den Abitibisee erreichte, brach ein schwerer Schneesturm los. Schon auf dem ersten Teil der Strecke, die nach Quebec führte, begegnete er mehreren vier- bis zehnköpfigen Hundegespannen, die auf dem Weg nach Norden waren, um die Handelskontore mit Waren zu beliefern und Pelze abzuholen.

Wie die Indianer und Weißen, die diese Transporte durchführten, fuhr Ohio von Herberge zu Herberge und kehrte dort ein, um zu schlafen oder auch nur, um zu essen, denn es geschah, daß er eine Etappe übersprang und über hundert Kilometer an einem Tag zurücklegte. Von diesen Herbergen oder Weilern aus versorgten Ojibwa, Cree oder Naskapi die Kontore der Hudsonbai-Kompanie mit Lebensmitteln. Geschlafen wurde in Gemeinschaftssälen, die mit großen gußeisernen Öfen beheizt wurden. Abendessen gab es zu festen Zeiten, je nach Ankunft um fünf oder acht Uhr abends, Frühstück ab fünf. Ohio bezahlte jedes Mal drei kleine Münzen, von denen hundert einem Goldstück entsprachen, doch Geistliche, Vertreter der Krone und Angestellte der Kompanie brauchten sich lediglich in eine Liste einzutragen.

Ohio beobachtete diese fremde Welt, behielt seine vielen Fragen aber für sich. Er glaubte, in der Masse der Indianer und Waldläufer, die in diesen Herbergen einkehrten, zu verschwinden und konnte nicht ahnen, daß er sich an der Strecke bald einen großen Ruf erwarb. Nie zuvor hatte ein Hundegespann, und es gab durchaus einige schnelle, so große Etappen zurückgelegt. Wer ihn am Abitibisee getroffen hatte, erwartete, ihn am Abend in der zweiten Herberge wiederzusehen, und erfuhr zu seinem Erstaunen, daß er gegen Mittag angekommen und bereits weitergefahren war! Schon an der nächsten Station, die Ohio zwei Tage zuvor passiert hatte, gab man ihm den Spitznamen »Ushuayak«, der so schnell ist wie der Wind. Und da er allen anderen enteilte, folgte ihm sein Ruf im Abstand von drei, dann vier, dann fünf Tagen.

»Und wann ist Ushuayak hier durchgekommen?« lautete bald die erste Frage, die man bei der Ankunft in einer Herberge stellte.

Ushuayak wurde zu einer regelrechten Legende. In einem Land, in dem man wie aus purem Vergnügen sein Leben riskierte, spielten die Menschen fast automatisch, um sich abzulenken, und die ersten Wetten wurden abgeschlossen. Man wettete, an welchem Tag er in Quebec eintreffen würde. Die Pessimisten setzten darauf, daß seine Hunde erschöpft sein würden, noch bevor er zwei Drittel der Strecke zurückgelegt hatte, während die anderen glaubten, daß er in vierzehn Tagen am Ziel sein könnte.

Da Ohio wenig sprach, umgab ihn etwas Geheimnisvolles, und sein Aussehen tat ein übriges. Seine Jugend kontrastierte mit der Härte seiner Züge, die Kummer verrieten. Alles, was er erlebt und erlitten hatte, stand in seinem Gesicht geschrieben und machte Eindruck. Man ließ ihn in Ruhe. Er kam, aß, schlief und zog weiter. Er machte nicht mehr Lärm als seine Hunde und jagte bei jedem Wetter über die Piste, wurde spielend mit Kälte, Schnee und Stürmen fertig und spurte sogar zweimal eine Piste, die der Wind verweht hatte.

Ja, Ohio reiste schnell. Noch nie hatten seine Hunde eine solche Freude am Laufen an den Tag gelegt, und sie fraßen so gierig die Kilometer, wie andere in ein saftiges Stück Fleisch bissen. Ohio verweilte nirgendwo länger, weder um das Ende eines Sturms abzuwarten, noch um sich auszuruhen. Er konnte nicht. Er entfernte sich immer weiter von Mayoke, und die Erschöpfung förderte seinen Schlaf. Er lag nicht wach und litt, und seine Nächte wurden nicht von Alpträumen heimgesucht. Kaum war er eingeschlafen, war er wieder mit Mudoi und Mayoke zusammen, und es war Sommer. Sie paddelten im Kanu an blühenden Ufern entlang. Die Flüsse waren voller Fische, und sie angelten und lachten. Die Grizzlys ließen sie in Ruhe, und sie lebten zurückgezogen, fernab von allem, zwischen Bergen mit schneebedeckten Gipfeln, die in der Abendsonne in allen Farben des Regenbogens schillerten. In seinen Träumen wurde Mudoi größer, und Ohio entfloh immer mehr der Wirklichkeit dieser Piste, auf der er dem Unerreichbaren nachjagte. Wenn er erwachte, fand er sich im Alptraum der Wirklichkeit wieder. In den Herbergen lächelte er flüchtig, aß schweigend und versorgte seine Hunde, gleichgültig gegen diese Welt und all das Neue. Selbst die wildesten Gerüchte über die Stadt, die er bald kennenlernen sollte und die mit ihren achttausend Bewohnern mehr Menschen beherbergte, als er in seinem ganzen Leben gesehen hatte, interessierten ihn nicht. Dieser Gleichmut gab der Legende, die ihm auf dem Weg nach Quebec in immer größerem Abstand folgte, zusätzliche Nahrung.

Wenige Tage vor dem Ziel ließ Umiak Anzeichen von Ermüdung erkennen. Ohio setzte sie auf den Schlitten. Der nächste war Nanook, der sich an einem Schräghang eine Schulter verrenkte. Die Hunde brauchten eine längere Pause. Dreißig Kilometer vor Quebec erzählte ihm jemand von einem Trapper am Sainte-Anne-See, bei dem er sie in Obhut geben konnte. Er traf noch am selben Abend dort ein und fand den Trapper unweit einer kleinen Fischerhütte, die auf Kufen stand und im Winter von seinem alten Pferd gezogen wurde. Er war gerade auf dem Nachhauseweg und blieb stehen, als er den Schlitten kommen hörte.

»Hooooo, meine Hunde!«

Sie hielten an und wälzten sich sofort im Schnee.

»Ein schönes Gespann!«

»In Ruperval hat man mir gesagt, daß du Hunde hütest. Ich bezahle.«

»Ja, das stimmt, für Leute, die nicht für die Kompanie arbeiten.«

»Wohin gehen die anderen?«

»Nach Quebec. Angestellte der Kompanie kümmern sich um ihre Hunde, solange sie in der Stadt sind. Aber furchtbare Zustände sind das dort, wie in einem Schweinestall. Die haben bis zu hundertfünfzig Hunde in einem Zwinger.«

»Kannst du auf meine aufpassen?«

»Woher kommst du?«

»Von sehr weit her.«

»Aus dem Westen oder aus dem Norden?«

»Aus dem Westen und aus dem Norden.«

»Vom Winnipegsee? Vor sechs Jahren war ich dort im Auftrag der Kompanie.«

»Ich bin daran vorbeigekommen.«

»Ich sehe, du bist ein weitgereister Mann. Deine Hunde sind von gutem Wuchs. Wenn du willst, kann ich einen guten Preis für sie erzielen.«

»Sie sind unverkäuflich.«

»Wie recht du hast! Ein gutes Gespann verkauft man nicht, man läßt es laufen, das bringt mehr ein.«

»Wo steht deine Hütte?«

»Dort hinten.« Der alte Trapper deutete ans andere Ende des Sees.

Ohio ließ ihn aufsitzen und fuhr weiter. Die Hunde spürten, daß sie kurz vor dem Ziel waren, und galoppierten bis zu dem großen Blockhaus, das an einer Stelle, wo ein Fluß entsprang, den See überragte.

»Donnerwetter! Deine Hunde sind wahre Teufelskerle!«

»Kannst du sie versorgen?«

»Bis jetzt hat sich noch keiner über meine Dienste beschwert.«

»Wieviel verlangst du für fünf Tage?«

»Läßt du mir Futter da?«

»Nein.«

»Dann macht es zwei Pfund pro Tag.«

»Ich gebe dir das Doppelte. Kümmere dich gut um sie. Füttere sie gut. Sie haben es nötig. Sie sind weit gelaufen.«

»Abgemacht.«

»Wo bringen wir sie unter?«

»Wo du willst. Da hinten an der Leine oder hier in dem Zwinger.«

Ohio sah mehrere Dutzend Hunde, einige an der Leine, andere hinter einem hohen Holzzaun. Er war mit einem Drahtgeflecht verstärkt, das Ohio interessiert in Augenschein nahm.

Er war sich unschlüssig. Er wollte sie lieber in einem Zwinger frei herumlaufen lassen als an die Leine legen, doch er fürchtete, daß Vulk und Torok aneinandergeraten könnten. Da sie aber lange Frieden gehalten hatten und sich seit Beginn des Winters respektierten, beschloß er, das Wagnis einzugehen. Kürzlich, als die Meute den Elch gerissen hatte, war auch alles gut gegangen.

»Bringen wir sie in den Zwinger. Aber hab ein Auge auf die beiden da. Wenn sie übereinander herfallen, mußte du sie trennen.«

»Ich werde daran denken.«

Sie schirrten die Hunde aus, fütterten sie und brachten sie schließlich in den Zwinger, in dem sie einen Platz unter Tannen bekamen.

»Sie sind erschöpft.«

Und tatsächlich, kaum hatten sie sich satt gefressen, rollten sie sich zusammen und schliefen ein, nicht ahnend, daß man sie und Ohio als Helden dieser Piste feierte, auf der sie schneller gewesen waren als der Wind. Doch diese Geschichte sollte sie erst einholen, als der erste Reisende, der von ihrer Leistung wußte, in Quebec eintraf, also eine Woche später.

Ohio betrat das Blockhaus des alten Trappers und staunte über die Felle, die auf dem Boden gestapelt waren.

»Hast du die alle erbeutet?«

»Ich heiße Bill, und Bill hat die Fallenstellerei längst an den

Nagel gehängt. Hier gibt es nur noch Pferde und Hunde. Wer Pelztiere finden will, muß immer tiefer in die Wildnis hinein. Die hier haben mir die Montagnais gebracht, ich tausche sie für sie ein. Ich bezahle mehr als das Kontor, denn ich verhandele direkt mit der Kompanie.«

»Die Montagnais?«

»Ja, ich habe zehn Jahre lang dort oben gelebt, ich kenne sie gut.«

»Kennst du ... Mudoi?«

Ohio fiel es schwer, den Namen seines Freundes auszusprechen.

»Mudoi? Mudoi Nein, aus welchem Dorf?«

»Im Süden der Jamesbucht.«

»Also Moosene. Ich kenne den Häuptling, Nottaway. Sein Sohn bringt mir die Pelze. Er müßte demnächst wieder hier aufkreuzen.«

»Könntest du ihn fragen, ob er Mudoi kennt?«

»Wird gemacht.«

Sie aßen zusammen das Mahl, das eine alte Frau zubereitet hatte, die kein Wort sprach und nur in ihrer Ecke knurrte. Bill erzählte ihm, daß er früher im Norden des Landes für die Franzosen gearbeitet und dort seine schönsten Jahre verbracht habe.

»Heute ist das Land nichts mehr wert. Die Engländer begreifen überhaupt nichts.«

»Ob Engländer oder Franzosen, die Weißen verstehen das Land nicht.«

»So wenig wie du ihres, Kleiner. Früher gab es hier noch ganz famose Kerle, kann ich dir sagen. Die sind kreuz und quer durchs Land gezogen und haben auf den Pisten die Indianer abgehängt.«

»Die Weißen sind schuld daran, daß jetzt überall Krieg herrscht.«

»Ganz so einfach ist es nicht, mein Junge. Aber sag, was führt dich eigentlich hierher? Geschäfte? Du hast nicht viel Gepäck –«

»Ich bin nur ein Reisender.«

Bill verzog ungläubig das Gesicht. »Nun ja, du kannst tun, was dir beliebt. Das geht mich nichts an, solange du bezahlst.«

»Ich zahle, wenn ich wiederkomme.«

»Soll mir recht sein! Falls du nicht wiederkommst, sind deine Hunde Bezahlung genug!«

»Ich werde wiederkommen. Kennst du eine Frau namens Claire Morin von der Schiffahrtsgesellschaft des Roten Flusses?«

»Da mußt du in die Unterstadt gehen, wo die Schiffe ankern und die Boote festmachen, und die Handlungsgehilfen der Kaufleute fragen. Die kennen jeden.«

Wenn der alte Keith ihm geraten hatte, mit seinen Nachforschungen bei dieser Frau zu beginnen, dann ging er wohl davon aus, daß sie ihn auf die richtige Spur bringen konnte.

34

In dieser Nacht schlief er unruhig. Er träumte weder von Mudoi noch von Mayoke, und beim Aufwachen hatte er das furchtbare Gefühl, sie endgültig verloren zu haben, da sie ihm nicht einmal mehr im Traum erschienen. Nun war ihm auch noch diese schöne Illusion genommen.

Bill machte einen Fuhrmann ausfindig, der Fässer mit Ahornsirup nach Quebec zu liefern hatte und bereit war, Ohio mitzunehmen. Sein Wagen, den ein schönes Maultier mit dichtem langem Fell zog, verfügte über Kufen, die mit Hilfe eines raffinierten Zapfensystems unter den blockierten Rädern angebracht waren.

»Wenn wir in Quebec sind, nehme ich die Kufen ab. In den Straßen liegt kaum Schnee.«

Die Piste war ziemlich breit und führte durch eine hügelige Landschaft. Immer wieder kamen sie an Farmen vorbei, die durch ein Netz von Wegen miteinander verbunden waren, auf denen Pferdegespanne verkehrten. Große gerodete Flächen schnitten mehr oder weniger geradlinig in den Wald, und Hecken trennten die kleinen Felder, die der Schnee wie ein Leichentuch zudeckte. Sie fuhren über eine Brücke aus Bohlen, deren Dicke Ohio bewunderte. Gegen Mittag tauchte die Stadt auf. Ohio hielt den Atem an. Sie übertraf alles, was er erwartet hatte. Sie war riesig, gewaltig. Hunderte von Rauchsäulen stiegen in den strahlenden, hellblauen Himmel. Und überall Häuser, eines neben dem anderen, manche riesig. Doch das Erstaunlichste war der Hafen unten am Fluß, in dem dicht gedrängt gigantische Schiffe lagen. Ein seltsames Gefühl ergriff ihn. Je näher sie kamen, desto größer wurde die Stadt und desto kleiner kam er sich vor, wie ein Zwerg in einer Welt von Riesen. Über welche Macht mußten die Schöpfer solcher Wunderwerke verfügen! Er war ein Niemand mit seinem Bogen, seinem Kanu und seinen Hunden, und vor allem, was konnte sein Volk tun, falls diese Weißen beschließen sollten, sich sein Land anzueignen? Ja, was konnte man gegen Menschen ausrichten, die imstande waren, eine solche Stadt und solche Schiffe zu bauen?

Sie waren am Ziel. Die steinernen Häuser und Bauwerke der Stadt stachen vom Weiß des zugefrorenen Flusses ab, auf dem man für den Schiffsverkehr eine schmale Fahrrinne freihielt, die zum Meer führte. Ohio ließ sich am Fuß des Walls absetzen, der die Stadt umgab. Er bog auf gut Glück in eine Gasse ein und schlenderte mit großen Augen umher. Eine prachtvoll gekleidete Frau überquerte vor ihm die Straße. Die meisten Männer trugen einen Hut und einen dunklen Anzug, doch unter diese gut gekleideten Leute mischte sich ein buntes Völkchen von Arbeitern in Leder- oder Wolljakken, die geschäftig hin und her eilten. So viele Menschen? Ohio mußte unwillkürlich an sein Dorf denken, das so weit von hier in den Bergen lag, und mit einem Mal ahnte er, welch weiten Weg er zurückgelegt hatte. Eine Entfernung, die sich in Tagesreisen allein nicht ausdrücken ließ. Eine Welt trennte sein Dorf von dem, was er hier sah. Er wußte nicht, was die Zukunft bringen würde, doch der Gedanke daran machte ihm angst.

Er war hungrig und durstig. Er sprach einen jungen Mann an, der ein Pferd am Zügel hielt.

»An der Ecke da hinten ist ein Gasthaus. Es ist gut, und sie bedienen auch Indianer.«

Es war ein großes Haus mit mächtigen Balken und schrägem Dach. Er trat in eine geräumige, mit einem Kanonenofen beheizte Stube, die das gesamte Erdgeschoß einnahm. Gut dreißig Arbeiter saßen an rechteckigen Holztischen und aßen. Er durchmaß den Raum und wandte sich an die Leute, die das Essen verteilten. Man gab ihm einen Teller und eine Schale, ohne ihn eines Blickes zu würdigen. Eine Frau verlangte Geld. Er streckte ihr auf der flachen Hand ein paar Münzen hin, sie nahm zwei und schickte ihn in eine Ecke, in der noch ein Stuhl frei war. Er schlürfte die Suppe und aß, ohne den Kopf zu heben. Es schmeckte gut, doch die Luft war beklemmend, denn die Petroleumlampen verbreiteten einen ekelerregenden Gestank und alle Fenster waren geschlossen. Als er fertig war, trug er sein Geschirr zurück, wie alle anderen es taten, und trat wieder hinaus auf die Gasse. Erleichtert sog er die erfrischende Luft dieses schönen Wintertags ein.

Im Hafen wies man ihm den Weg zu den Gebäuden der Schiffahrtsgesellschaft des Roten Flusses.

»Claire Morin? Sie ist im Palast des Generalgouverneurs. Sie wird erst gegen sechzehn Uhr zurück sein«, sagte ihm ein Angestellter und musterte ihn neugierig von Kopf bis Fuß.

Er blieb im Hafen und bewunderte die Schiffe. Von allem, was er gesehen hatte, waren sie mit Abstand das Eindrucksvollste. Davon verstand er etwas, auch wenn manches sein Vorstellungsvermögen überstieg. Wie konnte man aus Steinen und Balken so große Häuser bauen? Aber der Geist, der solche Schiffe ersonnen hatte, schlug ihn in seinen Bann.

»Suchst du eine Anstellung? Du siehst kräftig aus.«

»Anstellung?«

»Suchst du Arbeit?«

Ohio betrachtete den Mann, der ihn angesprochen hatte. Er hatte eine gewisse Ähnlichkeit mit Hans, war aber einige Jahre älter. Und offenbar in Eile.

»Gibt es auf einem Schiff denn Arbeit?«

»Die Ladung muß gelöscht werden.«

Ohio hatte Männer bemerkt, die auf dem Rücken Säcke ans Ufer schleppten. Die Aussicht, an Bord eines solchen Ungetüms zu gehen, begeisterte ihn.

»Morgen, ja.«

»Sei um halb sechs hier, bei der *Discovery*.«

»Bei der *Discovery*?«

»Das große Schiff dort hinten.«

Es gehörte zu den größten, die am Kai lagen. Der Mann war bereits weitergegangen. Ohio freute sich.

Um vierzehn Uhr nachmittags kehrte er zur Niederlassung der Schiffahrtsgesellschaft des Roten Flusses zurück. Er mußte sich eine gute halbe Stunde gedulden, ehe man ihn in einen Raum führte, in dem eine weiße Frau, die im Alter seiner Mutter war, Männern Anweisungen gab, die sich alles sorgfältig notierten.

»Marc, Sie kümmern sich um die Fracht der *Deasy*, die nicht verladen werden konnte, und Sie, Grank, schicken Ihre Leute auf die *Discovery*.«

Sie hob die Augen, die von einem schönen, durchscheinenden Blau waren, und hielt inne, als sie Ohio erblickte.

»Und Sie bringen mir eine Nachricht von einem gewissen Keith, richtig?«

»Nein, Keith hat mir geraten, hierherzukommen.«

»Suchen Sie Arbeit? Was wollen Sie?«

»Ich suche Cooper.«

Ihre Miene erstarrte. Sie verharrte einen Augenblick schweigend und musterte ihn. Ohios Herz schlug schneller. Die Frau wußte etwas. Es las es in ihren Augen.

»Cooper … Und wer sind Sie?«

»Ich heiße Ohio.«

»Mein Gott!« Sie erbleichte.

»Was ist denn?« Ohio verstand nicht, was vor sich ging.

Sie entließ die drei Männer und ließ einen anderen rufen. »Kümmern Sie sich um die Ladungen.«

Als sie wieder allein waren, hatte sie ihre Fassung weitgehend wiedererlangt.

»Warum haben Sie nicht gleich gesagt, wie Sie heißen? Wann sind Sie angekommen? Wo wohnen Sie?«

Er beantwortete ihre Fragen, obwohl er selbst Antworten

auf all die Fragen erwartete, die er sich seit so langer Zeit stellte.

»Hören Sie, der Mann, mit dem Sie sprechen müssen, ist nicht hier. Er kommt morgen aus Montmagny zurück. Er wird Ihnen alles erklären.«

»Wer ist dieser Mann? Weiß er etwas über Cooper?«

»Ja, ganz bestimmt. Kommen Sie, ich zeige Ihnen, wo Sie wohnen können und … nun machen Sie schon, kommen Sie.«

Sie wirkte immer noch ein wenig durcheinander.

Er folgte ihr. Sie fuhren mit einer Pferdekutsche zu einem Haus, das sie Hôtel Dieu nannte. Zwei Männer im Anzug öffneten ihnen. Sie durchquerten eine geräumige, mit Holz getäfelte Halle und erklommen eine weiße Steintreppe. Im ersten Stock bekam Ohio ein Zimmer zugewiesen. In einem Kamin aus schön behauenen Steinen brannte ein Feuer. An den Wänden hingen Bilder, die Ansichten von Quebec im Sommer und Schiffe auf stürmischer See zeigten. Ohio wurde von einer solchen Lawine neuer Eindrücke überrollt, daß er sich über nichts mehr wunderte. Wäre ein Elch mit fünf Köpfen aufgetaucht, so hätte ihn das nicht erstaunen können.

»Das ist Ihr Zimmer. Das Restaurant ist unten, dort können Sie zu jeder Tageszeit etwas essen und trinken. Sie brauchen nicht zu bezahlen, und hier haben Sie ein paar Pfund.«

Sie streckte ihm Geldscheine hin, doch er lehnte ab.

»Wofür?«

»Machen Sie sich darüber keine Gedanken. Morgen werden Sie verstehen.«

»Sie schulden mir eine Erklärung.«

»Die muß Ihnen ein anderer geben.«

Er drang nicht weiter in sie. Auf einen Tag mehr kam es nicht an.

»Und bleiben Sie vor allen Dingen hier, ich meine, in der Stadt! Wenn Sie etwas brauchen, gleich was, schicken Sie einen Hoteldiener zu mir.«

»Der Mann unten hat meine Mokassins angestarrt. Wo kann man so etwas kaufen?« Ohio deutete auf ein Bild an der Wand. Es stellte einen Bauern dar, der Lederstiefel trug. Ihr Blick wanderte hinunter zu seinen Mokassins.

»Das ist eine gute Idee! Kommen Sie.«

Bevor sie sich verabschiedete, vertraute sie Ohio einem Hoteldiener an, und der führte ihn zu einem Haus, in dem man Stiefel machte. Man nahm Maß, ließ ihn zwei oder drei Paar anprobieren und bat ihn, am nächsten Morgen wiederzukommen. Dann führte ihn der Mann in ein anderes Haus, in dem man andere Maße nahm, um ihm eine Hose und eine Jacke zu schneidern, um die er nicht einmal gebeten hatte.

»Das hat Madame Morin veranlaßt«, erklärte der Hoteldiener.

Ohio fügte sich. Er begriff ohnehin nicht mehr, was um ihn her geschah.

Am Abend im Restaurant, wo ihn eine Menge gut gekleideter Leute anstarrten, mußte er zwischen verschiedenen Gerichten wählen, die er nicht kannte. Er aß köstliches, wenn auch etwas zu stark gewürztes Fleisch, dann ging er auf sein Zimmer und schlief sofort ein, denn er hatte die vielen Stunden Schlaf nachzuholen, die er unterwegs versäumt hatte.

In dieser Nacht erschienen ihm Mudoi und Mayoke wieder im Traum.

Am nächsten Morgen meldete sich ein Angestellter der Schiffahrtsgesellschaft bei ihm. Er sagte, Claire Morin habe ihn geschickt, und fragte, ob er einen Wunsch habe. Ohio dankte ihm, erstaunt über die Freundlichkeit all dieser Leute.

Man führte ihn wieder in den Laden, wo ihn Stiefel aus dickem Leder erwarteten. Er konnte sich nur schwer an sie gewöhnen, denn der Fuß wurde darin eingezwängt, ja beinahe zusammengepreßt, doch sie paßten gut. Danach suchte er den Schneider auf, wo man an einem für ihn angefertigten Anzug aus Stoff noch kleinere Änderungen vornahm. Dann forderte man ihn auf, sich vor einem Spiegel zu drehen. Und diese harte Oberfläche, die genau das wiedergab, was man vor sie hinstellte, war ohne jeden Zweifel die größte Entdekkung dieses Morgens. Der Schneider und sein Lehrjunge, die ihm in den Rock halfen, sahen ihn gestikulieren und glaubten, er prüfe den Sitz des Kleidungsstücks. Nie wäre ihnen in den Sinn gekommen, daß Ohio sich zum ersten Mal in seinem Leben in einem Spiegel sah. Er musterte sich nüchtern. Sein Bild wirkte unglaublich echt im Vergleich zu dem Spiegelbild, das man im Wasser eines Flusses oder Sees sah. Mit seinem vollen, etwas länglichen Gesicht und seinen hohen Wangen sah er fast wie ein Indianer aus. Der dunkle Teint, die rauhe Haut und die von Kälte aufgesprungenen Lippen verstärkten diesen Eindruck, doch seine Hautfarbe und insbesondere seine hellen Augen waren die eines Weißen. Er fragte sich nicht, ob er schön war, zu verwundert war er über sein Aussehen in den neuen Kleidern, die, wie man ihn wissen ließ, bereits bezahlt waren.

Zurück im Hotel, zog er sich um, denn in seinen Ledermokassins und seinen weichen Kleidern fühlte er sich für einen Spaziergang besser gerüstet. Er ging zum Hafen hinunter, wo er sich bei dem Mann, der ihm eine Arbeit angeboten hatte, dafür entschuldigte, daß er sich am Morgen nicht eingefunden hatte, doch dem war das offenbar gleichgültig. Er kehrte ins Hotel zurück. Niemand hatte nach ihm gefragt. Auf Anraten des Pagen, der ihn bei seinen Einkäufen begleitet hatte, ging er in ein Gasthaus in der Nähe, um zu essen.

Es bestand aus einem großen Saal, in dem vier Musikanten vor kleinen Tischen spielten, an denen alle möglichen Leute alkoholische Getränke zu sich nahmen.

Ohio trug den neuen Rock, hatte aber die Mokassins anbehalten, da ihm die Stiefel die Füße zusammenquetschten. Er hatte kaum Platz genommen, da setzte sich eine junge Frau zu ihm und begann, ihm Fragen zu stellen. Sie rückte näher, zu nahe für seinen Geschmack, als er ihr sagte, daß er im Hotel Dieu wohne. Da er auf ihre Avancen nicht einging, verschwand sie schließlich achselzuckend.

Als der Mann eintrat, wußte Ohio sofort, daß er derjenige war, den er zu sehen wünschte. Er sah es an seiner ernsten

Haltung, an der Art, wie er mit den Augen die dunklen Ecken des Gasthauses absuchte. Ihre Blicke begegneten sich. Endlich, dachte Ohio, als der Mann mit der imposanten Statur auf ihn zukam. Er hatte breite Schultern, eine schmale Nase und eine hohe Stirn. Die Strenge seines Gesichts wurde durch kleine Falten in den Winkeln seiner blauen Augen gemildert, die seinem Wolfsblick etwas Sanftes gaben.

»Ohio?«

»Ja.«

»Ich bin Cooper.«

35

Stille.

Sie sahen einander an, beide gleichermaßen bewegt.

Cooper öffnete als erster den Mund. »Man hat mir gesagt, daß du ein wenig Französisch kannst, jedenfalls genug, um es zu verstehen.«

»Ja.«

»Ich glaube, ich kann dir folgen, wenn du deine Sprache sprichst. Ich bin sicher, daß ich nichts vergessen habe.«

Seine Stimme war sanft und ernst, und Ohio beobachtete ihn. Eine dumpfe Wut stieg in ihm auf. Da war er also, der Vater, der sie verlassen hatte, seine Mutter und ihn.

»Meine Sprache hast du nicht vergessen, aber Sacajawa hast du vergessen.«

Coopers Augen funkelten im Halbdunkel. Er holte tief Luft. »Du wirst mir zuhören müssen. Ich glaube, du hast eine weite Reise unternommen, um jetzt hier sein zu können. Und ich habe das auch getan, stell dir vor!«

Ohio schwieg und lauschte.

Den Anfang der Geschichte kannte er. Cooper hatte, wie er selbst, ganz Kanada durchquert, um in Quebec an Bord eines Schiffes zu gehen, das ihn nach Hause bringen sollte. Er hatte seine Rückkehr nach Kanada bis ins kleinste geplant, hier Hunde, dort Kanus zurückgelassen... Dann überquerte er auf einem dieser riesigen Schiffe den Atlantik. In der Heimat wurde er triumphal empfangen und konnte mit der Rückzahlung des Geldes beginnen, das er für sein gefährliches Abenteuer geliehen hatte. Im Spätsommer wollte er mit einem Schiff der Gesellschaft, bei der er noch Schulden hatte, zurückkehren und ein Pelzhandelsunternehmen aufbauen.

»Und dann mußte ich meine Abreise um ein Jahr verschieben. Meine Mutter wurde schwer krank und starb im Herbst. Außerdem mußte ich meine letzten Schulden begleichen, denn vorher konnte ich kein Schiff nehmen oder chartern, und ich hatte versprochen, die Angehörigen der Kameraden zu entschädigen, die bei der Expedition ums Leben gekommen waren.«

Ohio lauschte aufmerksam. Keine Sekunde zweifelte er am Wahrheitsgehalt der Geschichte. Er begriff, daß alles viel komplizierter war, als er es sich vorgestellt hatte.

»Ich betraute also einen meiner treuesten Gefährten damit, in dein Dorf zu gehen und deiner Mutter den Brief vorzulesen, den ich ihm mitgegeben hatte. Er hatte die Reise mit mir gemacht und kannte den Weg, er wußte, wo die Hunde waren und wo er Führer bekommen konnte. Aber dieser Lump von Guderson hatte ihm für Auskünfte über die besten Pelzreviere ein hübsches Sümmchen versprochen. Ich kannte sie nicht. Damit hatte ich mich nie beschäftigt.«

»Wer ist dieser Guderson, von dem du so haßerfüllt sprichst?«

»Du wirst gleich verstehen. Er war der Chef, der Inhaber, wenn du so willst, dieser großen Gesellschaft, die mit der Hudsonbai-Kompanie verhandelte.«

»Die Gesellschaft des Roten Flusses.«

»Das ist nur eine der Firmen. Wie auch immer, jedenfalls habe ich Sacajawa in dem Brief alles erklärt. Der Bote hätte ein Jahr vor mir eintreffen sollen.«

»Er ist nie angekommen.«

»Oh, ich weiß, aber es kommt noch schlimmer. Ich schuftete wie ein Besessener, um so viel Geld auf die Seite zu bringen, daß ich schon im Sommer zurückreisen konnte, aber Guderson hielt mich bis zum Herbst zurück. Er war krank, und ich führte für ihn die Geschäfte. Andererseits hätte mir eine Abreise im Sommer nicht viel genützt, denn vor dem Winter hätte ich ohnehin nicht weiterreisen können. Und dann traf per Schiff ein Brief von meinem alten Expeditionsgefährten ein. Er schrieb, er sei in deinem Dorf gewesen und –«

»Das ist gelogen.«

»Laß mich zu Ende erzählen. Er schrieb, er sei in deinem Dorf gewesen und habe erfahren, daß deine Mutter unter tragischen Umständen ums Leben gekommen sei.«

Jetzt dämmerte es bei Ohio. »Und du hast es geglaubt?«

»Wieso hätte ich es nicht glauben sollen? Der Mann war einer meiner treuesten Kameraden, und es war seine Handschrift. Gewundert hat mich nur, daß er für Hin- und Rückreise nur knapp anderthalb Jahre gebraucht hatte, doch er versicherte mir, daß er auf der Rückreise eine mir unbekannte Südroute genommen und dadurch viel Zeit gespart habe.«

»Hast du den Mann je wiedergesehen?«

»Nein.«

»Aber warum hat er dir diese Geschichte erzählt?«

»Er wurde dazu gezwungen. Heute weiß ich es. Es war dieser Mistkerl von Guderson! Er wollte, daß ich sein Schwiegersohn werde. Und die Leitung der Firma übernehme. Sie war sein Lebenswerk. Seine einzige Tochter sollte alles erben.«

»Und du hast es getan.«

»Meine Liebe zu Sacajawa war so groß, daß in meinem Herzen kein Platz für eine andere war. Als ich den Brief erhielt, brach für mich eine Welt zusammen. Zuerst wollte ich nach Kanada flüchten, dann ergab ich mich in mein Schicksal. Ja, ich schwor mir sogar, nie wieder einen Fuß auf kanadischen Boden zu setzen, denn so leidenschaftlich, wie ich Sacajawa liebte, liebte ich auch dieses Land. Es fehlte mir sehr. Ich wollte vergessen. Es ist mir nie gelungen. Ich habe geheiratet, habe Tag und Nacht gearbeitet und sogar Expeditionen nach Indien unternommen. Wenn es meine Zeit erlaubte, bin ich in die Hügel geflüchtet und habe gejagt.

Nun, ich versuchte zu leben, aber es war kaum noch Leben in mir – «

Ohio verstand, was Cooper damit ausdrücken wollte. Ja, heute verstand er ihn, und er fühlte Mitleid mit diesem schwer geprüften Mann, der sein Vater war. Mit einem Mal ermaß er das Ausmaß des Unglücks und des Schmerzes, den er erlitten haben mußte, denn es war auch sein Schmerz.

Coopers Augen funkelten noch immer, doch sie verschleierten sich, als er endlich die Frage stellte, die ihm auf den Lippen brannte.

»Und ... und Sacajawa?«

»Sie liebt dich.«

Die Antwort hatte sich Ohio förmlich aufgedrängt. Was hätte er auch anderes sagen können? Sie sahen einander an. Cooper war bis ins Innerste aufgewühlt.

»Und du, Ohio, bist du mein Sohn?«

»Ja.«

»Mein Gott, was hätte ich darum gegeben, dich aufwachsen zu sehen!«

»Aber was ist geschehen? Was hat dich zur Rückkehr bewogen? Es hat mit Keith zu tun, habe ich recht?«

Ohio mußte es unbedingt wissen.

»Ja, ich erhielt von ihm einen Brief, in dem er mir mitteilte, daß er dich getroffen habe und daß du auf der Suche nach mir seist. Guderson war längst tot, aber ich reimte mir nach und nach alles zusammen. Meine Frau war mehr oder weniger in die Sache eingeweiht. Man hatte ihr gesagt, es sei nur zu meinem Besten. Sie hätte alles hingenommen, nur um mich zu bekommen. Wie auch immer, jedenfalls habe ich alles Geld, das mir meines Erachtens zusteht, zusammengekratzt und eines unserer Schiffe gechartert. Und hier bin ich. Seit drei Wochen warte ich auf dich, suche nach dir – «

»Hast du Kinder?«

»Ja, dich. Meine Frau konnte keine bekommen. Und Sacajawa?«

»Sie hat kein weiteres Kind bekommen.«

»Soll das heißen, daß sie die ganze Zeit allein geblieben ist?«

»Sie ist dann und wann mit einem gewissen Ujka zusammen, aber das ist alles.«

»Jetzt brauche ich einen Schluck.«

Cooper stand auf und kam gleich darauf mit zwei Whiskygläsern zurück. Ohio war über das Erfahrene so erschüttert, daß er größte Mühe hatte, seine Gedanken zu ordnen. Der Kopf schwirrte ihm von Fragen.

»Bestimmt ist sie mir sehr böse«, sagte Cooper. »Und haßt mich.«

»Sie leidet, wie du gelitten hast.«

»Welch eine Tragödie!«

»Warum sagst du, daß du Sacajawa geliebt *hast?*«

»Ich weiß nicht… Ich weiß überhaupt nichts mehr. Ich wußte nicht recht, ob ich zurückkommen sollte. Ich habe es deinetwegen getan, um dich zu sehen. Ich habe mir immer einen Sohn gewünscht. Und dann ein Kind von Sacajawa –«

Seine Stimme versagte. Die Gefühle überwältigten ihn. Von diesem Mann ging etwas schwer zu Fassendes aus, das Achtung einflößte und Ohio verwirrte. Er wirkte sehr verletzlich und zugleich wie jemand, der ungewöhnliche Charakterstärke besaß. An der Theke, die eine ganze Seite der mit rissigen Deckenbalken versehenen Gaststube einnahm, standen ein paar Gäste und schielten neugierig zu ihnen herüber.

»Seit damals«, fuhr Cooper fort, »ist kein Tag vergangen, an dem ich nicht an sie gedacht hätte, obwohl so viele Jahre ins Land gegangen sind. Heute denke ich, ich war im Grunde meines Herzens immer davon überzeugt, daß sie noch am Leben war. Und ich mache mir Vorwürfe, daß ich mir nie Gewißheit verschafft habe.«

Ohio zögerte, ihm die Frage zu stellen, die ihm auf den Lippen brannte. »Und was gedenkst du nun zu tun?«

»Zuerst mußt du mir von deiner Reise erzählen. Welche Route hast du genommen?«

Ohio erzählte. Und Cooper lauschte fasziniert. Und während er lauschte, kehrte er im Geist in diese Berge zurück, die er einst überwunden hatte, glitt über die zugefrorenen großen Flüsse und durchquerte die endlosen weißen Weiten. Er hörte das Heulen der Wölfe, sah wieder die Nordlichter.

Ohio berichtete von seiner ersten Begegnung mit Weißen, von der Erniedrigung der Indianer, die ihrer Jagdgründe beraubt wurden. Er schilderte das Massaker an den Bisons, dessen Zeuge er geworden war, dann sprach er von Mayoke.

Cooper unterbrach ihn nicht, schwieg während der Pausen, die Ohio immer wieder machte. In der Gaststube hatten Musikanten zu spielen begonnen, und mehrere Paare tanzten, doch die beiden Männer ließen sich davon nicht stören.

Als Ohio von dem Unfall erzählte, legte ihm Cooper mitfühlend die Hand auf den Arm. Dieser erste körperliche Kontakt mit seinem Vater wühlte ihn bis ins Innerste auf, und er sah ihn an, ohne sich seiner Tränen zu schämen.

»Du wirst sie holen, nicht wahr?« fragte Cooper mit einer Selbstverständlichkeit, die Ohio verwirrte.

»Sie ist gegangen, nicht ich. Sie wird nicht wollen, daß –«

Cooper unterbrach ihn. Seine Miene war ernst, und seine Stimme wurde gebieterisch. »Sie wartet auf dich. Du wirst zu ihr gehen, Ohio, du wirst mit ihr in deine Heimat zurückkehren, und ihr werdet wieder ein Kind haben.«

Er betonte jedes Wort, wie einen Befehl, der keinen Widerspruch duldete. Ohio öffnete den Mund, um zu antworten, besann sich aber anders. Cooper hatte recht. Er würde zu Mayoke zurückkehren.

»Und du, wirst du zu Sacajawa zurückkehren?«

»Nichts und niemand wird mich davon abhalten.«

36

Ohio starrte in die Dunkelheit und betrachtete die Streifen, die das fahle Mondlicht an die Wände gegenüber den Fensterläden malte. Seine Gedanken kreisten um Sacajawa und Mayoke. Er würde Mayoke wiedersehen, und Sacajawa würde Cooper wiedersehen. Doch er bezweifelte, daß alles so einfach werden würde. Er hätte es gern geglaubt, aber sein Gefühl sagte ihm etwas anderes. Er hatte das Leben kennengelernt, er mißtraute ihm. Nichts war von Dauer. Alles war vergänglich. Das Leben gab und nahm. Er würde sich Mayoke nicht noch einmal wegnehmen lassen.

»Wie konnte ich sie nur gehen lassen? Wir konnte ich nur?« fragte er sich immer wieder zu Tode betrübt.

Sie war allein zu einer Reise aufgebrochen, die mindestens zwei Monde dauerte und durch ein Gebiet führte, in dem viele Gefahren lauerten. Die gewaltige Entfernung, die sie zurückzulegen hatte, machte ihm angst. Sie hatte nicht einmal einen erfahrenen Hund. Wenn ihr etwas zustieß, war er dafür verantwortlich. Ein Fehler mehr. Er mochte das Leben wegen seiner Grausamkeit verfluchen, aber war er nicht in alle Fallen gegangen, die es ihm gestellt hatte? Er schämte sich dafür. Er hatte Mayoke in einem Augenblick gehen lassen, als sie ihn am nötigsten gebraucht hätte. Wie hatte er so blind, so selbstsüchtig sein können? Er stand auf. Wo war sie? Was tat sie? Mit einem Mal wurde ihm ihre Abwesenheit unerträglich. Er wollte zurück zu seinen Hunden, anspannen und zum Großen Sklavensee eilen. Sofort. Was machte er noch hier? Von dieser Stadt hatte er nichts mehr zu erwarten. Er hatte Cooper getroffen, sie hatten sich alles gesagt, was es im Augenblick zu sagen gab. Er hatte genug für Sacajawa und ihn getan. Dieser Gedanke machte ihn stutzig. Für wen hatte er diese verrückte Reise eigentlich unternommen? Für seine Mutter, für sich selbst? Oder hatte ihn nur das Abenteuer gelockt? Das Unbekannte?

»Ich muß meine kleine Mayoke wiederfinden, nur darauf kommt es an. Alles andere ist nur für die anderen wichtig.«

Er dachte besonders an seinen Freund Mudoi und an seinen Schwur, dessen Dorf zu finden.

»Die Lebenden haben Vorrang vor den Toten«, sagte er sich, aber in seinem Innersten suchte er bereits nach einer Möglichkeit, beide Ziele miteinander zu vereinbaren.

Wenn er nicht die Route über den Oberen See und den Winnipegsee nahm, sondern an der Hudsonbai entlangreiste, konnte er mehr als achthundert Kilometer sparen. Er studierte die Karte und ertappte sich dabei, wie er überschlug, wie viele Kilometer es bis zu Mayokes Dorf sein mochten.

»In gewissen Fällen«, so gestand er sich ein, »hat die Methode der Weißen auch ihr Gutes.«

Es waren über viertausend Kilometer. Eine gewaltige Entfernung. Wenn er jeden Tag sechzig Kilometer zurücklegte und ungefähr alle sechs Tage eine Pause einlegte, konnte er kurz vor dem Ende des Winters am Ziel sein. Der Gedanke trieb ihm das Blut ins Gesicht. Bei diesem Wettlauf gegen die Zeit würden am Ende ein paar Tage über Sieg oder Niederlage entscheiden! Worauf wartete er also noch? Hatte er denn nichts Besseres zu tun, als hier dumm auf dem weichen Bett herumzusitzen? Er zog sich hastig an, wohl wissend, daß seine Eile nutzlos war. Doch es hielt ihn nichts mehr in diesem Zimmer. Er trat ans Fenster und blickte zum Himmel. In diesem Augenblick ging die Tür auf, und Cooper trat ein.

»Ich habe gehört, daß du wach bist. Kannst du auch nicht mehr schlafen?«

»Ich reise ab.«

Cooper sah ihn fragend an und wartete auf eine Erklärung. Und Ohio erklärte ihm alles, sprach über seine Zweifel, seine Reue, seine Gewissensbisse, seine Unschlüssigkeit.

»Es steht mir nicht zu, dir Ratschläge zu geben, aber ich glaube nicht, daß deine Berechnungen stimmen. Selbst bei günstigem Wetter, und im Norden ist das Wetter nie günstig, das weißt du besser als ich, kannst du unmöglich vor dem Eisaufbruch am Ziel sein.«

»Ich nicht. Meine Hunde schon.«

Cooper lachte über den Scherz, aber er war dennoch nicht überzeugt. Er war immer nur mit Malamuten gereist, die selbst in idealem Gelände nie mehr als vierzig Kilometer pro Tag bewältigten.

»Begleite mich«, schlug Ohio vor.

»Nur einen Tag, um deine Hunde zu sehen, länger nicht. Ich wäre dir nur ein Klotz am Bein.«

»Wie gedenkst du zu reisen?«

»Ich habe einen Plan.«

Cooper entrollte Ohios Karte. »Sieh her.« Er deutete auf einen weißen Fleck im Norden, weit hinter der Baumgrenze.

»Dort ist nichts«, bemerkte Ohio.

»Nichts Bekanntes. Deshalb ist jenseits der erforschten Gegenden nichts eingezeichnet. Aber ich bin nicht der einzige, der glaubt, daß das Meer, das du hier siehst und das sich zwischen diese Inseln schiebt, mit dem Meer verbunden ist, das ich zusammen mit Sacajawa entdeckt habe.«

Ohio betrachtete die Karte. »Und dein Plan?«

»Wenn die Passage existiert, könnte ich viel schneller reisen als mit dem Schlitten oder mit dem Kanu, zumal ich eine hervorragende Mannschaft habe. Mehrere von meinen Leuten haben an Expeditionen nach Baffinland teilgenommen. Ich habe mir die Aufzeichnungen von Henry Hudson und vor allem die von William Baffin angesehen, der über den Lancastersund berichtet, den du hier siehst.«

Mit dem Messer fuhr Cooper auf der Karte von Baffinland nach Westen.

»Alles spricht dafür, daß diese Passage mit dem Pazifischen Ozean verbunden ist.«

»Was ist der Pazifische Ozean?«

»Das Meer, in dem ich mit Sacajawa gebadet habe.«

»Das würde ja bedeuten, daß dieses Land –« Ohio wies mit der Hand auf den hohen Norden Kanadas, »…eine Art Insel ist. Eine riesige Insel, umgeben von Wasser.«

Cooper lächelte. »In gewisser Weise, ja. So etwas nennt man Kontinent.«

»Hast du eine Karte deines Landes auf der anderen Seite?« Ohio deutete nach Osten.

Cooper holte aus seinem Zimmer eine Tasche, in der er mehrere Karten aufbewahrte. Sie studierten sie gemeinsam.

»Nun«, sagte Ohio und wandte sich wieder den Karten des nordamerikanischen Kontinents zu, »angenommen, es gibt diese Passage, wie sieht dein Plan aus?«

»Im Sommer bis zu der Flußmündung hier segeln, dann flußaufwärts bis zum Großen Bärensee, entweder im Kanu oder mit Hunden, wenn der Fluß zugefroren ist.«

»Woher willst du die Hunde nehmen?«

»Ich weiß, daß es in Fort Mac Pherson zahlreiche Gespanne gibt, und ich habe die nötigen Mittel, um jeden Hundebesitzer zum Verkauf zu überreden, auch wenn er noch so abgeneigt ist. Außerdem gedenke ich, zwanzig Hunde mit an Bord des Schiffes zu nehmen, damit ich an Land gehen kann, falls wir im Eis steckenbleiben.«

»Von welchen Mitteln sprichst du?«

»Ich habe Geld, viel Geld, mit dem ich bald nichts mehr werde anfangen können.«

»Ja, in unserem Dorf ist Geld nichts wert.«

»Das dürfte nicht mehr lange so bleiben.«

»Ich hoffe doch.«

»Ich auch, aber –« Cooper suchte nach Worten. »Wir werden sehen. Bis dahin –«

»Und wenn deine Passage nicht existiert?«

»Dann gehe ich mit den Hunden an Land und fahre zum Großen Bärensee. Von dort aus kenne ich den Weg.«

Ohio nickte und rechnete. »Es wäre möglich, daß wir uns dort wiedersehen. Ich werde vor dem Eisaufbruch am Großen Sklavensee sein, dort den Sommer verbringen und mich beim ersten Eis wieder auf den Weg machen. Beim zweiten oder dritten Wintermond müßte ich am Fuß der Berge sein.«

»Du meinst, ihr.«

Ohio strahlte übers ganze Gesicht. »Ja, ich werde mit Mayoke zurückkehren, und du wirst von ihrer Schönheit geblendet sein.«

»Davon bin ich überzeugt.«

»Ich wäre gern dabei, wenn Sacajawas Augen dich erblicken, Cooper.«

Cooper sah ihn fest an. »Es vergeht keine Minute, in der ich nicht an diesen Augenblick denke.«

37

Sacajawa und Ujka besaßen keine Hunde, und so fuhren sie auf den Schlitten Ulahs und Nutaks mit. Rankhans Schlitten war zu schwer beladen, um noch eine Person aufzunehmen. Bis zum Tal des singenden Flusses, in dem Nutaks Vetter Pelztiere jagte, war die Piste gespurt, danach mußten sie abwechselnd mit Schneeschuhen vorausgehen, um den Schnee festzustampfen.

Sie brauchten sieben Tage, um in das Gebiet zu gelangen, in dem Rankhan Schafe und Ziegen jagen wollte. Es war keine sehr wildreiche Gegend, aber die Chancen, nahe genug an das Wild heranzukommen, waren hier größer als anderswo. Das Gebirgsmassiv bestand nicht aus hohen Gipfeln und endlosen Kämmen, sondern aus einer Vielzahl von Tälern, Schluchten und Felsspitzen mit kleinen Wiesen dazwischen, die die Tiere im Sommer aufsuchten, um zu werfen. Leider verließen die meisten schon nach den ersten kalten Tagen diese Gegend und zogen hinauf zu den Kämmen, wo der Wind den Schnee wegblies und Flechten und Gräser freilegte.

»Glaubst du, es sind noch genügend da?« fragte Ulah, nachdem Rankhan den anderen geschildert hatte, was er vorzufinden hoffte.

»Ja, hauptsächlich männliche Tiere. Das sind die schönsten, auch wenn ihr Fleisch nicht so gut ist wie das der jungen.«

»Ist es nicht auch besonders schwierig, sich an sie anzupirschen?«

»Nein, die Herden der Weibchen und Jungen werden von Leittieren bewacht, die nur schwer zu überlisten sind, während die Wachsamkeit der Männchen im Winter nachläßt.«

Sie schlugen ihr Lager in einer Senke auf, in der Wasser aus einem teilweise gefrorenen Wasserfall sprudelte und ein kleiner Tannenwald sich an die Felsen schmiegte. Um diese windgeschützte Stelle zu erreichen, hatten sie über zwei Stunden klettern müssen, ohne zu ahnen, daß es in dieser Höhe, und von der Talsohle aus unsichtbar, eine solche Insel des Friedens gab.

»Dies ist ein magischer Ort«, sagte Sacajawa entzückt zu Rankhan.

»Schlagen wir das Lager auf, bevor es dunkel wird«, knurrte er nur.

Seit seiner überraschenden Liebeserklärung ging er ihr aus dem Weg, und sie wußte nicht, wie sie sich verhalten sollte. Er hatte sich erboten, die gesamte Ausrüstung auf seinen Schlitten zu laden, und sie hegte den Verdacht, daß er das nur getan hatte, um sie nicht mitnehmen zu müssen. Er mied ihren Blick, und bei ihren seltenen Gesprächen beschränkte er sich auf praktische Belange. Den anderen fiel nichts auf. Rankhan war seit jeher ein einsamer Jäger, der mit Worten geizte, und sie waren froh, von seiner Erfahrung profitieren zu können. Sie sollten nicht enttäuscht werden. Schon am nächsten Tag erlegten sie ein männliches Bergschaf, das sie nach Rankhans Anweisungen in die Enge getrieben hatten. Nutak, ein ausgezeichneter Schütze, war an dem Engpaß postiert worden, durch den der Bock aller Voraussicht nach fliehen würde. Er erlegte ihn mit einem einzigen Pfeil aus nächster Nähe.

»Von diesem Schaf werden wir uns während der Jagd ernähren«, erklärte Rankhan, der die Begeisterung der anderen nicht teilte. »Jetzt erst beginnt die eigentliche Jagd. Wir sind hier, um die Vorräte eures Dorfes wieder aufzufüllen.«

Sie sahen einander an. Er hatte recht. Sie durften sich nicht zu früh freuen. Sie hatten nur ein Schaf erlegt, ein Tier, das sich in unmittelbarer Nähe des Lagers befunden hatte, und sie mußten mindestens zehn oder gar fünfzehn ins Dorf bringen, um bis zum Frühjahr durchzukommen. Da waren Vorsicht und Zurückhaltung geboten.

Sie hatten zwei Tipis aufgebaut, ein großes, in dem sie gemeinsam zu Abend aßen und Rankhan, Ulah und Nutak schliefen, und ein kleineres für Sacajawa und Ujka. Den abgestillten Banks hatten sie in die Obhut von Usbeks Schwester gegeben, die ihn mit Karibumilch fütterte, Milch, die man im Herbst erlegten Muttertieren abgenommen hatte und, in Blöcken eingefroren, im Dauerfrostboden aufbewahrte. Sacajawa vermißte ihren Sohn, doch sie hätte jetzt mit niemandem tauschen mögen. Viel zu lange war sie an die enge Hütte gefesselt gewesen, während Ujka weitab vom Dorf Fallen gestellt hatte. Sie brauchte Platz und Bewegung, und die Jagd frischte ihre Lebensgeister auf.

»Rankhan meidet dich, als hätte er Angst vor dir«, bemerkte Ujka nachdenklich, als er sich auf die Felle legte, während Sacajawa die Glut des Feuers erstickte.

»Rankhan hat vor niemandem Angst, und ganz gewiß nicht vor mir«, erwiderte sie mit gespielter Gleichgültigkeit.

»Nun ja, er spricht nie viel, schon gar nicht mit Frauen. Jedenfalls hat er im Dorf noch nie die Liebesfreuden mit einer geteilt – «

Sacajawa schwieg dazu.

»Dafür ist er ein ungemein tüchtiger Jäger. Seinen Ruf hat er zu Recht. Es war bemerkenswert, wie er diese Jagd geführt und anderen die Hauptrolle überlassen hat.«

Ujka erkannte Rankhans Fähigkeiten neidlos an, und diese Aufrichtigkeit war eine der Eigenschaften, die Sacajawa an ihm so schätzte. Er war auch ein guter Liebhaber, zärtlich und feurig zugleich, doch an diesem Abend schützte sie Müdigkeit vor und tat nichts, um ihn zu ermuntern. Warum hatte Rankhan gewartet, bis sie Ujka erwählt und ihm ein Kind geschenkt hatte, ehe er ihr seine Liebe gestand? Aber er hatte ihr den Grund ja genannt! Er hätte es nicht ertragen, sie mit einem Abwesenden zu teilen! Wut stieg in ihr auf, denn sie wußte, ja, sie wußte, daß sie diesen Mann hätte lieben können. Sie fühlte sich zu ihm hingezogen und bewunderte ihn. Für Ujka empfand sie nichts dergleichen. Sie schätzte ihn, mehr nicht. Wieder hatte ihr Cooper alles verdorben! Wieder hatte er ihrem Glück im Weg gestanden. Hätte Ujka nicht neben ihr gelegen, so hätte sie jetzt geweint. Sie dachte an ihren Sohn und rief stumm um Hilfe.

Wie um Rankhan recht zu geben, wurde die Jagd in der Folgezeit schwieriger. Zwei Tage lang waren sie wegen eines Sturms zur Untätigkeit verdammt, dann entwischten ihnen drei Bergziegen, die Nutak witterten, als er einen Bogen um sie schlagen wollte. Sacajawa, die auf dem Kamm postiert war, hatte gesehen, daß sich die Tiere in Bewegung setzten, konnte Nutak aber kein Zeichen geben, da er sich kein einziges Mal umdrehte. Und Rankhan, dem das Wild diesmal zugetrieben werden sollte, mußte machtlos zusehen, wie die Beute durch eine unzugängliche und daher nicht bewachte Schlucht flüchtete.

»Es war meine Schuld«, gab Nutak kleinlaut zu. »Ich wußte, daß Sacajawa da oben war und die Ziegen im Blick hatte, und hätte umsichtiger handeln müssen. Ich war so mit dem Anschleichen beschäftigt, daß ich sie vergaß.«

»Die Tiere hatten keinen Grund, sich zu bewegen, und selbst wenn ich dich hätte warnen können, hättest du nicht viel tun können.«

»Ich hätte versucht, ihnen den Weg ins Tal abzuschneiden, wo –«

Rankhan fiel ihm ins Wort. »Genug der Worte! Das führt zu nichts. Ruht euch lieber aus. Morgen müssen wir eine weite Strecke hinter uns bringen.«

»Was hast du vor?«

Obwohl sie nie über die Rollenverteilung bei dieser Jagd gesprochen hatten, galt Rankhan als Anführer der kleinen Gruppe, und keiner von den anderen wäre auf den Gedanken verfallen, ihm seine natürliche Autorität abzusprechen. Er entschied, wo sie jagten, und er verteilte die Aufgaben, sowie sie Wild aufgespürt hatten.

»Wir versuchen, uns von hinten an die Ziegen anzupirschen.«

»Fürchtest du nicht, daß sie sehr weit gelaufen sind, nachdem sie uns gewittert haben?«

»Sie sind hinter dem Paß ins Tal abgebogen. Soviel ist gewiß. Aber ich glaube nicht, daß sie das Tal durchquert haben. Wir müßten sie sehen. Vier von uns werden sich dort an sie heranpirschen.«

»Wir müssen also hinunter ins Tal und auf der anderen Seite wieder hinauf?«

»Nein, ich glaube, wir können weiter oben den Hang überqueren und dann auf der Höhe des Glitzerbergs direkt ins Tal hinab.«

Das war der Name, den er einer Felsspitze gegeben hatte, die manchmal in der Sonne glitzerte.

»Ich könnte mich oberhalb der Schlucht postieren, durch die sie entkommen sind«, schlug Sacajawa mit leiser Stimme vor.

Ein kaum merkliches Lächeln spielte um Rankhans Lippen, die in der Kälte aufgesprungen waren.

»Wenn sie etwas das Tal heraufkommen hören, besteht doch die Gefahr, daß sie dorthin fliehen, nicht wahr?«

Rankhan lächelte immer noch leicht verschmitzt und sah sie mit Raubvogelaugen an. »Das leuchtet mir ein. Sehr gut.«

Er fügte nichts hinzu und trank eine Schale Tee, dann machte er Anstalten, sich schlafen zu legen, und forderte die anderen auf, seinem Beispiel zu folgen. Er wollte noch bei Dunkelheit aufbrechen, um bei Tagesanbruch an Ort und Stelle zu sein, wenn die Ziegen sich zu rühren begannen und leichter zu entdecken waren.

Sacajawa und Ujka zogen sich in ihr Tipi zurück.

»Das war dumm von mir«, sagte sie, wütend über sich selbst.

»Wovon sprichst du?«

»Als Rankhan uns seinen Plan für morgen auseinander-
setzte, sprach er davon, daß vier von uns sich im Tal an sie
anpirschen sollten.«

»Und?«

»Nun ja, das hieß, daß er für den fünften eine andere Aufgabe hatte, und die konnte nur darin bestehen, sich oberhalb
der Schlucht zu postieren.«

Ujka verstand noch immer nicht. Sie geriet in Zorn.

»Ich habe mich töricht benommen, das ist alles. Ich hätte
ihn ausreden lassen sollen. Statt dessen habe ich etwas vorgeschlagen, das ohnehin klar war. Ich habe mich lächerlich
gemacht.«

»Niemand hat das als lächerlich empfunden. Du sagst es ja
selbst. Genau das war Rankhans Plan, also hast du das Richtige getroffen. Was soll daran lächerlich sein?«

Sie antwortete nicht.

Jetzt war es an ihm, ärgerlich zu werden. »Seit ein paar
Tagen benimmst du dich eigenartig, Sacajawa.« Und das war
eher ein Vorwurf als eine Feststellung.

Am nächsten Tag genoß Sacajawa das Alleinsein, obwohl
die Kälte wie mit spitzen Nadeln durch ihre Kleidung drang.
Sie harrte den ganzen Tag oberhalb der Schlucht aus, wo tiefe
Stille herrschte. Sie sah nichts, hörte nichts, doch sie fühlte
sich gut, eins mit der Landschaft, die sie umgab und ihre
Ruhe auf sie übertrug.

Die drei Jäger hatten die Ziegen auf einem Grat entdeckt,
wo sie nicht an sie herankamen, und statt dessen die Verfolgung eines Schafes aufgenommen, das Ulah mit einer Ge-
wehrkugel ins Rückgrat tötete. Er kehrte spät mit Ujka und
seinem Bruder, jedoch ohne Rankhan ins Lager zurück. Sie
sahen erschöpft aus.

»Wieso ist Rankhan nicht bei euch?«

Sacajawas beunruhigter Ton belustigte die beiden Brüder.
Sie tauschten einen spöttischen Blick.

»Keine Sorge! Er kommt morgen oder übermorgen. Er hat

in einem geschützten Tal ein Lager aufgeschlagen und eine Menge Schlingen gelegt. Es wimmelte dort von Hasen.«

»Ich mache mir aber Sorgen um ihn, so wie ich mir um jeden von euch Sorgen mache, wenn er nicht zurückkommt.«

Sie erwiderten nichts. Das ging sie nichts an. Sacajawa war froh, daß Ujka, der ins Tipi gegangen war, um seine nassen Sachen auszuziehen, der Szene nicht beiwohnte.

Am Abend schmiegte sie sich nackt an ihn und liebte ihn mit einer Art Wut, die er für glühende Leidenschaft hielt.

38

Ohio willigte ein, seine Abreise um zwei Tage zu verschieben, und er bereute es nicht, denn ein Schneesturm brach los. Ein kräftiger, von der See kommender Wind peitschte die Schneeflocken waagrecht durch die Luft und drückte sie gegen die Steinmauern der Stadt.

Cooper und er nutzten die Zeit für Reisevorbereitungen. Zudem sah sich Ohio die von Cooper gecharterte *Farvel* an. Die Bauweise des Schiffs, die Stabilität seiner Teile, die Präzision, mit der sie zusammengesetzt waren, faszinierten ihn. Er ließ sich alles erklären und bat sogar darum, an Deck ein Segel auszurollen. Wegen des Sturms konnte man keine anschlagen oder hissen. Im Ruderhaus studierte er die Navigationsinstrumente und ließ sich ihre Funktionsweise erklären. Mit jedem Tag fühlte er sich in der Gesellschaft seines Vaters wohler. Cooper nahm ihm jede Befangenheit. Ohne Scheu konnte er ihm all die Fragen stellen, die ihm bei der Entdeckung dieser fremden Welt in den Sinn kamen, und Cooper beantwortete sie ohne jene Herablassung, die den meisten Weißen, denen er bislang begegnet war, zu eigen war. Im Gegenteil, Cooper war bemüht, eine Art Gedankenaustausch herzustellen, indem er ihn im Gegenzug nach allen möglichen Besonderheiten seiner Welt fragte. Doch Ohio war kein Narr. Was er Cooper erklärte, war ihm keineswegs neu. Er kannte die Fallenstellerei, das Reisen im Kanu, die große Karibujagd. Und die große Reise, über die Cooper ihn so leidenschaftlich ausfragte, hatte er selbst schon vor ihm unternommen!

»Ich war nicht allein«, entgegnete Cooper, als er ihn darauf ansprach. »Aber was du vollbracht hast, ist wirklich unglaublich! Und ich weiß, wovon ich rede.«

Cooper ließ Dutzende Kisten Pemmikan aufs Schiff bringen und kaufte zwei Zelte mit kleinen Holzöfen. Eines davon lud er zusammen mit dreihundert Pfund Pemmikan auf den Karren, den er für die Fahrt zu dem See gemietet hatte, an dem Ohios Hunde Kräfte sammelten.

»Ich kann es kaum erwarten, deine Hunde zu sehen«, sagte er zu ihm.

»Hoffentlich hat Bill sie gut versorgt«, erwiderte Ohio nachdenklich.

Sie brauchten einen halben Tag bis zu dem Weiler am Sainte-Anne-See, wo Bills Hütte stand. Der Sturm hatte auf den Anhöhen, über die der Weg führte, gewaltige Schneewehen aufgeworfen, und mehrmals mußten sie sich den Weg freischaufeln. Wäre er nicht mit Pflöcken markiert gewesen, hätte man ihn stellenweise gar nicht mehr sehen können. Im windgeschützten Wald war das Fortkommen leichter.

Als sie an der Hütte anlangten, sahen sie, daß Bill gerade ein Gespann ausschirrte. Bei ihm standen zwei mit Rauhreif überzogene Gestalten. Der Wind hatte abgeflaut, die Wolken hatten sich verzogen, und das verwaschene Rosa des Himmels versprach für die nächsten Tage schönes Wetter und eine trockene Kälte.

Cooper und Ohio hielten den Wagen an und gingen zu den drei Männern.

»Das ist er«, sagte Bill zu den beiden anderen, noch bevor er Ohio begrüßte und sich nach Cooper erkundigte, dem er gleichwohl respektvoll zunickte.

»Ushuayak.«

Sie starrten Cooper an wie einen Geist und lächelten mit naiver Bewunderung, ohne Ohio, der nicht verstand, eines Blickes zu würdigen.

»Nein! Nein!« rief Bill und deutete auf Ohio. »Der da ist es!«

»Der? Ihm gehört das Gespann? Das ist Ushuayak!«

Jetzt starrten sie Ohio an.

»Ich heiße Ohio, und ich kenne keinen Ushuayak.«

»Aber das bist du«, sagte einer der beiden respektvoll.

»Mein Name ist Ohio.«

»Ushuayak ist der Name, den sie dir auf der Piste gegeben haben«, erklärte ihm Bill. »›Der schnell wie der Wind ist‹. Sie haben mir von deinem Bravourstück erzählt.«

»Welches Bravourstück?« fragte Cooper und runzelte die Stirn.

Nun begann einer der beiden Waldläufer, der eine Mütze aus Luchspelz trug, alles zu erzählen, was er über die verrückten Abenteuer dieses Ushuayak wußte, der mit seinem Gespann alle Rekorde gebrochen hatte. Er schilderte Ohios Reise ab dem Oberen See, ohne sich bei dem Hauptakteur, der ihm amüsiert lauschte, nach der Richtigkeit seiner Informationen zu erkundigen. Cooper sog gierig jedes Wort auf, nickte ein ums andere Mal beifällig mit dem Kopf und ermunterte den anderen, in seinem Bericht fortzufahren. Ohio war es, der seinen Redefluß schließlich stoppte.

»Du solltest nicht übertreiben! Ich hatte es eilig. Es stimmt, meine Hunde sind schnell, aber sie sind das Laufen auch gewöhnt, und wir hatten keine Ladung.«

Cooper übersetzte, denn Ohio hatte sich seiner Muttersprache bedient und nicht französisch gesprochen wie die beiden Waldläufer. Dann fragte er die beiden nach der Entfernung zwischen den einzelnen Stationen.

»Donnerwetter, ich hätte nie gedacht, daß man mit Hunden so schnell sein kann!«

Hocherfreut über diese neuerliche Begeisterung, gaben ihm die beiden anderen bereitwillig jede nähere Auskunft, die er erbat. Unterdessen ging Ohio zu seiner Meute. Kaum hatte er das Tor zum Zwinger geöffnet, sprangen die Hunde ausgelassen an ihm hoch. Er sah sofort, daß er sich grundlos Sorgen gemacht hatte. Sie waren kerngesund und hatten mehrere Kilo zugenommen.

»Das ist Torok«, sagte er feierlich zu Cooper, als dieser zu ihm trat.

Torok hatte sich auf die Hinterpfoten gestellt und leckte ihm das Gesicht. Cooper nickte bewundernd.

»Ein prächtiger Bursche!«

»Das sind Teufelskerle, so viel ist sicher«, fügte Bill hinzu, der sich mit den beiden Waldläufern zu ihnen gesellte.

Er strahlte, als sei es sein eigenes Gespann, und Cooper blickte voller Stolz auf seinen Sohn, der eine so eindrucksvolle Leistung vollbracht hatte.

Ohio hob den Kopf, als er hörte, wie sein Vater sich vorstellte.

»Ich heiße übrigens Cooper und bin der Vater des Jungen, der jeden in Erstaunen versetzt.«

Es war schwer zu sagen, wer stolzer war, der Vater oder der Sohn.

»Brichst du schon wieder auf?« fragte einer der beiden Waldläufer.

»Ja, heute nachmittag«, antwortete Ohio, diesmal auf französisch. »Das Wetter ist schön, und der Mond ist fast voll. Das will ich ausnutzen.«

»Und wohin geht es?«

»Ich hole meine Frau und kehre nach Hause zurück«, antwortete er lächelnd.

»Und wo ist dein Zuhause?«

»Weit von hier. Sehr weit. Zwei Winter!«

»Viele tausend Kilometer«, bestätigte Cooper.

Die beiden Waldläufer hingen an ihren Lippen. Sie wußten, daß sie stellvertretend zu den Helden dieser Geschichte werden würden. Noch war dieser Ushuayak, der so schnell wie der Wind war, in aller Munde, und sie hatten ihn als einzige leibhaftig gesehen. Damit konnten sie in den Schenken auftrumpfen, und sie brauchten nicht einmal etwas dazuzuerfinden, um die Zuhörer zu fesseln. Sie würden erzählen, daß er vom anderen Endes des kanadischen Nordens stamme und daß er, kaum in Quebec angekommen, schon am Nachmittag wieder aufgebrochen sei, um die ganze Nacht bei Sternenlicht zu reisen. Sie würden von seinem blauäugigen Vater erzählen, von seinen famosen Hunden. Oh nein, sie bereuten ihren Gewaltmarsch durch den Sturm nicht. Sie hatten Ushuayak gesehen, und wer im hohen Norden einem Helden begegnete, wurde selbst so etwas wie ein Held.

Sie sahen zu, wie er sein Gepäck verstaute. Sie nahmen seine Zugleine in Augenschein, seine Geschirre, seinen Schlitten. Sie fragten nach dem Namen des einen oder anderen Hundes und versprachen, sich ihrer zu erinnern, und vor allem wohnten sie seiner Abfahrt bei.

Es war die schönste Zeit des Nachmittags, jener Augenblick, wenn sich die kurze Bahn der Wintersonne neigte, die Schatten länger wurden und der Schnee im goldenen Licht glitzerte. Die Hunde atmeten Dampfwolken aus, die in der eisigen Luft erstarrten und ihr Fell mit Rauhreif überzogen. Sie bellten, schnappten ins Leere, hüpften auf der Stelle und gruben so kleine Mulden, in denen sie sich beim Start abdrücken konnten. Die Muskeln traten unter ihrem dichten Fell hervor und spannten sich um ihre Schenkel. Ohio war stolz auf sein Gespann. Sein Herz schlug schneller, als der Augenblick nahte, da er ihnen den Befehl geben würde, sich ins Geschirr zu werfen. Er wünschte sich einen makellosen Start. Die Hunde merkten es an der Art, wie er sie unmittelbar vor dem Start mit fester, gebieterischer Stimme beruhigte.

»Wir wären dann soweit!«

Ohio drehte sich um. Cooper wühlte in einem Beutel und zog ein Paar Mokassins und zwei mit Vielfraßpelz gefütterte Handschuhe hervor. Ohio erkannte sofort die Machart seiner Mutter.

»Wer hätte gedacht, daß ich sie eines Tages wieder benützen würde«, sagte Cooper leise und strich mit einer gewissen Feierlichkeit über das weiche Leder der tadellos erhaltenen Mokassins, an denen so viele Erinnerungen hingen.

Er zog sie an. »Auf dem Schlitten hält nichts so warm«, fügte er hinzu, ohne recht zu wissen, warum.

Er stellte sich auf die rechte Kufe, und Ohio sah ihm an, daß er tief bewegt war. Das Bellen der Hunde, die Berührung der Gurte, die Mokassins und die dicken Handschuhe, das war die Welt, die ihn zutiefst geprägt hatte und die man in seiner Heimat, im fernen England, nicht verstand. Wie sollte man auch die Erregung erklären, die einen Menschen überkam, wenn man ein Gespann durch die einsamen weißen Weiten lenkte? Wie erklären, was man empfand, wenn einem die kalte, nach Hund riechende Luft über die Haut strich? Wie das beglückende Gefühl beim Start, wenn die Hunde sich, von demselben Verlangen erfüllt, mit freudigem Gekläff ins Geschirr warfen? Ja, wie sollte man dies alles mit Worten beschreiben? Das Knirschen des Schnees unter den Kufen. Die Wolke aus Rauhreif, die schon bald das galoppierende Gespann einhüllte. Das Pochen des Herzens, das im Gleichklang mit den trommelnden Pfoten der Hunde zu schlagen schien.

Cooper hatte nie darüber gesprochen. Ein oder zwei Mal hatte ihn seine Frau danach gefragt.

»Sind diese Hunde der Eskimos wirklich so wild, wie man behauptet?«

Doch er war der Frage ausgewichen.

Die Hunde! Wie hatten sie ihm gefehlt. Und der Norden. Und die Kälte. Alles. Er fühlte sich wie neugeboren.

»Los, meine Hunde!«

Ein Schauder lief ihm über den Rücken. Tränen, die ihm nicht die Kälte in die Augen trieb, rollten ihm über die Wangen und in den bereiften Bart. Cooper setzte seine Kapuze auf, und mit einer sicheren Bewegung gab er dem Schlitten den notwendigen Stoß, damit er am Fuß des Hanges die Kurve nahm. Er erinnerte sich. Er wußte augenblicklich wieder, wie er das Gewicht verlagern mußte, um die Balance zu halten. Dann richteten sich die Hunde gerade aus und fielen auf der Piste, die mitten über den See führte, in Galopp. Ohio drehte sich um und zwinkerte seinem Vater zu. Cooper strahlte übers ganze Gesicht. Dann brüllte er aus Leibeskräften, um seiner Freude Luft zu machen.

»Yahouuuuuuh!«

Und die Hunde liefen noch schneller, angespornt durch Ohios Gebrüll, das sich mit dem seines Vaters vermischte und an eine siegreiche Attacke erinnerte.

39

Cooper wollte Ohio bis nach Yakataga begleiten, ein hundert Kilometer nördlich von Quebec gelegenes Dorf der Montagnais. Dort hoffte er einen Indianer mit Hundegespann zu finden, der bereit war, ihn gegen Bezahlung zurückzubringen. Seit es in den Wäldern der Umgebung kaum noch Pelztiere gab, entvölkerte sich das Dorf. Zurückgeblieben waren nur die wenigen, die Handelsgüter transportierten, und eine Gruppe, die im Auftrag der Hudsonbai-Kompanie Sechssitzer-Kanus baute. Die anderen waren mit ihren Familien weiter nach Norden in wildreiche Jagdgründe gezogen, die sie den Cree streitig machten.

Obwohl der Schneesturm die Piste teilweise verweht hatte, schlugen die Hunde ein beeindruckendes Tempo an. Ohio hielt nur einmal kurz an, um Torok und Narsuak, die an der Spitze liefen und die Piste spurten, kleine Lederlappen um die Vorderpfoten zu binden. Das Leder schützte die empfindlichen Sohlenballen vor Verletzungen.

Cooper war fasziniert von dem Gespann, das im Tempo nicht nachließ. Er war Malamuten gewohnt, die im Schritt gingen und, wenn sie einmal in Trab fielen, ungelenk wirkten, als steckten sie in einer zu engen Haut. Doch die Beine der Huskies flogen nur so dahin und glitten mit einer Leichtigkeit über den Schnee, als würden sie ihn kaum je berühren. Und zu beiden Seiten des Schlittens, in dem Tunnel, den die Piste in den Wald bohrte, sah Cooper die Kilometer vorüberziehen. Ungefähr zwanzig in der ersten Stunde, denn sie waren gut fünfzehn Minuten lang galoppiert, und in den folgenden durchschnittlich zwölf bis fünfzehn Kilometer.

»Das ist unglaublich! Wirklich unglaublich!« rief er immer wieder verblüfft.

Ohio lächelte stolz. Die Meute zeigte sich von ihrer besten Seite.

»So bist du bald bei deiner Mayoke«, sagte Cooper kopfschüttelnd.

Ohio dachte an nichts anderes. Sie in die Arme nehmen, küssen, streicheln, ihre Haut spüren, ihre Stimme hören, sich an sie schmiegen und nicht mehr von ihr lassen, das Gesicht in ihrem Haar vergraben und ihre Brüste umfassen, sie lieben, wieder und wieder. Ob er jemals davon genug bekommen konnte? Er stellte sich vor, wie ungeduldig – wie schwach erschien ihm dieses Wort! – Cooper nach so vielen Jahren sein mußte! Waren es nicht schon an die achtzehn Jahre!

Cooper sprach nicht darüber, und Ohio respektierte seine Scham. Er hatte nur wenige Fragen zu Sacajawa gestellt und sich dabei auf das Wichtigste beschränkt. Alles andere wollte er gewiß aus ihrem eigenen Mund hören. Oder dachte er nur an die gemeinsame Zukunft, die sie sich trotz der langen und schmerzlichen Trennung noch aufbauen konnten?

Auf die helle Nacht folgte eine lange, eisige Dämmerung. Sie hielten an und entzündeten ein Feuer, brieten Fleisch und buken Fladenbrot. Jeder Handgriff Coopers saß, und Ohio spürte, wie sehr ihn jede Arbeit rührte, ob er nun einen Baum fällte, Birkenrinde abschälte, Feuer machte oder Eis zum Schmelzen brachte. Wie hatte er nur so lange ohne dies alles leben können! »Gebt mir den Norden und Hunde«, sagte er unvermittelt, als er in ein Stück Fleisch biß, »den Rest könnt ihr behalten! Das ist das einzige Leben, das zu leben sich lohnt, Ohio.«

»Und Sacajawa?«

»Sie steht über allem. Sie ist alles. Alles.«

Wie hatte er nur fragen können? Cooper machte ihm nichts

vor. Wahrscheinlich hatte er es nur noch einmal hören müssen.

Im Westen ging der Mond über den Bäumen auf, die sich schwarz gegen den tiefblauen Himmel abhoben, an dem Tausende von Sternen funkelten. In der Ferne kläffte ein Fuchs, dann kehrte Stille ein, und nur das Feuer knisterte leise. Die Hunde schliefen, zu einer Kugel zusammengerollt, die Schnauze unter dem Schwanz. Sie sprachen nicht. Sie lauschten der Nacht und empfanden dasselbe. Irgendwo knackte ein Baum, den der Frost spaltete.

»Es wird kälter, und die Kälte wird anhalten«, sagte Cooper voraus.

Ohio blickte zum Mond und nickte. »Ja, es steht gutes Wetter in Aussicht.«

»Du wirst zügig vorankommen.«

»Vorausgesetzt, ich finde die Pisten.«

»Auf dem Meereis wirst du keine brauchen.«

»Ich kenne das Meereis nicht.«

»Du mußt auf dem ebenen Teil zwischen Küste und Packeis reisen.«

»Was ist das?«

»Eine Folge der Gezeiten.«

»Ich verstehe nicht –«

»Ich erkläre es dir. Zweimal am Tag steigt und sinkt der Wasserstand des Meeres um mehrere Meter. Du mußt dir das vorstellen wie in einer Schale, die du kaum merklich von rechts nach links kippst.«

Cooper ließ die Fleischbrühe in seiner Schale von einer Seite zur anderen schwappen.

»Im Winter bricht das Eis dabei jedesmal auf und bildet sich neu, wenn es zwischen Ebbe und Flut zum Stillstand kommt. Danach zerbricht es erneut. Das Eis wird zusammengepreßt, und es bildet sich Packeis, das sich mehrere Meter hoch auftürmen kann.«

»Und ein unüberwindliches Hindernis darstellt?«

»Im Packeis zu reisen ist für dich nur dann von Vorteil,

wenn du über eine Bucht abkürzen willst und die Oberfläche geeignet ist. Der Bereich zwischen der Küste und diesem Streifen ist von idealer Beschaffenheit, flach und ungefährlich.«

»Ich werde deinen Rat beherzigen.«

»Paß auf dich auf, Ohio. Nun, da ich dich gefunden habe, möchte ich dich nicht gleich wieder verlieren.«

Ohio war bewegt. »Du auch, Cooper. Dein Abenteuer ist weitaus gefährlicher.«

»Ich kenne die See.«

»Sacajawa braucht dich. Sie hätte es verdient. Geh kein unnötiges Wagnis ein.«

»Das verspreche ich dir.«

Sie brachen mitten in der Nacht wieder auf und erreichten kurz nach Tagesanbruch das Dorf Yakataga. Eine dicke Eiskruste rahmte ihre Gesichter, als sie nach dem Ausschirren die zum Kontor der Hudsonbai-Kompanie gehörende Herberge betraten, in der alle Reisenden, die aus dem Norden kamen oder in den Norden wollten, aßen und übernachteten.

Der Wirt, ein dicker Mann mit jovialem Gesicht, freute sich, sie zu sehen, denn er wollte noch heute zwei Indianer nach Quebec schicken.

»Ihr habt die Piste freigemacht! Bravo! Wie lange habt ihr bei dem verfluchten Sturm gebraucht?«

»Zwei Tage«, antwortete Ohio, ehe Cooper den Mund aufmachen konnte.

Cooper stutzte kurz, dann zwinkerte er Ohio zu und ergänzte: »Zwei volle Tage.«

»Dann müßt ihr verteufelt gute Hunde haben. Bei so einem Sturm braucht man normalerweise mindestens drei. Er muß die halbe Piste verweht haben.«

»Bringt uns etwas Anständiges zu essen!« sagte Cooper und wärmte sich an dem großen gußeisernen Ofen. »Wir können zahlen.«

»Das denke ich mir.«

Er flitzte in den Raum, der als Küche diente, und warf dicke Scheiben Speck in eine Pfanne, dann kam er mit einer Kanne Kaffee zurück.

»Gibt es auch Tee?« fragte Ohio.

»Aber gewiß.«

»Wann willst du aufbrechen, Ohio?« fragte Cooper, während er sich Kaffee einschenkte.

»Morgen in aller Frühe.«

Cooper wandte sich an den Wirt. »Ob die beiden« – er deutete auf die Indianer in der Ecke – »ihre Reise wohl um einen Tag verschieben und mich nach Quebec mitnehmen könnten? Ich bezahle.«

»Das müßte sich machen lassen. Ich sage ihnen, daß sie zwei oder drei Hunde mehr anspannen sollen.«

»Wie lange werden sie brauchen?«

»Jetzt, wo die Piste frei ist, zwei Tage.«

Cooper hätte ihm liebend gern erzählt, daß das Gespann nur wenig mehr als eine Nacht gebraucht hatte, doch er respektierte Ohios Verschwiegenheit. Sie aßen, dann gingen sie die Hunde füttern und tränken. Ohio untersuchte jeden einzelnen gründlich, massierte ihm den Rücken und die Schenkel, nahm die Pfoten in Augenschein, betastete Muskeln und Sehnen, und Cooper sah aufmerksam zu und ließ sich den Werdegang und Charakter jedes einzelnen schildern.

»Wirst du mir Welpen schenken, damit ich dich gelegentlich auf einem Ausflug begleiten kann?«

Ohio hielt verwundert inne. Er hatte sich noch gar nicht klargemacht, was es hieß, einen Vater zu haben, und stellte sich jetzt vor, wie es wohl wäre, ihn in seiner Nähe zu haben, im Dorf, mit ihm die weißen Weiten zu durchstreifen, gemeinsam auf die Jagd und zum Fischen zu gehen. Jemanden zu haben, dem er sich anvertrauen, auf den er zählen konnte. Dies war die Antwort auf eine der Fragen, die er sich gestellt hatte. Er hatte nicht nur Sacajawas Cooper gesucht, sondern auch seinen Vater. Das war es, was ihn getrieben hatte. Und mit einem Mal war er davon überzeugt, daß es eine unsichtbare Kraft gab, die sich über Entfernungen und Jahre hinwegsetzte und es zwei Menschen ermöglichte, miteinander in Verbindung zu bleiben. Wie hätte Sacajawa ohne diese Kraft weiter lieben können? Wie hätte er, Ohio, den hohen Norden durchqueren können, wenn ihn nicht diese unbewußte Hoffnung beseelt hätte, dieser Wille, den der Glaube gewissermaßen in etwas Übernatürliches verwandelte? Er dachte an jenen Tag, an dem ihm Keshad, der alte Schamane, an einem See eine Lektion erteilt hatte, indem er voraussagte, daß eine Schar Schneehühner und wenig später eine Elchkuh mit einem hinkenden Kalb auftauchen würden. Jenseits der Grenzen des Bewußtseins wirkten andere Kräfte. Wäre Cooper auf der Rückreise oder in England gestorben, dessen war sich Ohio sicher, wäre die Flamme in Sacajawas Herz erloschen, und er selbst hätte nicht allen Widrigkeiten zum Trotz seine Reise zu Ende gebracht. Waren die Menschen nicht Spielball eines Schicksals, über das andere bestimmten? Mit einem Mal fühlte sich Ohio sehr verletzlich.

»Du bist so nachdenklich, Ohio. Also, wie ist es, wirst du mir die Welpen geben?«

Er wich der Frage aus. »Ich habe Angst, daß uns etwas zustößt, Cooper. Das alles kommt mir so erstaunlich vor!«

»Schön ist es! Findest du nicht, daß wir genug Unglück erlitten haben, Sacajawa, Mayoke, du und ich, und daß wir uns ein wenig … Frieden verdient haben?«

»Ich habe eine böse Vorahnung. Ich kann mich nicht davon freimachen.«

»Nächsten Winter werden wir uns wiedersehen und zusammen diese schönen Berge überqueren, Mayoke, du und ich.«

Er machte sich Mut. Er konnte und wollte an nichts anderes denken.

40

Sie schieden wortlos im Morgengrauen voneinander. Kaum war Ohio verschwunden, empfand Cooper Bedauern. Aber was hätte er noch tun können? Ihn begleiten? Ohio mußte Mayoke wiederfinden. Er hatte ihm Geld gegeben und würde für ihn beten, mehr konnte er nicht für ihn tun. Ohio mußte selbst mit den Gefahren des hohen Nordens fertig werden. Und wer konnte ihnen besser trotzen als dieser Junge und seine Hunde? Er wäre ihm nur zur Last gefallen. Er war stolz auf diesen Sohn, so stolz.

Cooper starrte lange in die Nacht, in der Ohio verschwunden war, dann kehrte er zum Kontor zurück und rief die Indianer, die sich, wie üblich, so verhielten, als existiere die Zeit für sie nicht. Sie hatten noch nicht einmal angespannt, und Cooper durfte nicht säumen. Der Winter war schon weit fortgeschritten, und ihm blieben nur noch zwei Monate, um seine Angelegenheiten zu regeln, sein Schiff auszurüsten, die zweite Hälfte der Mannschaft anzuheuern und ein schönes Gespann aufzutreiben und auszubilden. Die Reise selbst würde er schnell hinter sich bringen, und in einem Jahr würde er bei Sacajawa und seinem Sohn in jenen Bergen sein, die er nie hätte verlassen sollen.

»Los, zum Donnerwetter, es wird schon hell!«

Die Männer kamen achselzuckend aus dem Kontor. Schon wieder hatten sie es mit einem dieser Weißen zu tun, denen es nicht schnell genug gehen konnte. Aber der hier zahlte wenigstens gut. Sie spannten ihre Malamuten an und überprüften die Ladung, dann verließen sie Yakataga. Die Hunde trabten eine Zeitlang, doch kaum lagen die letzten Hütten, von denen die meisten leer standen, hinter ihnen, ging es im Schrittempo weiter. Cooper seufzte. Er hatte eine lange Fahrt vor sich.

Ohio war etwas zu früh aufgebrochen. Der Mond war untergegangen, und das Licht des Morgens, der eben erst im Osten graute, drang noch nicht durch die Bäume des Waldes, durch den sich die Piste schlängelte. Er rammte einen Baum, und dabei zerbrach das gebogene Querholz, das den Bug des Schlittens schützte.

»So beginnt also meine Reise«, stöhnte er.

Er hielt an, machte Feuer und band ein paar dünne Birkentriebe zu einem behelfsmäßigen Stoßfänger zusammen, der wohl einige Zeit seinen Zweck erfüllen würde. Er wollte eine spätere Pause dazu nutzen, aus einem Stück Birkenholz einen richtigen Stoßfänger zuzuschneiden. Dann endlich sickerte Tageslicht durch die Bäume, und er konnte weiterfahren. Die Piste führte an mehreren Seen und Bächen entlang. Offensichtlich wurde sie zu jeder Jahreszeit benutzt. Vom Inhaber des Kontors in Yakataga hatte er erfahren, daß sie weit nach Norden zum Haricanafluß führte und von dort zu dem Montagnais-Dorf Waspanipi. Bis zur Jamesbucht, so hatte der Mann gesagt, brauche er mindestens dreißig Tage, und Ohio nahm an, daß die Strecke für ihn in zehn Tagen zu bewältigen war, zumal diese Piste die einzige Verbindung zwischen der Hudsonbai und Quebec darstellte, weil die zweite Piste im Westen viel zu gefährlich war. Das Gebiet, durch das sie führte, war immer noch Schauplatz zahlreicher blutiger Kämpfe zwischen Indianern und Verteidigern der Handelsstationen, die im Lauf eines Jahres mitunter mehrmals den Besitzer wechselten.

Hoch im Norden hoffte Ohio den Schrecken des Krieges zu entgehen, und er schauderte bei dem Gedanken daran, was Mayoke alles hatte zustoßen können. Hätte er nicht denselben Weg nehmen sollen wie sie? Aber die Aussicht, sie einzuholen, war sehr gering. Sie war bestimmt schon sehr weit vorgedrungen, so hoffte er zumindest. Auf der nördlichen Route würde er schnellstmöglich zum Großen Sklavensee gelangen, den sie höchstwahrscheinlich vor ihm erreichen würde, denn sie war bereits seit über einem Monat unterwegs. Wenn er sie dort nicht fand, woran er gar nicht denken mochte, würde er weiterziehen und nach ihr suchen.

Ohio nutzte das anhaltend schöne Wetter und legte zwischen sechzig und siebzig Kilometer pro Tag zurück. Je weiter er nach Norden kam, desto besser wurde die Piste, denn hier hatte es nur wenig geschneit. Er begegnete einem ersten Gespann, dann, zwei Tagesreisen vor Waspanipi, drei weiteren. Die Männer fragten ihn nach dem Biberpelzpreis in Quebec, doch er kannte ihn nicht. Neugierig musterten sie diesen Reisenden, der die wichtigste Sache der Welt nicht kannte: den Preis für einen Biberpelz!

Wie schon in Yakataga gab es auch in Waspanipi neben dem Kontor eine Art Herberge, in der reisende Indianer und Weiße einkehren, schlafen und Futter für ihre Hunde kaufen konnten. Das große Blockhaus verfügte über einen Schlafsaal und zusätzlich über zwei Einzelzimmer für Angehörige der Kompanie und wohlhabende Gäste, die sich mit den anderen, namentlich den Indianern, nicht gemein machen wollten. Ohio nahm mit dem Schlafsaal vorlieb, in dem zwei Indianer kräftig dem Branntwein zusprachen, den sie kurz zuvor gegen minderwertige Fuchspelze eingetauscht hatten. Er kaufte Fisch und Biberknochen für die Hunde und mußte sich eingestehen, daß Geld gewisse Vorzüge hatte. Er rieb ihnen die wunden Pfoten mit einer Mischung aus Biberfett und Waltran ein, die das Kontor in Fläschchen verkaufte und die, wie er wußte, Entzündungen verhinderte.

Wie in allen anderen Dörfern standen auch hier viele Hütten leer, weil die meisten Männer in entlegenen Gebieten Pelztiere jagten.

Eigentlich hatte Ohio beabsichtigt, zwei Nächte hier zu schlafen, doch als er am Morgen erwachte, stellte er mit Schrecken fest, daß der Ledersack in dem auch das Geld gewesen war, das Cooper ihm gegeben hatte – eine stattliche Summe –, verschwunden war.

»Diese Verräter!«

Er schlüpfte hastig in seine Kleider und stürzte ins Freie. Ihre Hunde waren nicht mehr da. Seit knapp zwei Stunden war es hell, die Flüchtigen konnten also keinen allzu großen Vorsprung haben.

»He, du da, du gehst nicht, ohne vorher zu bezahlen.«

»Ich habe kein Geld mehr. Die beiden Indianer haben mich bestohlen! Ich komme wieder und bezahle. Behalte solange meine Sachen.«

Der Weiße zögerte, doch ein Blick auf die Ausrüstung des Gastes überzeugte ihn. Sie entschädigte ihn reichlich, falls Ohio nicht mehr auftauchen sollte. Murrend ließ er ihn ziehen.

»Verfluchte Rothäute. Jetzt bestehlen sie sich schon gegenseitig.«

Die Hunde stürmten los. Sie spürten die Erregung Ohios, der seine Wut kaum bezähmen konnte. Die beiden Diebe waren mit ihren sechsköpfigen Gespannen schneller als erwartet, und er brauchte vier Stunden, um sie einzuholen. Der Weg führte schnurgerade an einem See entlang, und sie bemerkten ihn erst, als er bis auf vierhundert Meter an sie herangekommen war. Sie hielten augenblicklich an und luden ihre Gewehre. Ohio erkannte, daß ihm nicht genug Zeit blieb, um sich auf sie zu stürzen.

»Djee, Torok! Schnell, djee!«

Torok bog in den Tiefschnee ab, und Ohio sprang vom Schlitten und schob ihn in den Wald. Ein Kugel pfiff, als er hinter Tannen in Deckung ging. Er lud sein Gewehr, schlich sich bis auf Schußweite an seine Gegner heran, die ebenfalls in Deckung gegangen waren, und feuerte in ihre Richtung. Er machte sich keine Hoffnung, sie zu treffen, er wollte ihnen nur zeigen, daß er ebenfalls bewaffnet war. Eine lange Stille folgte. Offenbar wollte keine Seite einen Angriff wagen. Ohio kehrte zu den Hunden zurück, da er fürchtete, einer der Männer könnte sich in seinen Rücken schleichen und auf sie schießen. Er hätte an ihrer Stelle so gehandelt, denn besser konnten sie ihre zahlenmäßige Überlegenheit nicht nutzen. Plötzlich hörte er ein Geräusch. Sie flüchteten! Das begriff er nicht.

»Sie wissen doch, daß ich schneller bin!«

Was versprachen sie sich davon?

Er hatte sie nicht abfahren sehen und witterte eine Falle. Möglicherweise lenkte einer die beiden Gespanne, während der andere sich auf die Lauer legte und hoffte, daß er die Verfolgung aufnahm und ihm so ein leichtes Ziel bot. Das war schlau, aber so leicht würden sie ihn nicht kriegen. Ohio wartete. Eine lange halbe Stunde verstrich.

Seine Geduld war erschöpft. Er beschloß, zum Angriff überzugehen.

»Torok, du bleibst hier! Brav!«

Er schlich durch den Wald. Nichts rührte sich. Die Stille war beklemmend. Ein offener Kampf wäre ihm lieber gewesen als dieses nervenaufreibende Versteckspiel, das mit einer Kugel in den Rücken enden konnte. Er gelangte an die Stelle, wo ihre Schlitten gestanden hatten. Da lag sein Ledersack!

»Eine List!«

Er pirschte sich näher, huschte auf die andere Seite der Piste, umging Stellen, wo einer der beiden auf der Lauer liegen konnte. Er stieß auf Fußspuren und untersuchte sie. Sie stammten von zwei Männern. Die beiden Diebe waren fort und hatten seinen Sack zurückgelassen. Er begriff nicht, was hier vor sich gehen mochte. Er vergewisserte sich noch einmal, daß es keine Falle war, suchte die Umgebung nach verdächtigen Spuren ab und kehrte schließlich beruhigt zu seinem Sack zurück und hob ihn auf.

Vier der fünf Beutel, die das Geld enthielten, waren noch da!

Das war es also!

»Diese Hundesöhne glauben, ich gebe die Verfolgung auf, wenn sie einen Großteil des Geldes zurückgeben.«

Sie hatten recht. Im ersten Moment wollte er ihnen nachjagen, doch dann sah er ein, daß es klüger war, ihnen die Beute zu überlassen, die ein wahres Vermögen darstellte, denn jeder Beutel enthielt Geld im Wert von achthundert Biberpelzen. Mehr als die beiden Männer mit der Fallenstellerei in drei Jahren verdienen konnten!

Ohio tränkte die Hunde und kehrte um. Der Vorfall sollte ihm eine Lehre sein. Künftig würde er sein Geld verstecken und beim Bezahlen nur ein paar Goldstücke vorzeigen. Jetzt verstand er Coopers Befürchtungen. Er besaß fünfzehn solche Beutel und hatte das Risiko verteilen wollen, indem er ihm fünf davon anvertraute.

»Vor allem aber«, hatte er zu ihm gesagt, als er ihm das Geld gab, »nimm dir soviel davon, wie du brauchst. Niemand wird eine bessere und vernünftigere Verwendung dafür haben als du.«

Ohio hatte keinen Einspruch erhoben. Geld bedeutete ihm nichts. Man konnte Proviant, Schießbedarf und Kerzen damit kaufen, aber nichts, was ihm wirklich wertvoll erschien.

41

Die Hunde begriffen nicht, warum sie zum dritten Mal dieselbe Strecke zurücklegen mußten. Dieses Hin und Her, dessen Sinn ihnen verborgen blieb, begann sie zu langweilen.

»Los, Hunde, etwas mehr Einsatz! Ihr könnt noch lange genug auf der faulen Haut liegen, ehe es weitergeht.«

Doch sie liefen nur unwesentlich schneller. Kurvik und Huslik ließen sogar den Schwanz hängen. Sie kamen erst in der Nacht in Waspanipi an, wo im Lauf des Tages Jäger aus dem Dorf Moosene eingetroffen waren.

»Seid ihr wirklich aus Moosene?«

»Ja, warum?«

Moosene war das zweite Ziel seiner Reise, doch der Name seines Freundes, der auch der Name seines Sohnes geworden war, kam ihm nur schwer über die Lippen. Seine Stimme zitterte.

»Kennst du Mudoi? Er hat vor drei oder vier Jahren das Dorf verlassen.«

»Vor dem großen Kampf mit den Irokesen?«

»Könnte sein, ja. Oder auch kurz danach.«

»Das würde mich wundern. Nur wenige haben ihn überlebt.«

»Und du?«

»Ich stamme aus Attawaspikat, wie die meisten Cree, die jetzt in Moosenee leben. Wir haben die Irokesen und die Ojibwa vertrieben.«

Ohio begann zu begreifen. Er rief sich in Erinnerung, was

Mudoi gesagt hatte, als er seine Sprache erlernte: »Dorf tot. Männer, Frauen, Kinder getötet wegen Pelzen.« Damals hatte er nicht verstanden, denn er wußte noch nichts von den Umwälzungen, die der Pelzhandel in dem Land, durch das zu reisen er sich anschickte, hervorgerufen hatte. Er kannte weder die Weißen noch ihre Feuerwaffen noch ihren Branntwein. Er lebte fern von alledem bei den Seinen, tief in den Bergen, die sie vor dem weißen Sturm, der über das Land fegte, geschützt hatten.

»Piwiskat kann dir Auskunft geben. Er war zum Zeitpunkt des Massakers nicht im Dorf.«

»Ist er hier?«

»Ja, der da hinten, der gerade den Fisch zerlegt.«

»Danke.«

Ohio ging zu dem Mann, der ungefähr fünfzig Jahre alt war.

»Bist du Piwiskat?«

»Ja.«

»Ich heiße Ohio. Ich komme aus dem Westen, von sehr weit her, und ich habe Mudoi getroffen. Kennst du ihn?«

»Und ob!«

Der Indianer stand freundlich auf.

»Er ist tot.«

Piwiskat seufzte. »Keiner aus den alten Zeiten bleibt übrig.«

»Warst du mit ihm verwandt?«

»Wir waren alle miteinander verwandt.«

»Ich meine – «

»Ich weiß, was du meinst. Er war der Sohn meiner Schwester.«

»Das tut mir leid.«

»Wie ist er gestorben?«

Ohio erzählte ihm alles. Das tat ihm gut. Je länger er sprach, desto leichter wurde ihm ums Herz. Er fühlte sich wie von einer Last befreit.

Da es kalt war, fütterten sie gemeinsam ihre Hunde und

gingen dann ins Kontor und setzten ihr Gespräch an einem der Tische fort, die am Ofen standen.

Piwiskat ging hart ins Gericht mit den Franzosen und Engländern, die in ihr Land eingefallen waren, um ihnen ihre Gesetze und ihre Religion aufzuzwingen, und Ohio merkte bald, daß er mit diesem Mann, der sich nur noch in der Abgeschiedenheit der Wälder wohl fühlte, eines Sinnes war.

»Was tust du hier?«

»Ich bin hier, um Pelze gegen Tee einzutauschen, und gegen durchsichtige Scheiben für meine Hütte.«

»Und die anderen?« fragte Ohio und deutete auf acht Indianer, die mit fünf Gespannen gekommen waren.

»Sieh sie dir doch an!«

Sie tranken.

»Ihre Frauen haben ihnen gesagt, was sie mitbringen sollen, und jetzt haben sie schon die Hälfte ihrer Felle gegen Flaschen eingetauscht.«

Piwiskat machte eine hilflose Geste. Man spürte seine Empörung, aber auch seine Resignation.

»Hat Mudoi außer dir noch Verwandte? Einen Bruder? Eine Schwester … Lebt sein Vater vielleicht noch?«

Piwiskat verneinte eine Frage nach der anderen.

»Niemand?«

»Fast alle sind tot. Ich selbst war damals auf der Jagd. Sie haben alle ausgelöscht. Es war schrecklich.«

Seine Augen verschleierten sich, und Ohio drang nicht weiter in ihn. Was erhoffte er sich von einem Besuch in dem Dorf? Weshalb war ihm so viel daran gelegen? Glaubte er, sich auf diese Weise von seinen Schuldgefühlen befreien zu können?

Als hätte Piwiskat seine Gedanken erraten, fragte er ihn, ob er einen Gegenstand aus Mudois Besitz aufgehoben habe.

»Das Messer hier.« Ohio deutete auf das Messer, das in seinem Gürtel steckte.

»Ganz am Ende der Narval-Landzunge, im Westen des Dorfes, wirst du auf einem großen, flachen Felsen einen Steinhaufen finden. Es gibt dort viele, aber jeder trägt ein bestimmtes Zeichen. Das mit einem Lachs, der über einen Vogel springt, ist das Zeichen von Mudois Familie. Dort ruhen sie alle. Gehe hin und lasse das Messer dort. Die Geister werden verstehen, und ich bin sicher, daß ein Teil seiner Seele noch in dieser Waffe ist.«

»Das werde ich tun.«

Wolken waren aufgezogen, und es wurde so mild, daß Ohio im Freien bei den Hunden schlief. Am nächsten Tag kaufte er hundert Kilo Lachs. Er taute einen Fisch am Feuer auf, höhlte ihn mit dem Messer, das Cooper ihm gegeben hatte, aus und stopfte die Beutel mit dem Geld hinein. Dann verschloß er den Fisch wieder und ließ ihn gefrieren. Er blieb den ganzen Nachmittag bei den Hunden, massierte ihnen den Rücken und die Gelenke, spielte und sprach mit ihnen. Piwiskat kam, um sich von ihm zu verabschieden, ehe er mit seinem Gespann aufbrach.

»Wir werden uns auf der Piste wiedersehen«, sagte Ohio. »Ich breche morgen früh auf.«

»Westlich des Dorfes sind mehrere kleine Karibuherden gesichtet worden. Zwei Stunden von hier werden wir die Piste verlassen und in ihre Richtung weiterziehen. Wir werden uns also nicht wiedersehen.«

»Sind deine Reisegefährten wieder nüchtern?«

»Pah, ein mehrstündiger Marsch mit Schneeschuhen, und man wird nichts mehr merken.«

»Der große Geist der Jagd möge mit euch sein.«

Sie nahmen voneinander Abschied.

»Ohio?«

»Ja?«

»Sei unbesorgt. Du hast getan, was getan werden mußte, und sogar viel mehr.«

»Danke, Piwiskat. Es müßte mehr Menschen wie dich geben. Dann könnten uns die Weißen nicht ihre Gesetze aufzwingen.«

»Oh, das würde nichts nützen. Die Weißen kommen zahlreicher als die Gänse im Frühling, und sie sind mächtig. Vor allem aber blicken sie immer nach vorn und niemals zurück.«

»Was meinst du damit?«

»Wenn ein Indianer eine verschneite, unberührte Ebene durchquert und auf einen Hügel gelangt, dreht er sich um und nimmt sich die nötige Zeit, um sie zu betrachten. Er erkennt seine Fehler. Er sieht, ob seine Spur dem Bild entspricht, das er sich von ihr gemacht hat. Er vergleicht sie mit anderen, jenen, die sich seinem Gedächtnis eingeprägt haben, oder mit der eines Wolfs, der bisweilen ohne festes Ziel umherirrt.«

»Gut gesprochen, Piwiskat. Ich gehöre zu den Menschen, die zu selten aus ihren Fehlern lernen. Ich werde versuchen, mich deiner Worte zu erinnern. Jedes Mal, wenn ich auf einem Hügel meines Lebens anlange, werde ich mir die Zeit nehmen, innezuhalten und dem zu lauschen, was meine Spur mir verrät.«

»Und noch etwas, Ohio. Hüte dich vor *pisugtooq*, dem großen Reisenden. Der Eisbär ist ein unberechenbares und gefährliches Tier. Glaube mir, er ist nicht wie irgendein anderes Tier, das du kennst. *Pisugtooq* ist groß und schwer, aber wenn er will, macht er sich leicht und unsichtbar wie eine Gänsefeder.«

»Ich werde *pisugtooq* nicht unterschätzen«, versprach Ohio.

»Die Inuit nennen ihn ›den großen Reisenden‹ und verehren ihn, weil der Weitgereiste Achtung verdient. Ich bin glücklich, dich getroffen zu haben, Ohio. Möge der Geist *pisugtooqs* mit dir sein.«

Ohio erreichte Moosene in knapp zehn Tagen. Das Dorf war ein Umschlagplatz der Hudsonbai-Kompanie. Überall herrschte reges Treiben. Pelze aus allen Teilen der Bucht wurden hier umgeschlagen, und in dem riesigen Kontor, das mitten im Dorf thronte, lagerte eine gewaltige Warenmenge. Ohio bewunderte die Polarfuchsfelle, die zu Hunderten im

Wind trockneten, und doch stimmte ihn der Anblick bedenklich. So viele tote Tiere!

Er erklomm den Felsen von Mudois Familie und blieb dort einen ganzen Tag, hockte am Feuer und blickte gedankenverloren auf das Packeis, das er zum ersten Mal in seinem Leben sah.

»Mudoi, mein Freund, ich vertraue dir meinen Sohn an. Nimm ihn mit in das Land der großen Geister. Beschütze ihn und sage ihm, wie sehr ich ihn liebe. Auf daß es ihm Kraft gebe.«

Ohio spürte, daß Mudoi bei ihm war und ihn hörte. Er war verwirrt über die Ähnlichkeit zwischen diesem Ort und jener Halbinsel, auf der er Mayoke kennengelernt hatte, am Ufer des großen Sees, der einem Meer glich.

»Ich liebe sie! Ich liebe sie so sehr!« Und er dachte an das Leid, das sie gemeinsam durchleben und vor allem gemeinsam hätten überwinden sollen. »Wirst du mir verzeihen, Mayoke?«

Er war sich dessen nicht mehr sicher.

42

Wegen der grimmigen Kälte hatten sie über sechs Tage lang nicht jagen können. Die Tiere gruben sich ein, um möglichst wenig Wärme zu verlieren. Schafe und Ziegen kauerten unter Tannen im Schnee und warteten auf das Ende der Kälte. Für die Zeit danach verhieß Rankhan eine erfolgreiche Jagd, denn die ausgehungerten Tiere würden den ganzen Tag auf Futtersuche und leichter zu beschleichen sein als morgens oder abends im Dämmerlicht. Doch auf die strenge Kälte folgte ein Schneesturm. Zwei Wochen nach ihrer Ankunft hatten sie nur drei Schafe und eine Ziege erlegt, kaum genug, um auch nur eine der zwanzig Familien, die der Clan zählte, durch den Winter zu bringen.

Ulah und Nutak hatte die magere Ausbeute ins Dorf gebracht und kamen mit schlechten Neuigkeiten wieder. Uzbek war mit leeren Händen aus den großen Isotiasümpfen zurückgekehrt, wo er Elche zu finden gehofft hatte. Einen hatte er aufgespürt, doch Wölfe hatten ihm die Jagd verdorben. Rankhan äußerte sich nicht dazu, doch Sacajawa las in seinen Augen, was er dachte: Uzbek mochte ein guter Häuptling sein, doch ein tüchtiger Jäger war er nicht.

Das Überleben des Dorfes hing von ihnen ab. Sie verdoppelten ihre Anstrengungen. Mit der Jagd auf großes Wild hatten sie wenig Erfolg. Innerhalb von sechs Tagen erlegten sie nur zwei Schafe. Doch als Ulah und Nutak wieder die Fahrt ins Dorf antraten, waren ihre beiden Schlitten mit zahlreichen

Hasen beladen, die Rankhan in zwei Nachbartälern mit Schlingen gefangen hatte.

»Künftig müssen wir noch tiefer in die Berge hinein, um ebenso viele zu fangen. Aber ich bezweifele, daß wir wieder eine ähnlich günstige Stelle finden.«

»Was hältst du davon, wenn wir unser Lager verlegen?« schlug Ujka vor.

»Zuvor sollten wir unser Glück bei der Ziegenherde versuchen, die wir östlich des Sees entdeckt haben.«

»Aber an die kommen wir nicht heran.«

»Der Wind wird drehen, sie werden wandern.«

Rankhan behielt recht. Hatte der Wind bisher aus dem Norden geweht, so drehte er nun nach Westen, und die Ziegen verließen die unwegsamen Felsen und zogen auf einen Steilhang, wo die Jäger versuchen konnten, sich anzupirschen.

Sie standen alle drei auf dem Paß, Rankhan, Ujka und Sacajawa. Im Westen erhob sich ein Felsgrat, unter dem die Ziegen ästen.

»Ich werde mich von unten an sie anschleichen, durch die Schlucht dort. Ihr beziehet auf beiden Seiten des Grats Posten. Seht ihr die Spuren da hinten?«

»Von dort sind sie gekommen«, bemerkte Ujka.

»Und auf diesem Weg werden sie bestimmt auch flüchten. Du postierst dich dort mit zwei Pfeilen. Einen legst du auf, den anderen nimmst du zwischen die Zähne. Vielleicht hast du genug Zeit, um zwei zu erlegen. Und du, Sacajawa, kletterst hinunter zum See und auf der anderen Seite wieder hinauf bis zum Grat. Bei diesem Wind wäre es möglich, daß sie dorthin flüchten.«

»Dann wirst du also unterhalb von mir sein.«

»Ja, aber du hältst dich rechts, damit sie dich nicht wittern.«

Sie erhob niemals Einspruch gegen Rankhans Pläne. Sein Instinkt, gepaart mit seiner großen Erfahrung, war unübertrefflich. Diesmal jedoch äußerte sie Bedenken.

»Ich kenne den Hang«, sagte sie in verbindlichem Ton. »Ich

habe ihn unten überquert, als Nutak das junge Schaf erlegt hat. Er ist steiler, als es den Anschein hat. Ich bezweifle, daß du ihn erklimmen kannst, und der Schnee –«

»Du weißt, was du zu tun hast, und laß die Schlucht meine Sorge sein! Das Dorf hungert, und wenn diese Ziegen nicht sterben, werden Indianer sterben.«

Rankhan schulterte seinen Sack, hängte sich das Gewehr um und stapfte davon. Die geflochtenen Lederstreifen seiner Schneeschuhe rieben quietschend am Holz, und er blieb stehen und stellte sie so ein, daß sie möglichst wenig Lärm machten. Sacajawa wich Ujkas Blick aus und machte sich ihrerseits beklommen auf den Weg.

Sie brauchte eine gute Stunde, um ihren Posten einzunehmen. Sie konnte den gesamten Hang überblicken. Die Ziegen waren ein Stück weitergezogen, aber noch in Schußweite, zumindest für ein Gewehr. Von Rankhan war nichts zu sehen. Kein Laut war zu hören. Der weiße Himmel schwebte gleichsam über den Berggipfeln. Weit hinten im Tal entdeckte sie die Spur eines Wolfes, dann, weiter oben, Rankhans Fußstapfen, und schließlich ihn selbst. Er schleppte sich mühsam den Hang hinauf und suchte an Felsen Halt, die am Grund der Schlucht aus dem Schnee ragten. Am Rand der Schlucht wäre der Aufstieg leichter gewesen, aber dort hätten ihn die Ziegen bemerkt. Was sollte er tun? Weiter oben wurde der Hang noch steiler.

Sie hoffte auf eine erfolgreiche Jagd, und doch wünschte sie sich, daß die Ziegen Rankhan witterten oder hörten. Sie würden die Flucht ergreifen, und Ujka würde eine oder zwei erlegen. Rechtfertigte die Aussicht, ein Tier mehr zu erbeuten, ein solches Wagnis?

»Und er tut es nicht einmal für die Seinen«, dachte Sacajawa. »Er tut es für uns. Nicht er sollte da hinaufsteigen. Er hätte sich da hinten postieren und Ujka oder mir seinen Platz überlassen sollen.«

Sie konnte den Gedanken nicht zu Ende bringen. Plötzlich erfüllte das Donnern eines Felssturzes die Schlucht.

»Rankhan!«

Eine Wolke aus Schnee stieg aus der Schlucht auf. Felsbrocken waren abgegangen und hatten eine kleine Lawine ausgelöst. Sacajawa sprang auf den eisigen Hang, rutschte über den Schnee und sauste mit ihm zu Tal. Sie hätte eine richtige Lawine auslösen können, doch das war ihr gleich. Rankhan war in Lebensgefahr.

Gleich darauf war sie bei ihm. Zuerst sah sie das Blut, das den Schnee rot färbte, dann ihn selbst, halb verschüttet unter einem Haufen Steinen. Sie zog ihn heraus, doch sein Bein steckte fest. Ein Felsbrocken hatte es zermalmt. Er kam zu sich, als sie seinen Kopf hob und auf ihre Schneeschuhe bettete.

»Rankhan!«

Er biß die Zähne zusammen, richtete sich halb auf, sah das Bein und das Blut.

»Ich verblute!«

Sie konnte die Blutung nicht stillen, der Felsbrocken war ihr im Weg. Sie grub ein Loch in den Schnee und stemmte sich gegen den Felsen, um ihn auf die Seite zu wälzen. Er kippte nach hinten. Rankhan stöhnte, als das zerschmetterte Bein freikam. Er schnappte mühsam nach Luft, doch es gelang ihm, sich aufzusetzen. Sacajawa versuchte, die Blutung zu stoppen, doch das Blut quoll überall hervor.

»Sacajawa! Sacajawa!«

»Ja!«

Er zog sie an sich, so daß sie sein Bein loslassen mußte.

»Rankhan! Das Blut! Ich muß die Blutung stoppen.«

»Nein! Es ist vorbei, Sacajawa.« Er war jetzt ganz ruhig.

»Ich habe kein Bein mehr. Ich bin tot, Sacajawa.«

»Nein! Nein! Ich werde die Blutung stoppen.« Sie schrie. Empörte sich dagegen. Wollte es nicht wahrhaben. »Wir bringen dich zurück. Wir pflegen dich gesund.«

Sie machte sich gewaltsam von ihm los und zückte ihr Messer, um Lederstreifen aus ihrer Jacke zu schneiden. Das Blut spritzte stoßweise. Sie geriet in Panik.

»Ich flehe dich an, Sacajawa.«

Der Ton seiner Stimme veranlaßte sie, sich umzudrehen. Er lächelte sie an.

»Verdirb mir nicht diesen letzten Augenblick. Ich habe deinetwegen schon genug gelitten.«

Er zog sie wieder an sich. Sie ließ es geschehen.

»Es geht mir gut, Sacajawa. So gut. Mach dir keine Sorgen. Ohne Bein bin ich tot, denn ich kann die Berge nicht mehr durchstreifen.«

»Oh! Rankhan!«

Sie hatte aufgegeben. Sie begriff. Sie sah ihn an. Sein Gesicht mit den Krähenfüßen in den Augenwinkeln war sanfter geworden. Sie lächelte ihn an.

»Rankhan.«

Sie streichelte ihm das Gesicht und küßte ihn.

»Er mußte sein Gleichgewicht finden«, erklärte er atemlos. »Er drehte sich, als ich mich an ihm festhielt ... Ich bin rückwärts den Hang hinabgestürzt.«

»Das ist jetzt nicht wichtig.«

»Nein, nichts ist mehr wichtig. Ich möchte hier bleiben, Sacajawa. Hier unter den Steinen.«

Sie lächelte. Sie streichelte ihm das Gesicht und küßte ihn immer wieder.

»Wie wohl mir jetzt ist –«

Das Sprechen fiel ihm immer schwerer. Das Blut war aus seinem Gesicht gewichen.

»Wie oft habe ich von diesem Augenblick geträumt ... Ich –«

»Oh, Rankhan, ich verstehe dich ... Ich bin bei dir – «

Sie weinte. »Wolltest du sterben?« Sie verstand nicht mehr.

»Nein! Ich habe davon geträumt ... davon geträumt ...« Er stammelte, und sie spürte, daß er noch etwas sagen wollte.

»Ich habe so oft davon geträumt ... dich in meinen Armen zu halten.«

»Du träumst nicht, Rankhan.«

Sie küßte ihn, und er drückte sie mit aller Kraft an sich.

»Ich liege in deinen Armen, und ich liebe dich, Rankhan.«

Seine weißen Lippen zitterten ein wenig, deuteten ein Lächeln an. Dann spürte Sacajawa, wie sein Körper erschlaffte.

Warum war das Leben so ungerecht und so unsagbar hart zu ihr?

43

Das Packeis. Das Reich *pisugtooqs*, des Polarbären, des großen Reisenden.

Ohio mußte zwei Tage warten, ehe er eine Spur entdeckte. Sie war halb verweht, doch die Hunde beschnupperten sie mißtrauisch. Er hielt an und betrachtete die Abdrücke lange. Er betrachtete sie mit Andacht und Ehrfurcht. Er spürte eine Leere in sich. Es war, als werfe sein Geist die Last der Vergangenheit ab, um sich ganz dem Verlangen hinzugeben, einen Bären zu sehen. Ja, er würde das Packeis nicht verlassen, ehe er *pisugtooq* begegnet war. Er konnte nicht anders.

Er hatte Glück. Fünf Tage hintereinander blieb es kalt und windstill. Die Hunde jagten über den harten und flachen, mal breiteren, mal schmaleren Streifen zwischen Küste und Packeis, von dem Cooper gesprochen hatte. Wenn er anhielt, hörte er das Ächzen und Knirschen der Schollen, die sich unter der Einwirkung der Gezeiten ineinander schoben, aufwarfen und drehten. Während der ersten Tage zuckten die Hunde bei jedem Knacken zusammen, das für sie gleichbedeutend war mit Gefahr, doch mit der Zeit gewöhnten sie sich daran.

Seit Moosene war er niemandem begegnet, denn die meisten Indianer hielten sich im Landesinneren auf und jagten Polarfüchse. Die zweite Hälfte des Winters war dafür die beste Zeit, und sie nutzten sie aus.

Er hatte gerade Attawaspikat erreicht, als ein fürchterlicher Schneesturm losbrach. Drei Tage lang saß er in dem Dorf fest, das sich ungefähr zehn Kilometer von der Küste entfernt an einen Wald schmiegte. Das Dorf war praktisch verlassen, und das Kontor war armselig.

»Die Indianer«, so erklärte ihm der Weiße fatalistisch, »kommen nicht mehr hierher, um zu tauschen. Sie gehen nach Moosene. Dort ist die Auswahl größer.« Er gewährte ihm Gastfreundschaft, obwohl er auf Übernachtungsgäste nicht eingerichtet war.

Dick liebte Hunde, und Ohio begriff, daß er nur ihretwegen hier war. Er besaß ein schönes Gespann aus sechs Hunden, die eine Kreuzung zwischen Husky und Malamute waren. Sie gefielen Ohio sehr.

»Sie sind kräftig.«

»Und recht folgsam«, ergänzte Dick nicht ohne Stolz. »Früher habe ich im Kontor in Quebec gearbeitet. Da ich dort keine Hunde halten konnte, habe ich mich um den Posten hier beworben.«

Ohio erzählte ihm von seiner Absicht, das Gebiet zwischen der Jamesbucht und dem Großen Sklavensee, in dem sich die Stämme bekriegten, zu durchqueren.

»Davon würde ich dir abraten. Nimm lieber die Nordroute und wende dich später wieder nach Süden.«

»Dazu fehlt mir die Zeit. Ich muß vor dem Eisaufbruch am Sklavensee sein.«

»Das schaffst du nie.«

Ohio war solche Reaktionen mittlerweile gewohnt. Er widersprach nicht, sondern beließ es bei einem vagen »Ich denke doch«.

»Du mußt über Churchill hinaus, mindestens bis zu dem Inuitdorf Ivilig. Die Inuit jagen im baumlosen Land Karibus, und du wirst zügig vorankommen.«

»Gibt es dort einen Handelsposten?«

»Wo denkst du hin? Die Inuit haben alle Weißen massakriert, die sich so weit nach Norden gewagt haben. Weißt du, was man sich erzählt? Die Weißen wollten die Inuitfrauen zwingen, ihnen Fausthandschuhe zu nähen. Sie tyrannisierten das Dorf so lange, bis die Frauen sich an die Arbeit machten. Aber sie machten Handschuhe ohne Daumen und nähten sie diesen Dummköpfen an den Handgelenken fest. So konnten sie sich nicht verteidigen, als die Inuit über sie herfielen und ihnen die Gewehre stahlen.«

»Diese Weißen bekamen, was sie verdienten.«

»Du scheinst sie nicht zu mögen.«

»Wie sollte ich auch? Sieh dir doch an, was aus den Ländern des Nordens geworden ist.«

Dick scherte sich nicht darum. Er antwortete mit einem Schulterzucken und vertraute ihm einen Brief an den Vorsteher des Handelspostens in Churchill an.

»Swann ist wie ich. Er spricht zehn Indianer- und Inuitdialekte, du wirst keine Schwierigkeiten haben.«

»Ich spreche ein wenig Französisch«, erwiderte Ohio.

»Das wird dir nicht weiterhelfen.«

»Wieso nicht?«

»Das Land wird englisch. Englisch muß man lernen.«

»Mein Land bleibt das der Nahanni.«

Ohio hatte in scharfem Ton gesprochen, kniff die Lippen zusammen und funkelte ihn an.

»Das geht mich nichts an«, versetzte Dick, der solche Diskussionen nicht liebte.

Eine Indianerin betrat das kleine Kontor mit zehn Polarfüchsen. Dick nahm die Pelze kurz in Augenschein, stellte einen Empfangsschein aus und reichte ihn ihr. Sie verließ den Laden wieder.

Ohio wunderte sich. »Sie hat nicht gefeilscht und nichts mitgenommen.«

»Fuchs hat einen Festpreis, und ich habe kaum noch Waren hier. Sie kommt wieder, wenn die nächste Lieferung aus Moosenee eingetroffen ist.«

Wie so oft im Winter folgte auf den Sturm eine lange Kälteperiode. Ohio verließ Attawaspikat, sobald der Wind nachließ, und legte auf dem Meereis der Jamesbucht zwei große Etappen zurück. Um die Pfoten der Hunde zu schützen, hatte er ihnen kleine Lederschuhe genäht, denn das Salz des Eises griff die Sohlenballen besonders an. Im Morgengrauen des zweiten Tages erreichte er das Lager am Lake River, wo mehrere Tipis und, etwas abseits, drei Iglus standen, neben denen er ein schönes Gespann bemerkte. Die Hunde waren sehr kräftig und hatten ein rauhes Fell mit langen Haaren und heller flauschiger Unterwolle.

Die Eingänge der Tipis waren geschlossen, und nur aus einem stieg eine dünne Rauchsäule auf. Die zwischen zwei Pflöcken angeleinten Hunde begannen zu bellen, als Ohio seinen Schlitten anhielt. Eine Zeltbahn des Tipis wurde zurückgeschlagen, und eine junge Frau mit schmalen Augen schaute zu ihm herüber.

Beim Ausschirren winkte er ihr freundlich zu. Mit der stumpfen Seite seiner Axt trieb er zwei Pflöcke in den Schnee und spannte das Stahlseil, das er sich in Quebec als Ersatz für sein eigenes gekauft hatte. Die Frau schlüpfte in eine Jacke aus Seehundfell und kam ihm zu Hilfe. Sie konnten sich nicht verständigen. Sie war eine Inuit. Sie deutete auf den Iglu und winkte ihm, ihr zu folgen. Ohio bewunderte seine einfache, aber zweckmäßige Konstruktion aus Schneeblöcken, die spiralförmig aufeinandergeschichtet wurden bis zum letzten Stück der Kuppel, das aus einem Eisblock gehauen wurde und Licht durchließ.

Sie rief etwas hinein. Von drinnen antwortete ein Fluchen, und einige Zeit später trat ein untersetzter Mann aus dem niedrigen Tunnel, der den Zugang zum Iglu bildete. Ohio grüßte ihn. Der Inuit musterte ihn einen Augenblick.

»Ich bin spät von der Jagd gekommen«, sagte er auf indianisch mit starkem Akzent, wie um sich dafür zu entschuldigen, daß er noch geschlafen hatte. »Ein Bär ist mir am Rand des offenen Wassers entwischt.«

»Du jagst Bären?«

»Ich wohne in Nastapoka, und dort gibt es dieses Jahr keine Bären.«

»Warum nicht?«

»Das Packeis hat sich zu spät gebildet. Das ist vor Jahren schon einmal vorgekommen. Deshalb bin ich mit Jägern, die im Landesinnern Karibus jagen, hierhergekommen.«

»Und wozu brauchst du einen Bären?«

Der Inuit lachte laut. »Deine Frage ist sonderbar. Ich habe als erster die Spur dieses großen Männchens entdeckt. Also gehört der Bär mir.«

Seine Augen funkelten herausfordernd. Ohio verstand diese Leidenschaft. Er beneidete ihn darum.

»Wer bist du?«

Ohio erklärte es ihm. Der Inuit hieß Napaktok und lachte viel. Er lud Ohio zum Essen ein. Es gab Seehundfleisch. Es war schwarz und roch nach Fisch. Ohio aß mit Widerwillen, während Napaktok sich den Bauch vollschlug.

»Bist du allein hier?«

»Die anderen sind alle auf der Jagd. Sie kommen erst in ein paar Tagen zurück. Aber ich habe ja Ipkik. Du kannst sie haben, wenn du willst.«

Napaktok lachte herzhaft, und die junge Inuit schlug die Augen nieder.

»Sie wird dir gefallen. Sie strampelt wie ein junges Karibu.«

Diesmal errötete Ipkik und verbiß sich ein Lächeln.

»Ist sie deine Gefährtin?«

»Ich teile sie mit Magusk, wenn wir unterwegs sind, denn meine Gefährtin kann nicht mehr so weit reisen, seit sie sich das Bein gebrochen hat. Es ist schlecht verheilt.«

»Ich verstehe.«

»Und? Willst du Ipkik?«

Ohio überlegte, wie er sich aus dieser Bedrängnis befreien konnte, ohne die beiden zu kränken. »Ipkik ist sehr begehrenswert, doch leider hat mich eine Krankheit befallen, die es mir vorläufig verbietet, die Liebesfreuden zu teilen.«

Sie wirkten beide gleichermaßen enttäuscht.

»Du bist die ganze Nacht unterwegs gewesen, hast du gesagt. Ruh dich aus, der Iglu gehört dir.«

Ohio dankte ihm. Er war erstaunt, wie verhältnismäßig warm es im Iglu war, obwohl er nur mit einer einfachen Tranlampe beheizt wurde.

»Woher nehmt ihr das Holz für die Tipis?« fragte er.

»Das ist Treibholz, oder Jäger haben es mitgebracht. Der Wald ist nicht weit. Nur zwei Tagesmärsche von hier.«

»Napaktok, ich würde dich gern um einen Gefallen bitten, kann dir aber nichts dafür anbieten. Ich würde dich gern auf die Bärenjagd begleiten.«

Napaktok schien nicht erstaunt über diese Bitte. »Wann willst du weiterziehen?«

»Nicht vor morgen abend, meine Hunde müssen sich ausruhen.«

»Bären jagt man mit Hunden.«

»Gut, dann nehme ich meine mit.«

»Kennen sie *pisugtooq*?«

»Nein!«

»Dann können wir sie nicht mitnehmen.«

»Heißt das, daß ich dich nicht begleiten darf?«

Napaktok sah ihn forschend an. »Ich weiß nicht. Warum willst du mitkommen?«

»Um *pisugtooq* zu verstehen.«

Der Inuit musterte ihn lange mit unbewegter Miene. »Ruh dich aus. Ich denke darüber nach. Ich mache mich erst gegen Abend auf den Weg.«

Und damit ging er hinaus. Ipkik folgte ihm.

Ohio schlüpfte unter die dicke, mit Hasenfell gefütterte Decke aus Karibuhaut, die auf dem Pelz eines Eisbären lag, dem Pelz *pisugtooqs*, der seine Träume vom Packeis beherrschen sollte.

44

Napaktoks Hunde schlugen für Hunde ihres Gewichts ein verhältnismäßig scharfes Tempo an.

»Das tun sie, weil wir ausziehen, um *pisugtooq* zu jagen«, erklärte er. »Sie spüren es, und sie tun es gern.«

Der Inuit hatte ihn geweckt und nur zu ihm gesagt: »Bereite dich zum Gehen, und vielleicht zum Sterben.«

Und dann hatte er schallend gelacht und ihm eine zwanzig Zentimeter breite Narbe gezeigt, die sich quer über seinen Bauch zog. Ohio hatte keine Fragen gestellt. Er hatte Torok erklärt, daß er bald wiederkommen werde, und sein Gespann der jungen Inuit anvertraut.

Der Schlitten war primitiv, aber zweckmäßig. Sie setzten sich auf grob zugeschnittene, mit Eis überzogene Bretter, die auf zwei hohen Holzkufen befestigt und mit Riemen aus Bartrobbenhaut zusammengebunden waren. Das Gefährt war sehr flach, lang und breit und holperte über das Packeis, konnte aber nicht umstürzen. Die Hunde waren fächerförmig angespannt, und jeder war durch eine eigene Zugleine direkt mit dem Schlitten verbunden. Der Inuit trieb sie mit einer Peitsche an und verlieh seinen lauten Kommandos mit erstaunlich präzisen Hieben Nachdruck, mit denen er den rechten Hinterlauf jedes Hundes, auch des entferntesten, zu treffen vermochte. Einige warfen sich mächtig ins Geschirr, um der Peitsche zuvorzukommen, die sie sofort traf, wenn ihr Eifer erlahmte und Napaktok ihren Namen brüllte.

So liefen sie über zwei Stunden und folgten den Spuren vom Vortag. Sie waren recht schnell, obwohl die Oberfläche des Eises aufgebrochen war. Dann verließ der Inuit ohne erkennbaren Grund die Piste und bog nach Westen ab. Von nun an hielt er des öfteren an und erklomm riesige Eisblöcke, die im Eis, das sie überquerten, festgefroren waren.

Ohio begriff, daß er nach dem Bären Ausschau hielt. Er hütete sich, Fragen zu stellen. Die Jagd war ein lautloses Geschäft. Sie bedurfte der Harmonie zwischen dem Menschen und der Welt des Tieres, damit der Jäger ihre feinsten und verborgensten Schwingungen aufnehmen konnte. Worte hatten keine Bedeutung mehr. Hier gab es nur noch Mensch und Bär. Zwischen ihnen entstand ein spirituelles Band, und dieses Band bekam etwas Erhabenes, wenn sie im Kampf aufeinander trafen, dessen unvermeidlicher Ausgang der Tod war. Wer einem Bären gegenübertrat, sich ihm stellte, forderte sich selbst heraus. Und wer dabei siegte, fand in sich selbst etwas Unbeugsames. Dies war das Geschenk des Bären. Der Inuit konnte ohne den Bären nicht leben, denn er war es, der ihn seines Lebens versicherte, er war es, der ihm Kraft gab, und manchmal verspürte er das Bedürfnis, ihm entgegenzugehen. Natürlich fütterte er seine Hunde mit seinem Fleisch, fertigte sich Kleider aus seiner Haut, Ketten aus seinen Zähnen, doch das war es nicht, was es ausmachte, einen Bären zu erlegen. Es war etwas ganz anderes… Aus diesem Grund hatte *pisugtooq* einen anderen Namen, seit sie auf dem Packeis waren. Jetzt hieß er *tornarssuk*, »der Kraft gibt«, und Ohio spürte schon den Hauch dieser Kraft, und sein Atem ging schneller, als wolle er die Luft tiefer einsaugen, die der Bär vielleicht selbst geatmet hatte, denn hier war seine Spur!

»*Tornarssuk!* Er ist vor weniger als einer Stunde hier vorbeigekommen.«

Napaktok wartete keine Frage oder Bemerkung ab, und Ohio sprang einfach auf den Schlitten, als der andere ihn losmachte. Dann stießen sie auf frische Spuren, und die Hunde gerieten außer Rand und Band. Sie schnauften wie galoppierende Bisons, und Ohio mußte sich festhalten, um nicht vom Schlitten geschleudert zu werden, der heftig über die Eistrümmer holperte. Napaktok hätte nicht bemerkt, wenn er heruntergefallen wäre. Er war wie in Trance. Erinnerte er sich überhaupt noch daran, daß er einen Begleiter hatte? Der Inuit feuerte seine Hunde an, und sie liefen, die Nase ganz dicht an der Spur, über den grauen Schnee, den schwärzliche Schneisen durchzogen, in denen das Eis zu sehen war, und riesige Stapfen, die nach Westen führten.

Woher wußte Napaktok, daß er den Bären hier finden würde?

Sie gelangten an eine Art Mauer aus übereinandergetürmten Eisblöcken, und die Hunde verhedderten sich in ihren Leinen. Die beiden Männer zogen den Schlitten gerade über eine steile Wand, als die Hunde plötzlich anschlugen. Sofort riß Napaktok sein Messer aus dem Gürtel und stürzte zu ihnen. Im ersten Moment dachte Ohio, er wolle die Hunde, die gebellt hatten, abstechen, doch er kappte nur ihre Leinen. Die losgeschnittenen Hunde jagten auf der Spur des Bären davon und verschwanden hinter einem Berg aus Eis. Der Rest der Meute tobte, zerrte am Schlitten, und Ohio bekam ihn gerade noch zu fassen, und während er sich festhielt, erblickte er aus der Höhe des Trümmerbergs den schlanken und majestätischen Körper *tornarssuks* im Dämmerlicht.

Ohio sah zu Napaktok. Der Inuit bot einen prächtigen Anblick, entrückt und unnahbar, und seine Augen glänzten wie die eines Menschen, der im Sinnentaumel des Geschlechtsakts kurz davor war, die Selbstkontrolle zu verlieren. Er sah nur noch den Bären und seine Hunde, die ihn verfolgten. Er hörte nur noch das Bellen und bald das zornige Brummen des in die Enge getriebenen Bären. Er fühlte die Kälte nicht mehr, verspürte weder Müdigkeit noch Angst. Er war der Bär.

Für den Inuit gab es kein Zurück mehr. Er hatte mit dem Geist des Bären einen Pakt geschlossen, und er mußte dafür bezahlen, daß er in seine Welt eingedrungen war. Sich dem

Gesetz des Packeises unterwerfen. Sich dem Kampf auf Leben und Tod stellen.

Das Geläuf war hier verhältnismäßig eben, und der Schlitten jagte auf eine Gruppe von Eisbergen zu, die im Packeis eingeschlossen waren. Der Inuit legte sich flach auf den Schlitten und schnitt weitere Hunde los, die sofort zu dem Bären rannten. Jetzt waren nur noch drei angespannt, und an den ersten Eisblöcken blieben sie hängen. Napaktok rammte den Bug des Schlittens in eine Schneewehe und machte seine Lanze los, die an einem Seitenholm festgezurrt war. Sie war mindestens drei Meter lang, hatte einen Griff aus Elfenbein und eine perfekt geschärfte Stahlspitze. Ohio setzte dem Inuit nach, der seinen Mantel aus Seehundfell abgeworfen hatte, da er ihn behindert hätte.

Da war er, der Bär. Unwillkürlich wich Ohio vor dem Riesen zurück. Er war mindestens drei Meter groß, vielleicht größer, und gewiß mehr als zehn Mal so schwer wie der kleine Mann, der sich anschickte, gegen ihn zu kämpfen.

Der Bär stand mit dem Rücken an einem Eisberg zwischen den Hunden, die ihn von drei Seiten bedrängten, ohne ihm jedoch zu nahe zu kommen. Mit aufgerissenem Rachen und gefletschten Zähnen stieß er ein Brummen, ein Brüllen aus, das Ohio durch Mark und Bein ging. Mit seinen mächtigen Pranken riß er Brocken aus dem Eisberg und schleuderte sie durch die Luft.

Beim Anblick ihres Herrn verdoppelten die Hunde ihre Anstrengungen, und einige, die mutigsten, wagten sich noch weiter vor und taten so, als wollten sie das Ungetüm beißen, das sich zu voller Größe aufgerichtet hatte und seine Wut hinausbrüllte. Und dann griff es blitzschnell an. Ein Satz, nur ein einziger Satz. Seine Pranken zerschnitten die Luft und erwischten einen Hund, der, mit aufgeschlitztem Bauch, wie ein Vogel davonflog. Die andere Pranke fegte über das Eis und mähte einen zweiten Hund um. Er prallte jaulend gegen einen Eisblock, der sich mit seinem Blut färbte. Der Bär stand bereits wieder auf den Hinterbeinen, und Ohio sah in seinem schwarzen Maul einen Hund, der zappelte und japste, ehe der Bär heftig den Kopf schüttelte und ihn zerriß. Dies alles hatte nur wenig Sekunden gedauert. Ohio hatte sich nicht vom Fleck gerührt. Er stand da wie gebannt, fasziniert von der Kraft, die hier frei wurde und den Raum um ihn her erfüllte.

Dann hörte er das Brüllen des Inuit.

Er hatte einen günstigen Augenblick gewählt. Mit dem Hund im Maul konnte der Bär nicht sehen, wie er sich auf ihn stürzte und die Spitze der Lanze auf seine Brust richtete. Der Mann schrie, um sich Mut zu machen und alle Energie freizusetzen, die in ihm steckte und die er jetzt brauchte. Er hatte keine Angst. Was er in diesem Augenblick fühlte, überstieg die Grenzen des Menschlichen. Er stieß mit der Lanze zu, so wie ein Mann sein Geschlecht hervorholt, um in eine Frau einzudringen. Indem er in das Fleisch, dann in das Herz des Bären eindrang, vollzog der Inuit einen Liebesakt, einen Akt des Gebens und Nehmens. Er tötete nicht. Er ergriff von dem Bären Besitz, und der Bär gab sich ihm hin oder nahm ihm das Leben.

Ohio hörte sich aus Leibeskräften brüllen, als der Aufprall erfolgte. Die Lanze drang in den Körper des Ungetüms ein, und Napaktok prallte gegen das Tier. Sofort verdeckte ihn eine riesige Pranke, und eine Wolke aus Schnee verhüllte den ungleichen Kampf. Ohio hörte ein grauenvolles Brummen und das Klappern von Kiefern, dann sank die weiße Masse zu Boden, und der Bär und der Inuit lagen, einer über dem anderen, einer im anderen, in einer Lache von Blut. Eine tödliche Umarmung.

Der Bär verendete mit einem letzten Röcheln, und Ohio hatte den Eindruck, daß das gesamte Packeis erbebte. Die Hunde hielten sich vorsichtshalber noch abseits. Die Ohren angelegt und den Schwanz eingezogen, zitterten sie vor Angst und Erregung und winselten leise. Ohio hatte sich noch immer nicht gerührt. Plötzlich wurde es still. Dann erst hörte er, daß Napaktok weinte.

Er hätte nicht sagen können, ob aus Trauer oder vor Freude. Er ließ ihn weinen, und als er endlich verstummte und aufstand, trat er zu ihm. Nie zuvor war ihm ein Mann so schön erschienen wie dieser Inuit, der mit der Lanze in der Hand vor dem Bären stand und im Dämmerlicht ein Gebet sprach, das er nicht verstand, dessen Sinn er aber begriff, denn er war in die Welt von *tornarssuk*, »der Kraft gibt«, eingedrungen.

Ohio spürte die Energie, die von dem Eisbären auf den überging, der ihn getötet hatte. Napaktoks Augen erstrahlten nun in einem Glanz, der dem diffusen Licht ähnelte, das der Mond über das Packeis ergoß.

Sie zerlegten den Bären, rollten das riesige Fell zusammen, packten es auf den Schlitten und banden es an den Fleischblöcken fest, die in der Polarnacht bereits gefroren waren. Dann machten sie sich auf den Rückweg, aber nur langsam, denn die Hunde waren erschöpft und verstört durch den Tod ihrer Brüder. Napaktok und Ohio hatten kaum gesprochen. Sie hatten nur ein paar halblaute Worte gewechselt, um sich darüber zu verständigen, wie das Fell zu lösen und zu befestigen war, mehr nicht. Der Rest war gemeinsam erlebt worden.

Drei Stunden später erreichten sie das Lager, wo Ipkik sie mit heißer Fleischbrühe und in Waltran gebratenem Karibufleisch erwartete. Auch sie stellte keine Fragen. Doch sie wußte, daß Napaktok, nachdem er dem Tod ins Auge gesehen und die Kraft des Bären empfangen hatte, sie heute mit einer gewissen urtümlichen Rohheit lieben würde.

45

»Du warten!« sagte Ipkik zu Ohio, als er am Nachmittag erwachte und zum Aufbruch rüstete.

»Wo ist Napaktok?«

»Du warten!« wiederholte sie.

Er wartete bis zum nächsten Morgen. Ipkik verwehrte ihm den Zutritt zu dem Tipi, in dem sie ununterbrochen arbeitete. Schließlich verstand er. Sie hatte die Haut des Bären gegerbt und zugeschnitten und daraus eine Hose für ihn genäht, die an der Seite einen raffinierten Schnürverschluß hatte. Sie überreichte sie ihm. Ohio war gerührt und wußte nicht, wie er ihr danken sollte.

»Napaktok«, sagte sie nur und gab ihm damit zu verstehen, daß es sich um ein Geschenk des Inuit handelte.

»Aber wo ist er?« fragte er, wiederholte den Namen des Inuit und deutete auf das endlose Packeis, über das ein leichter Nordwind strich.

Er entnahm ihrer Geste, daß sie es nicht wußte.

Ohio spannte an, und als er damit fertig war, zerschnitt er das Grizzlyfell, auf dem er im Tipi schlief, und legte eine Hälfte auf Napaktoks Schlafplattform im Iglu. Dann verabschiedete er sich von Ipkik, die gerade damit beschäftigt war, aus Flachs Dochte für die Tranlampen zu drehen. Er ging, ohne eine Antwort auf seine Fragen erhalten zu haben.

Warum hatte ihn Napaktok an diesem Augenblick, in dem er mit dem Geist seines Volkes in Verbindung trat, teilhaben lassen? Warum hatte er ihm diese Hose zum Geschenk gemacht? Auf eine seiner Fragen wußte er die Antwort. Um seine Einführung komplett zu machen, mußte er mit einem Teil des Bären weiterziehen. Bei dieser Jagd gab sich einer dem anderen hin. Der Bär fraß den Menschen oder der Mensch aß den Bären und kleidete sich in seine Haut. So blieben der Inuit und *tornarssuk* von Generation zu Generation durch die Bande des Blutes verbunden. So übertrug sich die Kraft, die man brauchte, um in diesem kalten Land, in dem die Nacht sechs Monate währte und nicht einmal Zwergsträucher wuchsen, zu bestehen. Ohio empfand plötzlich eine tiefe Bewunderung für dieses Volk, das jenseits der letzten Bäume, mitten im Eis, überlebte. Er würde Napaktok nie vergessen und nahm sich fest vor, eines Tages in *tornarssuks* Reich zurückzukehren und ihm selbst gegenüberzutreten, um durch ihn neue Kraft zu schöpfen.

»Mit Mayoke!«

Er litt nicht mehr unter ihrer Abwesenheit. Die Frau, die er liebte, begleitete ihn von nun an durch jeden Tag und jede Nacht auf dem immergleichen Packeis. Er sah ihr Lächeln in den Nordlichtern, die sich am sternenübersäten Himmel entrollten. Er hörte ihre Stimme, wenn die Bewegung des Meeres das Packeis zum Raunen brachte. Er spürte im Schlaf ihren Atem auf seiner Wange, wenn sich eine warme Hundeschnauze neben ihn legte.

In den folgenden acht Tagen begegnete er nur einer Gruppe Indianer, die von einer erfolglosen Karibujagd nach Churchill zurückkehrte. Er war eben erst aufgebrochen, als er in ihr Lager kam, und nahm sich lediglich die Zeit, einen Tee zu trinken und ein paar belanglose Worte mit ihnen zu wechseln.

In Fort Severn verweilte er zwei Tage. Er gönnte den Hunden eine Pause, pflegte sie, kaufte Fisch und Pemmikan und brach wieder auf, fest entschlossen, ohne Unterbrechung bis Churchill durchzufahren. Doch der Norden entschied anders, und ein Sturm aus dem Süden hielt ihn auf halber

Strecke fest. Der Winter neigte sich dem Ende zu. Die Tage wurden länger, und die Sonne stieg in den Himmel und erwärmte die lichtdurchflutete Atmosphäre. Aus dem Schulterblatt eines Karibus schnitzte er sich eine Brille, um sich vor der gefürchteten Schneeblindheit zu schützen, die seine Reise vorzeitig beendet hätte. Er sah mehrere Bären, darunter zwei Männchen, meist aber Mütter mit ihren Jungen, die auf der harten Kruste des Frühjahrsschnees ihre ersten Gehversuche machten. Alle flüchteten vor ihm, alle bis auf ein Männchen, um das er einen weiten Bogen machen mußte, da es offensichtlich nicht gewillt war, sich von der Stelle fortzubewegen, an der es eine Robbe gerissen hatte.

Er freute sich, als wieder Bäume auftauchten, und begrüßte freudig den Wald, der sich bis an die Küste vorschob. Gleichwohl hatte er nie auf ein Lagerfeuer verzichten müssen, denn am Strand gab es Treibholz im Überfluß. Wenn auf den Flüssen, die sich in die Ungavabucht ergossen, das Eis aufbrach, entwurzelte das Hochwasser viele Bäume am Ufer und riß sie mit sich fort. Man brauchte nur die Stellen zu suchen, wo sie angeschwemmt wurden, und das Holz einsammeln.

Eines Abends sprach Ohio am Feuer lange mit seinen Hunden.

»Wir müssen uns beeilen, Freunde. Ich spüre, daß der Frühling den Winter vertreibt.«

Er streichelte einen nach dem anderen.

»Spürt ihr nicht, daß es wärmer wird? Seht ihr nicht die Bärenmütter? Sie führen ihre Jungen spazieren, die monatelang in ihre Eishöhle eingesperrt waren. Hört ihr nicht das Gurgeln des Wassers, das aus dem Eis hervorquillt und es bald zerbrechen wird? Den Wind, der die Rückkehr des Frühlings besingt?«

Sie sahen ihn an und schienen zu verstehen, was er sagte. Sie neigten den Kopf, und aus ihren Augen sprach dasselbe Vertrauen, das er in sie hatte. Ja, er konnte Unmögliches von ihnen verlangen, und sie würden es für ihn tun. Für ihn allein. Denn gemeinsam hatten sie schon mehrere Male das Unmögliche möglich gemacht.

Ohio betrachtete seine Meute, sah jedem Hund tief in die Augen, Torok, Vulk und all den anderen, und er fühlte sich stark. Er strich über Umiaks Bauch.

»Keine Sorge, du wirst deine Jungen an dem großen See zur Welt bringen. Wir werden dir einen schönen Platz suchen, und du wirst sie in aller Ruhe in der warmen Sommersonne aufziehen.«

Umiak schnappte nach seiner Jacke und hielt ihn fest, damit er sie noch etwas länger streichelte. Ein Stück weiter winselten Narsuak und Kurvik leise und riefen ihn. Sie konnten nie genug bekommen.

Auf die beiden stürmischen Tage folgte eine lange Schönwetterperiode, in der es verhältnismäßig kalt blieb. Ohio nutzte sie aus. Er blieb nur eine Nacht in Churchill, gerade so lange, wie er brauchte, um seine Vorräte aufzufüllen und sich ein wenig auszuruhen. Und wieder folgte ihm sein Ruf. Tage später sollte ein Indianer aus Churchill, dem er überhaupt nicht begegnet war, erzählen, er habe gesehen, wie er seinen Hunden einen Stärketrank unters Futter gemischt habe, der ihnen eine unglaubliche Energie verleihe. Dank diesem Gebräu hätten sie, kaum im Lager angekommen und nachdem sie acht Stunden gelaufen waren, gleich wieder aufbrechen wollen. Die Geschichte sprach sich herum, und Monate später wußten die Indianer und die Inuit nicht mehr, ob der junge Jäger mit den pfeilschnellen Hunden nur eine Legende war oder ob es ihn wirklich gab.

Hinter Churchill hätte Ohio eigentlich ins Landesinnere abbiegen, dem Seal folgen und dann direkt nach Westen zum Brochet- und Wollastonsee vorstoßen müssen, denn das war der kürzeste Weg. Doch er konnte diese Route nicht nehmen. Zu groß war die Zahl derer, die ihn wiedererkennen konnten und auf Rache sannen. Er wußte nicht, daß die meisten von ihnen bei den zahlreichen Kämpfen ums Leben gekommen waren, die in diesem strategisch wichtigen Landstrich, der das Tor zum Westen und seinen begehrten Reichtümern war, seitdem getobt hatten. Daher beschloß er, dieses gefährliche Gebiet im Norden zu umgehen. Diese Route hatte einen Vorteil. Sie führte über die Baumgrenze hinaus, so daß er auf dem harten Frühjahrsschnee reisen konnte, der nur in den wärmsten Stunden des Tages antaute. Und so fuhr er an der Hudsonbai entlang bis zur Landzunge Thelwizia, wo eine Gruppe Inuit Narwale jagte.

Die Inuit nahmen ihn gastfreundlich auf, und Ohio genoß ihre Gesellschaft. Er fühlte sich wohl bei diesen rauhen, aber humorvollen Menschen, die über sich selbst lachen konnten und stets gutgelaunt waren.

Ihr Lager lag in einem geschützten Tal zwischen zwei Anhöhen, auf denen große, graue, von Wind und Gischt abgeschliffene Felsen aus dem Schnee ragten. Ihre aus Stein errichteten Hütten hatten Dächer aus Flechtwerk und Fenster aus Robbendarm. Die Türen gingen nach Süden, die Rückseiten zeigten zum gefrorenen Meer. Ihre Vorväter hatten sie für die Narwaljagd gebaut und den Iglus vorgezogen, weil sie an den Stränden genug Treibholz fanden, mit dem sie die Hütten heizen konnten, was in ihrem weiter nördlich gelegenen Dorf nicht möglich war. Jedes Frühjahr brach das Eis auf, und es bildete sich eine Fahrrinne, die von der Flußmündung hinaus aufs Meer führte. Dort jagten die Inuit in Kajaks aus Walroßhaut Narwale. Zwei hatten sie bereits erlegt, und sobald sie einen dritten erbeutet hatten, würden sie mit ihren schwer beladenen Schlitten zu Fuß in ihr Dorf zurückkehren.

Kangliot, eine der Inuitfrauen, sprach leidlich die Sprache der Chipewyan, denn sie war als Fünfzehnjährige bei Kämpfen zwischen Indianern und Inuit entführt worden. Sie diente Ohio als Dolmetscherin. Er suchte nach Gemeinsamkeiten zwischen ihrer Sprache und denen, die er kannte, aber keine hatte auch nur entfernte Ähnlichkeit mit dem Inuktitut. Er gab den Gedanken auf, sie zu lernen, obwohl er sich gern mit diesen Menschen verständigt hätte, die so ganz anderes waren als alle Indianer, denen er begegnet war.

Schon bei seiner Ankunft bemerkte er die Blicke, die seine Hose auf sich zog, doch erst sehr viel später stellten ihm die Inuit die Frage, die ihnen auf den Lippen brannte, und auch dann nur mit gespielter Beiläufigkeit mitten in einem Gespräch.

»Sie ist das Geschenk eines Inuit, den ich weiter im Osten getroffen habe und der mir die Ehre erwiesen hat, mich auf die Bärenjagd mitzunehmen.«

Darauf begannen alle Augen zu leuchten, und die Zungen lösten sich. So, er habe den Bären gejagt. Dann könne er sie doch bestimmt ein wenig verstehen? Ohio bestätigte sie in dieser Vermutung, als er ihrem Wunsch nachkam und von der Jagd berichtete, wobei er abwechselnd den Bären, die Hunde und den Jäger nachmachte. Sie verlangten nähere Einzelheiten. Sie lachten über seine Schauspielkünste und fanden Gefallen an seinen Kommentaren und Schilderungen.

Seine Geschichte, deren Held einer der Ihren war, erfüllte diese Menschen mit Stolz. Und dem, was sie ihm erzählten, entnahm er, daß sie eine tiefe Abneigung gegen die Indianer hegten. Und was war er, Ohio? Er sagte es ihnen. Die Inuit wiegten ernst den Kopf, und der älteste unter ihnen, anscheinend der Häuptling, ergriff das Wort. Kangliot übersetzte.

»Kiskutuak sagt, deine Seele sei wie der Bär, bevor das Meer zufriert. Er sagt auch, daß ein Karibu, das mit weißem Fell geboren wird, entweder zum Leittier aufsteigt oder von den anderen verstoßen wird und zugrunde geht. Kiskutuak glaubt, daß du ein Licht werden kannst, das deinen Freunden im Sturm den Weg weist, sofern es dir gelingt, dein gefrorenes Meer zu finden, den Weg, den du beschreiten willst.«

Ohio schüttelte zweifelnd den Kopf, doch der durchdringende Blick des Häuptlings zog ihn in seinen Bann. Wer war dieser Mann, daß er sich anmaßte, über ihn zu urteilen, ihm Ratschläge zu erteilen? Wie konnte er in sein Herz blicken, wo er doch erst seit wenigen Stunden hier war?

»Du sollst wissen, sagt Kiskutuak, daß du normalerweise schon tot wärst und daß er es war, der den Männern im letzten Augenblick den Befehl gab, die Speere aus der Hand zu legen.«

»Warum wolltet ihr mich töten? Und warum habt ihr es nicht getan?«

»Die Indianer sind unsere Feinde. Sie haben unsere Frauen geraubt, unsere Söhne und unsere Eltern ermordet. Der Inuit verzeiht dem Indianer nicht, und wir haben dich für einen der Ihren gehalten.«

»Aber ich bin ein halber Indianer.«

»Ein Indianer mit einer Eisbärenhose.«

Jetzt begriff Ohio die doppelte Bedeutung von Napaktoks Geschenk. Aber warum hatte ihn dieser einsiedlerische Inuit nicht getötet, warum hatte er ihn auf die Bärenjagd mitgenommen, die ihm heiliger war als alles andere?

»Kiskutuak sagt, daß er die Antwort kennt, daß du sie aber ohne fremde Hilfe finden mußt.«

»Sag Kiskutuak, daß seine Worte mit mir reisen werden. Sag ihm, daß ich ihn, wenn ich mehr Zeit hätte, um die Erlaubnis bitten würde, an einer Jagd auf den Narwal teilzunehmen. Und sag ihm, daß sein Volk den weißen Mann nicht als Freund betrachten darf, weder als Freund noch als Feind. Er ist nichts von alledem. Der Bär und der Inuit führen einen ehrenhaften Kampf, sie achten einander und leben miteinander. Der Weiße ist hinterlistig und bringt den Tod. Er wird mit seinen Geschenken und seinen Lügen in eure Dörfer kommen, und er wird euer Leben verändern. Das hat mich meine Reise gelehrt, und das wollte ich euch sagen.«

»Der weiße Mann hat bereits Unglück und Krankheit in das Dorf Wabuck gebracht. Wir werden deine Warnung beherzigen, aber was vermag sie gegen die Gefahr, die uns droht?«

Kiskutuak hatte recht. Welchen Nutzen hatte sie?

»Der Weiße ist ein Gast, und er muß es bleiben. Er muß den Gastgeber respektieren und darf sich nicht aufdrängen.«

»Eines Tages wird der Weiße auch ohne Hilfe des Indianers im Indianerland leben können, aber er wird niemals im Land der Inuit leben können, ohne von ihm gefressen zu werden.«

Die Inuit brachen in Gelächter aus.

»Ja, ohne uns wird er vom Packeis, von den Bären und von den Stürmen aufgefressen werden!«

»Unterschätze die Weißen nicht, Kiskutuak. Hast du schon ihre Häuser gesehen, ihre Schiffe? Jawohl, ihre Schiffe! Wer solche Schiffe baut, vermag beinahe alles.«

»Ihre Schiffe!«

Sie bogen sich vor Lachen und klopften sich auf die Schenkel, schnitten die drolligsten Grimassen, verdrehten die Augen und brabbelten unverständliche Worte. Er hatte den größten Lacherfolg erzielt, und es dauerte eine ganze Weile, bis sie sich wieder beruhigten.

»Kiskutuak möchte, daß ich dir folgende Geschichte erzähle: Vor einigen Wintern hat Kiskutuak drei Tagesreisen von unserem Winterlager entfernt auf der Robbenjagd eines der Schiffe gesehen, von denen du sprichst. Es saß im Packeis fest. Sie gingen hin, und Dutzende von Polarfüchsen flüchteten aus dem Rumpf des Schiffes, wo sie die Leichen von über zwanzig Männern angefressen hatten. Die Männer hatten Teile des Schiffes zerlegt und sich daraus Hütten gebaut, die sie mit Holz aus dem vom Eis zermalmten Wrack zu heizen versuchten.«

»Aber woran sind sie gestorben?«

»Sie sind verhungert und erfroren, denn ihre Hütten ließen sich nicht heizen. Und dabei lag überall um sie herum Schnee, aus dem man Iglus bauen kann, in denen es schön warm ist und die vor den schwersten Stürmen schützen. Und unter ihnen war das Meer, in dem es von Robben und Fischen wimmelt, die nur darauf warten, von Menschen gegessen zu werden, die es verstehen, sie zu fangen. Kiskutuak entdeckte Spuren, die vom Schiff wegführten, und fand eine Gruppe von Männern, die sich bis zur nächsten Insel durchgeschlagen hatte.«

»Lebten sie noch?«

»Drei noch ein wenig. Aber sie hatten alle ihre Zähne verloren.«

Ohio verzog das Gesicht. Er stellte sich vor, in welcher Verfassung diese Männer gewesen sein mußten, wie sie sich in der kleinen Höhle, die Kangliot beschrieb, aneinanderdrängten, Erfrierungen an Händen und Füßen, zahnlos, abgemagert zum Skelett.

»Zwei von ihnen starben auf dem Weg in unser Lager, der dritte im darauffolgenden Sommer.«

»Konnte er euch noch sagen, wer er war und woher er kam?«

»Er konnte unsere Sprache nicht, und er war zu schwach, um sie zu lernen. Er war kein Mensch mehr. Sein Leben war auf dem Schiff geblieben.«

Kiskutuak sah Ohio nun in die Augen. Er sprach langsam, damit Kangliot Wort für Wort übersetzen konnte.

»Ein einziger Inuit hätte alle diese Männer, die der Welt des Eises trotzen wollten, retten können. Wäre ein Inuit auf dem Schiff gewesen, so hätte er ihnen zeigen können, wie man einen Iglu baut, wie man der Robbe auflauert, wenn sie im Atemloch auftaucht, um Luft zu holen. Der Inuit hätte ihnen gezeigt, wie man sich wärmt, indem man den Tran der Robbe in einem ausgehöhlten Stein erhitzt, wie man ihre Haut gerbt und sich warm anzieht, wo man gefrorene Algen findet, die gut sind gegen die Krankheit, die einen Mann seine Zähne verlieren und sein Blut schwarz werden läßt. Er hätte die Weißen so viel lehren können, daß sie ein ganzes Leben gebraucht hätten, um ihm auch nur ein Viertel von dem, was er ihnen gegeben hätte, zurückzugeben.«

Stille trat ein, nur unterbrochen vom lautstarken Schniefen der Inuit, die sich in die Hände schneuzten und ihre Finger dann an den Ärmeln der leichten Jacken abwischten, die sie im Innern der Hütten anbehielten.

»Ich verstehe, was du mir mit dieser traurigen Geschichte

sagen willst, aber die Weißen lernen schnell. Andere Schiffe werden kommen, mit Weißen, die den Iglu kennen und ein Hundegespann zu lenken verstehen. Glaube mir, Kiskutuak, unterschätze diese Gefahr nicht.«

46

Sie brachen gleichzeitig auf. Die Inuit fuhren mit ihren Kajaks aufs Meer hinaus, Ohio mit seinem Schlitten ins Landesinnere. Sie trennten sich wortlos. Die Inuit, die Taten unverbindlichen Worten vorzogen, hatten ihm gefrorenen Kabeljau neben den Schlitten gelegt. Ohio fütterte die Hunde damit.

Die Inuit hatten die Absicht, die Piste einige Tage nach ihm zu benutzen, um auf Karibujagd zu gehen. Eine gespurte Piste für ihre Gastfreundschaft und den Kabeljau, das war herzlich wenig, doch etwas anderes hatte Ohio ihnen nicht zu bieten.

Ein gleichmäßiger Westwind blies ihm ins Gesicht, ohne ihn jedoch zu behindern. Er hatte ohnehin keine Wahl. Er mußte die Reise um jeden Preis fortsetzen, denn der Frühling rückte beständig näher. Er spürte bereits die Vorboten dieser Kraft, die sich des Landes bemächtigen und Eis und Schnee vertreiben sollte, so daß der sorglose Reisende, der sich zu weit von seinem Dorf entfernt hatte, ein oder zwei Monde festsaß.

Mayoke! Er dachte nur noch an sie. Sie beherrschte seine Gedanken, bei Tag und bei Nacht. Sie lebte. Er wußte es, denn er spürte ihre Gegenwart. Aber wo war sie? So vieles konnte ihr zugestoßen sein. Das Gebiet, das sie durchquert hatte, war Schauplatz blutiger Kämpfe. Die Indianer verloren ihre Würde und ihre Achtung vor dem Leben. Sie mordeten und taten Frauen Gewalt an. Sie versanken in einem Sumpf des Verfalls. Viele stachelten sie auf, jene, die im Namen des

Handels um Vorrechte stritten, die anderen, die im Namen der Religion um die Seelen schacherten, auch wenn dadurch noch mehr Blut vergossen wurde. Ihnen war jedes Mittel recht. Was die Weißen nicht durch leere Versprechungen bekommen konnten, nahmen sie sich mit Gewalt, indem sie die Indianer gegeneinander aufwiegelten.

Ohio nahm kaum noch etwas wahr, weder die Karibuherden, auf die er nur einen achtlosen Blick warf, noch die Wölfe, die stolz auf ihn herabsahen, wenn er vorüberzog. Er war nur noch ein Pfeil, der im Wind seinem Ziel entgegenflog.

»Mayoke!«

Während er hinter dem Schlitten herlief, murmelte er unablässig ihren Namen. Die Hunde kannten die Gefahr, die der Frühling heraufbeschwor, und noch deutlicher als der Mensch nahmen sie seine Vorzeichen wahr. Sie wußten, daß auf diese letzte Kraftanstrengung eine lange Ruhepause folgen würde, und so gaben sie ihr Bestes, auch weil sie Ohios Unruhe spürten, der seine unbeschwerte Laune auf dem Packeis zurückgelassen hatte.

Doch Ohio kannte seine Hunde genau und beobachtete ihr Verhalten, gewährte ihnen Pausen und brach erst wieder auf, wenn sie ausgeruht waren. Dem Gespann galten seine ganze Sorge und Aufmerksamkeit. Er konzentrierte sich auf sein Ziel, und er wußte, daß er es ohne sie niemals erreichen würde.

»Meine und Mayokes Zukunft hängt davon ab, daß ihr diesen Wettlauf gegen die Zeit gewinnt«, sagte er eines Abends zu ihnen und blickte zum Himmel, an dem lange dünne Wolken aufzogen, ein Zeichen, daß es noch milder werden würde.

Sein Vorrat an Holz und Futter ging zur Neige, und er mußte die Rationen kürzen, was ihn traurig und bedenklich stimmte, weil er wußte, daß er den Hunden viel abverlangte. Zum Jagen blieb ihm keine Zeit mehr. Er sah zwar häufig Karibuherden, doch in den trostlosen Weiten der Tundra, die sich baumlos und flach bis zum Horizont dehnte, sahen ihn die Tiere schon von weitem und ergriffen die Flucht. Und vergeblich wartete er auf eine Gelegenheit, von seinem Gewehr Gebrauch zu machen. Es gab weder Hasen noch Schneehühner. Die zogen im Winter bis zur Baumgrenze, wo die Indianer viele fingen, denn dort hielten sich auch die meisten Pelztiere auf. Mehrere Male in ihrer Geschichte hatten die Inuit versucht, sich dieser Grenze zu nähern, wo Wald und Wild ein etwas bequemeres Leben versprachen, doch die Cree und die Chipewyan hatten sie jedesmal nach Norden zurückgedrängt, an den äußersten Rand der Tundra. Und so hatten sich die Inuit an der Küste niedergelassen, lebten von den Früchten des Meeres und trotzten dem Eis in einem Land, in dem das halbe Jahr über keine Sonne schien.

In der Hoffnung, ein paar Hasen und Schneehühner zu erlegen und seine Holzvorräte wieder aufzufüllen, fuhr Ohio bis zu den ersten Erlengestrüppen. Die Gegend war sumpfig, und in den zahlreichen Bächen hatte sich soviel Schnee angehäuft, daß die Hunde fast steckenblieben. Biber, die für den Bau ihrer Dämme Bäume brauchten, kamen nicht bis hierher, und folglich auch nicht die Menschen, die ihnen seit einigen Wintern bis in die entlegenste Wildnis nachstellten. Zwei Tage lang plagten sich Ohio und die Hunde in diesem Gewirr aus Wasserläufen und Sümpfen und fanden keinen Rhythmus, da es nur noch ruckweise vorwärtsging. Am ersten Tag erlegte Ohio neun, am zweiten dreizehn Schneehühner. Doch er benötigte pro Hund und Tag mindestens fünf, wenn er ihren ärgsten Hunger stillen wollte.

»Tut mir leid, meine Freunde. Tut mir leid.«

Am Abend des dritten Tages gelangte er schließlich an einen großen See, aus dem ein Fluß entsprang. Er studierte seine Karten, doch sie waren zu ungenau. Er konnte nicht genau bestimmen, wo er sich befand.

»Vielleicht am Twithleziafluß?«

Auf jeden Fall kam er seinem Ziel näher. Und etwas später erlangte er Gewißheit, als er alte Bisonfährten kreuzte.

»Bisons!«

Rührung überkam ihn, Tränen traten ihm in die Augen. Wo Bisons waren, war auch ein Teil von Mayoke. Im Blut des Bisons floß das Blut ihrer Ahnen, das Blut ihres Volkes.

Ganz in seine Gedanken versunken, bemerkte Ohio die Gefahr nicht. Als die Hunde sie sahen, brach schon das Eis unter ihnen ein. Krachend stürzte der Schlitten mit Ohio und den Hunden in das gut zwei Meter tiefer gelegene Flußbett, das hier aus großen, mit Eis überzogenen Steinen bestand. Nachdem der Fluß im Herbst zugefroren war, hatte sich das Wasser wieder zurückgezogen, und das Eis war an den Ufern hängengeblieben. Ohio hätte auffallen müssen, daß die Eisdecke an dieser Stelle im Unterschied zur Flußmitte gewölbt war. Er kannte diese Gefahr. Uzbeks Sohn war bei einem solchen Unfall ums Leben gekommen. Er hatte nicht soviel Glück gehabt wie Ohio. Er war ins Wasser gefallen, und die Strömung hatte ihn fortgerissen, einem schnellen und sicheren Tod entgegen.

Alles war blitzschnell gegangen. Ohio war zwischen zwei große Felsblöcke gefallen und brauchte einige Zeit, bis er wieder zu sich kam. Noch immer fielen Eisbrocken von oben herab und zerschellten auf den Felsen. Mehrere Hunde jaulten vor Schmerzen. Ohio versuchte, sich zu befreien. Zuerst spürte er nur einen stechenden Schmerz in der Rippengegend, dann fiel sein Blick auf sein Bein. Es war zwischen zwei Steinen eingeklemmt und lag in einem seltsamen Winkel.

»Oh, nein!«

Er versuchte, es zu bewegen, und begriff. Es war gebrochen. Er schrie vor Schmerz und verlor die Besinnung. Er war nur wenige Minuten bewußtlos, doch das genügte Torok, um die lästigen Leinen durchzubeißen und zu seinem Herrn zu laufen. Er hatte sich an einem kantigen Stein das Ohr aufgerissen und blutete stark. Die anderen waren entweder zwischen Felsen eingeklemmt oder hatten sich in den Leinen verfangen und heulten.

»Torok!«

Ohio war verzweifelt. Dieser Unfall setzte seinen Hoffnungen, Mayoke vor dem Eisaufbruch wiederzusehen, ein jähes Ende. Vielleicht bedeutete dies sein eigenes Ende. Denn wie sollte er sich aus dieser Eisfalle befreien?

Er hob den Kopf und spähte zu dem Loch über ihm, durch das blaues Licht fiel und sich in der gräulich schimmernden Eishöhle verbreitete. Nun, da er wieder ganz bei sich war, spürte er die Schmerzen und stöhnte auf. Er bewegte sich ein wenig, um sein Bein zu drehen, und verlor abermals das Bewußtsein. Er versuchte es immer wieder, bis es ihm gelang, das eingeklemmte Bein mit beiden Händen zu packen und herauszuziehen. Er brauchte lange dazu. Schweiß lief ihm über das Gesicht. Er fand eine flache Stelle zwischen den Steinen und legte sich keuchend darauf.

Ihm wurde kalt, sehr kalt, denn der Schweiß in seinen Kleidern begann zu gefrieren. Der Schlitten lag ein paar Meter neben ihm, doch er konnte sich nicht bewegen.

Er zitterte.

»Torok! Vulk!«

Er hätte nicht zu rufen brauchen. Sie waren schon da, dicht neben ihm. Er klapperte mit den Zähnen. Blut sickerte aus der offenen Wunde über seinem Knie und ließ das Leder seiner Hose erstarren. Er spürte die Kälte nicht mehr, nur noch den stechenden Schmerz, der zeitweise unerträglich wurde. Langsam sank er in Schlaf, und über ihm malte das schwächer werdende Tageslicht schwarze Streifen auf das Eis, das ihn gefangen hielt.

Torok ließ seinen Herrn einen Augenblick allein und half Umiak und Kurvik, die sich in den Leinen verwickelt hatten und alleine nicht zu befreien vermochten. Er biß die Leinen durch und drängte diejenigen, die es nicht von selbst taten, sich dicht neben Ohio zu legen.

47

Sacajawa hatte Rankhans letzten Wunsch erfüllt und ihn unter den Steinen in der Schlucht zurückgelassen. Sie hatte lange in stillem Gedenken verharrt, ehe sie zu den anderen zurückkehrt war.

Ohne Rankhan und seinen Rat war die Gruppe wie ein Baum ohne Saft. Sie hatten keine Kraft mehr und machten nur weiter, weil das Überleben des Dorfes von ihnen abhing. Doch der Erfolg blieb ihnen versagt.

Als Ulah und Nutak aus dem Dorf zurückkehrten, hatten Ujka und Sacajawa nur zwei Ziegen erlegt und knapp dreißig Hasen gefangen.

»Wir brauchen mindestens eine Ziege als Proviant für die Rückreise«, seufzte Ulah enttäuscht.

»Und was ist mit den Hunden?« fragte Ujka.

»Wir haben noch ein paar Hasen. Wir haben Schlingen gelegt. Aber Uzbek wird uns ohnehin verbieten, sie zu füttern.«

»Ist die Lage so verzweifelt?«

»Wir haben nichts mehr zu essen. In der Umgebung des Dorfes gibt es keine Hasen und keine Schneehühner mehr.«

»Könnten wir nicht fischen?«

»Du weißt doch, wie das im Winter ist. Die großen Forellen sind nicht leicht zu fangen. Und die kleinen –«

Sacajawa war fassungslos. Wer war an all dem schuld? Die Weißen. Wer sonst? Sie haßte sie, alle. Ihretwegen hatte sie ihr Leben vergeudet, und ihretwegen sollte jetzt auch noch das Dorf zugrunde gehen, sollten Alte und Kinder verhungern!

»Wir müssen durchhalten, bis die Gänse kommen!« rief sie zornig.

»Bis dahin sind es noch zwei Monde, vielleicht sogar drei«, gab Nutak zu bedenken. »Und fischen, wenn das Eis brüchig wird –«

»Wir werden eine Lösung finden! Ich sage euch, wir werden durchhalten, bis die Gänse kommen.«

Sie war außer sich. Sie haderte mit dem Leben. Sie konnte niemanden mehr um sich ertragen, nicht einmal Ujka. Sie stieß ihn zurück, und er sah sie ratlos und ein wenig mitleidig an. Sie liebte sich selbst nicht mehr. So konnte sie die anderen nicht mehr lieben.

Am liebsten wäre sie neben Rankhan in der Kälte eingeschlafen, um nie wieder aufzuwachen, doch sie mußte an Banks denken, und an Ohio. Wo war er? Sie wußte, daß er ihretwegen zurückkommen würde. Nur, war der Wunsch zu leben nicht wichtiger als das Leben selbst? Sacajawa forschte in ihrem Gedächtnis. Nie zuvor war sie so verzweifelt gewesen. Was hatte sie vom Leben noch zu erwarten? Das Lächeln verschwand aus ihrem Gesicht, ihre Augen verloren ihren Glanz, und mit ihrer Schwermut steckte sie die anderen an, die sich mit ihren ausgehungerten Hunden langsam auf den Weg ins Dorf machten.

Sie brauchten sechs Tage. Bei ihrer Ankunft strömten alle Frauen und Männer aus dem Dorf voller Hoffnung zusammen, um zu hören, wie die Jagd verlaufen war. Wenn sie jetzt schon zurückkamen, dann weil sie Erfolg gehabt hatten und Wild mitbrachten. Doch statt dessen erfuhren sie vom Tod Rankhans, der als unbezwingbar und unbeugsam wie ein Fels gegolten hatte. Die kurze Freude über die Rückkehr der Jäger wich allgemeiner Bestürzung.

»Banks!«

Sacajawa erschrak, als sie das Gesicht ihres Sohnes sah,

eingefallen und gezeichnet vom Hunger. Sie riß ihn Koonays förmlich aus den Armen.

»Wir haben keine Milch mehr«, sagte Uzbeks Schwester, um sich dafür zu entschuldigen, daß der Säugling so mager war.

»Wie ist das möglich?«

Alle sahen sie an. Sie drückte den kleinen Körper, der einfach nur leben wollte, an sich und fühlte, daß sie imstande war zu töten. Ihre Augen funkelten vor Wut und Haß.

»Das habt ihr jetzt davon!« brüllte sie. »Ich habe euch gewarnt, aber ihr wolltet ja nicht hören und habt euch von den Versprechungen der Weißen blenden lassen!« Und leiser, wie zu sich selbst, fügte sie hinzu. »Ich kenne sie, die leeren Versprechungen der Weißen.«

»Es ist nicht seine Schuld, Sacajawa. Er wurde überfallen. Wir wissen es jetzt mit Bestimmtheit. Es waren Tsetsaut, die ihn ausgeraubt haben.«

Sie sprachen von Klawask, dem Indianer, der ihnen Lebensmittel und Gerätschaften aus dem Kontor hätte bringen sollen.

»Ach, es hat ja doch keinen Sinn!«

Sie schlug die Plane des Schlittens zurück, nahm sich zwei Hasen, obwohl Uzbek streng verboten hatte, sich zu bedienen, ehe er die Verteilung vorgenommen hatte, und ging, ihr Kind an sich drückend und küssend, zu ihrer Hütte.

Sie kochte eine Fleischbrühe und fütterte Banks, dann aß sie selbst einen Teil und hob den Rest für Ujka auf. Er kam erst viel später und machte ein ernstes Gesicht.

»Es ist nichts mehr da. Alles ist verteilt.«

»Was bleibt uns?«

»Das!«

Er deutete auf den Steintopf, in dem die Reste der beiden gekochten Hasen schwammen. Sie sagte nichts. Sie ärgerte sich, daß sie die Fassung verloren hatte, und ging sogleich zu Uzbek, um sich zu entschuldigen. Doch der Häuptling zeigte Verständnis.

»Sacajawa!« rief er zerknirscht. »Dein Zorn ist berechtigt und soll uns eine Lehre sein. Wir hätten auf dich hören sollen, dann wäre es nicht soweit gekommen. Dein Sohn hat Anspruch darauf, erwachsen zu werden, und als Häuptling hätte ich die Aufgabe gehabt, mein Volk zur Vernunft zu bringen. Statt dessen habe ich es dazu ermuntert, das Hochplateau zu verlassen, über das die große Herde zog, und auf die Pelztierjagd zu gehen. Welch ein Fehler! Und während du und die Deinen bei der Jagd in den Bergen euer Leben aufs Spiel gesetzt habt, habe ich nicht einmal einen Elch gefunden.«

Er sah mitgenommen aus und saß mit hängenden Schultern auf seinem Strohsack.

Sie verharrten lange in Schweigen.

»Ich habe eine Bitte an dich, Sacajawa, versprich mir, daß du sie gewährst!«

»Was für eine Bitte?«

»Ich möchte, daß du meinen Platz einnimmst. Ich bin nicht mehr würdig, das Dorf –«

»Schweig, Uzbek. Das Dorf hat schon genug zu leiden. Willst du die Unseren vollends in Verzweiflung stürzen und ihnen die letzte Hoffnung nehmen? Ein Mann muß uns führen, und niemand kann das besser als du.«

»Ujka könnte es.«

»Er ist keiner von den Unseren.«

»Wie kannst du so etwas sagen? Durch die Heirat mit dir –«

»Ich lehne deinen Vorschlag ab.«

Ihre Stimme wurde wieder gebieterisch. »Hör zu, Uzbek! Wir müssen durchhalten, bis die Gänse kommen. Wir teilen uns in zwei Gruppen auf. Die eine fischt Tag und Nacht, die andere zieht in den Norden der Isotiasümpfe. Dort gibt es Hasen.«

»Was glaubst du, haben wir getan, während ihr fort wart? Wir waren dort und anderswo, überall, wo es Hasen gibt!«

»Es gibt bestimmt noch welche.«

»Ja, aber nicht genug, um davon zu leben. Wir vergeuden

nur unsere Kraft. Warum, glaubst du, verfolgen die Wölfe im Winter keinen großen Elch? Sie wissen, daß sie zu lange brauchen würden, um ihn zu hetzen und zu töten, länger, als das Rudel von seinem Fleisch leben könnte. Wir müssen es genauso halten.«

»Sollen wir denn aufgeben? Und einfach zusehen, wie die Schwächsten sterben?«

»Wir müssen uns gut überlegen, was wir tun, damit wir unsere Kraft nicht unnötig vergeuden. Wir haben noch die Hunde und –«

»Die Hunde?«

»Aber gewiß doch. Ich habe bereits verlangt, daß man Rankhans Hunde tötet.«

Sie öffnete den Mund, um zu protestieren, aber wie konnte sie Uzbek wegen dieser Entscheidung Vorhaltungen machen?

Die Heidelbeeren! Ja, die Heidelbeeren waren noch eine Möglichkeit! Sie kannte Hänge, an denen im Herbst Unmengen wuchsen. Bären und Gänse fraßen Unmengen davon. Frost und Schnee hielten sie frisch. Sie mußten hinauf in die Vorberge des Isotiaplateaus und im Schnee scharren. Ja, sie würde eine Gruppe zusammenstellen. Und bei der Gelegenheit könnten sie auch Flechten sammeln. Sie würden sie kochen, trocknen und zu Mehl verreiben, dann mit Heidelbeeren und Espensaft mischen und Brot daraus backen. Mit diesem Brot und etwas Fisch konnte das Volk der Nahanni bis zum Eintreffen der Gänse überleben. Aber dazu brauchte man die Gespanne Ulahs und Nutaks, und man mußte bald aufbrechen, bevor die ausgehungerten Hunde die Kräfte verließen.

Uzbek nahm den Plan mit Wohlwollen auf. Sacajawas Entschlossenheit wirkte ansteckend, und da er sich keinen anderen Rat wußte, ließ er sich davon überzeugen, daß es eine gute Idee sei. Jetzt mußten nur noch Ulah und Nutak dazu überredet werden, schon am nächsten Tag aufzubrechen. Das Unternehmen war gewagt. Denn wenn der Frühling kam, saßen sie in der Falle. Von jetzt an mußte man jeden Tag damit rechnen. Bei Tauwetter würden sie für den Rückweg mindestens zwölf Tage brauchen, während die Fahrt auf dem zugefrorenen Fluß nur drei Tage dauerte.

Aber es war auch gefährlich hierzubleiben. Ulah und Nutak waren leicht zu überzeugen, zumal der Vorschlag ihren Hunden das Leben sicherte. Nur Ujka sperrte sich, insbesondere als Sacajawa ihm eröffnete, daß sie Banks mitnehmen wolle.

»Das ist keine Reise für ein Kind.«

»Ich werde nicht zulassen, daß er hier verhungert. In den Vorbergen finden wir außer Heidelbeeren und Flechten auch Schneehühner und Hasen.«

»Juktayul hat dort Schlingen gelegt. Er hat die Hasen gefangen und die meisten Schneehühner erlegt.«

»Es gibt bestimmt noch welche.«

»Sehr wenige.«

Waren sie sich der verheerenden Folgen bewußt, die der ganze Wahnsinn nach sich gezogen hatte? Wäre nicht das Leben ihres Kindes in Gefahr, hätte Sacajawa beinahe Genugtuung über diese Hungersnot empfunden, die vielleicht dazu beitrug, ihren Leuten die Augen zu öffnen. So hoffte sie zumindest.

48

Als Ohio aufwachte, bedauerte er, daß er noch am Leben war.

Alles tat ihm weh. Er hatte Durst und zitterte vor Kälte, obwohl die Hunde ihn umringten. Unfähig, sich zu bewegen, brauchte er lange, um wieder zu sich zu kommen. Was war geschehen? Wo war er?

Sowie er die Augen öffnete und sich umsah, drehte sich alles um ihn. Ein heftiger Schmerz schwoll in seinem Kopf an. Er wiegte den Kopf sanft hin und her, um den Schmerz zu vertreiben, doch es nützte nichts. Er keuchte und stöhnte. Die dumpfe verzweifelte Klage eines verwundeten Tieres. Die Hunde begannen, sich zu rühren. Toroks feuchte Schnauze näherte sich seinem glühenden Gesicht. Vulk stand auf, neigte den Kopf und sah Ohio an.

»Diesmal ist es aus. Aus und vorbei. Ich habe keine Kraft mehr, um mein Leben zu kämpfen.«

Die Hunde lauschten, als habe Ohio ihnen etwas Wichtiges zu sagen.

Es wurde Zeit, sich Rechenschaft abzulegen. War er nicht am Ende seines Weges angelangt? Bald würde Cooper in See stechen. Er würde Sacajawa wiedersehen. Und er selbst? Er hatte Mudoi verloren und Mayoke gehen lassen.

»Mayoke… Oh, wenn du doch hier sein könntest, bei mir… in deinen Armen einschlafen… dein Lächeln würde wie eine Sonne meinen Körper wärmen.«

Er schloß die Augen. Dies war das einzige Mittel, seine quälenden Kopfschmerzen ein wenig zu lindern.

Hatte er sich bei dem Sturz am Kopf verletzt? Und was war mit seinem Bein? Er hatte bestimmt viel Blut verloren. Er dachte an seine Hunde. An Vulk und Torok. Sie hatten sich versöhnt. Und dabei hätte er schwören können, daß ihre Rivalität nur mit dem Tod eines der beiden enden würde. Denn er hatte immer gewußt, daß keiner sich dem anderen unterwerfen würde, ohne bis zum letzten Blutstropfen zu kämpfen. Kein Zweifel, die Hunde hatten ihn überrascht. Sie hatten eine bestimmte Art von instinktiven geistigen Fähigkeiten, die ihn faszinierten, ihm manchmal unbegreiflich waren.

Nein, er durfte sie nicht in diesem Loch krepieren lassen! Und diese Einsicht bestürzte ihn, denn er hätte am liebsten aufgegeben. Er sehnte sich nach dem Tod. Der Mut hatte ihn verlassen. Aber die Hunde hatten ihm alles gegeben. Sie waren ihm stets gefolgt, gleich welche Torheit er beging. Sie hatten ihm das Leben gerettet, ihm vertraut, ihn geliebt. Er durfte sie jetzt nicht im Stich lassen.

»Nein, dazu habe ich kein Recht. Ich muß eine Möglichkeit finden, sie hier herauszubringen.«

Er überlegte. Zwei Meter über ihm spannte sich das Eis, durch das er gebrochen war, wie eine Kuppel. Hinaufklettern konnte er nicht. Selbst wenn er einen Weg fände, den Rand des Loches zu erreichen, etwa, indem er den Schlitten als Leiter benutzte, so könnte er sich nicht daran festhalten. Das Eis würde brechen.

Er hatte Durst. Quälenden Durst.

»Ich muß etwas trinken … Fangen wir damit an.«

Vielleicht ein Feuer, um Eis zum Schmelzen zu bringen? Das einzige Holz, das er hatte, war der Schlitten. Warum nicht? Aber dazu mußte er sich bewegen. Und wie, mit dem Bein?

Es wäre so viel einfacher gewesen, einzuschlafen, alles zu vergessen, sich einfach davonzumachen.

»Eine Schiene!«

Aber dazu mußte er sich zum Schlitten schleppen. Er versuchte, sich aufzusetzen. Sofort war der unerträgliche Schmerz wieder da. Alles verschwamm ihm vor Augen. War es Morgen oder Abend? Er blickte zu dem Stück Himmel in dem Loch über ihm. Er war grau und matt. Aber was spielte es auch für eine Rolle, ob es Morgen oder Abend war. Es war hell, und er mußte etwas trinken, am Leben bleiben, wenigstens so lange, bis seine Hunde gerettet waren.

Nach gut fünfzehn vergeblichen Versuchen gelang es ihm endlich, sich aufzusetzen und die Augen zu öffnen, ohne daß ihm schwindlig wurde. Er schnitt das blutgetränkte Hosenbein auf und untersuchte seine Verletzung. Ein kleines Stück Knochen ragte zehn Zentimeter unterhalb des Knies aus der Haut. Er biß die Zähne zusammen und zog leicht daran. Es gab nach. Es war nicht fest mit dem Schienbein verbunden. Es war nur ein Splitter. Er entfernte ihn. Das war weniger schmerzhaft, als er erwartet hatte, denn der Splitter war schmaler als die Wunde. Dann betastete er die Haut um die Bruchstelle. Er hatte den Eindruck, daß die beiden Bruchstücke des Schienbeins sich leicht gegeneinander verschoben hatten. Jedenfalls konnte er sie nicht alleine einrichten. Er mußte eine Schiene anlegen, und es war gleich, ob das Bein später wieder zu gebrauchen war oder nicht. Hauptsache, er konnte sich bewegen, trinken, die Hunde retten. Und was danach kam –

Die Hunde sahen ihn an, andere erkundeten die Eishöhle, in die sie gefallen waren. Umiak leckte das geronnene Blut von dem Stein, auf dem Ohio saß.

»Ich werde euch hier herausbringen, Freunde.«

Er faßte den Entschluß, ohne zu wissen, wie er es anstellen sollte.

Er zitterte vor Kälte, doch das Schlimmste war der Durst, die pelzige Zunge, die trockenen Lippen. Er setzte sich so hin, daß er das gebrochene Bein halb über das andere legen konnte, dann schob er sich mit den Händen langsam vorwärts. Obwohl das Bein fest auflag und von der Kälte ohnehin taub war, litt er Qualen, doch er rutschte um den Stein, der ihm im Weg lag, herum bis zum Schlitten. Er zerschnitt die Riemen aus Rohleder, mit denen die Holzteile zusammengebunden waren, und nahm den Schlitten auseinander. Aus einer der Querstreben fertigte er zwei Schienen und befestigte sie an beiden Seiten der Wade, dann schnitt er einen langen Streifen aus einer Haut, wickelte ihn darum und zog ihn fest an. Er mußte mehrmals von vorn beginnen, weil die Schmerzen zu groß wurden.

»Und jetzt etwas trinken.«

Er fror nicht mehr. Ganz im Gegenteil, er schwitzte. Er wollte mit dem Holz, das er auf dem Schlitten transportierte, gerade ein Feuer machen, als er ein leises Plätschern hörte. Er lauschte. Ja, ein Hund schlabberte Wasser. Doch er konnte nicht weit sehen, denn die Decke der Höhle neigte sich zur Flußmitte hin. Er tastete sich in die Richtung, aus der das Schlabbern kam. Es war nicht sehr weit bis zum Wasser. Nur wenige Meter. Er legte sich hin und trank. Es war eine Wohltat, die erste seit dem Unfall. Torok und Vulk wachten über ihn, wichen nicht von seiner Seite, beobachteten jede seiner Bewegungen, wollten helfen, warteten auf Befehle.

»Meine braven Hunde.«

Er streichelte beide. Torok knurrte leise und gab Vulk zu verstehen, daß er nicht mehr verlangen dürfe, als ihm zustand.

»Und nun etwas essen.«

Er hatte noch zwei Hühner und ein paar Kilo Mehl. Er bereitete sich ein Fladenbrot und buk es in einer kleinen Pfanne auf dem Feuer. Für die Hunde hatte er nichts mehr, und sie sabberten und leckten sich die Lefzen, als ihnen der Bratenduft in die Nase stieg. Die wenigen Brotkrümel machten sie nur noch hungriger.

»Ihr müßt hier raus! Und auf die Jagd gehen«, sagte er entschlossen zu ihnen.

Nun, da er getrunken und gegessen hatte, fühlte er sich besser. Er fror nicht mehr, und seine Kopfschmerzen klangen ab. Er säuberte seine Wunde, nähte sie und bestrich sie mit einer Salbe auf der Basis von Kiefernharz. Er ärgerte sich darüber, daß er vorübergehend allen Mut verloren hatte. Er konnte sich befreien. Mayoke brauchte ihn. Sie wartete auf ihn. Er wußte es. Einmal hatte er sie schon im Stich gelassen, das sollte kein zweites Mal vorkommen.

Er mußte aus dieser Eishöhle heraus.

Er versuchte aufzustehen. Er brauchte eine Krücke. Er nahm einen Schlittenholm und stutzte ihn auf die richtige Länge, da bemerkte er, daß das Tageslicht schwächer wurde. Das machte nichts. Er war ohnehin müde, und sein Bein brauchte Ruhe, noch dringender als er. Er räumte alle störenden Steine beiseite, bereitete sich mit den Häuten ein bequemes Lager und schlüpfte in den warmen Schlafsack. Er fand lange keinen Schlaf. Der Schmerz kam und ging, wurde mal schwächer und dann wieder so heftig, daß man meinen konnte, er mache sich einen Spaß daraus, ihn zu zermürben. Erst gegen Morgen schlief er ein. Einen Großteil des Tages blieb er liegen und dachte nach. Er stellte verschiedene Überlegungen an, wie er der Falle entrinnen konnte, und schließlich kam er zu dem Ergebnis, daß es am besten war, wenn er unter der Eisdecke bis zum Ufer kroch und dort versuchte, sich nach oben zu graben. Zweifellos war das Eis dort am dicksten, denn ein Fluß fror im Herbst von den Rändern her zu, aber diese Lösung war die sicherste. Außerdem konnte er dabei sein Bein schonen.

Mit einer Kerze kroch er unter das Eis und untersuchte es. Wo sollte er sich durchbohren? Schließlich durfte er nicht riskieren, daß die Decke einstürzte und ihn unter sich begrub. Er wählte eine Stelle, wo mehrere große Steine lagen, die Schutz gegen herabfallende Eisplatten boten, und begann, mit der Axt zu hacken. Seine Haltung war unbequem, aber wenn er beständig arbeitete, konnte er hoffen, die Decke irgendwann zu durchstoßen.

Unter den Axthieben spritzten scharfkantige Splitter aus dem Eis. Ohio mußte häufig innehalten, denn er arbeitete im Sitzen und ermüdete rasch. Die Hunde hielten sich abseits.

Die Höhle erzitterte unter den Schlägen, und zweimal lösten sich Eisplatten vom Rand des Lochs und zerschellten neben dem Schlitten. Doch die meisten Erschütterungen wurden von den beiden Felsen gedämpft, hinter denen Ohio hackte. Als die anbrechende Dunkelheit ihn zum Aufhören zwang, hatte er ein Loch gebohrt, das ungefähr einen halben Meter tief war. Er briet sich das letzte Schneehuhn, aß ein Fladenbrot und legte sich schlafen, unglücklich darüber, daß er nichts hatte, womit er die Hunde füttern konnte.

Als er am nächsten Morgen erwachte, stellte er fest, daß der Schmerz in seinem Bein nachgelassen hatte. Mittlerweile war es ihm gelungen, die Lederstreifen, die das Schienbein zwischen den beiden Schienen fixierten, so anzuziehen, daß der Blutfluß nicht beeinträchtigt wurde und daß er sich, was noch wichtiger war, ohne Schmerzen bewegen konnte.

»Torok! Torok!«

Kein Laut.

»Vulk! Umiak! Huslik!«

Wieder nichts.

Ohio geriet in Panik. Fieberhaft suchte er seine Krücke und stand auf. Ein Schmerzensschrei entfuhr ihm, denn er hatte für einen Moment den linken Fuß und das Schienbein belastet.

»Torok! Vulk!«

Stille.

Seine Sorge wich der Hoffnung. Wenn sie nicht hier waren, mußten sie draußen sein! Er entzündete eine Kerze und suchte die Höhle ab. Nichts. Als hätten sich die Hunde in Luft aufgelöst. Er rief noch einmal. Nichts.

Er setzte seine Erkundung der Eishöhle fort, und diesmal entdeckte er Kratzspuren an einer Eisplatte, die über zwei Felsbrocken lag. Wenige Meter dahinter nahm er einen Lichtschein wahr. Sie hatten einen Ausgang gefunden! Für ihn selbst war das Loch zu eng, und erweitern ließ es sich auch nicht. Er mußte sich also wieder an die Arbeit machen und hoffen, daß die Hunde in der Zwischenzeit etwas Freßbares fanden. In seiner jetzigen Verfassung hätte er ihnen ohnehin nicht helfen können.

Er hätte noch am selben Tag fertig werden können, doch er zerbrach den Stil seiner Axt, und bis er aus einem Schlittenholm einen neuen geschnitten hatte, war es dunkel geworden. Er schlief schlecht und hatte Alpträume, in denen Wölfe über seine Hunde herfielen. Beim ersten Tageslicht machte er sich wieder an die Arbeit, und zwei Stunden später durchschlug seine Axt die Eisdecke. Eine Stunde später hatte er das Loch so weit vergrößert, daß er, den Schlitten als Leiter benutzend, ins Freie schlüpfen konnte.

Er verharrte eine Weile reglos und blinzelte in die warme Frühlingssonne. Er sah die Landschaft mit anderen Augen, denn einmal mehr war er dem Tod entronnen. Er verstand nicht mehr, daß er hatte aufgeben wollen. Wegen eines gebrochenen Beins? Das würde heilen. In ein oder zwei Monden konnte er wieder laufen, und dann würde er sich wieder auf den Weg machen. Mayoke wartete.

49

»Alles klar zum Auslaufen, Sir!«

Cooper lächelte zufrieden. Endlich ging es los. Seit Wochen fieberte er vor Ungeduld. Zwanzig Mal hatte er die Laderäume inspiziert und nachgesehen, ob die Ladung richtig verstaut war. Wieder und wieder hatte er den Proviant für die vierundfünfzig Besatzungsmitglieder, Segelmacher, Schiffsjungen, Köche und Zimmerleute geprüft sowie den Futtervorrat für seine Hunde. Das Schiff hatte sechs Tonnen Pemmikan für die zwölf Huskies geladen, die er für viel Geld einem Naskapi-Indianer aus Sept-Îles abgekauft hatte. Der Mann hatte sich von dem Gespann nicht trennen wollen, da es zu den schnellsten gehörte, doch Cooper, der es unbedingt haben wollte, hatte ihm eine Summe geboten, der er nicht hatte widerstehen können. Am Ende behielt er nur ein Weibchen und einen Rüden, mit denen er sich eine neue Meute züchten konnte. Cooper hatte den Tieren auf dem Hüttendeck neben dem Besanmast einen schönen Platz hergerichtet und Hundehütten bauen lassen, die ihnen Schutz vor Sprühwasser und Regen boten.

Zur Besatzung gehörten zwölf Männer, die er aus England mitgebracht hatte, den Rest hatte er in Quebec angeheuert. Fünf von ihnen hatten bereits an Polarexpeditionen teilgenommen und kannten die Einfahrt in den Lancastersund, darunter Kapitän Melville und seine beiden Offiziere, der junge Loup Arkwright und Sedley Dekler, die das Schiff, wenn Cooper von Bord gegangen war, nach England zurückbringen sollten.

Coopers Zuversicht und sein Ruf beflügelten die Männer, die er mit einer gewissen Nachsicht befehligte, solange sie mit Eifer und Herz bei der Arbeit waren. Er war das Gegenteil von Kapitän Melville, der, verschlossen und reserviert, stets eine gewisse Distanz zur Mannschaft wahrte und sich durch respekteinflößendes Auftreten Gehorsam verschaffte. Melville war Seemann durch und durch. Seit seinem zwölften Lebensjahr befuhr er die Weltmeere und verfügte über eine beispiellose Erfahrung. Melville war ein schlanker Mann mit kurzem schwarzen Haar und tadellos gestutztem Bart, und er verwendete auf seine Toilette ebensoviel Sorgfalt wie auf das Studium der Seekarten, das Messen des Windes, das Ermitteln der Position mit dem Sextanten oder das Inspizieren des Schiffes, was er im übrigen jeden Tag tat, so daß die Männer sich keine Nachlässigkeiten erlauben konnten.

»Melville ist ein grausiger Gesellschafter, aber ohne Frage der tüchtigste Seemann, den ich kenne«, sagte Cooper über ihn.

»Leinen los!« rief Cooper, und zu Melville: »Übernehmen Sie das Kommando bis zur Meerenge von Belle-Île. Ich gehe nach den Hunden sehen.«

Vor allem wollte er den herrlichen Anblick genießen, den Quebec von der Sankt-Lorenz-Bucht aus bot. Das Wetter war herrlich, und die Sonne, die über dem blauen Fluß emporstieg, ließ die auf dem Wasser treibenden Eisschollen in allen Farben des Regenbogens schillern. Der Frühling, der Meer und Flüsse befreite, befreite auch das Herz der Menschen, und Cooper war begeistert. Verzückt betrachtete er das Segel, das sich im achterlichen Wind blähte. Endlich auf See. Er seufzte vor Glück, als er das Streichen des Windes in den Fallen und das leise Rauschen des Wassers hörte, das der Bug des Schiffes teilte. Mit leichtem Herzklopfen sah er zu, wie die Männer behende in die Wanten kletterten. Der Kapitän schritt auf dem Achterdeck auf und ab und erteilte Befehle, die der Steuermann mit klarer Stimme wiederholte.

»Geit die Marssegel auf, setzt den Klüver, dann holt die Fock nieder!«

Die Kais entfernten sich. Ein weiteres Abenteuer begann, an dessen Ausgang ihn Sacajawa erwartete, deren Namen er noch nicht auszusprechen wagte.

Cooper atmete die Luft in vollen Zügen ein und stellte zu seinem Erstaunen fest, daß sie schon brackig nach Meer roch. An der Küste flogen weiße Gänse und Trappen in alle Himmelsrichtungen, und ihre Rufe vermischten sich mit denen der vielen tausend anderen Vögel, die jeden Tag aus dem Süden eintrafen, Regenpfeifer, Enten, Wasserläufer und Schnepfen. Die Säfte stiegen in die Bäume, die Flüsse befreiten sich vom Eis, die Vögel kehrten zurück. Ein Taumel erfaßte das Land.

Die Hunde hatten keine Angst. In den fünf Tagen, die sie nun an Bord waren, hatten sie sich an das Stampfen des Schiffes gewöhnt, auch wenn es etwas zugenommen hatte, seit sie auf hoher See waren. Sie führten ein annehmliches Leben an Bord, denn sowie der Winter vorbei war, fütterten die Indianer ihre Hunde nur noch schlecht. Cooper hingegen fütterte sie gut, denn sie mußten wieder etwas zunehmen. Innerhalb weniger Tage hatte er sie aufgepäppelt. Ihr Fell glänzte, und sie hatten wieder deutlich mehr Fleisch auf den Rippen.

»Aber gebt ihnen nicht zuviel, Kameraden! Ich will keine fetten Möpse, die nicht mehr laufen können!«

Nichts liebte er mehr auf der Welt als das Meer und Hunde. Und er hatte beides. Er glaubte fest daran, daß es hinter dem Lancastersund eine Passage gab, die zur Mündung des Mackenzie führte. Und was er in seinen Gesprächen mit den Seeleuten, die bereits in der Arktis gewesen waren, erfuhr, hatte ihn darin nur bestärkt. Wenn er recht hatte, würde er rasch ans Ziel kommen. Jetzt war Mai. In acht Monaten konnte er bei Sacajawa sein. Die Besatzung würde irgendwo überwintern, während er mit den Hunden ins Landesinnere zog. Im Frühjahr würde er nach England zurückkehren, um die Entdeckung der Nordwest-Passage bekanntzugeben. Ein schöner Abschluß für Cooper, der nur noch davon träumte, in den unberührten Tälern des Felsengebirges an der Seite Sacajawas ein ruhiges Leben zu führen.

Er dachte an sie, natürlich, doch er unterließ es, sich das Wiedersehen auszumalen. Ohio hatte ihm versichert, daß sie ihn noch liebte. Aber kannte er wirklich die Gefühle seiner Mutter? Sie war ein verschlossener, in sich gekehrter Mensch. Fast achtzehn Jahre war es jetzt her! Achtzehn Jahre! Seine Erinnerung an sie war verschwommen. Er erinnerte sich an ihr Haar, ihre Augen, ihren Mund, praktisch an jede Einzelheit ihres Gesichts und ihres Körpers, doch es gelang ihm nicht, das Gesamtbild wieder herzustellen. Ja, er sah deutlich ihr Haar vor sich, lang und schwarz, mit einem violetten Schimmer, beinahe blau in der Sonne, ihre strahlenden Augen, schwarz mit grauen Punkten, ihre langen, schlanken und von der Sonne gebräunten Beine, die seinen Körper umschlungen hatten, und er meinte den frischen Duft ihrer Haut zu riechen.

An diesem warmen Frühlingsmorgen mußte Cooper daran denken, wie sie sich einmal auf einem Paß geliebt hatten, auf dem weichen Fell einer Schneeziege, die sie dort oben erlegt hatten. Die Sonne wärmte den Felsen, vor dem sie lagen. Die Lust hatte sie überkommen, als sie Arm in Arm den märchenhaften Ausblick ins sonnendurchflutete Tal genossen, in dem sich der letzte Nebel auflöste. Wolkenfetzen hingen an den rötlich schimmernden Berggipfeln, und die mit bereiften Flechten und Heidelbeersträuchern bedeckten Hänge glitzerten im Sonnenlicht. Sie hatten sich lange geliebt, hielten mehrmals inne, um Atem zu schöpfen und dann von neuem zu beginnen, ohne jemals genug voneinander zu bekommen.

Cooper schloß die Augen. Allein bei dem Gedanken daran verging er vor Sehnsucht. Wie hatte er nur so lange darauf verzichten können?

Die Spanten, Deckstützen und Schotten knarrten und ächzten unter der Beanspruchung des Schiffes, das seit zwei Tagen die See durchpflügte und an der Küste Labradors nach Norden segelte. Der Fockmast arbeitete im Mastloch und erzeugte ein Knarren, das bis in Coopers Kabine im Achterschiff drang. Er stand in der Nacht auf und rief einen Mann von der Wache an, der gerade aus dem Ruderhaus trat.

»He, Sie!«

»Sir?«

»Holen Sie Fett und schmieren den Mast damit ein, damit er nicht mehr knarrt.«

»Zu Befehl, Sir.«

Der Mann verschwand sofort, wobei er sich an der Poopreling festhielt, um auf dem feuchten Deck nicht auszurutschen. Cooper ging zum Rammsteven am Bug des Schiffes. Das helle Blau seiner Augen leuchtete, als er feststellte, wieviel Fahrt sie machten. Die Männer von der Wache hatten mehr Tuch gegeben und beinahe alle Segel gesetzt. Cooper blieb lange auf dem Vorderdeck. Der in Dunst gehüllte Mond vergoß silberne Tränen über ihnen und ließ die Kämme der Wellen schillern, die sich mit empörtem Tosen am Schanzkleid brachen.

Er ging zu Sedley Dekler, der am Ruder stand, ein kleiner, kräftig gebauter Mann, dessen Haar bereits ergraute, obwohl er erst vierzig Jahre alt war. Er hatte eine Adlernase und intelligente schwarze Augen.

»Guten Morgen, Sir, Sie schlafen wohl nie!«

»Ich liebe die hohe See.«

Mehr sprachen sie nicht. Sie lauschten dem Rauschen des Windes in der Takelage. Der Offizier hatte zu tun, denn immer wieder erfaßten kräftige Böen der arktischen Winde das Schiff und zwangen ihn, das Ruder herumzuwerfen, um etwas Druck von den Segeln zu nehmen.

»Lassen Sie die Klüver einholen«, beschloß Cooper. »Ich möchte die Takelage schonen. Außerdem gibt es hier Eisberge.«

»Der Kapitän hat zwei Mann mit scharfen Augen in die Mastkörbe geschickt.«

»Ausgezeichnet.«

Sedley gab Coopers Befehle weiter. Jedes Speigatt, jede Pforte wurde gebraucht, um das Schiff von der Last des Ozeans zu befreien, der es häufig unter Wasser setzte, und die Männer der Wache kämpften beherzt gegen Wind und Wellen. Alle waren Seeleute und wußten, daß bei schwerem Wetter ihr Überleben von der korrekten Ausführung der Befehle abhing. Sie holten nacheinander die Klüver ein, während der Mond hinter den Wolken verblaßte.

Cooper blieb bis zum Morgen auf dem Achterdeck, wo Kapitän Melville vor Beginn seiner Wache zu ihm stieß. Die See wurde rauher. Eine Gruppe von Eisbergen wurde gesichtet, und die Männer drängten sich an der Reling, um die Robben zu beobachten, die sich zu Hunderten auf die Eisriesen geflüchtet hatten, zwischen denen das Schiff vorsichtig kreuzte. Dann flaute der Wind ab, und Cooper legte sich beruhigt zur Ruhe. Er schlief bald ein, eingelullt vom Tosen der Brecher, die gegen die Bordwand klatschten und das Deck überfluteten, ehe das Wasser durch die Speigatten wieder abfloß.

Die Hunde blieben, benommen vom Schlingern, brav in ihren mit Stroh ausgelegten Hütten, während die Seeleute im silbrigen Licht des Morgens über das Deck eilten.

50

Torok hatte sich vom ersten Schrecken darüber, seinen Herrn dem Tod näher als dem Leben zu sehen, erholt und streifte auf gut Glück durch die Tundra. Töten oder getötet werden, fressen oder gefressen werden. So lautete das Gesetz der Wildnis, und die ganze Meute befolgte dieses Gesetz, das aus dem Schoß der Zeit geboren war.

Sie waren nur des Nachts unterwegs, im fahlen Schein des Mondes oder der Nordlichter. Einer hinter dem anderen folgten die fünf Huskies ihrem Anführer. Umiak, die mit ihrem dicken Bauch den Schluß bildete, setzte ihre Pfoten genau in Kurviks Stapfen, den Schwanz gesenkt, ohne ein Auge für die karge Landschaft, die bis zum Horizont reichte. Die Hunde hatten Hunger, und unter ihrem stumpfen Fell traten die Rippen hervor. Sie zogen traurig ihres Weges, während Torok mit zitternden Nasenlöchern die Gerüche der Tundra einsog und mit wachsamen Augen ihre dunkelsten Winkel absuchte.

Seit fünf Tagen irrten sie ziellos umher, schattenhafte Gestalten, die sich durch die aufgeweichte Tundra schleppten. Sie ermüdeten nicht, liefen und liefen, und ihre stählernen Muskeln vollführten immer wieder dieselben Bewegungen. In all den Tagen hatten sie nur das ausgebleichte Skelett eines Polarfuchses gefunden. Sonst nichts.

Doch an diesem Abend hoben zuerst Torok und Vulk, dann alle anderen den Kopf und hielten die Nase in den Wind. Sie hatten die schwache Witterung eines Wildtieres aufgenommen. Torok blieb stehen, den Schwanz aufgerichtet, alle Sinne hellwach. Dann hob er die lange Schnauze und begann zu heulen. Darauf reckte ein Hund nach dem andern die Schnauze gen Himmel und stimmte in seine monotone Klage ein, und wie ein Lied der Wildnis hallte ihr Jagdgeheul durch die totenstille Nacht.

Von da an waren die Hunde wie umgewandelt. Mit der Entschlossenheit von Wölfen trabten sie weiter, und ihre Schritte wurden katzenartig, vorsichtig. So liefen sie lange, bis sie auf die frischen Fährten von Moschusochsen stießen. Torok und Vulk beschnupperten sie, und die Erregung entzündete ein Feuer in ihren Augen. In dieser Nacht blieben sie kein einziges Mal stehen, auch nicht, als im Osten der Morgen graute. Sie liefen weiter, allein in der flachen, weiten Landschaft der Tundra, und versuchten verzweifelt, die Tiere einzuholen, deren Witterung sie aufgenommen hatten.

Sie entdeckten sie im selben Augenblick, als ihnen der scharfe, warme Geruch ihrer Gegenwart in die Nase stieg. Es waren acht, und sie standen dicht gedrängt auf einer Erhebung. Ihre großen Augen funkelten schwarz aus dem dichten dunkelbraunen Fell, das bis zum Boden herabhing und im fahlen Morgenlicht schimmerte. Die Hunde waren in sicherer Entfernung stehengeblieben, und die riesigen Tiere beobachteten sie, sogen die Luft ein, blähten die schwarzen Nüstern, scharrten zornig mit den Hufen und hoben die Spitzen ihrer weit geschwungenen Hörner. Der mächtigste Ochse stand herausfordernd auf dem kahlen Boden, senkte den massigen Schädel, sträubte das Fell und ließ den Hals anschwellen, um noch größer zu wirken, dann kam er näher, argwöhnisch und zitternd vor überschäumender Kraft.

Die Hunde wichen zurück, doch der Ochse blieb stehen, nachdem er sich ein paar Schritte von der Herde entfernt hatte, wölbte den Rücken und sah sie mit boshaft funkelnden Augen an.

Torok unterdrückte ein Knurren und beobachtete weiter diese mächtigen Tiere, die er nicht kannte. Er mißtraute ihnen, doch er war ein Räuber, und sein Jagdinstinkt sagte ihm, was zu tun war. Da keine Aussicht bestand, aus einem offenen Kampf als Sieger hervorzugehen, mußten sie eine List anwenden und eines der Kälber, das die kleine Herde in ihre Mitte nahm, von den anderen trennen. Dies erforderte Geduld. Sie mußten sie ermüden, unablässig bedrängen.

Die Meute teilte sich und umkreiste die Herde, die sich, um sich zu schützen, mit ihr drehte. Sowie ihr ein Hund zu nahe kam, machte eines der ausgewachsenen Tiere mit gesenktem Kopf, dampfenden Nüstern und blitzenden Augen einen blitzschnellen Ausfall. Doch die Huskies waren zu flink, um sich aufspießen zu lassen, und die Angriffe stießen ins Leere, auch wenn Narsuak einmal nur knapp den Hörnern des größten Ochsen entging. So ging es bis zum Abend. Die bedrängten Moschusochsen drehten sich unentwegt, um sich nach hinten abzusichern. Irgendwann standen sie mit dem Rücken zu einem Haufen Felsbrocken, rührten sich nicht mehr von der Stelle und schlossen die Reihen um die Kälber. Eine kalte und klare Nacht brach an. Die Hunde zogen den Ring enger, setzten ihre Attacken, mal von links, mal von rechts, fort, gönnten dem Gegner nicht die kleinste Atempause. Die Gegenwehr der Ochsen erlahmte, ihre Ausfälle wurden unkontrollierter. Mitten in der Nacht gelang es Torok, auf die Felsen zu springen. Die Herde geriet in Panik und wich so weit zurück, daß Vulk und Huslik zwischen sie und die Erhebung schlüpfen konnten. Auf diese Weise ihrer natürlichen Deckung beraubt, mußte sich die Herde wieder stärker bewegen. Die Kälber hatten Durst und zeigen deutliche Anzeichen von Ermüdung, hechelten und brüllten. Auch die Hunde waren müde, doch sie zeigten es nicht, sondern verdoppelten ihre Anstrengungen, denn sie wußten, daß sie hier um ihr Leben kämpften.

Im Morgengrauen wurde die Herde nervös, und die drei Bullen machten wieder Ausfälle, nur daß sie die Hunde jetzt verfolgten und sich mehr als nur ein paar Meter von der Herde entfernten. In einer dieser Situationen gelang es Torok, eines der Kälber in die Kniekehle zu beißen. Der Biß ging nicht tief, aber er genügte, um die Herde in Panik zu versetzen. Sie setzte sich in Bewegung und strebte dem weiten Tal zu. Die Tiere blieben dicht beisammen, und ihre zottigen lange Haare schleiften auf dem Boden, der stellenweise noch mit Schnee bedeckt war. Dann zerriß ein Heulen die morgendliche Stille. Torok hatte es ausgestoßen, um die Seinen zu sammeln. Die Jagd konnte beginnen. Die Meute nahm die Verfolgung auf und bedrängte den Ochsen, der am Schluß trabte und die verängstigten Kälber schützte. Zweimal gelang es ihr, ihn von der Herde zu trennen, doch die Kühe paßten auf und verhinderten eine Attacke der Hunde auf die Kälber.

Schließlich erreichten die Ochsen schnaufend und mit nassem Fell die Talsohle und hielten auf einen Bach zu, dessen Wasser noch mit Schnee und Eis vermischt war. Der Durst machte die Kälber unvorsichtig, und die Bullen und Kühe mußten ein wachsames Auge auf sie haben. Torok hatte sich sein Opfer bereits aufgesucht, das Kalb, das er gebissen hatte und dessen warmes Blut er noch schmeckte. Doch er zeigte es nicht, ganz im Gegenteil. Er zwang die Meute, sich auf einen Bullen mit auffallend hellem Fell zu konzentrieren, und dadurch wiegte er die anderen Ochsen in Sicherheit, denn sie wußten, daß die abgemagerten Hunde diesem mächtigen Gegner nicht gefährlich werden konnten.

Kurvik, Narsuak und Huslik verdoppelten ihre Anstrengungen und täuschten mit wütendem Gebell einen Angriff auf den Ochsen vor, der laut schnaubend die Luft durch die Nüstern blies. So ging es eine ganze Weile. Als die Ochsen getrunken hatten, wurde sie ungeduldig. Sie wollten zurück auf den Hügel, da sie mit ihrem enormen Gewicht im schwammigen Boden einsanken. Umiak hatte sich erschöpft hingesetzt und sah mit unbeteiligtem Blick und schweren Lidern zu.

Kein Hund und kein Ochse sahen Toroks blitzschnellen Angriff. Er ging ein hohes Risiko ein und setzte sein Leben aufs Spiel. Er hatte auf den Augenblick gelauert, da die Herde sich in Bewegung setzte, um zu dem Bullen mit dem hellen Fell aufzuschließen. Ihr Weg führte durch einen Seitenarm des Baches, aus dem sie getrunken hatten. Zwei Eisplatten ließen den Ochsen nur einen schmalen Durchgang, und so mußten sie hintereinander durch das steinige Bett waten. Torok hatte den Bullen bedrängt, dabei aber aus den Augenwinkeln diese Stelle beobachtet und gewartet, bis das Kalb an der Reihe war. Dann war er losgestürzt, ohne weiter auf die Kühe und die Bullen zu achten, nur auf ein einziges Ziel konzentriert: das Kalb, auf die Kniekehle des Kalbes. Mit wenigen Sätzen war Torok bei dem Tier, schnappte zu und durchbiß dem verzweifelt schreienden Tier die Sehnen. Hätten die anderen Hunde den Leitochsen nicht abgelenkt, wäre Torok sofort von zwei Hörnern aufgespießt worden. So konnte er zwar noch ausweichen, aber nicht schnell genug. Ein Horn schlitzte ihm die Seite auf und zerbrach ihm eine Rippe. Vulk sprang ihm zu Hilfe und biß das Tier in den Schenkel, so daß Torok fliehen konnte.

Im nächsten Augenblick brach die Hölle los. Die Ochsen brüllten, schnaubten, wühlten mit den Hufen den Boden auf und zerschnitten die Luft mit den Hörnern. Entsetzen stand in ihren Augen, während der Blutgeruch die der Hunde leuchten ließ. Die Meute sammelte sich in einiger Entfernung von der Herde, und die Ochsen scharten sich um den Bullen und das Kalb, dessen Hinterläufe eingeknickt waren. Umiak war zu Torok gelaufen und leckte ihm die Flanke. Er selbst stand aufrecht da, gespannt wie ein Bogen, und beobachtete ruhig die Herde, die seine Huskies jetzt von neuem bedrängten, um zu fordern, was ihnen zustand: das Kalb, das bewegungsunfähig und daher dem Tod geweiht war. Es war an einer günstigen Stelle zusammengesackt, mitten im Bach, wo die anderen es nicht lange schützen konnten. Dem flinken Narsuak gelang es, das Tier noch zweimal zu beißen. Dies war das Ende der Jagd, und die Herde wußte es. Nachdem sie eine Stunde lang vergeblich versucht hatte, dem Kalb auf die Beine zu helfen, überließ sie es seinem Schicksal. Die Hunde bissen ihm die Kehle durch, und im nächsten Augenblick gruben sich Fänge in sein Fleisch, um die blutigen Muskeln in Stücke zu reißen.

Die Meute würde weiterleben. Das war das Gesetz der Tundra. Sie hatten ein Leben genommen, statt ihres zu geben.

51

Ohios Tage waren so eintönig wie die Landschaft, die ihn umgab. Er hatte sich hinkend zu einer Stelle geschleppt, wo der Fluß breiter war. Dort angelte er von morgens bis abends und fing ein paar kleine Forellen, die ihm das Überleben sicherten. Dann, eines Morgens, als er aus einem bleiernen Schlaf erwachte, hörte er endlich die Musik, auf die er wartete: das Geschnatter der Gänse, die zu Tausenden in die Tundra einfallen und ihm das Leben retten würden. Immer wieder hatte er seinen Schießbedarf gezählt. Er hatte sechs Schachteln mit jeweils dreißig Kugeln. Genug, um sich monatelang mit Gänsefleisch zu versorgen. Und doch wollte bei ihm keine rechte Freude über dieses Geschenk des Himmels aufkommen.

Seit fünf Tagen waren seine Hunde verschwunden. Und mehrere Male hatte er das langgezogene Heulen von Wölfen in der Stille der Tundra gehört. Der Wolf war der Erzfeind des Hundes. Es war, als könnte er es dem gezähmten Vetter nicht verzeihen, daß er sich mit dem Menschen eingelassen hatte.

Jedes Mal, wenn das Geheul durch die Nacht hallte, zuckte Ohio vor Angst um seine Hunde zusammen. Und diese Angst wuchs mit jedem Tag.

Zum ersten Mal in seinem Leben ertappte er sich dabei, daß er Selbstgespräche führte. Verlor er allmählich den Verstand? Es war ihm gleich.

»Ich hätte nicht alle freilassen dürfen. Ich hätte Vulk oder Torok anbinden müssen, dann wären die anderen in der Nähe geblieben.«

Er schüttelte den Kopf.

»Unsinn! Was redest du da? Du hast doch gesehen, wie abgemagert sie waren. Sie mußten sich aufmachen, um sich alleine durchzuschlagen, das war ihre einzige Chance. Vielleicht sind sie auf Karibus oder auf Hasenspuren gestoßen und weit gelaufen.«

Doch das vermochte ihn nicht zu beruhigen.

»Je weiter sie sich entfernen, desto größer ist die Gefahr, daß sie Wölfen begegnen, die ihnen den Garaus machen.«

Das stimmte, und der Gedanke erschreckte ihn und verfolgte ihn den ganzen Tag.

Er hatte sich aus Ästen und Zweigen ein Versteck gebaut und wartete dort auf die Gänse. Aber sie landeten nicht, sondern flogen über ihn hinweg und gingen weiter flußaufwärts oder flußabwärts nieder, bevorzugt dort, wo er zuletzt gelagert, aber nur wenig Fische gefangen hatte. In der Dämmerung kehrte er dorthin zurück und versuchte, sich an eine Schar anzupirschen, doch mit dem steifen Bein konnte er weder kriechen noch robben, und die Gänse flüchteten, ehe er zum Schuß kam. Er legte sich mit leerem Magen unter eine der Häute, die er mitgeschleppt hatte, zum Glück, denn es regnete fast die ganze Nacht. Am nächsten Tag war der Himmel bedeckt, und kein einziger Schwarm ließ sich blicken. Gegen Abend versuchte er es mit Fischen, doch er fing nichts und mußte sich erneut hungrig schlafen legen.

In der Nacht hatte er Alpträume, und als er benommen erwachte, wußte er nicht recht, ob er noch träumte. Und so dauerte es geraume Zeit, bis er begriff, daß er einen ganzen Schwarm Gänse vor sich hatte. Die Vögel waren zwischen angeschwemmten Eisschollen auf dem Sandstrand niedergegangen.

»Ohio!« flüsterte er. »Gänse.«

Jetzt war er hellwach. Er brauchte sich nicht einmal anzuschleichen. Er legte an, hielt mitten ins dichteste Gedränge und drückte ab. Der Knall löste ein panisches Gekreische aus. Wild flatternd stoben die Gänse auseinander. Zwei blieben auf dem Strand liegen. Eine war tot, die andere nur verletzt, und er erschlug sie eilends mit einem Stock.

»Jetzt habe ich Lockvögel!« frohlockte er.

Er brach die beiden Gänse auf, löste die besten Fleischstücke heraus und verschlang sie roh, denn ein Feuer hätte die Vögel ferngehalten, die er noch anzulocken hoffte. Mit Schlamm, Steinen und Holzkohle formte er mehrere Attrappen und stellte sie neben die echten Vögel, deren Hälse er mit kurzen Weidenstöcken stützte, damit sie lebendig aussahen. Er lag den ganzen Tag auf der Lauer. Wieder flogen Gänse vorüber, aber sie waren zu hoch. Gegen Abend landete endlich ein Schwarm, dann ein zweiter. Er erlegte drei Vögel. Zusammen mit den beiden ersten und den Attrappen bildeten sie eine ansehnliche Schar. Ohio machte sich die Geselligkeit der Gänse zunutze, die von Artgenossen unwiderstehlich angezogen wurden. In der Dämmerung landeten abermals zwei Schwärme, doch wegen des schlechten Lichts erlegte Ohio nur ein weiteres Tier. Aber er hatte eine Mahlzeit und Lockvögel für den nächsten Tag.

Ohio stand im Morgengrauen auf, knüpfte aus seidener Angelschnur, die er in Quebec gekauft hatte, Schlingen und legte sie zwischen den Attrappen und direkt am Flußufer aus, an der Stelle, an der die Vögel vorüberkommen mußten, wenn sie nach seinem ersten Schuß flüchteten. Er war gerade fertig, als er Getrappel vernahm. Ein Tier brach durchs Ufergestrüpp! Er hatte kaum genug Zeit, um aufzustehen. Vulk schoß auf ihn zu, fiel buchstäblich über ihn her und warf ihn beinahe um.

»Vulk, mein Vulk!«

Er versuchte, ihn zum Schweigen zu bringen, und hielt ihm die Schnauze zu, doch der Hund wollte nicht aufhören, zu zappeln und mit lautem Winseln seiner Freude Ausdruck zu geben. Huslik, Narsuak und Kurvik sah er, ehe er sie hörte.

»Und Torok? Und Umiak?«

Er lobte sie, umarmte sie, streichelte sie, strich über ihre runden Bäuche, und doch machte er sich Sorgen. Was war mit Torok und Umiak? Sie hätten bei den anderen sein müssen. Mit was für Tieren hatten sie sich gemessen, mit Wölfen, einem Bären, einem Vielfraß, einem Elch? Oh, wenn Vulk doch sprechen, ihm berichten könnte –

Er band sie in einiger Entfernung vom Ufer an und legte sich wieder auf die Lauer. Es war ein herrlicher Tag. Eine wahre Sommersonne war aufgegangen und schien auf die Tundra, die dampfte wie nasse Wäsche. Die Hunde, erschöpft vom tagelangen Laufen, rekelten sich in ihren warmen Strahlen.

Wieder flogen Gänse vorbei, doch auch andere Vögel wie Enten und Ammern, Steißfüße und Seetaucher, Wasserläufer und Regenpfeifer bevölkerten den Himmel und erfüllten die Luft mit ihren Rufen. Ein Fest, an dem auch Myriaden von frisch geschlüpften Insekten teilnahmen.

An diesem Tag erbeutete Ohio über dreißig Gänse, doch dieser Erfolg entlockte ihm kein Lächeln.

»Torok, Umiak, wo seid ihr?«

In der Nacht tat er kaum ein Auge zu. Es war eine helle Nacht, erfüllt vom Gesang des Sommers, dem Geschnatter der Gänse, dem durchdringenden Rufen der Seetaucher, dem Flöten der Regenpfeifer.

Er wollte gerade an den Fluß gehen, um sich zu waschen, als er Umiak auf sich zutraben sah, und ein Stück dahinter Torok, im Maul einen Knochen mit einem großes Stück Fleisch daran.

»Torok! Umiak!«

Tränen der Freude und Rührung stiegen ihm in die Augen.

»Mein Torok! Aber du bist ja verletzt!«

Er betrachtete das Fleisch und das Fell, das noch daran hing.

»Ein Bison?«

Nein, die Haare waren anders, zu lang.

»Was war das für ein Tier, das ihr aufgespürt habt?«

Er untersuchte die Wunde. Sie sah nicht gut aus. Er betastete sie und stellte fest, daß auch die Rippen verletzt waren. Und dennoch hatte Torok, wahrscheinlich tagelang und kilometerweit, Fleisch für ihn durch die Tundra geschleppt! War er selbst einer solchen Liebe fähig, verdiente er sie?

Er erhitzte Wasser, wusch die Wunde aus, dann nahm er etwas Eis und betäubte das Fleisch, ehe er die Wunde ausschnitt und zunähte. Torok winselte mehrmals, ließ ihn aber gewähren. Am Ende machte er ihm mit Ton, den er in einem Lederbeutel aufbewahrte, einen Umschlag. Er war so beschäftigt, daß er nicht bemerkte, wie Umiak sich davonschlich und nach einem ruhigen Platz suchte. Es wurde höchste Zeit. Die Wehen hatten eingesetzt. Überall gewann das Leben die Oberhand.

52

Zwischen Grönland und Baffinland nahm die See einen blei-
grauen Ton an und wurde immer rauher. Die gesamte Besatzung der *Farvel* war an Deck, die beiden Wachen, die beiden
Offiziere, der Kapitän und Cooper, wobei letztere die Manöver überwachten und einige vom Schanzkleid aus dirigierten,
an dem sich die Wellen mit lautem Getöse brachen.

Ein Wind aus West-Nordwest trieb sie auf die Küste Grön-
lands zu. Bereits am Morgen hatte die Wache fast alle Segel
bis auf die Toppsegel und den Außenklüver eingeholt, die es
dem Schiff erlaubten, den Kurs in der Mitte der Meerenge zu
halten.

Es regnete nicht, doch der Sturm wirbelte Wassertopfen in
die Luft und ließ sie auf die Männer niederprasseln, deren
Baumwollhosen und Wollhemden trotz des Ölzeugs, das sie
trugen, durchnäßt wurden.

Gegen Mittag fegte das Zentrum des Sturm über sie hinweg, und fünf Segel wurden, obwohl gerafft und festgemacht, von den Rahen gerissen.

»Sir, das Wasser ... Wasser auf der Schanze.«

Ein mächtiger Stoß erschütterte das Schiff, und der Schiffsjunge wurde den Gang entlanggeschleudert. Cooper eilte zu
ihm und half ihm auf, wobei er sich an der Poopreling festhielt.

»Danke, Sir.«

»Hast du dich verletzt?«

Der Schiffsjunge schüttelte sich das Wasser aus den blonden Haaren, die sein rundes, von Sonne und Wind gebräuntes Kindergesicht rahmten.

»Die Schanze steht vollkommen unter Wasser.«

Cooper rief zwei Männer heran, die im Schutz des Mastgartens Segel auftuchten.

»Geht und bohrt Löcher ins Schanzkleid. Der Wasserdruck auf das Achterdeck muß vermindert werden. Und du«, setzte er, an den Schiffsjungen gewandt, hinzu, »sieh nach, wie es den Hunden geht.«

Die beiden Seeleute kamen dem Befehl unverzüglich nach. Der Schiffsjunge verschwand mit ihnen.

Der Bug der *Farvel* reckte sich jedes Mal gen Himmel, wenn das Heck in die brodelnde See tauchte. Cooper hatte das Schiff noch nie in so schneller Fahrt gesehen. Die wenigen Segel blähten sich unter dem Druck des Windes und spannten sich zum Zerreißen. Der Sturm heulte in den Stagen, brüllte in den Wanten, und die majestätischen Wellen türmten sich zu gewaltigen Schaumbergen.

Cooper bewahrte Ruhe, denn noch war das Schiff manövrierfähig. Allerdings mußten sie schleunigst die Küste von Baffinland anlaufen, die über fünfzig Meilen im Westen lag, denn eine Wetterbesserung stand nicht zu erwarten und die Kräfte der Männer erlahmten. Er ließ den Kapitän und seine beiden Offiziere, Loup Arkwight und Sedley Dekler, rufen. Überall war Wasser. Der Wind peitschte die schmale Laufbrücke, als Melville erschien. Seine gelassene Miene beruhigte Cooper.

»Ich habe achtern Löcher ins Schanzkleid bohren lassen«, sagte Cooper ohne Umschweife.

»Die *Farvel* krängt gewaltig«, erwiderte Melville. »Wir sollten vielleicht noch etwas Tuch wegnehmen.«

Cooper war nicht dieser Ansicht. Sie mußten schnellstmöglich die schützende Küste von Baffinland erreichen.

»Verkürzen Sie die Segelfläche nicht, solange Sie Kurs halten können, und sagen Sie dem Rudergänger, er soll so hart wie möglich an den Wind gehen.«

»Der Mann heißt Kindsom, Sir«, klärte ihn Loup Arkwight auf, der die erste Wache befehligte.

»Ein guter Seemann«, setzte Melville hinzu.

Das schlingernde Schiff übernahm Tonnen von Wasser, das bei einem Gierschlag über die Backbordseite schwappte.

»Gehen Sie zurück auf Ihre Posten«, befahl Cooper, »ich bleibe auf der Schanze. Beim kleinsten Problem erstatten Sie mir Meldung.« Ehe Melville sich entfernte, gab er seinen beiden Offizieren noch eine Anweisung. Der Koch sollte Specksuppe kochen und warm stellen, damit die Männer sich satt essen konnten. Wenn sie schon nicht schlafen durften, sollten sie wenigstens essen.

»Und daß sie mir schön fett und heiß ist, und reichlich«, präzisierte der Kapitän, bevor er steuerbords zum Bugspriet eilte, an dem noch ein letzter Klüver dem Unwetter trotzte.

Achtern betrachtete Cooper fasziniert die entfesselten Elemente. In gewisser Weise berauschte er sich an dem Sturm mehr, als daß er ihn fürchtete. Die See lieferte ihnen einen Kampf und gab ihr Bestes. Er hatte schon viele Stürme erlebt, und dieser hier war nicht furchterregender als jeder andere. Wenn die Mannschaft durchhielt, und er zweifelte nicht daran, würde die *Farvel* nicht untergehen.

»Sir?«

Der Schiffsjunge war zurück, um Bericht zu erstatten.

»Die Hunde haben es leidlich trocken, Sir. Manche sind ein wenig seekrank, aber es geht ihnen soweit gut.«

»Hast du dich überzeugt, daß die Hütten gut festgemacht sind?«

»Wie angenagelt, Sir, darauf können Sie sich verlassen.«

»Danke, geh zurück auf deinen Posten. Ich sehe nachher selbst nach den Hunden.«

»Zu Befehl.«

Das Schiff segelte fast den ganzen Nachmittag durch die tosende See direkt nach Westen. Dann flaute der Wind plötzlich ab, und in der Ferne tauchte die zerklüftete Küste von Baffinland auf.

Melville ließ alle Segel einholen bis auf die Fock, die er von der zweiten Wache setzen ließ. Cooper, der die Maßnahme nicht verstand, verließ die Schanze und eilte zur Poop, von wo aus Melville das Manöver überwachte. Er hörte die Kommandos, die der Steuermann an den Rudergänger weitergab, und begriff.

»Eisberge!«

Von der Schanze aus hatte er sie nicht sehen können. Ein Mann enterte in die Großwanten. Cooper blieb stehen und sah zu. Mit überraschender Behendigkeit kletterte der Mann trotz des Schlingerns immer höher und höher. Oben angekommen, suchte er mit den Augen den Horizont ab und machte dem Kapitän Meldung.

»Überall Eis, an Steuerbord, zwei Meilen, und direkt voraus.«

»Das hat der Sturm hergeblasen«, vermutete Cooper, als er zu Melville und Arkwright trat, die gerade eine Karte studierten.

»Wir sitzen in der Falle, Sir.«

»Die Einfahrt zur Meerenge liegt knapp zweihundert Meilen nördlich. Wir müssen versuchen, uns mit achterlichem Wind und möglichst wenig Tuch am Eis entlangzuhangeln und durch die erste Lücke zu schlüpfen.«

»Wenn uns dazu noch die Zeit bleibt.«

Arkwright stürzte nach vorn, und Melville dirigierte das Manöver vom Achterdeck aus, indem er die Kommandos dem Zweiten Offizier zubrüllte, der sie nach vorn weitergab.

»Achtung! Ruder hart steuerbord!« befahl der Kapitän dem Steuermann mit immergleicher Stimme.

Doch ein solches Schiff ließ sich nicht so leicht manövrieren wie ein einfacher Schoner, und bald war abzusehen, daß die *Farvel* die Eisbank rammen würde.

»Backbrassen! Backbrassen!«

Auf diesen Befehl folgte Totenstille. Vom eigenen Schwung fortgetragen, trieb das Schiff auf die Eismassen zu, regelrechte Riffe, an denen die Wellen zu Gischt zerplatzten.

Mit einem lauten Krachen bohrte sich der Vordersteven der *Farvel* ins Packeis, brach aber nicht auseinander. Der schlanke Bug schob sich ins Eis, das keine zwei Meter dick war. Das Schiff zerteilte es mit seiner Masse, während der gesamte Rumpf beängstigend knarrte und knirschte. Plötzlich ein Stoß, und die *Farvel* saß fest. Sie war auf einen Eisberg gelaufen, der im Packeis eingeschlossen war.

»Wassereinbruch! Wassereinbruch!«

Cooper rannte nach vorn und sprang in eine Luke, sauste den Niedergang hinunter, rannte durch den Gang unter der Laufbrücke der Back und kletterte in den Laderaum unter den Kabinen der Segelmacher. Die beiden Zimmerleute waren bereits zur Stelle und brüllten den Ankommenden Befehle zu.

»Machen Sie Meldung!« befahl Cooper.

Einer der Zimmerleute erhob sich, während der andere mit der Axt das klaffende Loch freimachte, durch das Wasser hereinschoß.

»Ein böses Leck, Sir. Wir müssen alle Segel streichen, um das Vorschiff zu entlasten. Wenn das klappt, müßte der Schaden zu beheben sein.«

Melville kam.

»Lassen Sie alle Segel einholen, rasch.«

»Die zweite Wache bleibt hier, die Zimmerleute und Arkwight führen das Kommando. Die Ladung muß nach achtern geschafft werden.«

Auf der Treppe entstand ein Gedränge. Cooper brüllte, daß man die Männer der ersten Wache hinauslassen solle, und fing Sedley Dekler ab, der auf dem Weg zu Melville war.

»Wir müssen alle Segel gleichzeitig wegnehmen, damit ein Ruck durch das Schiff geht.«

»Ich gebe es weiter.«

Und schon war er fort. Cooper hörte, wie Melville seine Leute zu den verschiedenen Segeln schickte, die sich noch immer im Wind blähten und die Nase des Schiffs nach unten drückten.

Wenn das Schiff nicht zu fest im Packeis steckte, würde sich der Bug wieder heben, sobald man die Segel einholte. Falls das nicht geschah, würde man das Schiff sofort verlassen müssen. Cooper stellte sich innerlich bereits auf diese Möglichkeit ein. Er dachte an den Proviant, die Hunde, an das Brennholz, das er würde mitnehmen müssen.

Man würde sehen. Wenn das Schiff standhielt, würde man versuchen, es wieder flottzumachen, doch er glaubte nicht daran. Denn er bezweifelte, daß sie in diesem Treibeis eine Überlebenschance hatten. Bestand wenigstens Aussicht, in den Booten die Küste zu erreichen?

Cooper wartete.

Melvilles Stimme blieb ruhig und klar.

»Alles losmachen!«

Die Segel fielen. Das Schiff zögerte einen Augenblick, und dann hob es unter lautem Knarren die Nase. Und die beiden Zimmerleute im Laderaum konnten das Leck zunächst behelfsmäßig abdichten. Das Schiff würde nicht untergehen. Erleichterung auf allen Gesichtern. Die *Farvel* saß fest, doch sie würden am Leben bleiben.

53

Der Tod schwebte drohend über ihnen wie ein Raubvogel. Um zu überleben, hatten sie bereits drei Hunde geschlachtet, die ohnehin verhungert wären und nur noch aus Haut und Knochen bestanden, und nun schickten sie sich an, einen weiteren zu töten. Seit zehn Tagen jagten sie in den Isotiasümpfen, hatten aber nur fünf Hasen erbeutet, und die Fladenbrote, die Sacajawa aus Flechten und den wenigen Heidelbeeren, die sie fand, buk, machten niemand satt.

Von Tag zu Tag wurden sie schwächer. Ujka hatte resigniert und blieb mit Ulah im Tipi, um das bißchen Energie zu sparen, das ihnen noch blieb. Nutak und Sacajawa stemmten sich noch gegen das Schicksal und scharrten im Schnee nach Heidelbeeren. Zudem fischten sie im Eis, das langsam zu schmelzen begann. Sacajawa teilte ihren Fang nicht mehr. Zuerst fütterte sie Banks, und danach aß sie selbst, sofern etwas übrigblieb, doch die Forellen waren sehr klein, und sie fing an einem Nachmittag nur eine oder zwei, die sie auf dem Eis mit einem Knüppel erschlug. Nutak legte unterdessen Schlingen, jedoch mit wenig Erfolg, denn auf dem verharschten Frühjahrsschnee liefen die Hasen nicht mehr auf den Wechseln, die sie im Winter, wenn tiefer Schnee lag, benutzten, sondern bewegten sich kreuz und quer durchs Gelände. Damit machten sie es dem Jäger sehr schwer. Und wenn Nutak einen Hasen fing, so aß er ihn allein.

Dann rissen die Hunde aus. Ulah hatte nichts gehört. Er hatte wie Ujka im Tipi vor sich hin gedämmert.

Entmutigt gab Nurak das Schlingenlegen auf und begann, Lederriemen zu kauen. Sacajawa kämpfte weiter, Banks zuliebe und weil es ihrer Natur entsprach. Sie fischte von morgens bis abends, obwohl sie schwach war und vom übermäßigen Verzehr von Flechten Bauchgrimmen bekam. Dann, eines Morgens, hörte sie endlich, worauf sie seit Tagen wartete.

»Banks, die Gänse! Die Gänse, mein Liebling. Wir sind gerettet! Gerettet!«

Der Junge lächelte sie an. Er verstand natürlich nicht, aber die Freude seiner Mutter war ansteckend. Es war lange her, daß ein Lächeln ihr abgezehrtes Gesicht erhellt hatte. Und so begann er mir quietschender Stimme zu lachen, sein erstes Kinderlachen. Ein entzückendes Lachen, das ihn selbst erstaunte und seine Mutter zu Tränen rührte. Sie begann, mit ihm zu tanzen, und so lachte er nun aus vollem Hals, und sie auch.

»Die Gänse!«

Ja, in den Bergen war der Winter noch nicht ganz zu Ende, doch weiter unten, in den Ebenen, wurde es bereits Frühling, und so hatten sich die Gänse auf den Weg gemacht. Sie kamen zurück. Sacajawa räumte nicht einmal ihr Fischernetz weg. Sie würde es nie wieder benutzen. Es war zu abgenutzt, und sie wollte es vergessen.

Sie war zu weit vom Tipi entfernt, um den anderen Bescheid zu geben, und so ging sie direkt zu der Stelle, wo sie schon vor Tagen Lockvögel aus Steinen und Holzkohle aufgestellt hatte. Sie mußte bis zum Abend warten, ehe der erste Schwarm kam. Zwei Stunden lang gingen ununterbrochen Vögel auf dem Sumpf und in seiner Umgebung nieder. Der kleine Banks brabbelte auf ihrem Rücken und machte jedesmal große Augen, wenn eine Gans kreischend und flatternd landete. Als die Nacht anbrach, hatte Sacajawa dreizehn erlegt. Dreizehn mit einundzwanzig Pfeilen. Ein praller Mond goß sein milchiges Licht über den Sumpf. Sacajawa briet einen Vogel, zerdrückte das Fleisch in einem Holznapf und vermischte es für Banks mit Fleischbrühe. Glücklich sah sie zu, wie er sich satt aß.

Mitten in der Nacht kam sie im Lager an. Die Männer schliefen. Sie entzündete ein Feuer und briet drei Gänse. Nutak war der erste, den der Bratenduft aus seiner Benommenheit riß.

»Sacajawa… Was ist das?« stammelte er entgeistert und fragte sich, ob er träumte.

»Die Gänse sind da, Nutak! Wir sind gerettet. Iß.«

Er fiel über den Braten her. Ulah und Ujka schliefen weiter. Sacajawa schüttelte sie. Ulah knurrte, aber Ujka rührte sich nicht. War er womöglich schon tot? Sie empfand keine Trauer, keine Gewissensbisse. Er hatte sich in sein Schicksal ergeben, und bei dem erbitterten Kampf, den sie allein gegen den Tod hatte führen müssen, waren die letzten Bande zwischen ihnen zerrissen. Und doch, er war der Vater ihres Sohns.

»Ujka!«

Sie fühlte ihm den Puls. Er ging noch schwach. Sie flößte ihm Wasser, dann von der Fleischbrühe ein, die sie für Banks gekocht hatte. Und als er die Augen aufschlug, wallte Zärtlichkeit in ihr auf für diesen Mann, mit dem sie ihr Leben verbunden hatte. Und sie machte sich Vorwürfe wegen ihrer Gefühllosigkeit.

Den ganzen nächsten Tag umsorgte sie ihn wie ein Kind, gab ihm zu trinken und zu essen. Nutak war bereits wieder auf den Beinen und jagte mit Ulah Gänse. Man mußte die Zeit nutzen. Die Vögel verweilten nur fünf oder sechs Tage in den Bergen, dann zogen sie weiter.

Einige Tage später brach das Eis auf. Die Sonne stand hoch am Himmel und überflutete die Täler mit Licht und Wärme. Ein stattlicher Vorrat an Fleisch trocknete auf den Holzgittern, und Ujka war wohlauf. Alle kamen wieder zu Kräften und bereiteten sich auf den Rückmarsch ins Dorf vor.

»Die Hunde werden nicht zurückkommen«, sagte Ulah verdrossen. »Sie haben gesehen, wie wir Ihre Brüder geschlachtet haben, und hier in der Gegend gibt es überall Wölfe.«

»Jedenfalls kennen sie den Weg. Sie werden schon ins Dorf zurückfinden.«

Aber keiner machte sich etwas vor.

Sie nahmen den Weg über die Isotia-Hochplateaus, um sich den beschwerlichen Marsch durch die aufgeweichten Sümpfe zu ersparen. Sie trugen das Gepäck an einem Stirngurt auf dem Rücken und legten kurze Etappen zurück, denn sie waren noch nicht wieder im Vollbesitz ihrer Kräfte. Drei Tage später erreichten sie den Stikine. Er war völlig eisfrei, und nur an den Ufern geschützter Buchten und Seitenarme fanden sich noch Reste von Schnee und Eis. Sie beschlossen zu warten, bis ein Kanu vorbeikam, statt an den dicht bewachsenen Ufern entlangzumarschieren. Sie brauchten nicht lange zu warten. Schon am nächsten Tag, als Sacajawa gerade mit Banks spielte, tauchte in der Ferne eine ganze Flotte von Kanus auf.

»Ujka! Schau! Sind das deine Leute?«

Ujka musterte die Kanus, die den Fluß herunterkamen.

»Nein, und auch keine Tsimshian oder Tsetsaut.«

»Wer dann?«

Sie wich einen Schritt zurück, und Ujka sah deutlich den Schrecken in ihrem Gesicht.

»Weiße!«

»Und Indianer«, ergänzte Nutak.

Sacajawa hatte sich schnell gefaßt, und das Licht, das in ihren Augen aufgeblitzt hatte, erlosch. Sieben schwerbeladene Sechssitzer-Kanus teilten die braunen Fluten des Stikine und schwangen nun herum, um im Kehrwasser anzulanden. In den Kanus saßen mehrere Weiße, mindestens einer pro Boot, und Tagish-Indianer.

»Mayok!«

»Ujka!«

Die beiden Freunde klatschten die Handflächen aneinander und legten sie sich dann auf die Brust.

»Was führt dich hierher?«

»Ich begleite diese Expedition.«

»Und wie steht es im Dorf?«

Sacajawa hielt sich mit Ulah und Nursak etwas abseits und lauschte ihrem Gespräch. Sie atmete auf, nachdem sie sich alle Weißen angesehen hatte. Sie kannte keinen.

Die neun Weißen und die Tagish nutzten den Aufenthalt, um sich die Beine zu vertreten, und warfen zerstreute Blicke auf die kleine Gruppe.

»Ich habe schlechte Nachrichten für dich, Ujka.«

Ujka wartete.

»Der Hunger«, begann Mayok, »hat viele dahingerafft. Deine Mutter, Inlenta, ist tot, aber auch Ti-len und andere.«

Sacajawa trat neben Ujka und ergriff seine Hand. Sie wandte sich den Weißen zu, die nähergekommen waren. Sie sah sie finster an.

»Zum Glück kamen diese Männer«, fuhr Mayok fort und deutete auf die Weißen, »und brachten uns –«

»Den Hunger haben sie uns gebracht, sonst nichts!« schrie Sacajawa. Die Männer zuckten zusammen. »Sie sind daran schuld, daß die Indianer auf die Pelztierjagd gegangen sind, statt Fleisch zu machen. Sie sind schuld am Tod unserer Mütter und Kinder! Wie kannst du es wagen, sie zu –«

Vor Wut versagte ihr die Stimme. Am liebsten hätte sie diesen verblendeten Dummkopf erwürgt, und vor allem diese Weißen, die sie belustigt ansahen, so wie man ein Hündchen ansieht, das die Zähne fletscht und das man mit einem Tritt verjagt.

»Aber sie haben uns Lebensmittel gebracht und viele andere Dinge. Wirf einen Blick in die Kanus!«

»Begreifst du denn nicht?« Sie schrie noch immer und ihr Gesicht war wutverzerrt.

»Beruhige dich, Sacajawa.«

Einer der Weißen trat vor. Er hatte kräftige Schultern und eine breite Brust, und sein Gesicht und sein Hals verschwanden hinter einem buschigen schwarzen Bart. Jede seiner Bewegungen verriet Entschlossenheit und unbändige Kraft. Er wandte sich barsch an einen der Tagish, die den Auftritt beobachteten.

»Er will wissen, was los ist«, übersetzte der Indianer. »Er heißt Hump und ist ihr Anführer.«

»Was los ist? Woher soll ich das wissen? Er soll mir erklären, was Weiße hier verloren haben.«

Mayok erklärte es ihr, nachdem er die Einwilligung dieses Hump eingeholt hatte. »Es hätte nicht soweit kommen müssen. Die Weißen haben die versprochenen Waren geschickt, doch dann haben Tsetsaut-Krieger Klawask überfallen und ausgeraubt. Deswegen sind die Lebensmittel nicht eingetroffen. Es waren vier voll beladene Schlitten, zwei für unser Dorf und zwei für eures. Indianer sind schuld, nicht die Weißen.«

Sacajawa ließ ihn reden. Ujkas Freund war offensichtlich ein Dummkopf und begriff überhaupt nichts.

»Aus diesem Grund«, fuhr Mayok mit dem Lächeln eines Knaben fort, der seinen ersten Bogen geschenkt bekam, »haben die Weißen vom Kontor in Fort Senlik beschlossen, hier einen Handelsposten einzurichten, in dem wir alles bekommen. Der Posten wird mehrere Male im Jahr mit Lebensmitteln beliefert, und wenn wir genug Pelze erbeuten, wird es uns an nichts fehlen. Und –«

»Das reicht! Ich habe genug gehört.«

Sie wandte sich von dem Tagish ab und blickte dem Weißen, der sie immer noch gebieterisch ansah, fest in die Augen.

»Hör gut zu, Mayok. Sag ihm folgendes: Ich bin Sacajawa. Die Dörfer der Nahanni und Chipewyan, deren Gebiete hier beginnen und bis zu den Bärenbergen reichen, über fünfzehn Tagesreisen mit dem Kanu von hier, haben sich zusammengeschlossen und mich dazu bestimmt, künftig in ihrem Namen zu sprechen, wenn die Weißen eine Bitte vorzutragen haben.«

Mayok übersetzte. Eine leichte Röte überzog Humps wettergegerbtes Gesicht. Er musterte Sacajawa argwöhnisch.

Ujka, Ulah und Nutak, die hinter ihr standen, hielten den Atem an und musterten die Weißen mit einer Mischung aus

Furcht und Neugier. Sacajawa, selbst erstaunt über ihre Kühnheit, hielt dem Blick des Weißen stand.

Er sprach mit schneidender Stimme. Mayok übersetzte.

»Aufgrund eines Dekrets besitzen wir das alleinige Recht auf den Handel in den Einzugsgebieten der Flüsse Stikine, Spatizia und vieler anderer.«

»Die Beschlüsse der Weißen haben hier keine Gültigkeit. Ihr seid neu in unserem Land, und ihr kennt noch nicht die Gesetze, die bei uns gelten. Meine Aufgabe ist es, sie euch zu erklären. Ihr müßt euch diesen Gesetzen unterwerfen oder nach Hause zurückkehren.«

Hump wirkte verblüfft. Er lachte nervös. »Soll das eine Drohung sein?« fragte er über den Dolmetscher Mayok.

»Noch habe ich keinen Grund, euch zu drohen. Wenn ich richtig verstanden habe, wollt ihr uns einen Vorschlag machen. Wir werden in unser Dorf gehen und darüber sprechen.«

Das lange Haar wallte auf ihre braunen Schultern, denn sie war noch nicht dazu gekommen, es zu flechten. Humps finstere Miene hellte sich auf. Aus seinen grünen Augen, herrisch und verführerisch zugleich, sprach ein brennendes Verlangen, das nicht zu verkennen war.

»Er nimmt deine Einladung an«, übersetzte Mayok, »und bietet dir einen Platz in seinem Kanu an.«

»Sag ihm, ich nehme unter der Bedingung an, daß mein Mann Ujka und unser Sohn mich begleiten.«

Hump konnte seine Enttäuschung nicht verbergen.

54

Dank der Schiene war der Knochen gut zusammengewachsen, und die Wunde war völlig verheilt. Seit vier Tagen ging Ohio ohne Krücken und hinkte kaum noch. Endlich konnte er die Reise fortsetzen. Aus den Tipi-Häuten hatte er mehrere Packsäcke für die Hunde gefertigt. Nur Torok, der noch etwa weitere zehn Tage Erholung brauchte, sollte nichts tragen. Umiak hatte vier männliche Welpen geworfen. Ohio verteilte einen Teil seines Gepäcks auf die Hunde, in erster Linie Proviant, Werkzeug, Coopers Gold und Kochgeräte, und setzte die jungen Tiere schließlich oben auf seinen Rucksack.

Er marschierte drei Tage lang direkt nach Süden, wobei ihn zahlreiche Seen und Sümpfe zu Umwegen zwangen. Die Welpen schliefen auf seinem Rücken und wurden regelmäßig von ihrer Mutter gesäugt. Umiak blieb ständig in Ohios Nähe und war glücklich, nach zweiwöchiger Untätigkeit wieder laufen zu können. Der Rest der Meute trottete brav in einer Reihe hinterher. Die lästigen Packsäcke nahmen ihnen jede Lust, rechts oder links auszuscheren und einer Tierfährte zu folgen.

Hinter dem Sumpfgebiet, das die Grenze zwischen dem kargen Norden und dem Waldland des Südens bildete, wanderte Ohio über immer dichter bewaldete Hügel. Er entdeckte zwei Hütten. Sie standen leer, waren im Winter offensichtlich aber noch bewohnt worden. Er übernachtete in einer, und am Morgen machte er eine bestürzende Entdeckung: in einer Grube, hundert Meter von der Hütte entfernt, zählte er über zweihundertfünfzig Biberkadaver! Er selbst hatte unterwegs nur wenige Biber gesehen, obwohl er an zahlreichen Seen mit alten Burgen und Dämmen vorbeigekommen war, die davon zeugten, daß es dort einst von Bibern gewimmelt haben mußte.

»Die nächste Jagdzeit wird schlecht!«

Und was würde geschehen, wenn die Fallensteller alle Biber gefangen hatten? Seen und Sümpfe würden mit der Zeit verlanden, weil die Bäume die Ufer überwucherten, und die Elche würde keine Erlen und Weiden mehr finden, die auf den Lichtungen wuchsen, die der Biber schuf. Die Landschaft würde sich verändern.

An diesem Abend, als er im warmen Schatten der Dämmerung saß, überkam ihn plötzlich eine große Angst.

»Sind sich die Menschen in diesem Land bewußt, welche Folgen die ungezügelte Pelztierjagd haben wird?« Er bezweifelte es. »Der Indianer der Kontore hat nur Augen für die Schätze, die sie bergen: den Branntwein, die Feuerwaffen und all die anderen Waren. Können wir die Tiere unserer Welt gegen solche Waren tauschen? Was tun die Völker des Waldes mit der alten Weisheit, die aus der Vertrautheit mit der Erde erwachsen ist, jener Erde, die unsere Vorväter aufgenommen hat und jene Bäume wachsen läßt, die den Biber ernähren? Diese Erde schmückt sich mit dem Leben unserer Rassen. Die Biber sind ein Teil unserer Vorväter, sie sind unsere Brüder. In den Bäumen fließt der Saft ihres Bluts, im Wind weht die Luft, die wir unseren Kindern hinterlassen. Der Wind, der unseren Vorvätern den ersten Atemzug geschenkt hat, hat auch ihren letzten Seufzer empfangen.«

Die Gedankenlosigkeit und Blindheit seines Volkes erschreckten ihn. Woher nahm er selbst diesen Weitblick und diese Einsichten, die er bei den Völkern des Waldes, der Tundra und des hohen Nordens der Arktis so schmerzlich vermißte? Konnte er deshalb in die Zukunft blicken, weil das Blut eines Weißen in seinen Adern floß?

»Ja, die Weisheit unserer Vergangenheit muß Einfluß auf unsere Zukunft nehmen.«

Als die Nacht anbrach und der von Wolkenschleiern verhüllte Mond die Landschaft in ein unwirkliches Licht tauchte, kam er plötzlich zu der Gewißheit, daß er zur Verbreitung dieses Gedankens beitragen mußte. Das Überleben seines Volkes hing davon ab.

Von Zweifeln gepeinigt, schlief er ein, eifersüchtig auf all die Menschen, die nicht so sorgenvoll in die Zukunft blickten, und er gedachte der Worte Keshads, des alten Schamanen der Kaska: »Eine große Gefahr bedroht alle Völker, die das weite Land bewohnen, durch das unsere Brüder, die Karibus, ziehen, und diese Gefahr kommt von dort, wo du hin willst. Alles andere, alles, was ich in mir trage, alles, was ich dir offenbaren könnte, würde nichts nützen, denn du hast noch nicht die Ohren, es zu hören. Meine Worte wären wie das Schweigen, deshalb geh, Ohio, und komm eines Tages zu uns zurück. Ich warte auf dich.«

Diese Worte waren nun so klar wie das Wasser eines Sees, und doch vermochten sie Ohio nicht zu beruhigen. Er fühlte sich mit einer Mission betraut, die seine Kräfte überstieg.

»Ich sehne mich nur danach, Mayoke wiederzufinden und mit ihr ein freies und ungebundenes Leben zu führen. Mehr will ich nicht!«

Ohio gelangte zu weiteren Hütten, die ebenfalls leer standen, und am Patlachikfluß, dessen Lauf er folgte, begegnete er keinem Menschen. Zehn Tage lang marschierte er in gemächlichem Tempo, denn er spürte, daß er sein Bein noch schonen mußte. Es regnete ununterbrochen, doch er setzte seinen Weg fort. Unterwegs schoß er Schneehühner, und am Abend ließ er die Hunde Hasen und Kragenhühner jagen, während er selbst Forellen fischte. Schließlich erreichte er ein kleines Sommerlager, das aus drei Tipis bestand. Vorsichtig pirschte er sich näher. Kein Laut, kein Feuer!

Torok knurrte, da Ohio jedoch kein Bellen hörte, verstand

er nicht. Er schlich noch näher und erstarrte. Zwei Schwarzbären. Sie hatten sich aufgerichtet und schnupperten die Luft,
die nach ihm und den Hunden roch. Die Meute begann zu
knurren, dann zu bellen. Die Bären flüchteten. Das Lager
war also verlassen. Raben flogen auf und ließen sich in der
Krone einer Espe nieder. Über dem Lager lag der Hauch des
Todes. Ohio beobachtete es vom Rand der Lichtung aus. Die
Hunde knurrten noch immer, zogen den Schwanz ein und
sträubten das Fell.

»Brav!«

Er nahm ihnen die Packsäcke ab, dann ging er zum ersten
Tipi. Die Zeltwände waren zerrissen. Von den Bewohnern
waren nur noch die Skelette übrig, abgenagt von den Bären
und Raben, überall lagen Knochen verstreut, in den Zelten,
um sie herum. Kleine Wirbel zeugten davon, daß hier auch
Kinder gestorben waren.

»Wieder ein Massaker?«

Doch er fand Waffen, zwei Gewehre, reichlich Pulver und
Kugeln, zwei Kanus und viele andere Gegenstände, die An-
greifer zweifellos mitgenommen hätten. Er durchsuchte das
Lager der Fischer, doch er fand keinen Hinweis, der die Umstände ihres Todes erhellen konnte. Darauf belud er das größere der beiden Kanus mit allem, was er brauchen konnte,
Felle, Kochgeräte und Waffen, richtete vorn und hinten einen
Platz für die Hunde her und setzte Umiak mit ihren Jungen in
die Mitte, in ein Nest zwischen den Fellen. Dann verließ er
eilends diesen Ort, an dem es abscheulich stank, weil Viel-
fraße auf die zerfetzten Mehlsäcke uriniert hatten.

Bis zum Abend paddelte er den ruhigen Fluß hinunter. Der
Regen hatte aufgehört, und gelegentlich blinzelte die Sonne
hinter den Wolken hervor und ließ die nassen Blätter der
Espen, die ihre Äste über das Wasser neigten, golden leuchten. Die Hunde lagen ruhig im Boot. Nur Torok saß im Bug,
beobachtete die Ufer und sog die würzigen Sommergerüche
ein. Sie näherten sich dem großen See. Nach Ohios Berech-

nungen lag er nur noch zwei oder drei Tagesreisen entfernt. Er wußte nicht genau, auf welchem Fluß er fuhr, aber in dieser Gegend mündeten alle in den großen See, der die weite Ebene bewässerte, die viele hundert Kilometer weit in den Norden reichte. Zweimal mußte er Stromschnellen umtragen. Die Pfade waren offenbar lange nicht mehr benutzt worden, ebensowenig wie die Tipistangen, die am Anfang und Ende der Portagen bereitlagen.

Eines Abends gelangte er schließlich auf den großen See. Noch immer war er keinem Menschen begegnet.

»Das Land ist wie ausgestorben.«

Er lagerte am Ufer, fand aber keinen Schlaf. Unablässig mußte er daran denken, daß es nur noch ein oder zwei Tage bis zu Mayokes Dorf waren. Doch wieder mußte er sich gedulden, denn am nächsten Tag zog von Westen ein Unwetter heran und warf auf dem See schäumende Wellen auf. In der Nacht legte sich der Sturm so plötzlich, wie er losgebrochen war, und Ohio, der es nicht mehr aushielt, paddelte los. Bei Tagesanbruch sichtete er am Nordufer endlich ein Kanu mit zwei Indianern, die gerade ein Netz einholten. Kaum hatten sie ihn gesehen, fuchtelten sie wild mit den Armen, und als er sich ihnen näherte, legten sie ihre Gewehre auf ihn an.

»Halt!« riefen sie.

Ohio stoppte das Kanu in einiger Entfernung.

»Wer seid ihr? Seid ihr aus Fort Resolution?«

Die beiden Männer wechselten leise ein paar Worte.

»Woher kommst du?«

»Von der Hudsonbai.«

Die beiden schienen beruhigt und senkten die Gewehre.

»Aber ist dein Kanu nicht das eines Chipewyan?«

»Ich habe es in einem verlassenen Lager gefunden, weiter oben am Fluß.«

»An welchem Fluß?«

»Er mündet in die mondförmige Bucht da hinten.« Er deutete nach Südwesten.

Wieder tuschelten die Indianer.

»Seid ihr aus Fort Resolution?«

»Nein. Dort ist keiner mehr.«

»Wieso nicht?«

»Weißt du denn nicht, was geschehen ist?«

Das Blut gefror Ohio in den Adern. »Was denn?« hörte er sich fragen.

»Ein Seuche ist ausgebrochen. Die Pocken. Fast alle sind tot.«

»Pocken? Was ist das?«

»Eine Krankheit, die überall dort, wo sie Einzug hält, den Tod sät.«

Das war es also!

»Kennt ihr eine Mayoke?« fragte Ohio mit aschfahlem Gesicht.

Sie schüttelten verneinend den Kopf. »Wir arbeiten für den Handelsposten Rae im Norden. Wir kennen die Leute in Resolution nicht und legen auch keinen Wert darauf, sie kennenzulernen. Sie verbreiten die Krankheit.«

»Wer hat sie eingeschleppt?«

»Pater Rubliard.«

»Ein Weißer?«

»Ein verrückter Priester, der Seelen fischt, so wie wir Fische fangen.«

»Ist in Fort Resolution wirklich niemand mehr?«

»Wir wissen es nicht genau und wollen es auch gar nicht wissen. Das Kontor wird nicht mehr beliefert. Niemand will mehr dort hingehen.«

»Doch. Ich.«

55

Der Gedanke, an diesen Pocken zu sterben, schreckte Ohio nicht, denn ohne Mayoke würde sein Herz vertrocknen wie ein Fisch in der Sonne.

Diese Weißen! Nicht genug damit, daß sie das Land in den Krieg stürzten und rücksichtslos Tiere abschlachteten, nun verbreiteten sie auch noch Krankheiten. Hatten diese Missionare, die Seelen fischten, möglicherweise den geheimen Auftrag, alle Indianer auszulöschen, die sich weigerten, ihren Gott anzunehmen?

Ja, den gewissenlosen und herrschsüchtigen Weißen war so etwas zuzutrauen, und er zweifelte nicht daran, daß sie über Mittel verfügten, eine Krankheit zu verbreiten, die alle Widerspenstigen befiel.

»Wenn sie dich umgebracht haben, Mayoke, werde ich sie alle töten, einen nach dem anderen.«

Er brauchte mit dem Kanu zwei Tage für die gewaltige Strecke vom Westende des Sees bis zu dem Dorf Resolution. Es war eine Stätte des Todes, über der eine beklemmende Stille lag, die nur das Krächzen der Raben störte. Ohio ging geradewegs zu einem etwas außerhalb stehenden Tipi, aus dem dünner weißer Rauch aufstieg. Drinnen fand er eine alte Frau, mit Pusteln übersät, leichenblaß, unter einer Decke, die grau war von Ungeziefer. Er trat näher und beugte sich über die Sterbende. Unwillkürlich hielt er sich Mund und Nase zu, um ihre üblen Ausdünstungen nicht einzuatmen.

»Hörst du mich?«

Die Alte wandte sich ihm zu. Sie konnte kaum noch sprechen. Ihre Stimme war heiser und kehlig.

»Wer bist du?«

»Ich heiße Ohio. Ich suche Mayoke.«

»Mayoke? Die ist schon lange fort. Sie ist mit einem Indianer gegangen, der hier durchgekommen ist.«

Also war sie noch am Leben. Ohios Augen leuchteten im Halbdunkel.

»Wann? Mit wem? In welche Richtung?«

»Vor zwei Wintern, nach der großen Kälte.«

Was war er nur für ein Narr!

»Das war ich, Ohio. Mit mir ist sie gegangen.«

»Ach!«

Sie atmete schwer, und die Anstrengung verzerrte ihr Gesicht.

»Ist sie nicht wiedergekommen?«

»Nein, ich glaube nicht. Ich hätte es erfahren... Fast alle sind tot.«

»Waren es die Weißen?«

»Eine ihrer Krankheiten.«

»Hat niemand überlebt?«

»Sie sind nach Fort Providence... Mit Pater Rubliard... Er hat einige gepflegt und gerettet.«

»Und dich?«

»Sieh mich doch an! Ich bin zu alt. Ich hätte die Reise nicht überstanden.«

Ohio hatte genug erfahren. Er erhob sich.

»Kann ich etwas für dich tun? Hast du Hunger? Willst du zu trinken?«

»Einen Tee... Ja, einen Tee.«

Er kochte ihr Tee und stellte ihn neben ihren Strohsack.

»Mayoke... Warum suchst du sie? War sie nicht bei dir?«

»Wir haben uns unterwegs getrennt.«

Mit letzter Kraft versuchte sie, sich aufzurichten. Ohio half ihr nicht, um sie nicht anfassen zu müssen.

»Ich wünsche dir, daß du sie wiederfindest.«

»Wenn sie am Leben ist, werde ich sie finden.«

»Dessen bin ich sicher.«

Die Hunde, die er im Schatten eines Erlengestrüpps ange-bunden hatte, begrüßten ihn mit einem faulen Gähnen. Die Hitze setzte ihnen zu. Wolken von Mücken flimmerten in der unbewegten Luft. Dann und wann war das Plätschern einer Forelle zu vernehmen, die nach einer Fliege schnappte, und die ersten Sterne, die am Abendhimmel blinkten, spie-gelten sich in der weiten glatten Fläche des Sees.

Ohio paddelte einen Großteil der Nacht und fast den gan-zen nächsten Tag. Zweimal erblickte er in der Ferne Kanus, doch er zog es vor, Fort Providence direkt anzusteuern.

Am Strand brannte ein Lagerfeuer, an dem etliche Kinder spielten und Erwachsene Fische ausnahmen. Ohio landete etwas abseits und band die Hunde an, bevor er zu ihnen ging. Zwei Männer, die seine Huskies bemerkt hatten, kamen ihm neugierig entgegen.

»Wer bist du, daß du im Sommer mit Hunden reist?«

Er betrat jetzt ein Gebiet, in dem er nicht nur Freunde hatte, daher erschien es ihm ratsam, seinen Namen zu verschwei-gen.

»Ich heiße Tinks und bin auf der Suche nach jemandem.«

»Nach wem?«

»Mayoke, einer Chipewyan aus Resolution.«

»Dort sind fast alle an den Pocken gestorben, und die, die überlebt haben, sind hier. Aber eine Mayoke ist nicht darun-ter. Nukiak kann dir mehr sagen.«

Sie deuteten auf einen jungen Mann, der am Feuer ein Netz flickte. Ohios Herz klopfte zum Zerspringen, als er zu ihm hinüber ging.

»Sei gegrüßt, Nukiak«, begann er, »ich suche Mayoke.«

»Sie ist nicht ins Dorf zurückgekehrt. Sie ist Bisonjägern begegnet, und die haben ihr wegen der Krankheit davon ab-geraten.«

Ohio zitterte vor Aufregung und hing förmlich an seinen Lippen.

»Wo war das?«

»Südlich des Athabascasees, am Ende des Winters.«

»War sie allein?«

»Allein mit ihren Hunden und ihrem Kind.«

Natürlich! Sie hatte ja Mudois Leichnam bei sich. Eine unsägliche Traurigkeit überkam Ohio. Wie hatte er sie nur allein lassen können?

»Es müßte im Spätsommer zur Welt kommen. Sie hat wohl einen Platz gesucht, wo sie vor der Krankheit sicher ist.«

»Zur Welt kommen? Aber … von wem, von was sprichst du?«

»Von ihrem Kind. Sie war schwanger, als sie den Jägern begegnete.«

»Bist du sicher?«

»Gewiß.«

Das Blut wich aus Ohios Gesicht. Die Stimme versagte ihm, er konnte keinen klaren Gedanken fassen. Es konnte sich nicht um Mayoke handeln. Unmöglich! Ausgeschlossen!

»Dee war dabei. Er hat ihr geraten, nach Süden an den Buffalosee zu gehen, in das Dorf der Biberindianer. Dort unten gibt es keine Pocken, und es liegt abseits der Kampfgebiete.«

»Welche Kämpfe?«

»Der Krieg hat in diesem Winter ebenso viele Opfer gefordert wie die Pocken.«

Das war Ohio gleich. »Wie weit ist es bis zu dem Dorf?«

»Du mußt den Hayfluß hinauf. Die Strömung ist fast bis zum Ende schwach. Bei der zweiten Portage verläßt du den Fluß und folgst einem Pfad, der an einem Bach entlangführt. Nach zwei Tagen gelangst du ins Dorf der Biberindianer.«

»Und wie viele Tage brauche ich auf dem Fluß?«

»Drei oder vier, je nachdem, wie du paddelst. Warum willst du sie unbedingt wiederfinden?«

Doch Ohio antwortete mit einer weiteren Frage, die ihm

nun auf den Lippen brannte. »Sie war allein, sagst du? Und der Vater dieses … dieses Kindes?«

Nukiak zuckte mit den Schultern. Darüber wußte er nichts, und es war ihm auch gleichgültig.

Ohio bemerkte die Holzgitter, auf denen zahlreiche Fische zum Trocknen lagen.

»Verwendet ihr hier Geld?«

»Seit Mike hier ist.«

»Wer ist Mike?«

»Denssons Nachfolger im Kontor.«

»Dann möchte ich dir, oder wer immer auch der Besitzer ist, hundert von diesen Dörrfischen abkaufen. Nenne mir deinen Preis.«

Ohio gab ihm das Doppelte von dem, was er verlangte, lud den Fisch ins Kanu und suchte dann diesen Mike auf. Er händigte ihm eine stattliche Summe aus und bat ihn, sie an Hans weiterzuleiten, als Entschädigung für die Felle, die er nicht abgeliefert hatte.

»Ich werde mich später vergewissern, ob du ehrlich warst«, warnte ihn Ohio.

»Du kannst mir vertrauen. Ich bin kein Dieb, und ich kenne Hans.«

Der Mann war jung und wich seinem Blick nicht aus. Beruhigt kehrte Ohio zu den Hunden zurück und legte sich zwischen ihnen schlafen.

Er stand mit den Fischern auf, die auf den See hinausfuhren, um ihre Netze einzuholen, und paddelte nach Süden. Der böige Westwind warf kurze Wellen auf, die das Kanu zum Schaukeln brachten, doch dann setzte Regen ein und vertrieb den Wind. Ohio fuhr den ganzen Tag, ohne sich um den Regen zu kümmern, der ihm übers Gesicht rann und die Kleider durchnäßte. Er hatte Karibuhäute über die Hunde gebreitet, doch das Wasser gelangte überallhin. Sie wurden unruhig, winselten, doch er befahl ihnen barsch, still zu sein und liegenzubleiben.

Mit Rücksicht auf die Hunde und um zwischendurch die Beine auszustrecken, legte er mehrere Pausen ein, doch wirklich Rast machte er erst in der Nacht.

Tags darauf verließ er den großen See und begann, den ruhigen Hay hinaufzufahren. Das Wetter blieb trostlos, der Himmel wolkenverhangen. Es goß in Strömen, und Ohio baute für die Hunde ein behelfsmäßiges Zelt, das ihnen leidlich Schutz bot. Und so ging es drei Tage lang, bis er die erste Portage erreichte, wo sich Schneeflocken in den Regen mischten. Ohio paddelte weiter, mit leerem Kopf, keines Gedankens fähig. Er fuhr weiter, einfach nur weiter. Und aus dieser kindischen Halsstarrigkeit schöpfte er eine besondere Form des Trostes. Er bestrafte sich. Mit diesem Kraftakt betäubte er seinen Schmerz.

An der zweiten Portage mußte er sich gegen einen Bären zur Wehr setzen, der mitten in der Nacht seinen Fischvorrat stehlen wollte. Er streckte ihn mit einem Kopfschuß nieder und verfütterte ihn an die Hunde.

Dann vertrieb ein Nordwind die Wolken, und die drückende Sommersonne kam zurück, und mit ihr Tausende von Stechmücken. Er schmierte sich das Gesicht und die Hände mit Ton ein, der, einmal getrocknet, eine schützende Kruste bildete. Doch die Blutsauger fanden immer ein freies Stück Haut, und bald waren sein Gesicht und seine Hände mit Stichen, Schorf und roten Flecken übersät. In dieser Jahreszeit, in der die meisten Mücken schlüpften, unterließen die Indianer das Reisen gewöhnlich ebenso wie in den zwei oder drei kältesten Wintermonaten. Sie blieben in ihren Tipis und warfen grünes Holz ins Feuer, damit der Rauch die Mückenschwärme vertrieb. Doch Ohio dachte nicht daran, seine Reise zu unterbrechen.

An dem angegebenen Pfad angekommen, legte er das Kanu kielobers auf zwei Espen, die Biber gefällt hatten, vergrub Coopers Geld unter einem Baumstumpf und marschierte, die Welpen im Rucksack, zu Fuß weiter, nachdem er den Proviant und einen Teil des Gepäcks auf die Packsäcke der Hunde verteilt hatte. Der Pfad führte um die Sümpfe herum. Doch das Wasser war überall, und Ohio sank in dem schwammigen, mit Schmelzwasser vollgesogenen Boden ein. Seine aufgeweichten Mokassins lösten sich zunehmend auf, und so ging er barfuß weiter und scheuerte sich an Steinen, die aus dem Boden ragten, Fersen und Zehen auf. Gewitter um Gewitter ging nieder, und zwischen den Regengüssen fielen die Mükken über ihn her. Er war kaum noch wiederzuerkennen, als er auf dem Hügel anlangte, der das Dorf der Biberindianer überragte. Die Hütten schmiegten sich an den Eingang eines Tals, das wie eine Bresche in das Karibumassiv schnitt.

Er blieb stehen und betrachtete lange die Landschaft.

»Sie erwartet ein Kind!«

Er wiederholte diese vier Worte, die ihm wie Dolche ins Fleisch schnitten. Und dieses Kind war nicht von ihm! Ein anderer Mann hatte sich zu ihr gelegt und die Liebesfreuden mit ihr geteilt. Er stellte sich den Körper seiner Mayoke vor, wie er sich wand vor Lust, die ihm ein anderer bereitete, wie sie sich gegenseitig streichelten, ihre Haut, ihr Geschlecht, und er wollte nur noch schreien, töten, sterben.

Auf einmal verließ ihn der Mut. Er fühlte sich außerstande, sie wiederzusehen, denn daß sie hier war, irgendwo da unten, in dieser Landschaft, daran hatte er keinen Zweifel mehr. Er spürte es.

Die Hunde, die sich neben ihn gelegt hatten, sprangen plötzlich auf und bellten verhalten, um Ohio zu zeigen, daß ein Mensch nahte. Er sah ihn gleich darauf. Ein Halbwüchsiger, der, einen Korb auf dem Rücken, gemächlich zu ihm heraufstieg.

Ohio war noch nicht bereit. Er hätte lieber noch gewartet, ehe er sich den Tatsachen stellte. Wie gern hätte er diese Landschaft in sich aufgenommen und sich in diesem Augenblick unverzeihlicher Schwäche eine Ruhepause gegönnt, denn er wußte, daß von dem, was nun folgte, sein ganzes Leben abhing. Er wollte ganz sicher sein, daß er bereit war, den Schritt ins Ungewisse zu wagen.

»Sei willkommen, Fremder.«

»Mögen die Geister mit dir sein. Ich heiße Ohio.«

»Ich bin Wik.«

Sein Gesicht war durch eine Narbe entstellt, die am Mundwinkel entsprang und die Wange bis zum rechten Augenwinkel spaltete, doch sein sanfter, ausdrucksvoller Blick milderte den furchtbaren Eindruck.

»Dieser Hügel, der unser Dorf überragt, heißt Oisak. Das ist der Name eines Riesen, der sich vor langer Zeit in eine junge Frau aus unserem Dorf verliebte. Doch sie wies ihn ab, weil er ihr zu groß war. Und so hat er sich in seinem Kummer dort hingelegt, und sein Körper ist zu diesem Hügel geworden.«

»Warum erzählst du mir das?« fragte Ohio verwirrt.

»Weil du hier sitzt, und weil ein müder, von den Mücken gepeinigter Reisender im allgemeinen nicht hier verweilt, sondern schleunigst hinunter ins Dorf eilt.«

»Das Dorf ist nicht mein Ziel.«

»Was dann?«

»Eine Frau. Sie heißt Mayoke.«

Ohio hielt den Atem an und machte sich auf eine prompte Antwort gefaßt, doch Wik musterte ihn aufmerksam, ehe er sagte: »Siehst du den Felsvorsprung, der wie eine große Feder geformt ist?«

Ohio nickte. Er spürte, daß er seine Erregung nicht zügeln konnte.

»Unter diesem Felsen fließt ein Bach. Folge ihm bis zu einem Teich am Fuß des Berghangs. Dort ist sie und wartet auf irgend etwas.«

»Ich weiß, daß sie ein Kind erwartet.«

Der durchdringende Blick des Jungen machte ihn verlegen, und er vermochte nicht zu sagen, ob sein entstelltes Gesicht der Grund dafür war. Ohne ein weiteres Wort stand Wik auf, streichelte die Hunde, die faul dalagen, während die Sonne durch die Wolken brach und die Berge gegenüber mit goldbraunen Flecken sprenkelte, und ging davon, ohne sich noch einmal umzudrehen. Ohio versuchte nicht, ihn zurückzuhalten.

Selten hatte Ohio eine Landschaft gesehen, von der eine solche Ruhe ausging. Große Kiefern von zartem Grün spiegelten sich in der glatten Oberfläche eines kleinen Sees, den goldenes Schilf umgürtete. Vor dem Felsen, der ihn säumte, stand auf einer kleinen Erhebung ein Tipi. Die eingefetteten Häute glänzten in der Sonne.

Ohio war allein. Er hatte die Welpen in Umiaks Obhut gegeben und den Rest der Meute im Wald an eine Leine gebunden, die er zwischen zwei Tannen gespannt hatte. Jetzt beobachtete er das Lager, in dem ein Feuer rauchte. Er stand lange da, überwältigt von seinen Gefühlen und keiner Bewegung fähig, doch er sah niemanden. Dann ging er langsam den Hang hinunter bis zu dem Tipi.

Sie war es. Er erkannte ihre Sachen wieder, ihren Geruch, ihre Art, Ordnung zu halten. Und sie war allein. Nichts, was auf die Anwesenheit eines anderen schließen ließ. Er trat wieder aus dem Tipi und setzte sich, atemlos wie nach einem langen Lauf, auf einen Felsen am Hang. Vögel zwitscherten in dem Wald oberhalb des Lagers. Er lauschte ihrem beruhigenden Gesang, dann spitzte er plötzlich die Ohren. Er hatte Mayokes Stimme vernommen.

Alle Angst und Unsicherheit fielen von ihm ab. Er konnte nicht länger warten und rannte los.

»Mayoke!« rief er. »Mayoke.«

Sie stand mitten auf der Lichtung, wie erstarrt, einen Stapel Brennholz in den Armen.

»Mayoke!«

Mehr brachte er nicht heraus. Er war ein paar Schritte vor ihr stehengeblieben und sah sie an, suchte in ihrem Blick Ermutigung, doch das Licht, das tief in ihren Augen leuchtete, war unbestimmbar. Sie erinnerte ihn an ein verwundetes, in die Enge getriebenes Tier, das ängstlich und schicksalsergeben den Menschen auf sich zukommen sah. Und plötzlich bekam er Angst. Er kannte diesen Blick. Es war derselbe Blick wie damals, als sie aus der Ohnmacht erwachte, in die sie beim Anblick der von Weißen abgeschlachteten Bisons gefallen war. Damals hatte es lange Zeit gedauert, bis Mayoke ihre inneren Kräfte zurückgewonnen hatte.

Ohio trat näher. Das Feuerholz fiel vor Mayokes Füße, und ihr runder Bauch kam zum Vorschein. Ohio senkte den Blick, und als er ihn wieder hob, hatte sie die Augen geschlossen und wartete mit bebenden Lippen, das ganze Gesicht vor Schmerz verzerrt.

»Mayoke! Mayoke, ich liebe dich ... Ich liebe dich so sehr. Verzeih mir.«

Er machte noch einen Schritt, schlang die Arme um sie und vergrub sein Gesicht in ihrem Haar. Sie brach in Tränen aus und sank, von Krämpfen geschüttelt, in seine Arme.

»Ohio!«

»Ja, Mayoke! Ich bin da! Ich bin wieder da ... ich habe es dir schon gesagt, aber ich flehe dich an, hab noch einmal Vertrauen zu mir ... Ich werde dich nie wieder verlassen, nie wieder!«

Sie hatte das Bedürfnis zu weinen, und Ohio ließ sie all ihre Tränen vergießen. Er war verrückt vor Verlangen nach diesem Körper, der sich in seinen Armen entspannte, und er küßte sie, ließ seine Lippen über ihren Nacken wandern, ihren Hals, ihren Mund, trocknete mit der Zunge ihre salzigen Tränen. Der runde Bauch, in dem das Kind eines anderen heranwuchs, störte ihn nicht mehr. Er liebte Mayoke, und diese Gewißheit war stärker als alles andere. Er wollte es ihr sagen, doch sie begann vor ihm zu sprechen, und was sie ihm berichtete, wühlte ihn bis ins Innerste auf.

Drei Weiße hatten sie unterwegs angehalten, vergewaltigt und dann halbtot liegengelassen.

Alles war seine Schuld. Zuerst hatte sein Leichtsinn Mudoi das Leben gekostet, und dann hatte Mayoke die schlimmsten Qualen ausstehen müssen, weil er sie alleine hatte ziehen lassen.

»Es ist meine Schuld … Alles ist meine Schuld!«

Jetzt weinte er, hemmungslos und ohne Scham. Denn das Leben bestrafte die, die er liebte, allzu streng. So verharrten sie lange, ohne ein Wort zu sprechen, dann lehnte sich Ohio ein wenig zurück, damit Mayoke ihn besser sehen konnte. Die Tränen hatten die Wunden in seinem von Mückenstichen verschwollenen Gesicht wieder aufbrechen lassen und vermischten sich mit seinem Blut. Doch die Liebe, die aus seinen Augen leuchtete, ließ seine von Schmerz und Leid gezeichneten Züge erstrahlen.

»Mayoke, dieses Kind kann nichts dafür. Es lebt und wird uns gehören. Es wird der Bruder jener, die wir noch zusammen bekommen werden.«

Sie sah ihn mit fassungslosem Erstaunen an.

»Sag etwas, Mayoke –«

Ihr Augen leuchteten auf.

»Ich liebe dich, Ohio. Ich habe nie aufgehört, dich zu lieben.«

56

Mehrere Expeditionen waren bereits auf dieselbe Weise im Eis steckengeblieben und hatten dort, wohin das Schicksal sie verschlagen hatte, überwintern müssen. Die Fahrrinne war keine zwei Meilen entfernt, und ein kräftiger Südwind hätte ihnen genügt, um sie zu erreichen. Doch der Wind blies hartnäckig aus dem Norden und türmte Eisschollen auf, die sie nur noch fester einschlossen. Nach mehreren vergeblichen Versuchen, offenes Wasser zu gewinnen, war Cooper gezwungen zu warten. Zur Untätigkeit verdammt, wurde er reizbar und einsilbig, begann zu verzagen und hockte, von Selbstzweifeln geplagt, stundenlang in seiner Kabine, unfähig zu schreiben oder zu lesen, während Melville und seine Offiziere die umfangreiche Schiffsbibliothek plünderten.

Einen einzigen Versuch, von Bord zu gehen, hatte er unternommen, doch das Eis war tückisch und gefährlich, und um ein Haar hätte er einen seiner Begleiter verloren. Es bestand keinerlei Hoffnung, die Küste zu erreichen. Und dabei war sie keine zehn Meilen entfernt. An Land hätte er sich das Warten mit der Suche nach Frischfleisch verkürzen können. Dieses Gefühl des Eingesperrtseins war ihm unerträglich, während der Rest der Besatzung Gleichmut bewahrte und sich die Zeit damit vertrieb, das Schiff in Schuß zu halten und Karten oder Domino zu spielen.

Nichts konnte das Feuer löschen, das in ihm brannte. Er lief im Kreis wie ein Bär im Käfig und begann, das Schiff zu hassen. Der Sommer ging zu Ende, und der Herbst stand vor der Tür, doch war er zu kurz, als daß er darauf hoffen konnte, die Passage zu finden, zu durchsegeln und dann an Land zu gehen. Er kochte.

»Bin ich des Teufels, daß ich mich auf dieses ungewisse Abenteuer eingelassen habe? Ich hätte mir Hunde nehmen und Ohio folgen sollen. Das wäre sicherer gewesen. Ich könnte jetzt am Fuß des Gebirges sein.«

Gewiß, doch er war davon überzeugt gewesen, daß es eine Passage gab, und es gab sie mit Sicherheit. Er hatte gehofft, viel schneller als mit Hunden in den Westen zu gelangen, nur zu diesem Zweck hatte er so rasch eine Mannschaft angeheuert, ein Schiff gechartert und London verlassen. Aber er machte sich nichts vor. Dieses Abenteuer hatte ihn auch begeistert. Die Nordwest-Passage entdecken! Davon hatte er schon immer geträumt. Allerdings, was war wichtiger?

Sacajawa. Sie, sie allein, und die Entfernung, die ihn noch von ihr trennte, war ihm unerträglich.

»Was habe ich auf diesem Schiff verloren? Wieso suche ich diese verfluchte Passage? Ich schere mich den Teufel um diese Passage. Jawohl, den Teufel.«

Was konnte ihm eine Entdeckung mehr schon bedeuten, ihm, dem Abenteurer, den noch der Ruhmesglanz seiner früheren Expeditionen umgab? Er machte sich Vorwürfe. Bittere Vorwürfe. Was hatte er damit beweisen wollen?

Auf all diese Fragen gab es nur eine Antwort.

Sacajawa. Sie war sein Glück, sein Schicksal, seine Zukunft. Alles andere war nur eine Schimäre.

Endlich eine Gewißheit. Er ließ unverzüglich den Kapitän rufen und wartete mit verschränkten Armen in seiner Kajüte.

Wenig später näherten sich Schritte auf den schlechtverfugten Planken des Gangs.

»Treten Sie ein, Kapitän.«

»Sir.«

»Wären Sie bereit, das Kommando über das Schiff zu übernehmen?«

»Was meinen Sie?«

Er erklärte es ihm. Bei der ersten sich bietenden Gelegenheit wolle er von Bord gehen und ins Landesinnere ziehen. Sie würden sich nie wiedersehen. Er werde ihm eine große Geldsumme dalassen, die er gerecht unter den Offizieren und der Mannschaft verteilen solle. Die Entscheidung, ob er die Fahrt fortsetzen oder umkehren wolle, überlasse er ihm. Er werde ihm keinen Befehl und keinen Ratschlag geben.

»Das ist auch nicht nötig, Sir.«

»Wie meinen Sie das?«

»Wir haben noch Proviant für ein Jahr, und ich werde jetzt nicht aufgeben. Ich bin Ihretwegen mitgekommen, Sir, denn auch mich lockt das Abenteuer. Ich bringe diese Sache zu Ende.«

»Dann wünsche ich Ihnen von ganzem Herzen Erfolg, Melville.«

Er stand auf und drückte ihm die Hand. Die beiden Männer mochten sich nicht, doch ihr gegenseitiger Respekt machte dies mehr als wett.

»Darf ich dieses Gespräch im Logbuch festhalten«, erkundigte sich Melville, der den Vorschriften großen Wert beimaß, »und Sie bitten, den Eintrag im Beisein meiner beiden Offiziere zu unterzeichnen?«

»Das wollte ich Ihnen soeben vorschlagen.«

Sie waren nicht erstaunt, am wenigsten Sedley Dekler, mit dem Cooper mehrmals über die Hunde und sein Vorhaben gesprochen hatte. Noch am selben Abend ließ Cooper die Mannschaft an Deck rufen. Viele waren bereits da und bewunderten den märchenhaften Sonnenuntergang. Er war wie ein Kampf zwischen Licht und Raum, ein Schauspiel, das die Männer ins Schwärmen brachte. Der Dunst aus dem Meer schlang sich um die Eisberge, die im Abendrot glühten. Dreizehenmöwen, Gryllteisten und Eissturmvögel schwebten wie schwerelos über dem Eis, und das leise Sirren ihrer Flügel erfüllte die unbewegte kristallklare Luft. Die Korona der untergehenden Sonne schimmerte über dem diesigen Horizont am Ende der Welt. Ein verzaubernder Abend.

»Liebe Freunde, ich wollte euch von meinem Entschluß in Kenntnis setzen, das Kommando über das Schiff mit sofortiger Wirkung an Kapitän Melville abzutreten.«

Ein Raunen lief durch die Reihen.

»Ich hatte gehofft, bis zum Herbst das Gebiet am oberen Mackenzie zu erreichen und dann mit den Hunden, die wir an Bord haben, ins Felsengebirge vorzustoßen.«

Diesmal lösten seine Worte ein bewunderndes Gemurmel aus.

»Nun sitzen wir aber hier im Eis fest. Im Herbst wird der Wind drehen, und das Schiff wird freikommen, aber das ist zu spät für mein Vorhaben, denn das Packeis wird uns schon Ende November wieder einschließen und dann den ganzen Winter festhalten. Ich möchte den Winter jedoch nutzen, um eine größere Strecke zurückzulegen. Deshalb werde ich von Bord gehen, sowie sich die Gelegenheit dazu bietet. Ein großes Abenteuer wartet auf mich. Und auch auf euch, denn ich glaube fest daran, daß ihr die Passage finden und als Helden in die Heimat zurückkehren werdet. Was meine Person angeht, so habe ich tief in den Bergen eine Frau und einen Sohn. Ihnen gelten künftig meine Gedanken. Möge Gott euch schützen!«

Sie saßen noch zwanzig Tage fest, und Cooper nutzte die Zeit, um sich mit Hilfe einer der Zimmerleute einen Schlitten zu bauen. Die Segelmacher nähten ihm zwanzig Geschirre nach Maß und drehten ihm eine Zugleine. Er besaß ein kegelförmiges Zelt, das durch eine Stange in der Mitte gestützt wurde, und einen kleinen Ofen aus Stahlblech zum Heizen. Er war bereit.

Anfang September löste ein kräftiger Sturm das Packeis, das die *Farvel* umschloß, schließlich auf. Sie erreichten die Fahrrinne. Eine Woche später segelten sie bei günstigen, gleichmäßigen Winden aus Ost-Südost in den Lancastersund, begleitet von einer Schule Narwale, die ihre schwarzen Rücken über der silbernen See wälzten und mit ihrem gedrehten langen Horn die Gischt zerschnitten. Sie liefen die Insel Devon an, um Trinkwasser an Bord zu nehmen, und stießen auf eine Gruppe Eskimos. Sie tauschten Kochutensilien und Messer gegen Häute, Schnitzereien aus Walroßelfenbein und kleine Steinfiguren. Und gegen die kurzfristige Überlassung einer Frau, was Anlaß zu Streit gab, denn die Seeleute wollten alle dieselbe, eine sechzehnjährige Inuit, die jedem gefiel.

Sie segelten weiter, und eine Woche später blieben sie ein erstes Mal im Eis stecken, das sich bereits wieder bildete. Sowie sie freigekommen waren, gab Melville den Befehl, Kurs nach Süden zu nehmen und an der Küste der Halbinsel Boothia einen Platz zum Überwintern zu suchen. Es war höchste Zeit.

In der Nacht des 11. November gab es einen Temperatursturz, und die *Farvel* fand einen sicheren Ankerplatz. Zwei Tage später war die Eisdecke, die das Schiff umschloß, schon so dick, daß die Männer darauf laufen konnten. Mit eigens dafür vorgesehenen Tauen machten sie das Schiff fest. Damit waren sie drei Tage beschäftigt, dann brach ein Schneesturm los und bedeckte das ganze Land mit einem weißen Leichentuch.

»Der Winter«, murmelte Cooper mit einem tiefen Seufzer der Erleichterung. Er war zwar nicht so weit gekommen, wie er gehofft hatte, doch immerhin hatte er auf dem Seeweg eine Entfernung zurückgelegt, die er in derselben Zeit an Land nicht hätte bewältigen können. Dreitausend Kilometer, vielleicht weniger, trennten ihn noch vom Großen Bärensee, den er in zwei, höchstens drei Monaten erreicht haben wollte.

Er begann sofort mit der Vorbereitung der Hunde. Bei einem seiner langen Ausflüge mit dem Schlitten traf er zwei Inuit. Mit den wenigen Worten Inuktitut, die er kannte, gelang es ihm, sich auf einer Karte die ungefähre Lage ihres Dorfes zeigen zu lassen, und die eines zweiten, weiter im Süden gelegenen, das er ansteuern wollte. Er war nicht der erste Weiße, denn die Inuit sahen, denn vier Jahre zuvor hatte ein schwedisches Schiff in der Nähe überwintert. Doch sie versicherten ihm, daß die Dörfer weiter im Süden die *kablouna,* die »dicken Augenbrauen«, nicht kannten. Cooper lud sie zu einer Besichtigung auf das Schiff ein und beschenkte sie reich für ihre Auskünfte.

Afognak, der jüngere der beiden, erbot sich, ihn bis in das zehn Tagesreisen entfernte Naknek zu begleiten. Er habe dort Verwandte, die er besuchen müsse, und wolle sich, wie er mit einem breiten Grinsen hinzufügte, eine Braut suchen.

Cooper nahm das Angebot begeistert an. Sie vereinbarten, am Tag nach Vollmond aufzubrechen. Afognak sollte ihn mit seinen Hunden abholen. Das Glück war ihm nun zugetan.

Das Ziel rückte näher.

57

Der Sommer war über sie hingegangen wie ein sanftes Streicheln, dann wurde das Kind geboren, mindestens einen
Monat zu früh. Ein schwächlicher Junge, der das bißchen
Milch, das er trank, sogleich wieder erbrach. Ohio ließ den
Schamanen der Biberindianer kommen. Der Mann horchte
das Neugeborene ab, dann flößte er ihm Fingerkrautsaft ein,
in dem er Wurzeln einer Sumpfpflanze gekocht hatte, doch
das Kind verdaute noch immer nichts und starb wenige Tage
später. Ohio und Mayoke sahen darin kein Zeichen der Geister. Jedes zweite Kind starb im ersten Lebensjahr. Das Leben
sonderte die Schwachen aus. Das lag in der Natur der Dinge.
   Der Schmerz über den Tod des Kindes war gering gegen
die Wunde, die Mayokes Vergewaltigung hinterlassen hatte.
Eine tiefe Wunde. Ohio mußte ihr alles über seine Reise
erzählen, über seine Begegnung mit seinem Vater, über Quebec und die Steinhütten, sie so hoch waren wie große Kiefern.
Ihre eigene Reise hatte sie aus ihrem Gedächtnis verbannt,
oder sie versuchte es zumindest, in der Hoffnung, mit der
Erinnerung auch die Gewalttat selbst aus ihrem Leben zu
tilgen. Es gelang ihr nicht. Und Ohio fühlte sich machtlos. In
den ersten Tagen nach ihrem Wiedersehen schwor er, die Ur-
heber des ruchlosen Verbrechens ausfindig zu machen, doch
Mayoke geriet darüber in Zorn.
   »Was hast du vor, willst du dich rächen? Und was wird aus
mir?«
   »Aber ich tue es für dich, für uns – «

»Tu gar nichts. Laß uns nie wieder davon reden!«

Mehr sagte sie nicht, und Ohio bezähmte seinen Haß und bemühte sich, sie so liebevoll zu behandeln, wie er nur konnte. Er fragte sie lediglich, was aus dem Leichnam ihres Sohnes geworden sei. Sie hatte ihn unweit der Karibuberge bestattet. Mehr sagte sie dazu nicht.

Bei den ersten Malen, als sie sich wieder liebten, spürte er, daß sie einen inneren Kampf focht und versuchte, sich ihm zu öffnen. Sie konnte es nicht ertragen, im Dunkeln die Liebesfreuden zu teilen. Und er mußte sich auf sie legen, damit sie ihn ansehen und in seinen Augen den Trost finden konnte, den sie brauchte, um ihn zu lieben. In den letzten Wochen ihrer Schwangerschaft hatte er sie nur noch lieben können, wenn er hinter sie schlüpfte. Sie ertrug es nicht, und so hatten sie sich vorübergehend des Liebesspiels enthalten. Diese Zeit kam Ohio unendlich lange vor, zu sehr begehrte er diese verletzte Frau, die er liebte und an die er sich, verrückt vor Verlangen, in der Nacht schmiegte.

Doch diese Wochen der Enthaltsamkeit wirkten wie ein Heilmittel, und einige Zeit nach dem Tod des Kindes, an jenem Abend, als der erste Schnee fiel, hatte Ohio erstmals wieder das Gefühl, daß sie sich ihm völlig hingab. Sie sehnten sich nach einem Kind, und ihre Vereinigung ging über die Befriedigung der Lust hinaus. Sie vereinten sich in dem Wunsch, ein Leben zu zeugen, das ihnen glich, eine Frucht ihrer Liebe, die in der Erfüllung dieses Wunsches ihren Höhepunkt fand.

Unterdessen wuchsen die Hunde heran. Ohio hatte den Welpen die Namen derer gegeben, die er verloren hatte: Nome, den der Schamane seines Dorfes vergiftet hatte, Eccluke, der im Felsengebirge von Wölfen zerrissen worden war, Gao und Aklosik, die ins Eis eingebrochen und ertrunken waren. Ohio und Mayoke hatten nie wieder über den Unfall gesprochen. Welchen Sinn hätte es auch gehabt? Sie blickten nun in die Zukunft.

Mayoke hatte für ihre Hunde Tagush, Buck, Ukiok und Wabuck neben dem Bach am Fuß des Hanges einen kleinen Zwinger gebaut. Sie hatten sich prächtig entwickelt, einen kräftigen Körperbau, feste Muskeln und ein glänzendes Fell.

»Ich nehme neun Hunde und den größten Teil des Gepäcks«, beschloß Ohio. »Du kannst Vulk und Nanook zusammen mit den anderen vier anspannen.«

»Aber mit sechs Hunden kann ich doch auch etwas Gepäck nehmen.«

»Wir verteilen es so, daß wir gleich schnell sind.«

Die beiden Gespanne arbeiteten perfekt. Natürlich wurde Vulk der Leithund der kleinen Meute, die Mayokes Gespann bildete. Von da an fand Torok, von seinem Rivalen befreit, zu alter Fröhlichkeit zurück und widmete sich mit einer gewissen Nachsicht der Erziehung der Jungen. Die beiden Meuten waren bei der Arbeit und auch in den Pausen getrennt und würdigten sich kaum eines Blickes, wenn sie Seite an Seite über die Pisten jagten.

Nanook unterstützte Torok hervorragend bei seinen Aufgaben als Leithund, und Ohio sah in ihm bereits den würdigen Nachfolgers Toroks.

Bei ihren ersten Ausfahrten schauten sie mehrmals im Dorf der Biberindianer vorbei und kauften, vielmehr bestellten Waren bei dem Mann, der für die Gemeinschaft die Fahrt in das zwei Tagesreisen entfernte Kontor unternahm. Ohio gefiel diese Regelung. Die Dorfbewohner bestellten nur, was sie wirklich brauchten, und gerieten gar nicht erst in die Versuchung, Branntwein oder andere unnütze Waren zu kaufen, die in den Regalen ausgestellt waren.

Nach dem ersten richtigen Kälteeinbruch brachen sie nach Norden zum Sklavensee auf. Von dort aus wollten sie auf dem *loyukinuh,* dem »Großen Fluß«, weiterreisen, dem ein Weißer seinen eigenen Namen, Mackenzie, gegeben hatte, was Ohio rasend machte.

»Wofür halten sich diese Weißen, daß sie unseren Flüssen, die bereits die Kanus unserer Urahnen trugen, ihre Namen geben!«

Ihre Respektlosigkeit und Anmaßung empörten ihn. Was würden sich diese Menschen, die Frauen vergewaltigten, Tiere abschlachteten, Krankheiten verbreiteten und Namen änderten, wohl als nächstes herausnehmen?

»Demnächst werden sie auch die Namen unserer Kinder ändern!«

Er hatte im Zorn gesprochen, ohne es wirklich zu glauben. Doch als sie acht Tage später das Dorf Kaspuskasi erreichten, erfuhr er, daß ein Abgesandter des großen weißen Gottes den Kindern neue Namen gab. Und die Indianer, die unter die Gewalt dieser herrischen Priester, die jeden Ungehorsam bestraften, geraten waren, ließen sie gewähren.

Ohio war fassungslos. Diese Männer waren böse, und er würde nicht zulassen, daß die Gebirgsvölker demselben Wahnsinn verfielen. Er wollte nicht ruhen, bis er den Seinen begreiflich gemacht hatte, welche Bedrohung sie darstellten, und bis er einen Weg gefunden hatte, sie vor ihnen zu schützen. Ob Cooper ihm dabei helfen würde? Er und der alte Keith wußten, daß der Mensch der Erde gehörte und nicht umgekehrt. Er wußte, daß jedes Spiegelbild im klaren Wasser eines Sees von den Erinnerungen und vom Leben eines Volkes erzählte.

Es wurde Zeit, höchste Zeit, daß er Cooper wiedersah und nach Hause zurückkehrte.

58

Afognak kam, wie von Cooper nicht anders erwartet, erst fünf Tage nach dem vereinbarten Termin, dem Tag nach Vollmond. Eines Morgens stand er gutgelaunt da und lachte über seine Meute, die Coopers Hunden die Zähne zeigte. Vorhaltungen hätten nichts genützt, denn die Inuit hatten ein anderes Verhältnis zur Zeit als die Weißen.

»Willkommen, Afognak.«

Der Inuit, dessen ungewöhnlich lebhaftes Gesicht vor Schweiß triefte, lachte herzhaft.

»*Oraslounaqs, ayorpok!*« sagte er immer wieder, doch Cooper, der nur wenige Wörter Inuktitut kannte, verstand nicht.

»Was sagst du?«

Darauf klopfte sich der Inuit, der sich die Bärenfellhosen halb hochgekrempelt hatte, vergnügt auf die Schenkel und wischte den Rotz ab, der ihm aus der schrundigen Nase lief. Er erklärte, daß sie einen weiten Weg vor sich hätten, und als Cooper ihn an ihr Gespräch erinnerte, bei dem er behauptet hatte, das Dorf Naknek sei nur zehn Tagesreisen entfernt, antwortete er, die Entfernung habe sich geändert. Cooper war das gleich, er wollte jetzt aufbrechen.

Doch der Inuit bestand darauf, an Bord der *Farvel* zu gehen und zu verhandeln. Nach zweistündigem Palaver, bei dem ein Seemann half, der leidlich Inuktitut sprach, verstanden sie endlich, was Afognak auf dem Herzen hatte. Er wollte ein Gewehr, um damit die Tochter des Häuptlings von Naknek zu kaufen.

»Sagen Sie ihm, daß ich einverstanden bin«, seufzte Cooper, der langsam die Geduld verlor, und wie zu sich selbst fügte er hinzu. »Unter der Bedingung, daß wir unverzüglich aufbrechen.«

Die Reise dauerte zwei Wochen. Die Sonne stand jeden Tag ein wenig tiefer über dem Horizont, und bald ging sie gar nicht mehr auf. Der Inuit führte Cooper durch das Gewirr aus Packeis, Inseln und Fjorden. Mehrere Male mußten sie über Berge von Eisschollen klettern, die durch den Druck des Meeres nach oben gepreßt worden waren. Die beiden Gespanne waren etwa gleich schnell. Nachts schliefen sie in einem hastig errichteten Iglu. Einer beobachtete den anderen, und Cooper rätselte, was wohl in Afognaks Kopf vorgehen mochte. Als sie gemeinsam den ersten Iglu bauten und Cooper ihm zeigte, daß er wußte, wie man die Schneeblöcke schnitt und aufeinander schichtete, lächelte er nur und zuckte die Schultern. Auf der Piste war es dasselbe. Cooper bemühte sich vergeblich, einen Kontakt herzustellen, der über die täglich anfallenden Arbeiten hinausging. Sie gerieten in einen Schneesturm, als sie an einer trostlosen Küste entlangfuhren, und dann brauchten sie einen ganzen Tag und eine halbe Nacht für die Überquerung eines Fjords, bei der Afognaks Schlitten beinahe in eine Spalte im Packeis gestürzt wäre. Aber auch diese gemeinsam gemeisterten Gefahren vermochten den Inuit nicht aufzuheitern. Er wurde immer wortkarger. Cooper deutete dies als Mißtrauen.

Ihre Ankunft in Naknek erregte großes Aufsehen, das ihnen schmeichelte. Von allen Seiten liefen Frauen und Kinder herbei. Die in Bärenfelle gekleideten Männer näherten sich nur langsam und musterten die Neuankömmlinge, ohne das geringste Erstaunen zu zeigen, wie es sich gehörte. Zwar war es einigen Jägern aus dem Dorf im Sommer vergönnt gewesen, ein Schiff zu besichtigen, das in einer Bucht, in der sie fischten, geankert hatte, doch die meisten sahen zum ersten Mal einen Weißen.

Von da an war Afognak wie ausgewechselt und schleppte Cooper in jeden Iglu. Voller Stolz präsentierte er diesen Weißen in seiner Begleitung, der ihn zu einer bedeutenden Persönlichkeit machte, zu dem Mann, der als erster einen *kablouna,* eine »dicke Augenbraue«, in dieses Dorf gebracht hatte. Coopers Anwesenheit hatte er es zu verdanken, daß er um die begehrte Braut werben konnte. Er war glücklich und zeigte es.

Die Iglus hier waren keine behelfsmäßigen Schneehäuser, sondern längliche Hütten aus Steinen und Torf. Man betrat sie durch einen schmalen Gang aus Torf, der in einen kleinen birnenförmigen Raum führte, in dem eine Tranlampe aus schwarzem Stein mit einem Docht aus Moschusochsenhaar ein schwaches gelbliches Licht spendete. Die Luft roch scharf nach Urin, ranzigem Fett und Erde. Eine mit Häuten ausgelegte Plattform diente als gemeinsame Schlafstelle. Sie nahm die Hälfte des Raumes ein, in dem sich die Besucher zwischen Fleischvorräten, Kochutensilien und Kindern mit spekkig glänzenden Haaren drängten.

Die Männer reichten Fleischstücke herum, von denen sich jeder mit blutigem Messer dünne Scheiben herunterschnitt, während die Frauen in einer Ecke warteten, bis sie fertig waren, und Leder kauten, um es geschmeidiger zu machen. Zwischen zwei Happen säuberten sich die halbnackten Männer mit dem Messer die Fingernägel, spuckten und tranken. Als sie satt waren, rülpsten sie und klopften sich auf den Bauch, dankten ihren Gastgebern und begannen mit gesenkter Stimme ein Gespräch.

Cooper kannte die Sitten der Inuit ein wenig und sagte nichts. Er lächelte, aß, ohne das Gesicht zu verziehen, und zeigte, daß er gerne bei ihnen war. Nur so konnte er hoffen, die Sympathie dieser Menschen zu gewinnen, obschon er wußte, daß sie ihm immer ein Rätsel bleiben würden. Die Denkweise der Inuit war den Weißen noch fremder als die der Indianer, und er hatte nicht den Ehrgeiz, sie näher kennenzulernen und ihr Innerstes zu ergründen. Er wollte lediglich von ihnen akzeptiert werden, und das konnte er am einfachsten erreichen, wenn er mit ihnen über Hunde und die Jagd sprach. Sein Wortschatz und seine Aussprache sorgten im Iglu aus Torf und Stein für allgemeine Heiterkeit, und die Stimmung wurde gelöster. Auch Cooper lachte schallend, und die Inuit schätzten nichts mehr als einen Menschen, der über sich selbst lachen konnte.

Wie es der Brauch war, bot Killerak, der Häuptling des Dorfes, Cooper am Abend ein junges Mädchen an. Sie war achtzehn Jahre alt und hieß Tuksauoioak. Da er nicht ablehnen konnte und sie obendrein begehrenswert fand, verbrachte er die Nacht mit ihr in Killeraks großem Iglu, in dem ein Dutzend Erwachsene und Kinder schliefen und nur die Häute sein lustvolles Stöhnen dämpften. Im Iglu der Inuit wurde alles geteilt.

Am nächsten Tag erbot sich Killerak, ihn höchstpersönlich bis zum nächsten Dorf zu begleiten. Es hieß Nerrivok und lag zehn Tagesreisen entfernt. Unterwegs stießen sie auf zahlreiche Spuren von Eisbären, doch die meisten stammten von Weibchen, und Killerak jagte nur ausgewachsene Männchen. Er hatte schon sieben erlegt, darunter einen, den er über zwanzig Tage verfolgt hatte. Bei dem Kampf hatte ihm der Bär ein Bein gebrochen und ein Stück Fleisch aus dem Oberschenkel gerissen, ehe er mit einer Lanze in der Brust zusammengebrochen war. Killerak zeigte die Narbe wie ein Zeichen seines Mutes.

Der Himmel blieb klar, ohne daß es zu kalt wurde, und sie kamen schnell voran. Cooper wollte Killerak zeigen, wie sein Thermometer, das er in einem Holzetui aufbewahrte, funktionierte, doch der Häuptling zeigte keinerlei Interesse an dem kostbaren Instrument. Er zog das Gewehr vor, das ihm Afognak für seine Tochter gegeben hatte.

Sie waren noch zwei Tagesreisen von dem Dorf entfernt, als sie einer Gruppe von Männern begegneten, die mit drei Schlitten ausgezogen waren, um im Landesinnern Moschusochsen zu jagen. Obwohl es erst auf Mittag zuging, beschlossen sie, ein Lager aufzuschlagen, und bauten drei Iglus, in denen sie stundenlang palaverten, ohne Cooper, der nur mit Mühe seine Ungeduld verbergen konnte, die geringste Beachtung zu schenken. Tags darauf erkundigte sich Cooper beim Häuptling, wann er aufzubrechen gedenke, und bekam zur Antwort, das hänge vom Wetter ab. Und dabei zeigte sich kein Wölkchen am Himmel. Gegen Mittag hielt er es nicht mehr aus, wiederholte seine Frage, und diesmal war Killeraks Antwort unmißverständlich.

»Wir brechen auf, wenn ich es beschließe. Heute jedenfalls nicht, vielleicht morgen, oder übermorgen –«

Er erntete lautes Gelächter, doch Cooper war nicht nach Lachen zumute.

»Ich werde jedenfalls morgen aufbrechen«, antwortete er.

Als er am nächsten Tag die Hunde anspannte, sah er, daß auch die Jäger und Killerak anspannten, und so nahm er an, daß Killerak ihn begleiten würde. Doch dann fuhr der Häuptling mit den anderen in die entgegengesetzte Richtung davon, ohne ihm eine gute Reise zu wünschen oder den genauen Weg nach Nerrivok zu beschreiben.

»Was für ein seltsames Volk! Habe ich ihn, ohne es zu wollen, beleidigt?« Cooper rief sich die letzten Tage ins Gedächtnis, doch er fand keine Erklärung für einen solchen Sinneswandel.

Er war keineswegs beunruhigt. Das Dorf lag bestimmt in einer der unzähligen Buchten, die es in dieser Gegend gab, und um es zu finden, brauchte er nur in umgekehrter Richtung den Spuren zu folgen, die der Jagdtrupp hinterlassen hatte.

59

Mayoke und Ohio kamen auf dem *loyukinuh,* dem »Großen Fluß«, zügig voran, denn es gab nur wenig schlechtes Eis. Der Fluß, den Mackenzie zu nennen Ohio sich weigerte, war in diesem Jahr schnell zugefroren, und selbst an seichten Stellen erlaubten große glatte Eisflächen eine schnelle Fahrt. Zahlreiche Gespanne reisten auf dem Fluß, und es verging kein Tag, an dem sie nicht Indianern begegneten, die auf dem Weg in ihre Pelzgründe waren oder Handelsgüter zu den Kontoren schafften, die jetzt, bei Winterbeginn, ihre Bestände erneuerten. Sie sahen auch viele weiße Waldläufer, Franzosen, Engländer oder Iren, die vermutlich für die Kompanien arbeiteten, doch sie schenkten ihnen ebensowenig Beachtung wie den Indianern.

Ohio hatte es eilig und jagte nur so über die Piste, gönnte den jüngeren Hunden aber die nötigen Pausen, damit sie sich an das enorme Tempo der älteren gewöhnen konnten und nie zu erschöpft waren. Sie lernten schnell, und bald bewältigten sie Etappen von mehr als sechzig Kilometern mit nur einer zweistündigen Rast gegen Mittag.

Sie erreichten Fort Simpson, dann, ungefähr zwei Wochen später, Mininsk, das seit seinem Besuch zweieinhalb Jahre zuvor auf die doppelte Größe angewachsen war. Er hatte dabei ein ungutes Gefühl und stellte sich auf unliebsame Begegnungen ein, denn er hatte sich hier nicht nur Freunde gemacht. Er war seinerzeit nur mit knapper Not aus Nukah entkommen, einem kleinen Dorf, das knapp zwei Tagesreisen entfernt am Großen Fluß lag. Doch Ron, der Inhaber des dortigen Kontors, war bei einem der zahlreichen Kämpfe zwischen den Kawchodinneh und den Sklaven-Indianern getötet worden. Der einzige Mensch, den er in Mininsk kannte, war die junge Naona, die mit ihm aus Nukah geflohen war. Sie hatte ihm die ersten Wörter der Chipewyan-Sprache beigebracht, die er mittlerweile gut beherrschte. Sie hatte inzwischen ein Kind geboren und erwartete ein zweites. Er beglückwünschte sie, doch sie war über Mayokes Schönheit und sein plötzliches Auftauchen so irritiert, daß sie ihn mitten im Gespräch einfach stehen ließ. Bei der Fahrt durchs Dorf gelangte Ohio bald zu der Überzeugung, daß ihm keine Gefahr drohte. Alles hatte sich verändert. Keine drei Jahre waren seit seinem Besuch vergangen. Doch der Wandel, den das Dorf und seine Bewohnerschaft erfahren hatten, ließ sich nicht in Jahren messen.

»Zwei Welten! Und eine hat die andere aufgefressen«, murmelte Ohio beim Anblick der Hütten, die jetzt alle mit Glasfenstern und Öfen aus Stahl oder Gußeisen ausgestattet waren.

Doch er hatte schon zuviel gesehen, als daß ihn solche Veränderungen überraschen konnten. Er wußte, daß Indianer tranken, sich gegenseitig umbrachten und ihren Namen änderten – und mit ihm ihr Gesicht. Hier konnte und wollte er nur Auskünfte einholen, die ihn interessierten: Hatte man in den Bergen Kontore eingerichtet? Hatte man einen Pfad angelegt, der übers Gebirge führte? Oder gab es andere Hinweise darauf, daß die Weißen bereits in das Gebiet der Nahanni vorgedrungen waren? Und die zweite Frage: War Cooper schon angekommen?

Was den ersten Punkt anging, so wurde er beruhigt. Einer der beiden Weißen, die das große Kontor führten, versicherte ihm, daß seines Wissens niemand die Berge überquert hatte. Dafür drangen die Trapper auf der Suche nach Pelztieren, die in der Umgebung selten geworden waren, immer tiefer in die Wildnis vor, und der Mann vermutete, daß einige schon sehr weit gekommen waren, möglicherweise sogar bis zu Ohios Dorf, das niemand kannte.

Und Cooper war nicht da.

»Machst du dir Sorgen?« fragte ihn Mayoke.

»Cooper wollte vor dem ersten Eis das Land erreichen, das an die Meere im Norden grenzt, und mit dem Kanu oder später mit dem Schlitten zum Großen Bärensee reisen. Wäre alles planmäßig verlaufen, müßte er jetzt hier sein.« Ohio machte ein ernstes Gesicht.

»Auf einer so gewagten Reise kann ihn alles mögliche aufgehalten haben. Hast du mir nicht erzählt, daß er der erste war, der diese Passage gesucht hat?«

»Andere vor ihm haben sie gesucht und nicht gefunden. Wenn es sie gibt, wäre er der erste, der sie durchfährt.«

»Und wenn es sie nicht gibt?«

»Dann hat er das Schiff verlassen und versucht, mit den Hunden hierherzukommen.«

»Kann er das Dorf denn nicht auf einem anderen Weg erreichen?«

»Ausgeschlossen.«

»Dann warten wir hier auf ihn.«

Ohio nickte mit sorgenvoller Miene. Ja, Mayoke hatte recht. Warten war das Beste, was sie tun konnten. Und doch beunruhigte ihn der Gedanke.

Sie kamen in einer Hütte unter, die ihnen ein Chipewyan gegen Bezahlung überließ. Was war nur aus der berühmten Gastfreundschaft dieses Volkes geworden? Ohio war so angewidert, daß er mit dem kriecherischen Mann nicht einmal feilschte und die Summe bezahlte, die er verlangte.

Er konnte nicht einschlafen, und wenn, dann weckten ihn schreckliche Alpträume. Die Angst war da, ergriff von ihm Besitz, bohrte in seiner Brust und ließ ihn nicht mehr los.

Als es dämmerte, lockte ihn das Grau des Morgens ans vereiste Fenster, und er blickte hinaus auf die weiße Fläche des Sees, über den ein leichter Nordwind strich und den Schnee kräuselte. Da sah er sie. Eine Schnee-Eule flog in Richtung Norden und verlor sich am diesigen Himmel. Er lächelte. Keshad, der alte Schamane, hatte ihn nicht vergessen und sandte ihm ein Zeichen. Er mußte nach Norden reisen und Cooper entgegengehen. Er durfte nicht länger warten, und er durfte nicht ohne ihn zu den Seinen zurückkehren, was er vorübergehend erwogen hatte. Alle seine Zweifel schwanden. Sein jugendliches Ungestüm und sein Gefühl sagten ihm dasselbe. Er wußte nun, was zu tun war, und deswegen lächelte er.

Mayoke erwachte, kam ans Fenster und schmiegte sich an ihn. Sie bemerkte, daß sein Gesicht entspannt und heiter war.

»Du willst aufbrechen, nicht wahr?«

»Aber … aber wie hast du das –?«

»Ich kenne dich, weil ich dich liebe.«

Er nahm sie in die Arme. Mayoke zog ihn zu den Karibu-häuten in der Ecke der Hütte, und sie liebten sich lange und leidenschaftlich, ihrer selbst und ihrer Lust gewiß. Dann endlich schlief Ohio im Frieden mit sich ein. Mayoke schlüpfte lautlos ins Freie und fütterte die Hunde, die hinter der Hütte angebunden waren. Immer wieder fuhren Indianer mit Schlitten am Kontor vor, und mehrere traten näher und fragten Mayoke, ob sie Hunde zu tauschen oder zu verkaufen habe. Es mangelte nämlich an Hunden für den Transport von Fellen und Waren von einem Kontor zum anderen, und die Weißen bezahlten gut für diese Arbeit, mehr als für Pelze, die immer schwieriger zu erbeuten waren. Der Biber war aus mehreren Landstrichen völlig verschwunden, und auch der Luchs wurde immer seltener, was zur Folge hatte, daß die Hasen überhandnahmen. Sie fraßen übermäßig viele Erlen- und Weidenknospen, die auch dem Elch als Nahrung dienten, und veränderten dadurch dessen Überwinterungsgebiete. Alles veränderte sich. Die Dörfer, die Menschen und selbst die Tiere und die Landschaft. Ein ungünstiger Wind fegte über die Länder des hohen Nordens.

Sie verließen das Dorf früher als geplant, denn eine Seuche wütete und zahlreiche Indianer erkrankten an Skrofulose und Schwindsucht. Für die Süd-Nord-Überquerung des Sees, der ein wahres Süßwassermeer war, hätten sie unter normalen Umständen etwa acht Tage gebraucht, doch ein Sturm zwang sie, auf einer Landzunge Zuflucht zu suchen, die bis in die Mitte des Sees ragte. Dort harrten sie drei Tage in einem behelfsmäßigen Unterschlupf aus. Die kümmerlichen Bäume boten zu wenig Schutz, so daß sie kein Tipi errichten konnten. Der Wind hätte es weggeblasen. Aneinandergeschmiegt lauschten sie dem Wind, der über ihnen heulte, und verloren sich in dieser langen, leidenschaftlichen Umarmung.

»Der Sturm kündigt *chilhkwayik* an, die große Kälte.«

»Und bald werden wir die Bäume hinter uns lassen«, sagte Mayoke besorgt.

»Ich weiß inzwischen, wie man einen Iglu baut. Er wird uns vor Kälte und Stürmen schützen.«

»Aber wie sollen wir uns wärmen?«

»Eine Kerze genügt, um einen Iglu zu heizen. Du wirst sehen, das ist eine wunderbare Erfindung.«

Sie vertraute ihm, und sie war zu allem bereit, wenn sie nur zusammenblieben, auch zu einer Reise in das Land jenseits der Baumgrenze, das ihr Volk *kawayquitam* nannte, »das Land, aus dem man als ein anderer zurückkommt«.

60

Der alte Schamane der Kaska war nicht im geringsten erstaunt gewesen, als im Lauf des Sommers ein von Sacajawa gesandter Nahanni zu ihm kam. Er hatte es gewußt. Im Traum hatte er ihn kommen sehen.

Tusego, der Freund Ohios, der die Nachfolge Häuptling Rais angetreten hatte, begab sich unverzüglich zu dem alten Schamanen, um die Kunde zu hören, die Adawa, der Nahanni, von Sacajawa brachte.

Obwohl blind und seit kurzem von Hustenanfällen geplagt, setzte sich Keshad mühsam auf, nachdem Adawa seinen Bericht beendet hatte. Eine lange Stille folgte. Der Schamane schloß seine kranken Augen und versank in tiefes Nachdenken, bei dem ihn die beiden anderen nicht störten. Schließlich öffnete er sie wieder.

»Ich habe auf diesen Augenblick gewartet und ihn gefürchtet«, sprach er und ließ sich nach jedem Satz Zeit, um Kraft zu schöpfen. »So also kommen die Weißen in unser Land, nicht wie die Karibus oder die Gänse, sondern heimtückisch, zuerst eine kleine Schar, dann noch eine, und bald sind sie überall wie Wölfe, die eine Herde hetzen und ermüden mit dem Ziel, die Schwächsten von den anderen zu trennen und zu umzingeln –«

Der Schamane wiegte langsam den Kopf vor und zurück und ließ seine Worte wirken.

»Sacajawa maßt sich keine Vorrechte an, wenn sie sagt, sie vertrete uns bei den Weißen, Tusego. Sie besitzt diese Macht, denn ich selbst habe sie ihr verliehen, und sie war dazu bestimmt, sie zu empfangen.«

»Aber warum sie?«

Keshad hob seine magere, zittrige Hand und bedeutete ihm, daß er nicht unterbrochen zu werden wünschte.

»Du bist nicht der Freund von Sacajawas Sohn, Tusego. Du bist mehr als das, denn Ohio verkörpert die Macht, die wir von der Erde bekommen und die der weiße Mann zu zerstören trachtet, indem er uns seine bietet. Doch seine Macht ist vergänglich, denn sie wurzelt nicht in der Erde, die jenen Kraft gibt, die im Einklang mit ihr leben.«

Tusego schwor sich, diese Worte niemals zu vergessen. Tief in seinem Innern spürte er ihre Kraft und Weisheit, ohne genau zu wissen, welche Gefahr seinem Volk drohte. Diese Worte waren ein Gebirge. Er verstand und würde sie nie vergessen.

»Was soll ich tun, Keshad, der du mit deinen blinden Augen in die Ferne siehst und hörst, was der Wind erzählt?«

»Du bist unser Häuptling, Tusego, lege deine Hände flach auf unsere Erde und lausche ihrem Atem. Möge sie dir Kraft und Weisheit geben. Auf daß diese Erde, in der unsere Vorväter ruhen, kein Mensch mit Füßen tritt, der nicht fähig ist, sie zu küssen und ihren Atem zu verstehen...nicht einer. Sonst wird dieses Land ein unbekanntes Land, ein Land voller Schrecken, in dem die Flamme unserer Toten das Leben unserer Kinder nicht mehr erhellen wird.«

Und mit diesen Worten sank Keshad auf seine Bank zurück und war tot.

In der linken Faust des alten Schamanen fand Tusego Federn der Schnee-Eule. Er legte sie zu ihm ins Grab, oben auf dem hohen Felsen, der ihr Dorf überragte.

Tusego erteilte Sacajawa durch Adawa alle Vollmachten, im Namen der Kaska mit den Weißen zu verhandeln. Er schickte Boten in alle Dörfer, die innerhalb von zehn Tagen mit dem Kanu zu erreichen waren, um ihre Häuptlinge davon zu überzeugen, seinem Beispiel zu folgen. Und er bat sie, so schnell wir möglich jener zu berichten, die ihnen der große Geist gesandt hatte, um die drohende Gefahr zu bannen.

Doch mehrere dieser Dörfer waren bereits unter den Einfluß der Weißen geraten und abhängig von ihren Waren, ihren Waffen und ihrem Branntwein, der ihnen zu ungewöhnlichen Glücksgefühlen verhalf.

Gleichwohl scharten sich die Nahanni, die Kaska, einige Chipewyan und Sekani um Sacajawa, die den Weißen Hump und seine Begleiter in ihrem Dorf empfangen, angehört und schließlich aufgefordert hatte, im Herbst wiederzukommen, damit sie ihnen ihre Entscheidung mitteilen könne.

Hump kam erst zu Beginn des Winters und brachte einen weiteren Vertreter der Nordwest-Kompanie mit, der lebhaftes Interesse an den Pelzen aus dem Einzugsgebiet des Stikine bekundete, wo es Luchse von unvergleichlicher Größe und Qualität gab.

Sacajawa ließ nicht mit sich handeln. Kein Geschenk, kein Versprechen, keine Lüge konnte sie umstimmen. Sie hatte ihre Entscheidung nach reiflicher Überlegung getroffen und wich nicht um Haaresbreite von ihr ab.

»Ich habe folgendes beschlossen«, erklärte sie ihnen. »Es wird ein Kontor eröffnet, und zwar hier, im Dorf der Nahanni.«

Die Weißen, die in Begleitung von vier Tagish-Indianern gekommen waren, konnten ein Lächeln nicht unterdrücken. Kein Indianer konnte widerstehen, auch nicht diese unbestechliche Frau.

»Dieses Kontor wird nach unseren Wünschen gebaut und mit Waren beliefert, die wir zweimal im Jahr, im Herbst und am Ende des Winters, bestellen, wenn wir euch unsere Pelze übergeben.«

Der Weiße öffnete den Mund, doch Sacajawa bedeutete ihm mit einer Handbewegung zu schweigen.

»Als ihr im Sommer zu uns gekommen seid, habe ich euch geduldig angehört. Deshalb hört ihr jetzt mir zu, denn ihr habt keine andere Wahl. Meine Bedingungen sind nicht verhandelbar.«

Sie schüttelten verärgert den Kopf.

»Dieses Kontor, wie ihr es nennt, wird das einzige bleiben, der einzige Tauschplatz am gesamten Stikine und allen seinen Zuflüssen, von den Bärenbergen bis zu den Helenkafällen. Sollte in diesem Gebiet ein Weißer oder einer seiner Vertreter, sei es auch ein Indianer, außerhalb des Kontors tauschen, so werden wir unsere Vereinbarungen überdenken und alle Waren, die sich zu diesem Zeitpunkt dort befinden, auf der Stelle und ohne Entschädigung in Besitz nehmen.«

Hump murrte.

»Dieses Kontor wird einer der Unsrigen führen, und zwar unter meiner Aufsicht.«

Diesmal verloren die beiden Weißen die Beherrschung. Hump blickte zum Himmel und lachte nervös. »Unter Aufsicht eines Indianers!«

Sacajawa blickte ihn finster an, und was er in ihren Augen sah, erschreckte ihn. Er stammelte eine Entschuldigung. Sacajawa zog sich zurück. Sie gab ihnen einen Tag Bedenkzeit.

Zuerst lehnten sie ab, doch als sie merkten, daß ihre verzweifelten Proteste nicht fruchteten, willigten sie schließlich ein. Ein Schriftstück wurde aufgesetzt, und Sacajawa besiegelte das Abkommen im Namen aller von ihr vertretenen Dörfer mit ihrem Daumenabdruck.

Dann erst zeigte sie ihnen die Pelze, die ihre Leute im letzten Winter erbeutet und sorgsam im Dauerfrostboden aufbewahrt hatten. Die Weißen waren hocherfreut, prüften und taxierten sie, dann verlangte Sacajawa, die Waren zu sehen, die sie mitgebracht hatten.

»Im nächsten Winter«, so warnte sie, »bekommt ihr weniger Pelze, denn wir werden zuerst auf die Jagd gehen und deshalb weniger Zeit haben. Und in den besten Gebieten werden wir keine Fallen aufstellen, denn das ist bereits letzten Winter geschehen. Wir werden sie schonen, bis der Tierbestand sich erholt hat.«

»Das ist doch lächerlich! Das Gebiet ist riesig, und es gibt dort so viele Tiere, daß mehrere Generationen nötig wären, um sie auszurotten.«

»Wir Indianer denken an die Kinder unserer Kinder.«

Geschlagen kehrten sie nach Fort Selik zurück. Wenigstens dort konnten sie ihren Branntwein verkaufen, sich mit jungen Indianerinnen vergnügen und ihren Gesetzen Geltung verschaffen. Gesetzen, die mit der Zeit auch die entlegensten und unbeugsamsten Dörfer erreichen würden. Davon waren sie überzeugt. Man mußte nur abwarten, bis die Saat aufging.

61

An der fließenden Grenze zwischen Licht und Schatten gewahrte Torok durch seine bereiften Wimpern die im kalten Licht glänzende Piste, die der Sturm halb verweht hatte.

Er schüttelte sich unter dem Dach aus Weidengeflecht, hörte, wie Ohio und Mayoke aufstanden und Feuer machten. Der Wind hatte nachgelassen, und die große Kälte hatte sich eingestellt.

Die Dämmerung war schon weit fortgeschritten, als sie sich bei rosig-fahlem Licht auf den Weg machten. Der Schnee auf dem See war hart und fest und zu langen Wellen aufgeworfen, und der glitzernde Staub, der von ihren Kämmen wehte, nahm einen karminfarbenen Ton an, als die Sonne blutrot aufging.

Ohio und Mayoke hatten den Hunden vor der Abfahrt Leder um die Pfoten gebunden, da der Schnee bei der schneidenden Kälte verharschte. Die Kälte hielt an, und Ohio wußte, daß sie bis Neumond andauern würde. Sie fuhren langsam. Rauhreif hüllte sie ein, überzog ihre Kleidung, rahmte ihre Gesichter und verwandelte die Hunde in weiße Büsche, hinter denen sich in der unbewegten Luft eine lange Rauchsäule aus Schnee dehnte.

Drei Tage lang zogen sie so durch die grimmigste Kälte und erreichten schließlich das Nordufer des Sees. Ohio beobachtete Mayoke und bewunderte ihren Mut. Dies war nicht ihre Welt, und doch hatte er kein Wort der Klage von ihr gehört. Er betrachtete dieses Gesicht, das trotz der Eiskruste, die es überzog, lächelte, und das Herz sprang ihm im Leib wie ein Kanu über eine hohe Welle.

Sie kehrten in den Wald zurück. Ohio marschierte mit seinen Schneeschuhen voraus, die im tiefen, festen Schnee kaum einsanken. Er durchquerte, die Axt in der Ellenbeuge, den Bogen in der Rechten, das lichte Gehölz und hielt nach Schneehühnern Ausschau, die er mit einem Pfeil mit abgerundeter Spitze erlegte. Er tötete sieben, dann legte er den Bogen beiseite, denn schon wurden die Schatten an diesem kurzen, kalten Januartag wieder länger. Je weiter nach Norden sie kamen, desto lichter wurde der Wald, desto niedriger und spärlicher die Vegetation.

Am nächsten Tag mußten sie mehrere Senken umgehen, die Erlen und Zwergtannen in ein undurchdringliches Dickicht verwandelten. Dann erreichten sie den Porcupinfluß, auf dem sie mühelos vorankamen.

»Wer sagt dir eigentlich, daß Cooper diese Route nimmt und daß wir ihm entgegengehen? Er könnte doch auch aus dem Norden oder Osten kommen.«

»Nein«, entgegnete Ohio und breitete die Karte aus. »Sieh doch, es gibt keinen besseren Weg zum Großen Bärensee als diesen Fluß. Er muß ihn einfach nehmen. In dem Inuitdorf an der Mündung werden wir ganz sicher erfahren, ob er dort gewesen ist oder nicht.«

»Aber was ist, wenn er mit seinem Schiff noch weiter nach Westen gefahren ist? Möglicherweise sogar um das ganze Land herum?«

»In diesem Fall gibt es nur zwei Möglichkeiten. Entweder er hat das Schiff früher verlassen, um hierherzukommen, so wie es geplant war, oder er hat im Sommer den ganzen Norden umsegelt, aber dann wäre er längst am Großen Bärensee.«

Alles erschien zu einfach. Mayoke wagte nicht, alle Möglichkeiten anzusprechen, die ihr durch den Kopf gingen. Einem Menschen, der eine so gefährliche Reise durch das baumlose Land unternahm, konnte vieles zustoßen.

»Ich errate deine Gedanken«, sagte Ohio mit ernster und kaum merklich bebender Stimme, denn bei der Kälte konnte er kaum den Mund öffnen. »Aber mit diesem Schamanen, von dem ich dir erzählt habe, verbindet mich ein unsichtbares Band. Ich bin mir meiner Sache ganz sicher.«

Die Kälte ließ sie nicht aus ihrem eisigen Griff, und Ohio drosselte das Tempo. Die Hunde verbrauchten viel mehr Energie als gewöhnlich. Mayoke zog sich an Nase und Wangen, wo die Haut empfindlicher war, kleine Erfrierungen zu. Ohio schmierte sie mit einer Salbe aus Fichtenharz, Fingerkrautsaft und Biberfett ein. Auf dem Fluß kreuzten sie zahlreiche Fährten von Karibus, dann Spuren von Wölfen, doch sie bekamen kein einziges Tier zu Gesicht.

»Die Kälte läßt die Landschaft erstarren. Die Tiere bewegen sich so wenig wie möglich, um Kräfte zu sparen.«

Sie ließen die letzten Bäume hinter sich, Zwergtannen, die hier und dort am Flußufer kauerten wie Menschen am Feuer. Vor ihnen lag die reglose und endlos weite Landschaft der Tundra, deren Kargheit etwas Beängstigendes hatte. Ohio hatte einen stattlichen Holzvorrat mitgenommen, doch er reichte nicht, um ein Tipi zu heizen. Sie entzündeten lediglich ein kleines Feuer, um Schnee zu schmelzen, Fleisch zu braten und die feuchten Kleider zu trocknen. Und jeden Tag bauten sie kurz vor der Dämmerung einen Iglu, in dem sie schliefen. Bald kletterte die Sonne am Mittag nur noch halb über den Horizont herauf, dann überhaupt nicht mehr, und nur ein leicht rosiges, bisweilen malvenfarbiges Licht schimmerte am Himmel im Osten.

»Ich wußte gar nicht, daß das baumlose Land auch ein Land ohne Sonne ist«, sagte Mayoke, und ihre von Rauhreif gerahmten Augen blickten entsetzt.

»Und doch leben Menschen hier«, bemerkte Ohio nicht ohne Bewunderung.

Zwei Tage später stießen sie auf Schlittenspuren, die sie direkt in das Dorf Nirpiktut führten, das aus rund zwanzig

Hütten aus Steinen und Torf bestand. Die meisten Männer waren auf Robbenjagd, und so wurden sie von den Kindern empfangen, die ihnen beim Ausschirren und Füttern der Hunde halfen. Eine Inuit, die Algonkin sprach, erzählte ihnen, daß kein Weißer in die Gegend gekommen sei außer dem einen, der sie jedes Jahr am Ende des Winters besuche, um Felle einzutauschen.

»Was gibt er euch dafür?«

Stolz zeigte sie ihnen Kochutensilien, ein Messer, Tee, Zündhölzer. Wie hätten Menschen, die ihre Öllampen mit Feuersteinen entzündeten, solchen Wunderwerken widerstehen können?

Man brachte sie im größten Iglu unter, dessen Wände mit Karibuhäuten verkleidet waren. Zwei Fenster aus Robbendarm spendeten Licht. Die Frau des Häuptlings forderte sie auf, ihre verschwitzten Sachen auszuziehen, und hängte sie zum Trocknen an Lederriemen unter der Decke auf. Dann aßen sie.

Mayoke sah sich mit einer gewissen Zurückhaltung in der Behausung um. »Wie kann man so weit in Norden leben, in Kälte und Dunkelheit, ohne Holz zum Heizen?« Sie fühlte sich in dieser Welt, die nicht die ihre war, verletzlich. Sie war ein Kind des Waldes. Niemals könnte sie in der Welt der Inuit leben.

Ohio wurde sich bewußt, welche tiefe Kluft zwischen diesem Volk und den Weißen bestand, deren Macht er in Quebec kennengelernt hatte. Mit einem Mal konnte er ermessen, welche tiefgreifenden Veränderungen dem hohen Norden bevorstanden. Und dann begann er, in diesem kalten, schlecht beleuchteten und stinkenden Iglu über den seltsamen Werdegang dieser Weißen nachzusinnen. Cooper hatte ihm erzählt, daß auch sein Volk vor langer Zeit ein Volk des Waldes gewesen sei und in Hütten und Höhlen gelebt habe. Auch die Weißen waren einst Jäger gewesen, hatten nach Art der Inuit Feuer gemacht und zwei Feuersteine gegeneinander geschlagen. Doch die Inuit waren dieselben geblieben und hatten sich nicht verändert, während die Weißen begonnen hatten, über die Meere zu fahren, Feuerwaffen zu bauen, Spiegel und Fenster, Zündhölzer, Gegenstände aus Stahl und unglaubliche Schiffe zu ersinnen. Warum? Zu welchem Zweck? Wozu war das alles gut? Ohio mußte den tieferen Sinn begreifen. Er mußte die Spur, die der weiße Mann gezogen hatte, studieren, um seine eigene Geschichte zu verstehen, sein Zaudern und seine Zweifel, seine Hoffnungen und seine Ziele. Vielleicht fand er dann heraus, wie sich dieser schreckliche, unaufhaltsame Fortschritt eindämmen ließ.

Die Männer kehrten von der Jagd zurück, und was sie mitbrachten, war eine Antwort auf Ohios Fragen. Das Glück. Ganz einfach. Es war in ihren Gesichtern zu lesen. War das nicht die einzige Spur, der zu folgen sich lohnte, das Glück?

Sie lachten, denn sie hatten zwei große Bartrobben erlegt. Die Jagd auf dem Packeis, am Rand des offenen Meeres, war schön und aufregend gewesen und hatte die Herzen dieser Männer höher schlagen lassen, die alle Augenblicke ihres Lebens, erschreckende wie erhebende, voll auskosteten. Sie waren glücklich, und dieses Glück war die Antwort auf alle Fragen.

»Aber könnte ich mich damit zufrieden geben?« fragte sich Ohio, während er den Männern half, die beiden großen Robben auf den Strand zu ziehen. »Werde ich nicht unglücklich und unruhig bei dem Gedanken, keine Zündhölzer mehr zu besitzen? Brauche ich für die große Hütte, die ich Mayoke bauen möchte, keine Glasfenster, keinen Ofen, keine Kochgeräte aus Stahl?«

Am Abend sprach er mit Mayoke über seine Zweifel.

»Es liegt in der Natur des Menschen, zu wachsen und fortzuschreiten. Hast du mir nicht erzählt, du hättest dir neue Fallen ausgedacht und andere hätten sie nachgebaut? So ist es schon seit grauer Vorzeit. Wir vererben unseren Kindern, was wir im Lauf unseres Leben geschaffen haben. Du mußt dein Glück finden.«

»Du bist mein Glück, Mayoke.«

»Ich, dein Land und das, was es ausmacht, seine Tiere, seine Landschaften, seine Stille und sein Licht. Gib acht, daß du es nicht verlierst.«

»Um dich nicht zu verlieren, brauche ich dich nur zu lieben. Doch um unser Land werden wir sicherlich kämpfen müssen.«

»Um das, was man liebt, lohnt es sich zu kämpfen.«

»Es gibt Tage, an denen ich gern ein Wolf wäre. Nur ein Wolf. Kein Grübeln, keine Angst vor der Zukunft. Einfach Seite an Seite mit dir durch die weiten und reichen Täler unserer Berge streifen, mehr nicht.«

»Ziehen wir morgen nicht wieder wie Wölfe hinaus in die eisigen Weiten? Bescheiden wir uns doch mit diesem Glück.«

Ohio und Mayoke standen Hand in Hand in der Bucht, in der sich, gerahmt von zwei felsigen Hügeln, im Packeis eingeschlossene Eisberge türmten. Sie betrachteten die graue, in die Polarnacht gehüllte Fläche. Ohio fühlte sich angehaucht von dieser Weite, durchdrungen von der Energie des Meeres, das er unter dem Eis atmen hörte. Er war sich nicht mehr sicher, ob er Cooper finden konnte, aber er war fest davon überzeugt, daß er ihn suchen mußte.

62

Der Wind hatte von Südosten nach Norden gedreht, und Cooper begriff, daß das Wetter umschlagen würde. Er begann, hinter den Hunden herzulaufen, und trieb sie zur Eile an. Aber man gewinnt nie gegen den Sturm, und als er losbrach, hatte er das Dorf noch nicht erreicht. Gleichwohl fuhr er weiter, solange er den Spuren im festgepreßten Schnee noch folgen konnte. Doch der Wind wurde stärker, und da wußte er, daß er das Dorf nicht erreichen würde. Er verlor nicht den Kopf. Er suchte sich eine Stelle, an der er einen Iglu bauen konnte, und als er geeigneten Schnee fand, hielt er an. Eine Stunde später saß er in einem kleinen Iglu, der ihn schützte.

Der Sturm dauerte drei Tage, dann kam die Kälte. Die große Kälte. Cooper verließ den Iglu und machte sich im Dunkel der Polarnacht auf die Suche nach den Spuren. Sie waren völlig verweht. Mehrmals glaubte er, sie entdeckt zu haben, doch es waren nur Riefen, die der Wind gezogen hatte. Also marschierte er unter Zuhilfenahme seines Kompasses direkt nach Norden ans Meer und dann an der Küste entlang. Er hatte kein Futter mehr für die Hunde und kaum noch Proviant für sich selbst, nur ein paar Pfund Mehl, etwas Speck und zwei Pfund Robbenfleisch. Er mußte unbedingt das Dorf finden.

Er fand es nicht, weder an diesem noch am nächsten Tag. Er vermutete, daß er es an dem Tag vor dem Sturm verfehlt hatte, und so ging er auf der eigenen Spur zurück und suchte noch zwei Tage lang bei extremer Kälte in der anderen Richtung. Sein Thermometer fiel auf unter minus fünfzig Grad, und er wußte sehr wohl, daß er sich bei solchen Temperaturen nicht überanstrengen durfte. Doch er hatte keine andere Wahl. Der Hunger war eine noch größere Gefahr als die Kälte.

Die Hunde ließen erste Anzeichen von Ermüdung erkennen, als er am Meereis entlang gen Westen zog. Das Inuitdorf lag südlich von ihm an einem Fluß, den er zweimal überquert hatte. Doch er konnte es nicht sehen und verfehlte es nur um wenige Kilometer.

Er wußte nicht, wie weit es bis zum nächsten Dorf war, und er schätzte, daß ihn mindestens fünfzehn Tagesreisen von der Mündung des Coppermineflusses trennten, den man, wie ihm bekannt war, bis zum großen Sklavensee hinauffahren konnte. Die Karten lieferten ihm keinen Hinweis darauf, was ihn an diesem Längengrad erwartete. Die Küstenlinien waren ungenau und endeten in punktierten Linien, denn noch war kein Kartograph so weit nach Norden vorgestoßen. Cooper konnte nicht sagen, ob er diesen Punkt erreichen würde, wenn er der Küste folgte, denn niemand wußte, wo das Land endete. Seeleute hatten von einer Vielzahl von Inseln berichtet, doch auf der Karte waren nur wenige eingezeichnet. Dann wurde die Küstenlinie vage und riß schließlich ab, und man las das Wort »unknown«. Dieses Unbekannte, das Coopers Abenteuerherz so oft hatte höher schlagen lassen, machte ihm heute angst.

Wie sehnte er sich nach einer Linie, die zuverlässig den Weg zu einigen Dörfern wies. Doch was hätte ihm in dieser weißen Wüste, in der sich die Grenzen zwischen Meer und Land im Winter verwischten, eine Karte anderes zeigen können als diese Leere? Dieser Ort war das Nichts. Ein Nirgendwo ohne Nacht und Tag. Ein Anderswo ohne Gerüche und Farben. Das Ende der Welt.

Er schleppte sich weiter, doch die Entfernungen, die er in dieser endlosen Weite zurücklegte, erschienen ihm lächerlich. Und noch immer war kein einziges Tier zu sehen, kein

Mensch, nicht einmal eine Spur, kein Stück Holz von einem Schlitten, nicht einmal ein einfacher Lederstreifen, der ihm bewiesen hätte, daß ein Mensch hier vorübergekommen war. Dann blieben die Hunde stehen und wollten nicht mehr weiter.

Am nächsten Tag spannte er sie wieder an, doch drei ließen sich von den anderen nur mitziehen. Er tötete sie und verfütterte sie gefroren an die anderen. Zwei Tage später tötete er die nächsten beiden. Bald blieben ihm nur noch fünf, und alles, was er noch an Proviant hatte, waren zwei Pfund Mehl.

»Das ist das Ende!«

Erstaunt über den Klang seiner eigenen Stimme, versuchte er nachzudenken, doch die Sache war einfach, ganz einfach. Ein oder zwei Tage würde er noch durchhalten, einen Iglu bauen, die letzten Hunde essen und darauf warten, daß ein Wunder geschah, daß ein Tier oder ein Mensch vorbeikam. Ein nervöses Lachen schüttelte ihn.

»Nichts! Es gibt nichts in dieser verfluchten weißen Wüste!«

Er hatte geglaubt, er sei stärker als alle anderen, könne in dieser unermeßlichen Weite bestehen, sie in allen Richtungen durchqueren. Er hatte hoch gespielt und verloren. Er würde Sacajawa nie wiedersehen, und Ohio auch nicht. Doch er würde bis zum Schluß kämpfen.

Die Kälte wurde nicht schlimmer, aber der Hunger machte sie noch unerträglicher. Das Thermometer pendelte immer noch zwischen vierzig und fünfundfünfzig Grad unter Null. Er zog sich ernste Erfrierungen an Nase und Wangen zu. Auch am Abend im Iglu wurde es nicht wärmer als minus zwanzig Grad, denn er entzündete nur eine kleine Kerze, über der er in einem Topf etwas Schnee zum Schmelzen brachte.

Er tötete noch einen Hund. Tags darauf rissen die anderen aus. Blutspuren im Schnee zeigten, daß sie die Metallseile durchgenagt hatten.

»Arme Hunde!«

Er war fast erleichtert, daß sie davongelaufen waren. Auch wenn ihr Fleisch ihn am Leben hielt, so ekelte er sich doch davor.

Jetzt war es nur noch eine Frage von Tagen. Er marschierte an die Küste und erklomm eine Anhöhe, die ihm zusagte. Er baute sich einen Iglu und setzte seinen Schlitten darauf, montierte eine Kufe ab und pflanzte sie wie einen Mast auf die Spitze des Schneehauses. Dann lud er seine Ausrüstung um und schlüpfte unter die Häute. Er aß das restliche Hundefleisch, indem er sich nach Art der Inuit mit dem Messer dünne Scheiben herunterschnitt. Er fror und zündete eine zweite Kerze an. Damit blieben ihm nur noch drei.

Das Ende.

Im Halbdunkel seines Schneegrabs träumte Cooper von jenem heißen Sommertag, an dem Sacajawa und er in einem kleinen See gebadet und sich hinterher auf einem warmen Felsen geliebt hatten.

Am folgenden Tag irrte er auf der Suche nach Wild mit seinem Gewehr am Meer entlang, doch bei den herrschenden Temperaturen verkroch sich alles im Schnee. Er fand im Packeis ein paar Atemlöcher, wie die Robben sie graben und den ganzen Winter über offenhalten, und wartete, doch kein Tier zeigte sich. Am nächsten Tag kehrte er zu der Stelle zurück. Er schleppte sich mehr, als daß er ging, und wußte, daß er sich in der Kälte nicht mehr sehr lange würde aufhalten können. Sein Thermometer zeigte nur noch minus vierzig Grad, doch er spürte den Unterschied nicht, im Gegenteil. Als er zu seinem Iglu zurückkehrte, erlegte er einen Polarfuchs, der auf der Suche nach etwas Freßbarem dort herumschlich. Er aß ihn sofort, noch ehe er gefroren war. Das Fleisch war mager und schmeckte abscheulich, doch es ermöglichte ihm, am nächsten Tag zur Robbenjagd aufs Packeis zurückzukehren. Er hielt nicht lange aus, denn ein Wind war aufgekommen, Vorbote eines Wetterumschlags. Die Kräfte verließen ihn. Er merkte, daß er der Wirklichkeit entrückte, und ertappte sich mehrmals dabei, wie er im Dämmerzustand wirr redete. Im Iglu konnte er die Kerze nicht anzünden. Er hatte kein Gefühl mehr in den Fingern der linken Hand, und die der rechten Hand waren bereits ganz steif. Schon seit dem Morgen konnte er sie nicht mehr bewegen. Er hatte versucht, Arme und Hände aneinander zu schlagen, doch das Gefühl war nicht zurückgekehrt. Er konnte seine Hände nicht mehr gebrauchen. Wie zwei schwere Gewichte hingen sie an seinen Armen. Erst in diesem Augenblick packte ihn Todesangst. Er legte sich hin. Er zitterte. Noch wehrte sich sein Körper gegen die Kälte, die langsam von ihm Besitz ergriff und gegen die er nichts ausrichten konnte, außer bestimmte Körperteile aufzugeben, um andere, wichtigere zu retten. Es erinnerte ihn an sein Haus in London, das zu groß war, um im Winter ganz geheizt zu werden, so daß man sich bis zum Frühjahr auf bestimmte Zimmer beschränkte. Doch bis zum Frühjahr würde er nicht durchhalten. Er stellte sich vor, wie die Inuit im Sommer ein Skelett fanden, und Grauen überkam ihn. Mit letzter Kraft verbannte er diesen Gedanken und zwang sich, an etwas anderes zu denken.

Am nächsten Tag stand er nicht auf, weil er dazu nicht mehr in der Lage war. Er zitterte nicht. Er lag zusammengekrümmt unter den Häuten, die das bißchen Wärme, das sein Körper noch erzeugte, festhielten, und fiel in einen Dämmerzustand zwischen Wachen und Träumen, mal das Schreckensbild des eigenen Todes vor Augen, mal das süße Bild von Sacajawas Körper, der sich warm an ihn schmiegte.

63

»Dorthin gehen wir nie«, sagte der Inuit in Nirpiktut. »Kein Wild, keine Flechten, nur Felsen, und das Meer ist an der Küste nicht allzu tief. Wenig Robben.«

»Dann gibt es dort also kein Dorf?«

»Doch, aber es ist sehr weit.«

Ohio versah sich bei den Inuit mit einem großen Vorrat an Robbenfleisch, das er gegen seine Zeltplane, ein Messer und Zündhölzer tauschte, denn die Inuit hatten keine Verwendung für Geld. Dann zogen sie weiter, direkt nach Osten.

Die Kälte hatte nachgelassen. Eine grauer Wolkenschleier bedeckte den Himmel, und ein leichter Westwind kam auf.

Mayoke sprach kein Wort mehr, doch je weiter sie kamen, desto weniger glaubte sie daran, Cooper in dieser unermeßlichen Weite finden zu können. Hier war kein Leben möglich. Es gab nichts. Immer nur Weiß, so leer wie ein Himmel, so kalt wie der Tod. Nichts, worauf sich der Blick heften konnte. Keine Spur, keine Bewegung.

Die Hunde schlugen auf der harten Kruste des arktischen Schnees ein schnelles Tempo an. Torok führte das Gespann so präzise wie ein Pfeil, mal an Land, mal auf dem Packeis. Er ahnte die Kommandos im voraus, deutete die Veränderungen des Geländes, schätzte die Schneehöhe ein, meisterte Schrägen und Zonen mit zersplittertem Eis.

Vulk, der das kleine Gespann Mayokes führte, brauchte ihm nur zu folgen, und er tat es ohne Zögern, sparte so Kräfte und ließ ein wenig Abstand zu Ohios Schlitten.

Der Inuit war sich seiner Sache nicht sicher gewesen, hatte vage von zwanzig Tagesreisen bis zum nächsten Dorf gesprochen. Angeblich lag es an einem Fluß, der leicht zu finden war, da er gegenüber einer Insel ins Meer mündete. Ohio veranschlagte weniger als zehn Tage für die Strecke. Im Dorf angekommen, wollte er den Hunden einen Pause gönnen und seine Fleischvorräte auffüllen. Falls seine Bewohner Cooper weder gesehen noch irgend etwas von ihm gehört hatten, wollte er kehrtmachen und zum großen Bärensee zurückkehren. Weiter würde er nicht fahren, hatte er Mayoke versichert, doch sie war vom Gegenteil überzeugt.

»Eine erschreckende Gegend«, gestand sie nach vier Tagen. »Wir haben nichts gesehen. Gar nichts. Keine einzige Vogelfeder, nicht einmal einen Knochen.«

»Cooper ist nicht hier gewesen. Er wird sich direkt nach Süden gewandt haben, den Bäumen, dem Leben entgegen.«

Sie hatte recht. Was hätte einen Menschen veranlassen können, durch diese Gegend zu reisen?

Am Abend des fünften Tages bemerkten sie in der Ferne einige Erhebungen, die das eintönige Bild des Horizonts belebten, dann verschlechterte sich das Wetter, und sie gerieten in einen Schneesturm. Doch sie zogen weiter.

»Sieh doch!«

Sie hatten sie im selben Augenblick entdeckt: drei dürre, ausgemergelte Wölfe, die sie mißtrauisch beobachteten. Wölfe in dieser Gegend! Sie kamen näher, als Ohio und Mayoke anhielten.

»Aber das sind ja Hunde! Und keine Eskimohunde!«

Sie bestanden nur noch aus Haut und Knochen und waren zwanzig Meter vor den beiden Schlitten stehengeblieben. Ohio warf jedem ein Stück Fleisch hin, das sie gierig verschlangen.

»Sie sind völlig ausgehungert. Ich kann sie nicht ernähren, ohne unsere Vorräte aufzubrauchen.«

Er näherte sich dem, der am wenigsten Angst zu haben schien, und besah sich sein Halsband.

»Das sind Coopers Hunde, ich bin mir ganz sicher«, sagte er mit zitternder Stimme.

»Was machen wir mit ihnen?«

»Wenn sie uns folgen können, bis wir ihnen etwas zu fressen geben können –«

»Das würde mich wundern.«

»Ich kann ihnen nichts mehr geben, Mayoke.«

Sie wußte es.

Ohio war besorgt. Seine Stirn hatte sich in Falten gelegt, und Rauhreif rieselte aus seinen Brauen. Mayoke trat zu ihm.

»Das muß nichts bedeuten, Ohio.«

Sie machten sich unverzüglich wieder auf den Weg, und die Hunde folgten ihnen in einigem Abstand, zum Unwillen der Huskies, die sich anfangs ständig nach ihnen umdrehten, ehe sie sich an ihre Anwesenheit gewöhnten.

Sie bauten ihren Iglu nur wenige hundert Meter von Coopers Iglu entfernt, doch wegen der Dunkelheit konnten sie ihn nicht sehen. Ohio bemerkte ihn erst am nächsten Morgen, als er die Hunde beruhigen wollte, die einem Polarfuchs nachbellten, der am Packeis entlangstrich.

»Mayoke! Mayoke! Ein Iglu!«

Er rannte los. Doch beim Iglu angekommen, blieb er stehen. Es war Cooper. Der Schlitten war der eines Weißen. Und dann fiel ihm auf, daß rund um den Iglu keine Spuren zu sehen waren.

»Cooper!«

Er hatte leise gerufen, ohne eine Antwort zu erwarten. Er wußte Bescheid. Er taumelte, war außerstande hineinzugehen. Er riß sich zusammen, fand sein Gleichgewicht wieder, bückte sich und kroch durch die kleine Öffnung. Er hatte gebetet, den Iglu leer vorzufinden, doch sofort erkannte er Coopers steifgefrorenen Körper unter den Fellen. Die Kräfte schwanden ihm. Er kroch zurück und sank in den Schnee. Schluchzer schüttelten ihn. In diesem Augenblick kam Mayoke. Sie sagte nichts. Sie drückte sich an ihn und streichelte ihm das Gesicht.

»Ich bin bei dir, Ohio. Ich bin bei dir.«

»Wir sind zu spät gekommen! Zu spät.«

Er beruhigte sich wieder. Mayoke hatte recht. Sie war bei ihm, und das Leben mußte weitergehen.

»Wir nehmen ihn mit«, beschloß er. »Zu Sacajawa.«

Ein tiefes Gefühl des Friedens erfüllte ihn.

»Wie du willst, Ohio. Wie du willst –«

Sie ließ ihn allein und kroch in den Iglu.

Ein Schrei ließ Ohio zusammenfahren.

»Er lebt! Ohio, er atmet. Ohio!«

Er stürzte nach drinnen. Mayoke hatte das Ohr auf Coopers Brust gelegt und horchte. Ohio betrachtete das schrundige Gesicht, die blauen Hände, und er konnte es nicht glauben. Und doch, sie hatte recht. In dem steifen Körper steckte noch Leben. Jetzt verlor er keine Sekunde mehr. Unter Zuhilfenahme ihrer beiden Schlitten errichtete er ein kleines Tipi, dann heizte er den mitgebrachten Ofen mit Holz von Coopers Schlitten. Schon nach kurzer Zeit stieg die Temperatur, und sie konnten Cooper ausziehen. Er war schrecklich abgemagert und kam nicht zu sich. Sie zogen ihm Kleidung von Ohio an, und Mayoke kochte eine kräftige Fleischbrühe.

»Cooper! Cooper!«

Es wurde immer wärmer. Cooper zuckte mit den Augenlidern und murmelte unverständliche Worte. Mayoke half ihm, sich aufzusetzen, und gab ihm langsam zu trinken. Einen Schluck, dann noch einen, wobei sie ihm einen Finger in den Mund steckte, um ihn zum Schlucken zu zwingen.

»Sieh dir seine Finger an.«

Sie liefen in der Wärme schwarz an.

»Sie sind abgestorben«, sagte Mayoke. »Er wird sie verlieren. Und seine Zehen auch.«

Die ganze Nacht und den ganzen folgenden Tag flößten sie ihm abwechselnd immer wieder Brühe ein. Langsam erwachte Cooper aus seiner Lethargie. Der Holzvorrat ging zur Neige, und seine Finger und Zehen verbreiteten bereits einen Fäulnisgeruch.

»Wir müssen ihm die Finger und Zehen abnehmen und alles abgestorbene Fleisch entfernen«, meinte Ohio.

»Verstehst du dich denn darauf?«

»Ja, aber ich habe nichts dabei, um eine Ausbreitung des Wundbrands zu verhindern.«

»Was ist das?«

»In den Blutgefäßen der Finger und des toten Fleischs bleibt Blut zurück. Dieses verdorbene Blut kann alles vergiften.«

»Aber –«

»Wir müssen so schnell wie möglich in dieses Dorf. Hoffen wir, daß der Schamane die Heilkräfte der Pflanzen kennt.«

Ohio sann gerade darüber nach, wie er Cooper in das Dorf schaffen sollte, als in der Ferne zwei Schlitten auftauchten. Bei ihrer Rückkehr von der Jagd hatten die Inuit festgestellt, daß Cooper nicht im Dorf angekommen war, und beschlossen, nach ihm zu suchen. Killerrak wußte, daß die Vorräte des Weißen erschöpft waren und daß er kein Wild erlegen würde, doch er hatte keineswegs Gewissensbisse. Sein Interesse galt den Hunden und den Schätzen, die Cooper bei sich führte, und so hatte er zwei Inuit dazu überredet, ihn zu begleiten. Denn er wußte genau, daß die Chancen, ihn tot aufzufinden, verhungert und erfroren, eins zu eins standen. Umso überraschter und auch ein wenig enttäuscht war er, als er Ohio und Mayoke bei dem Mann antraf, den er hatte ausplündern wollen. Aber ein Mensch wie Killerrak änderte seine Meinung so schnell, wie der Wind in seinem Gebiet sich drehte, und so tat er jetzt alles, um den Kranken auf schnellstem Wege ins Dorf zu schaffen, das kaum anderthalb Tagesreisen entfernt lag.

Der Schamane half Ohio bei der Amputation der Finger beider Hände, von denen einige am ersten Glied, andere ganz abgenommen werden mußten, dann kamen die Zehen an die Reihe, die weniger stark betroffen waren. Die Erfrierungen im Gesicht brannte er aus und bestrich sie mit einer

heilsamen Salbe. Schließlich gab er ihm einen entzündungs-
hemmenden Pflanzenabsud zu trinken, nicht ohne Ohio vorher wissen zu lassen, daß er ihm eine Dosis verabreiche, die
ihn entweder umbringen oder gesund machen werde.

Das Fieber stieg, und Cooper röchelte zwei ganze Tage
lang und wand sich vor Schmerzen auf seinem Lager aus
Moos in dem Iglu aus Stein, das der Schamane mit mehreren
Tranlampen heizte. Mayoke und Ohio wachten bei dem
Kranken und sprachen viel mit ihm.

»Du mußt leben, Cooper. Sacajawa wartet auf dich. Sobald
du wieder gesund bist, brechen wir auf. Sie wartet auf dich,
Cooper.«

Er öffnete halb die Augen und schaute sich suchend um.
»Sacajawa … Sacajawa –«

Er sprach ihren Namen so zärtlich aus, daß Mayoke und
Ohio sich gerührt ansahen.

Dann sank das Fieber. Der Schamane behandelte ein weiteres Mal Coopers Wunden, und schließlich kam Cooper zu
sich, erkannte Ohio und brachte erste deutliche Worte heraus.
Ohio erklärte ihm alles. Cooper sah Mayoke lange an und bat
sie, näher zu kommen. Er nahm ihre Hand zwischen seine
verbundenen Stümpfe und küßte sie.

»Meine kleine Mayoke, du bist noch schöner, als Ohio dich
mir beschrieben hat.«

Sie lächelte ihn an. »Du mußt dich ausruhen, damit du wieder zu Kräften kommst. Wir haben noch einen weiten Weg
vor uns.«

Er schlief beruhigt ein, und trotz seiner Schmerzen mit
einem Lächeln auf den Lippen. Die Wunden an seinen Händen und Füßen eiterten. Der Schamane wechselte jeden
Abend die Verbände und ließ seine Stümpfe in einen Pflan-
zensud tauchen, dem er Salz beigemischt hatte. Zwölf Tage
nach ihrem Eintreffen im Dorf konnte Cooper endlich aufstehen. Er fragte nach Killerak, doch der war bereits fort, mit-
samt den drei Hunden, die er als sein Eigentum betrachtete,
weil er sie gefüttert und wieder aufgepäppelt hatte. Cooper

machte sich nichts daraus. Er konnte ohnehin kein Gespann mehr lenken. Doch er haderte nicht mit seinem Schicksal. Ohio und Mayoke hörten ihn kein einziges Mal den Verlust seiner Finger beklagen. Im Gegenteil, er war dankbar für die Pflege, die man ihm angedeihen ließ, schenkte dem Häuptling des Dorfes und dem Schamanen einen Teil seiner Ausrüstung, für den er keine Verwendung mehr hatte, und zeigte sich sehr erfinderisch. Die Vorrichtungen, die er sich ausdachte, um seine Hände zu ersetzen, erstaunten selbst die Inuit, die nicht so leicht zu beeindrucken waren, denn sie waren Schicksalsschläge gewohnt.

Mehr als ein Monat war nach ihrer Ankunft im Dorf verstrichen. Ohio hatte an mehreren Robbenjagden im Packeis teilgenommen und sich durch seine Geschicklichkeit Achtung erworben. Der Winter neigte sich dem Ende zu, und die Rückkehr der Sonne wurde mit einem großen Fest gefeiert. An jenem Abend schmiegte sich Mayoke mit einem strahlenden Lächeln an Ohio.

»Ohio, wir müssen vor dem Herbst in deinem Dorf sein.«

»Warum?«

»Weil ich will, daß unser Kind zu Hause zur Welt kommt.«

Bewegt nahm er sie in die Arme und küßte sie lange, dann lief er zu Cooper und überbrachte ihm die frohe Kunde. Cooper hatte Mühe, seine Rührung zu verbergen.

Zwei Tage später verließen sie das Dorf.

64

Im März wurden die Tage in der Arktis wieder spürbar länger, und die Sonne stieg jeden Tag ein wenig höher. Im Packeis kamen die Robben aus dem Wasser und nahmen ein Sonnenbad. Stundenlang wälzten sie sich behaglich von einer Seite auf die andere und fingen mit ihrem dichten schwarzen Fell die warmen Strahlen ein. Die Eisbären nutzten die Gelegenheit zur Jagd. Entweder sie lauerten neben den Atemlöchern, oder sie schlichen sich, auf dem Bauch kriechend und jede Deckung nutzend, lautlos an, fielen blitzschnell über die Robben her und zerschmetterten ihnen den Schädel, bevor sie auch nur eine Bewegung machen konnten. Sie waren ebenso findige Jäger wie die Inuit, die sie verehrten und häufig nachahmten. Um eine Robbe zu erbeuten, kratzte der Bär manchmal so lange über dem Atemloch am Eis, bis nur noch eine dünne Schicht blieb, und darauf legte er sich, damit die Robbe glaubte, die dicke Eisdecke sei noch intakt. Er konnte sich aber auch einen Schneewall bauen und dahinter verstecken. Oder sich wie ein Eisbrocken im Wasser treiben lassen, um dann einer Bartrobbe, die auf einer Scholle döste, den Schädel zu zertrümmern.

Das ist *tornarssuk*, der große Jäger, der Kraft verleiht und durch seine Klugheit und Geduld fasziniert.

Im März kamen die Bärenjungen, die im Winter geboren worden waren, endlich aus ihrer Höhle, die ihre Mutter gewöhnlich im Spätherbst an einer Geländeerhebung, an der sich Schnee angehäuft hatte, gegraben hatte. Die Bärin war hinsichtlich der Beschaffenheit des Schnees, in den sie ihre Höhle grub, ebenso wählerisch wie der Inuit, wenn er seinen Iglu baute. So hatte Ohio eines Abends eine ähnliche Stelle für ihren Iglu ausgesucht, als er, keine zweihundert Meter vom Lager entfernt, eine Bärin mit zwei Jungen aus ihrer Höhle kommen sah.

»Seht doch!«

Cooper, der Mayoke gerade beim Füttern der Meute half, drehte sich um und versuchte gleichzeitig, die Hunde zu beruhigen. Die Bärin stellte sich auf die Hinterbeine und beobachtete lange die Eindringlinge, ehe sie gelassen davontrabte, flankiert von den beiden verspielten Jungen, die sich gegenseitig überholten und schubsten oder herumliegenden Eisstücken einen Stoß gaben und nachjagten. Auf dem Weg zum Meereis rutschten sie auf dem Bauch einen Hang hinunter und bremsten dabei mit den Tatzen.

Der Tag ging zur Neige, als die Bären im Dämmerlicht langsam hinter den Eistrümmern verschwanden, die unter der Einwirkung der Gezeiten zerrieben wurden. Ohio, Mayoke und Cooper sahen ihnen schweigend nach, tief beeindruckt von diesem Anblick, der so viel Leben verströmte.

Die drei Bären blieben die einzigen Tiere, die sie auf der Fahrt zu dem Dorf an der Mündung des Porcupine sahen.

»Weißt du, Ohio, seit ich von Bord gegangen bin, bin ich immer an der Küste entlanggereist. Das beweist, daß es eine Passage gibt.«

»Hast du nicht gesagt, daß Untiefen das Meer zwischen dem Festland und bestimmten Inseln für ein großes Schiff unbefahrbar machen?«

»Ja, aber es sind Inseln, also liegt dahinter das Meer!«

»Oder noch ein Festland.«

»Ich bin felsenfest davon überzeugt, daß es eine Passage gibt, durch die Schiffe vom Atlantik in den Pazifik fahren können.«

»Vielleicht gelingt es der *Farvel*.«

»Eines Tages werden wir es erfahren.«

Im Dorf herrschte ungewöhnliches Treiben. Aus dem nächstgelegenen Kontor waren, wie schon in den beiden vorausgegangenen Jahren zur selben Zeit, vier Hundeschlitten eingetroffen. Die Besucher hatten Waren mitgebracht, um die Pelze einzutauschen, welche die Inuit im Winter erbeutet hatten: Tausende von Polarfüchsen, dazu einige Wolfs- und Robbenhäute, Narwalhörner und Walroßhauer.

Ohio, Mayoke und Cooper blieben nicht lange im Dorf. Sowie sie ihre Nahrungsvorräte aufgefüllt hatten, zogen sie weiter, wobei sie die Piste nahmen, die von den vier Schlitten gespurt worden war. Ende April erreichten sie den Großen Bärensee, nachdem sie in einen heftigen Schneesturm geraten waren. Es war der letzte des Winters, denn in den folgenden Tagen stieg die Temperatur über den Gefrierpunkt, und der Schnee auf den Dächern begann zu schmelzen.

Sie bezogen eine etwas abseits stehende Fischerhütte. Cooper hinkte, seit er an beiden Füßen Zehen verloren hatte, doch er beklagte sich nicht. Im Gegenteil, er dankte dem Leben dafür, daß es ihm seinen Sohn geschickt hatte. Mit den beiden einzigen Fingergliedern, die ihm am Daumen und am kleinen Finger der linken Hand geblieben waren, konnte er noch greifen, und er wurde von Tag zu Tag geschickter darin. Er hatte nur noch eine lange Narbe auf dem Nasenrücken, und die Frühjahrssonne beseitigte die letzten Spuren der Erfrierungen auf den Wangen und am Kinn. Er kaufte einem Indianer vier Pferde ab, die er den weniger robusten Tieren vorzog, die ihm ein für die Nordwest-Kompanie arbeitender Métis anbot, und brachte Ohio das Reiten, Satteln und Aufzäumen bei.

»Wir sollten ihnen nicht zuviel aufladen«, sagte Ohio. »Die Hunde können auch einen Teil tragen.«

»Wir brauchen nicht viel. Die Hunde jagen, und wir finden jederzeit einen Fluß oder See, der uns mit allem Nötigen versorgt.«

Mit einer gewissen Ungeduld trafen sie ihre Reisevorbereitungen und warteten auf den Eisaufbruch. In der Abenddämmerung unternahmen Ohio und Mayoke gern lange Ausritte
am See, auf denen sie bisweilen auch Cooper begleitete. Ohio
lernte, ein Pferd zu lenken, und staunte über seine Folgsam-
keit, wenn es einmal Zutrauen gefaßt hatte. Denn er hatte
festgestellt, daß diese großen Tiere ausgesprochen schreckhaft waren.

Eines Abends, als sie von einem Ritt zurückkamen, erwartete Cooper eine Überraschung. Vor ihrer Hütte saß Cliff,
einer seiner alten Expeditionskameraden. Die beiden Männer
waren tief bewegt über das Wiedersehen nach so langer Zeit.
Cliff strahlte und brachte kein Wort heraus, als er vor Cooper
stand. Sie fielen sich in die Arme und drückten sich lange.

»Der gute alte Cliff!« sagte Cooper immer wieder.

Er trat etwas zurück, um ihn besser betrachten zu können,
und sank dann wieder in seine Arme und klopfte ihm freund-
schaftlich auf den Rücken. Cooper stellte ihn Ohio und
Mayoke vor.

»Ich wußte es! Ich wußte, daß du eines Tages zurückkommen würdest!«

Cooper und er saßen bis zum frühen Morgen zusammen
und rauchten gemeinsam aus einer Pfeife, an der sie abwechselnd zogen. Auf dem Ofen stand ein Kessel mit Tee, doch sie
tranken Whisky, während sie sich gegenseitig erzählten und
von alten Zeiten sprachen.

Der Eisaufbruch auf dem Großen Fluß war ein überwältigen-
des und grandioses Schauspiel. Cliff blieb die ganze Zeit bei
ihnen, und Ohio konnte feststellen, daß dieser Weiße mit diesem Land ebenso verwachsen war wie der alte Keith, daß er
es verstand, liebte und achtete.

»Wären doch nur alle Weiße wie du«, sagte er ihm beim
Abschied.

»Dann wären vielleicht alle Indianer wie du«, erwiderte
Cliff mit der ihm eigenen Sanftmut.

Die Pferde waren gesattelt, und die Fähre, die sie mit den Hunden über den Fluß setzen sollte, wartete.

»Bist du sicher, daß du nicht mitkommen willst?« fragte Cooper zum wiederholten Mal.

»Ich mache es nicht mehr lange, und ich bedauere eigentlich nur eins.« Cliff lächelte. »Ich wäre gern dabei, wenn Sacajawa und du –« Die Stimme versagte ihm.

Cooper und er tauschten einen letzten Blick.

»Danke, Cliff. Ich bin sicher, daß sich Sacajawa an dich erinnern wird.«

Dann bestiegen sie das große Floß, das zehn Indianer steuerten. Als sie sich umdrehten, war Cliff verschwunden. Wenn er bei seiner Hütte ankam, würde er dort zwei Pferde mit Sattel und Zaumzeug vorfinden, die Cooper ihm gekauft hatte, und in den Packtaschen alles, was ein Goldgräber brauchte: Zelt, Hacken und Schaufeln, Siebe, ein gutes Gewehr nebst Schießbedarf, Angelzeug und vieles andere mehr.

»Glaubst du, Cliff wird diese Steine finden, von denen er so fasziniert gesprochen hat?«

»Gold? Ach, weißt du, daran liegt ihm eigentlich nichts. Es ist nur ein Vorwand, um in den Bergen zu leben.«

»Aber wenn er nichts findet, muß er wieder von der Fallenstellerei leben.«

»In den Wäldern braucht er nicht viel, und wenn ihn die Lust überkommt, sich etwas zu kaufen, wird ihm das mit dem Geldbeutel, der im Packsattel steckt, nicht schwerfallen.«

Sie zwinkerten sich verschwörerisch zu und traten zu den Pferden, die mit den Hufen nervös an den Baumstämmen scharrten, als das Floß ein Drittel der Strecke zurückgelegt hatte und die Stelle erreichte, wo die Strömung am stärksten war.

65

Cooper hatte seine Reisetagebücher mitgebracht, und insbesondere die von ihm angefertigten Zeichnungen halfen ihm, auch nach annähernd zwanzig Jahren den Weg wiederzufinden. Ohio fiel die Orientierung schwerer, da er das Gebirge mitten im Winter überquert hatte.

Über achthundert Kilometer Berge, Täler und Schluchten trennten sie noch vom Stikine, und sie hofften, diese Strecke in knapp zwei Monaten zu bewältigen.

»Wie lange hast du letztes Mal gebraucht?« fragte Ohio.

»Über vier Monate, aber wir haben uns mehrmals in Tälern verirrt und sind in unpassierbare Canyons geraten. Und auf der Suche nach Furten mußten wir Flüsse umgehen. Das bleibt uns diesmal erspart.«

»Bist du sicher?«

»Mit meinen Tagebüchern und Aufzeichnungen ersparen wir uns die Umwege.«

Zum wiederholten Mal bewunderte Ohio die feine und komplizierte Schrift, die so viele Dinge ermöglichte. Dann schlug Cooper die letzte Seite auf und zeige ihm eine Zeichnung, die der Botaniker und Arzt der Expedition von Sacajawa angefertigt hatte. Sie war leicht zu erkennen, auch wenn die Zeichnung vergilbt war und nur aus wenigen Strichen bestand. Denn der Künstler hatte ihre Züge und ihren sanften, ernsten Blick gut getroffen.

»Wenn du wüßtest, wie oft ich über dieser Zeichnung geweint habe, Ohio.«

Er saß am Feuer, neben sich das Gewehr, dessen Kolben er so umgebaut hatte, daß er trotz der fehlenden Finger anlegen und schießen konnte. Die Hunde lagen außerhalb des Feuerscheins. Mayoke schlief bereits. Auf der Wiese oberhalb des Flusses klingelten die Glöckchen der Pferde, denen sie die Vorderläufe gefesselt hatten.

Zwei Tage später erblickte Cooper in der Ferne den »Berg mit den zwei Gipfeln«, den er einst bestiegen hatte. Ohio erkannte die Felswände des Canyons wieder, durch den er fast fünf Jahre zuvor gezogen war, und etwas später die Hütte des Trappers, der ihm als erster ein Gewehr und Zündhölzer vorgeführt hatte. Ohio und Mayoke gewöhnten sich an die Pferde, wurden mit ihren Verhaltensweisen vertraut und konnten bestimmte Reaktionen vorausahnen. Das Schwierigste war, die beiden Packpferde zu führen, die in großen Leinensäcken, die links und rechts vom Sattel an einem Holzgestell befestigt waren, achtzig Kilo Gepäck schleppten. Damit die Tiere sich nicht verletzten, mußte man die beiden Säcke genau ausbalancieren und so packen, daß die weichen Gepäckstücke an ihrer Flanke auflagen. Das Ganze war mit einem Seil am Bauchgurt befestigt, und eine große Plane schützte es vor dem Regen. Saß das Seil nicht fest genug, verrutschte die Ladung oder fiel herunter, war es zu straff gespannt, schnürte es den Pferden das Blut ab. Die schwere Last verhielt sich auf dem Pferderücken ganz und gar nicht wie ein Reiter, der jede Bewegung des Tieres mitmacht. Auf Schrägen, an Hängen, nach jeder Flußdurchquerung mußte geprüft werden, ob die Säcke noch richtig festgezurrt waren.

Die Hunde trugen kein Gepäck. Ihre Freiheit voll auskostend, durchstreiften sie die Täler, durch die sie ritten, und jagten Hasen, gelegentlich auch Bergschafe oder Ziegen, die sich jedoch meist in ein Gelände zurückzogen, das zu schroff für sie war.

Es war eine wahre Freude, den beiden Meuten dabei zuzusehen, wie sie, angeführt von Torok und Vulk, über die Wiesen jagten oder durch die Wälder streunten. Cooper führte die kleine Karawane an und gab sich alten Erinnerungen hin, die er bereits unzählige Male an sich hatte vorüberziehen lassen. Jeder Schritt seines Pferdes brachte ihn der Frau näher, die seit so vielen Jahren seine Gedanken beherrschte. Und unablässig spielte ein Lächeln um seinen Mund. Er hatte das Gefühl, daß die Berge ihn willkommen hießen, die Bäche bei seinem Erscheinen lachten, die Blumen ihm in ihrer Farbenpracht zulächelten, die großen Kiefern die Äste neigten, um seinen Rücken zu berühren, wenn er gebeugt unter ihnen durchritt, die Sonne ihm zuzwinkerte, wenn sie zwischen den Gipfeln versank.

Am Abend hockte er stundenlang am Feuer und hing glücklich seinen Gedanken nach. Und dort blieb er, wenn Mayoke und Ohio schlafen gingen, und streckte sich auf ein Lager aus Reisig, wenn es klar war, unter freiem Himmel, wenn dunkle Wolken aufzogen, unter einer gespannten Zeltplane.

Eines Abends, als Cooper einen letzten Becher Fichtentee getrunken hatte, begannen Torok und Vulk plötzlich, wütend zu bellen. Das unterdrückte Knurren der anderen verriet ihm, daß sie Angst hatten, und er begriff sofort, daß ein gefährliches Tier in der Nähe sein mußte.

Im nächsten Augenblick stand Ohio angezogen neben ihm. Und auch Mayoke kam ans Feuer, noch schlaftrunken und in eine Decke gewickelt.

»Ein Vielfraß oder ein Bär«, meinte Cooper, der nach seinem Gewehr gegriffen hatte.

»Nein, das ist kein Vielfraß! Die Hunde wären schon bei ihm. Sie hätten ihn vertrieben oder irgendwo gestellt. Es ist ein Bär.«

»Hoffen wir, daß es nur ein Schwarzbär ist. Wenn es ein Grizzly ist, müssen wir auf der Hut sein. Auf meiner Expedition habe ich durch einen Grizzly einen Mann verloren.«

»Wir werden es bald erfahren.«

Die Hunde knurrten noch immer. Hin und wieder stieß

einer ein kurzes Bellen aus, das durch die dunkle, mondlose Nacht hallte. Die beiden Meuten hatten sich zu beiden Seiten des großen Felsens gesammelt, unter dem sie ihr Lager aufgeschlagen hatten. Die Pferde grasten hinter ihnen auf der saftigen Bergwiese, jenseits des Felsens.

»Wenn es nur hell wäre!«

»Dann hätte er sich nicht so nahe herangewagt.«

Sie vernahmen deutlich das Knacken von Zweigen im Wald, dann nichts mehr. Die Hunde bellten noch ein wenig und beruhigten sich schließlich.

»Zweifellos ein Schwarzbär, den der Geruch der gebratenen Forellen angelockt hat.«

Es war spät, und sie legten sich schlafen, die geladenen Gewehre griffbereit.

Am Morgen stand Cooper, wie so oft, als erster auf, machte Feuer und setzte Wasser auf, dann ging er am Flußufer entlang. Er brauchte nicht weit zu gehen.

»Großer Gott!«

Der riesige Tritt eines Grizzlys grub sich in den Sand. Dort, wo er in den Wald hinaufgeklettert war, hatte er mit den Pranken die Rinde einer dicken Kiefernwurzel aufgeschlitzt, und das weiße Fleisch des Baumes schaute hervor. Cooper vernahm Schritte.

»Ohio! Du hast mir vielleicht einen Schrecken eingejagt! Sieh!«

»Ich habe sie gesehen. Ein Riese. Verschwinden wir von hier. Es ist nicht ratsam, sich im Revier eines solchen Ungetüms aufzuhalten.«

Sie holten die Pferde, die am Saum eines Birkenhains standen, in dem Mayoke mit der Schleuder fünf Kragenhühner erlegt hatte. Sie sattelten und brachen auf. Die Hunde liefen voraus. Der Nebel lichtete sich, als sie aus dem Wald herauskamen. Vor ihnen lagen ausgedehnte Bergwiesen, und sie folgten den Pfaden, die wilde Tiere getrampelt hatten.

»Heute abend wird es ein Gewitter geben«, prophezeite

Cooper mit einem Blick nach Westen, wo sich schwarze Wolken am Himmel türmten.

Sie gelangten in das weite und dichtbewaldete Tal des Spazatia. Wieder folgten sie Tierpfaden, doch mehrere Male mußten sie Bäume beiseite schaffen, die ihnen den Weg versperrten. Sie mußten absteigen und die Pferde am Zügel führen. Cooper fiel das Marschieren besonders schwer, denn ohne Zehen verlor er häufiger das Gleichgewicht. Zudem litt er darunter, daß er Ohio beim Bäumefällen und Nachziehen der Seile nicht helfen konnte.

Bis zum Abend legten sie nur zehn Kilometer zurück, doch Ohio tröstete sich mit dem Gedanken, daß auch die Weißen diese Hindernisse überwinden mußten, falls sie jemals Lust verspüren sollten, in das Gebiet der Nahanni vorzudringen. Die Berge waren der beste Schutz, den man sich vorstellen konnte, und Ohio war froh, hier, in dieser Abgeschiedenheit, geboren zu sein. Mayoke, die nur das Flachland und die kleinen Karibuberge kannte, kam aus dem Staunen nicht heraus und bewunderte die unglaubliche Farbenvielfalt der braunen, roten und weißen Felsen, die Gletscherzungen, die in der Sonne glitzerten, das satte Grün der Wälder, in denen mächtige Kiefern hohen Birken und Pappeln das Licht streitig machten. Sie liebte die tosenden Bäche, die, ausgelassen wie junge Karibus, zwischen den Steinen hüpften. Sie war entzückt über die vielen Blumen, die in allen erdenklichen Farben blühten, und strich barfuß durch die saftigen Wiesen, deren zartes Grün dort dunkler wurde, wo ihnen die fruchtbare Erde der Höhe Kraft und einen unvergleichlichen Duft verlieh. Sie beobachtete in den Felsen und auf den Graten die halsbrecherischen Kletterpartien der jungen Schafe und der Ziegen, deren zotteliges weißes Fell sie faszinierte. Ja, sie liebte dieses Land. Es sollte die Heimat des Kindes werden, das sie in sich wachsen fühlte und das sie schon jetzt von ganzem Herzen liebte. Dieses Kind, in dessen Adern das Blut des Mannes fließen würde, den sie liebte, und seines Vaters, den sie bewunderte.

Sie schlugen ihr Lager auf einer großen Lichtung neben einem Bach auf. In der Ferne grollte erster Donner. Sie errichteten ihr Tipi, jedoch nicht mit den schweren Häuten, denn die hatten sie bei Cliff zurückgelassen, sondern mit eingefetteten Zeltplanen, die leicht und wasserdicht waren. Sie hatten die Arbeit aufgeteilt und überließen Cooper jene Aufgaben, für die man nicht unbedingt zwei geschickte Hände brauchte. Mayoke behielt ihn unauffällig im Auge und eilte ihm zu Hilfe, wenn er Mühe hatte, einen Gurt durch eine Schnalle zu ziehen, einen Knoten zu machen oder einem Pferd Fußfesseln anzulegen. Mit einem Feingefühl, das Cooper rührte, griff sie, ein Lächeln auf den Lippen, immer im richtigen Moment ein. Und immer hatte man den Eindruck, daß sie zufällig zur Stelle war und nicht, weil sie ihm helfen wollte.

Erschöpft von dem anstrengenden Tag, schliefen sie sofort ein, nachdem sie drei köstliche Kragenhühner gegessen hatten und bevor die ersten Regentropfen fielen. Die beiden Meuten jagten im Wald, und vor Mitternacht war nicht mit ihrer Rückkehr zu rechnen.

66

Ohio öffnete als erster die Augen, lange nachdem das Gewitter weitergezogen war. Es war noch mehrere Stunden bis Tagesanbruch. Er stützte sich auf die Ellbogen und lauschte in die Nacht, ohne zu wissen, was ihn aus dem Schlaf geschreckt hatte.

»Was ist los?«

Auch Cooper war aufgewacht.

»Ich weiß nicht.«

Dann vernahmen sie ein ängstliches Wiehern, ganz in der Nähe. Cooper entzündete ein Streichholz, schob sachte Mayokes Füße zur Seite, die fast die Feuerstelle in der Mitte des Tipis berührten, und hielt es an das trockene Holz, das er am Abend dort aufgeschichtet hatte. Es fing sofort Feuer.

»Ich gehe nachsehen.«

Ohio zog sich an und schlüpfte hinaus.

»Ein Pferd ist weg!«

Cooper runzelte die Stirn. Er kannte das Verhalten von Pferden gut genug, um zu wissen, daß sie sich niemals trennten, schon gar nicht bei Nacht. Wenn sie etwas erschreckt hatte, blieben sie in der Nähe des Lagers dicht beisammen.

Er nahm sein Gewehr und kroch hinaus. Es nieselte, und sosehr sie auch in die Dunkelheit lauschten, sie hörten nichts. Und sehen konnten sie ohnehin nichts, denn es war pechschwarze Nacht.

»Ich glaube, ich habe da hinten im Wald etwas gehört«, sagte Ohio nach einer Weile.

»Es wird mit den Fußfesseln an einer Wurzel hängen ge-blieben sein. So etwas kommt vor. Komm, hilf mir, eine Fak-kel zu machen.«

Cooper hatte alles dabei, was man dazu brauchte. Ohio wickelte mit Fett bestrichene Stoffstreifen um einen Stock, dann verließen sie das Tipi wieder.

Sie steuerten auf den Wald oberhalb der Wiese zu. Der Regen wurde stärker. Die Fackel knisterte in der Dunkelheit und drohte zu verlöschen. Sie beschleunigten ihre Schritte. Ein furchterregendes Brummen, gefolgt von einem lauten Krachen zerbrechender Äste, ließ sie erstarren.

»Mein Gott, der Bär!«

Sie hörten ihn schnaufen. Er lief davon.

»Glaubst du, es ist derselbe?«

»Er ist uns gefolgt, Ohio. Es ist ganz bestimmt derselbe.«

Ohio bezweifelte es. »Los, ihm nach.«

Cooper hielt ihn am Arm zurück. »Das ist gefährlich. Sehr gefährlich. Vor dem Feuer hat er Angst, nicht vor uns, und wenn die Fackel ausgeht, fällt er uns an.«

»Und was ist mit dem Pferd?«

»Das wird wohl entkommen sein. Keine Ahnung. Morgen werden wir es erfahren. Komm.«

Ohio kehrte schweren Herzens um. Cooper hatte recht. Es war gefährlich, und er hatte nicht das Recht, sich leichtsinnig in Gefahr zu bringen. Er mußte an Mayoke denken, und an das Kind, mit dem er bald durch die Berge streifen würde, um ihm das Angeln und das Jagen beizubringen. Bestimmte Risiken durfte man eingehen, andere nicht. Er sprach Cooper darauf an.

»So etwas nennt man Besonnenheit«, erwiderte dieser.

Mayoke war wach, als sie ins Zelt zurückkehrten. Sie hatte den Grizzly gehört.

»Es ist derselbe, nicht wahr?«

»Vielleicht.«

Sie taten kein Auge mehr zu. Die vier Pferde blieben in unmittelbarer Nähe des Tipis und wieherten unablässig,

427

dann, kurz vor Tagesanbruch, kamen im Abstand von einer halben Stunde die beiden Meuten zurück. Aus dem Knurren der Hunde schlossen sie, daß der Grizzly noch in der Gegend war.

Als grau und kalt der Tag heraufzog, verstummte das Knurren. Ohio und Cooper traten wieder auf die Wiese.

»Oh, nein!«

Am Waldrand lag der blutige Kadaver des Pferdes. Der Grizzly hatte ihm mit einem Prankenhieb den Kopf abgerissen.

»Sieh, er ist es!«

Ohio deutete auf einen Tritt im schlammigen Boden. Man erkannte deutlich die Krallen, von denen eine in der Mitte abgebrochen war.

»Er ist wirklich riesig. Ein großes männliches Tier.«

Cooper spähte in den Wald, in dem es noch ziemlich dunkel war. Dort irgendwo steckte er. Torok knurrte, und es sträubte sich ihm das Fell. Die anderen Hunde wahrten sicheren Abstand zum Waldrand. Sie witterten das Ungetüm und seinen Kadavergeruch.

»Was tun wir?«

»Wir verschwinden. Wir müssen sein Revier verlassen und in ein anderes Tal wechseln.«

»Ich marschiere hinten.«

Sie überließen den Kadaver des Pferdes dem Grizzly. Vielleicht begnügte er sich damit und gab die Verfolgung auf. Es regnete noch immer, als sie das Lager abbrachen. Die Pferde waren überaus nervös, schnaubten mit aufgerissenen Augen, brachen immer wieder unvermittelt aus. Die Hunde trabten traurig und mit eingezogenem Schwanz durch den Regen. Und Torok wich Ohio nicht von der Seite.

Der Regen machte das Fortkommen noch beschwerlicher als am Vortag, und wieder mußten sie zahlreiche Bäume beiseite schaffen. Und dabei wollten sie möglichst schnell aus dieser Gegend verschwinden. Sie hatten dem Packpferd etwas mehr aufgeladen und den Rest von dem, was das zweite Lasttier getragen hatte, auf ihre Satteltaschen verteilt.

»Hört dieser Wald denn niemals auf!«

Es war das erste Mal, daß Cooper seinen Gleichmut und seine gute Laune verlor, und Ohio sah darin ein schlechtes Zeichen.

Am Abend hatte der Regen noch immer nicht aufgehört, und sie waren noch immer nicht aus dem Wald heraus.

»Der Fluß schwillt an. Wenn es weiter so regnet, sitzen wir am Ufer fest.«

»Können wir nicht auf den Paß da drüben ausweichen?«

»Nach meinen Aufzeichnungen ist das unmöglich. Die Felswand fällt direkt in den Fluß. Wir müssen eine Furt durchqueren.«

Die Aussicht, im Wald festzusitzen, weil sie nicht über den Fluß kamen, erschreckte sie. Doch der Abend und die darauffolgende Nacht verliefen ohne Zwischenfall.

»Wie ich mir gedacht habe«, meinte Cooper. »Er ist bei dem Kadaver geblieben. Darauf hatte er es abgesehen. Er hat ihn bekommen, und das war's. Wir haben ein Pferd verloren, aber es hätte schlimmer kommen können.«

Der Regen hörte endlich auf, und als sie die Stelle erreichten, wo sie den Fluß durchqueren mußten, rissen die Wolken auf, und die Sonne kam zum Vorschein, ließ die Berge erstrahlen und verwandelte das Tal in einen üppigen, freundlichen Garten.

»Schon morgen wird der Wasserspiegel sinken«, sagte Cooper. »Gönnen wir uns einen Tag Ruhe und setzen übermorgen über. Nach diesem verteufelten Wald haben wir alle eine Pause nötig.«

Am Abend konnten alle wieder lächeln. Sie aßen köstliches Fladenbrot, gefüllt mit Blaubeeren, die Mayoke gesammelt hatte, dazu Forellen und Schneehühner, die Ohio und Cooper kurz vor Einbruch der Dunkelheit gefangen oder erlegt hatten. Ein Drittel des Weges lag hinter ihnen, und dieser Umstand trug zu ihrer ausgezeichneten Stimmung bei.

Sie hingen noch lange ihren Gedanken nach, bewunderten, in Decken gewickelt, den herrlichen Sternenhimmel, der sich wie ein riesiges Band zwischen den Bergen spannte, und gingen spät schlafen.

Torok war der erste, der Alarm gab. Im nächsten Augenblick brach die Hölle los. Sie schreckten aus dem Schlaf hoch. Das verzweifelte Wiehern der Pferde vermischte sich mit dem Brummen des Grizzlys und dem Knurren der Hunde. Mayokes Schrei gellte durch die Nacht, und im Glauben, ihr sei etwas zugestoßen, tastete Ohio fieberhaft nach seinem Gewehr.

»Ein Feuer, schnell!« befahl Cooper.

Ein Hund jaulte vor Schmerz, dann ein zweiter. Ohio war nicht mehr zu halten. Er stürzte zum Ort des Geschehens. Er konnte nichts sehen, und auch auf die Gefahr hin, einen Hund zu treffen, schoß er in Richtung des Felsens, wo der Grizzly, wie ihm schien, die Pferde und die Hunde in die Enge getrieben hatte. Ein heilloses Durcheinander folgte, dann plötzlich Stille, eine beklemmende Stille, in der nur Mayokes Weinen und das Winseln eines Hundes zu hören war.

»Ohio?«

»Hier bin ich.«

Cooper kam mit einer Fackel.

»Er ist fort.«

»Schnell. Ein Hund ist verletzt.«

Sie liefen zu dem Felsen und stolperten über eines der Pferde. Es bewegte sich noch, aber sein Rückgrat war gebrochen.

»Gib ihm dem Gnadenschuß, Ohio.«

Doch Ohio kniete bereits neben Narsuak, der mit aufgeschlitztem Brustkasten leblos am Boden lag. Ein Stück weiter wimmerte Vulk. Ohio trat näher, aber ohne die Fackel, die Cooper behalten hatte, konnte er nichts erkennen.

»Bin gleich wieder da, mein lieber Vulk. Bin gleich wieder da.«

Er lief zu Cooper, zückte das Messer und erlöste das Pferd von seinen Qualen, dann kehrte er zu Vulk zurück, der aus mehreren klaffenden Wunden blutete, die zum Glück aber nicht allzu tief waren. Sie trugen ihn ins Tipi, in dem mittlerweile ein großes Feuer brannte. Tief im Wald hörte Ohio wütendes Bellen. Torok verfolgte den Grizzly, den offensichtlich der Schuß erschreckt hatte. Wenn ihm nur nichts zustieß! Im Nachhinein begriff Ohio, wie leichtsinnig es gewesen war, ohne klares Ziel zu schießen. Er hätte den Grizzly verletzen können, dann hätte er sofort angegriffen. Es war reines Glück, daß er geflohen war. Ein überrumpelter Grizzly entschied sich im allgemeinen für den Angriff. Ohio wußte das, und doch hatte er zum wiederholten Male, ohne zu überlegen, seinem Instinkt gehorcht, der ihm schon so manchen Streich gespielt hatte. Durch sein Verhalten hatte er auch Cooper und Mayoke in Gefahr gebracht. Nichts hätte den Grizzly in der Dunkelheit aufhalten können. Diese Einsicht bedrückte ihn noch mehr als der Tod Narsuaks und die bedrohliche Gegenwart dieses Bären, der zurückkommen würde.

»Ohio!«

Er drehte sich um, ohne die Hand von Vulk zu nehmen. Cooper sah ihn fest an. »Hab keine Sorge, jetzt ist es genug. Wir werden nicht zulassen, daß er noch ein Pferd oder einen Hund tötet –«

»Aber wie?«

»Wir werden ihn töten, Ohio. Wir werden diese Bestie töten, denn sie wird nicht aufhören. Sie tötet nicht mehr, um zu fressen, sondern aus Mordlust, deshalb werden wir sie töten. Von nun an sind wir nicht mehr die Gejagten, sondern die Jäger.«

Coopers Augen drückten eine eiserne Entschlossenheit aus. Seine Entscheidung war unwiderruflich.

»Ja, jetzt heißt es er oder wir. Und es wird ihm an den Kragen gehen.«

67

»Mayoke! Mayoke!«

Ohio weckte sie. Sie war in Schweiß gebadet und atmete schwer.

»Mayoke! Du hast nur schlecht geträumt. Es ist nichts, ich bin bei dir.«

Er hatte sie in die Arme genommen und spürte ihr Herzklopfen. Sie zitterte und sah sich erschrocken um.

»Es wird hell, Mayoke. Wir haben nichts mehr zu befürchten.«

»Und der Grizzly?« fragte sie.

»Ist fort. Wir werden ihn heute töten.«

Jetzt war sie vollends wach und sah Ohio an. Sie erinnerte sich an ihren Traum. Eine schreckliche Verfolgungsjagd, an deren Ende Cooper den Bauch des Grizzlys durchbohrte, der Ohio im Rachen hielt. Aber ihr Kind war im Bauch des Bären.

»Ich hole dir einen Becher Tee.«

Sie trank.

»Was wollt ihr tun?«

»Den Grizzly suchen.«

Sie schlug die Zeltbahn zurück und blickte auf den Fluß. Der Wasserspiegel war gesunken. Er war passierbar. Sie drehte sich um und sah die beiden Männer fest an.

»Ihr dürft nicht versuchen, ihn zu töten.«

»Aber Mayoke!«

»Ihr dürft es nicht.«

»Er wird weitermachen. Er wird uns folgen, und heute nacht geht alles von vorne los. Das können wir nicht zulassen. Er hat zwei Pferde und Narsuak getötet, Vulk verletzt –«

»Ihr dürft es nicht.«

Cooper hatte noch nichts gesagt. Er sah sie nur an, verwundert über die Entschiedenheit ihrer Worte, die gar nicht zu ihrer sonstigen Zurückhaltung paßte.

»Du willst also nicht, daß wir diesen Bären töten?«

»Ich will nicht, daß er euch tötet, euch und mein Kind!«

Die Stimme versagte ihr, und sie begann zu weinen. Es machte sie wütend, daß sie nicht verstanden. Aber wie sollte sie ihnen erklären, was sie so deutlich fühlte? Sie hatte alles im Traum vorausgesehen.

»Ihr dürft ihn nicht verfolgen. Wir müssen fliehen. Ich flehe euch an, flieht, dieses eine Mal in eurem Leben.«

»Aber warum Mayoke?«

»Weil er euch töten wird.« Sie schrie jetzt. »Ich weiß es, so wie ich wußte, daß ein Teil von mir sterben würde, und heute ist Mudoi tot. Ich weiß es, so wie ich wußte, daß mein Bruder vom großen See nicht zurückkehren würde, ich –«

Cooper war zu ihr getreten und nahm sie in die Arme. Mit seinen Stümpfen streichelte er ihr Gesicht und trocknete ihre Tränen.

»Wir ziehen weiter, Mayoke! Es ist gut! Wir ziehen weiter.«

Sie sprachen nicht mehr darüber.

Sie rüsteten zum Aufbruch. Sie beluden drei Hunde und schafften auf einem Pferdesattel Platz für Vulk. Ihre Anspannung war mit Händen zu greifen. Torok war noch nicht zurückgekehrt, und Ohio hätte sich am liebsten auf die Suche nach ihm gemacht, versagte sich aber diesen dringenden Wunsch. Schließlich tauchte sein Leithund auf, als sie ihre Gewehre überprüften.

»Torok!«

Der Hund war unverletzt und hechelte kaum mehr als gewöhnlich. Es war, als kehre er von einem kurzen Abstecher in die Umgebung zurück.

»Ich frage mich«, sagte Ohio, während er ihn streichelte, »ob er vielleicht nur in einiger Entfernung vom Lager Wache gehalten hat, um uns rechtzeitig warnen zu können.«

»Das traust du ihm zu?«

»Und noch viel mehr. Sieh dir den Felsen an. Der Wind streicht hinter ihm vorbei. Er hält alle Gerüche ab. Nur deshalb sind sie heute nacht überrumpelt worden. Torok hat daraus eine Lehre gezogen.«

Sie legten Vulk in eine Zeltbahn und befestigten sie mit Hilfe zweier Pflöcke am Sattel.

»Er braucht vier bis fünf Tage Ruhe und darf nicht allzu stark durchgerüttelt werden.«

»Wir werden langsam reiten.«

Sie sprachen nicht mehr über den Grizzly, doch sie dachten jeden Augenblick an ihn. Alles, was sie beschlossen und unternahmen, stand im Zeichen dieser ständigen Bedrohung.

Der Wasserspiegel des Flusses war zwar gesunken, doch die Durchquerung war nach wie vor ein gefährliches Unterfangen. Sie suchten sich eine Stelle, die weniger tief zu sein schien, und Cooper watete als erster ins Wasser, gefolgt von Mayoke. Ohio bildete den Schluß. Mit der einen Hand hielt er die Zügel des Pferdes fest, mit der anderen stützte er Vulk.

Torok sprang ohne Zögern neben seinem Herrn ins Wasser, und alle anderen Hunde folgten ihm, obwohl einige wasserscheu waren. Bald fanden die Pferde keinen Grund mehr und wurden abgetrieben, doch sie schwammen gut und meisterten das Hindernis leichter als erwartet. Am anderen Ufer angekommen, mußten sie sich gegenseitig helfen, die steile Böschung zu erklimmen. Ohio trug Vulk, da das Pferd ihn sonst abgeworfen hätte.

Sie durchquerten einen Wald, in dem sich die Hunde nach Herzenslust austoben konnte. Es wimmelte von jungen Kragenhühnern, die noch nicht oder erst halb flügge waren, und sie fingen die meisten. Oberhalb des Waldes gelangten sie auf Bergwiesen und nahmen den Anstieg zum Paß in Angriff. Auf der anderen Seite würden sie in ein Tal gelangen, an das sich Ohio noch erinnerte, denn dort hatte er einen großen Elch erlegt.

»Sieh!« rief Cooper erschrocken und deutete zurück in den Talgrund.

Ohio sah ihn sofort. Ein großer brauner Fleck durchquerte das reißende Wasser. Er hatte die Verfolgung also nicht aufgegeben!

Sie beschleunigten unmerklich ihre Schritte. Aus Angst, das Ungetüm auftauchen zu sehen, drehte sich Mayoke nicht um, doch sie bekamen es den ganzen Tag nicht wieder zu Gesicht, obwohl man von den Wiesen, die sie überquerten, einen weiten Blick hatte.

»Vielleicht hat er endlich aufgegeben. Hier oben müßte sein Revier eigentlich enden.«

»Endet das Revier eines solchen Grizzlys tatsächlich irgendwo?« fragte Mayoke, die sich zum Essen zwingen mußte.

Ihre Frage blieb unbeantwortet. In der Ferne zerriß der Schrei eines Seetauchers die abendliche Stille. Sie hatten alles getan, um den Paß zu erreichen, doch die Entfernung war einfach zu groß. Sie würden ihn erst morgen früh überqueren. Sie hatten ihr Lager fernab des Waldes auf einer Wiese aufgeschlagen und warteten nun darauf, daß der Mond aufging und soviel Licht spendete, daß sie die Umgebung des Lagers im Auge behalten konnten.

Eine richtige Vorsichtsmaßnahme, denn sowie es dunkel wurde, änderte sich das Verhalten der Hunde und Pferde, und sie wußten, daß der Grizzly nicht aufgegeben hatte. Sie hielten abwechselnd Wache, doch weder Ohio noch Cooper taten ein Auge zu, von den Hunden ganz zu schweigen. Der Bär trieb sich am Waldrand herum, ohne sich jedoch auch nur ein einziges Mal blicken zu lassen.

In aller Frühe zogen sie weiter, erschöpft und ein wenig nervös, denn Nebel hüllte die Landschaft ein. Torok blieb wachsam und spähte unablässig nach hinten. Ein untrügliches Zeichen dafür, daß der Bär ihnen folgte. Eigentlich hätte es genügt, wenn einer von ihnen zurückgeblieben wäre und ihm hinter einem Felsen aufgelauert hätte, doch Ohio teilte inzwischen Mayokes Überzeugung. War dieser Bär vielleicht nur da, um ihm eine Botschaft zu übermitteln? War es möglich, daß alles miteinander verbunden war, Leben und Tod, ein Ereignis mit dem anderen, die Träume? Was sollte ihm dieser Bär begreiflich machen? Sie dürften ihn nicht töten, hatte Mayoke gesagt, obwohl er selbst getötet hatte. Je länger er darüber nachdachte, desto mehr sah er diesen Bären und die Bedrohung, die er darstellte, in einem anderen Licht. Er erinnerte sich an all die Dinge, die er erlebt hatte, an den Schamanen, der das Erscheinen der Elche vorausgesagt hatte, und den anderen, der Mayoke geheilt hatte. Die Welt war mehr. Mehr als ein simpler Kampf auf Leben und Tod zwischen denen, die Leben nahmen, und denen, die Leben schenkten, im guten oder im bösen. Was sollte er diesem Bären geben, und was sollte er dafür bekommen?

Der Paß führte durch ein Gewirr von Felsen, die vor Feuchtigkeit glänzten. Der Nebel hatte sich nicht gelichtet und wurde dichter, je weiter sie auf der Suche nach dem Wald zu Tal stiegen.

»Kommt dir die Gegend nicht bekannt vor, Ohio?« fragte Cooper mehrmals im Lauf des Nachmittags. Sie hatten noch immer keinen Baum entdeckt.

»Ich erinnere mich nur noch an ausgedehnte Wälder, in denen ich einen Elch erlegt habe, aber nicht an diese weite Hochebene.«

»Wenn wir nicht bald etwas zum Feuermachen finden –«

Er beendete den Satz nicht. Jeder verstand.

»Reiten wir weiter«, schlug Ohio vor, »und wenn wir dabei die Pferde zuschanden reiten. Wir müssen den Wald finden. Wir können uns morgen ausruhen.«

Warum waren sie nicht früher auf diese Idee gekommen? fragte sich Cooper. Gewiß, die Pferde schleppten zuviel Gepäck und waren entkräftet, denn sie hatten mehrere Nächte nicht geschlafen und nichts oder fast nichts gefressen, aber noch waren sie kräftig genug, um sie zu tragen, und sei es nur für ein paar Stunden. Immerhin ging es um Leben und Tod. Wenn sie kein Holz zum Feuermachen fanden, blieb dem Grizzly eine ganze Nacht Zeit, um das, was er angefangen hatte, zu beenden.

Mehrere Male wähnten sie sich schon am Ziel, doch die vermeintlichen Bäume entpuppten sich als Felsen. Die Nacht brach an. Torok knurrte, und Hunde wie Pferde wurden nervös und schreckhaft.

Endlich fanden sie ein paar Erlensträucher.

»Der Wald kann nicht mehr weit sein«, sagte Ohio, dessen Pferd zum Umfallen schwach war.

»Vielleicht sollten wir hier anhalten«, schlug Cooper vor. »Hier können wir ein Feuer machen.«

»Da hinten!« schrie Mayoke.

Im diesigen Dämmerlicht erhaschten sie einen kurzen Blick auf die dunkle Gestalt des Grizzly. Beklemmende Stille folgte auf diese furchterregende Erscheinung.

»Zeig dich!«

Cooper hatte sein Gewehr in Anschlag gebracht und wartete darauf, daß der Grizzly wieder auftauchte. Doch er zeigte sich nicht mehr.

»Der Wald!«

Ohio hatte ihn soeben zu seiner Linken, auf dem Hang unter ihnen, entdeckt, ein kleines, aus kümmerlichen Bäumen bestehendes Gehölz. Während sie an seinem Rand Holz sammelten, rechneten sie jeden Augenblick damit, in den grauenvollen Rachen des Grizzlys zu blicken. Dann endlich brannte eine kleines, aber beruhigendes Feuer, und sie aßen Kragenhühner.

»Wir müssen unbedingt schlafen«, sagte Ohio, »sonst halten wir nicht durch. Wir werden vor Müdigkeit Fehler machen, und der Grizzly wird sie ausnutzen.«

»Und er? Wann schläft er?«

»Wer sagt dir denn, daß er in diesem Augenblick nicht bequem unter einer Tanne liegt und die Nacht abwartet, um uns dann wieder zuzusetzen?«

»Ich übernehme die erste Wache und wecke euch später«, beschloß Mayoke. »Ich habe während der letzten Tage mehr geschlafen als ihr.«

Der einzige Einwand, der ihnen einfiel, war, daß eine Schwangere Ruhe brauche, doch sie tat ihn mit einer ungeduldigen Handbewegung ab.

»Aber beim kleinsten Anzeichen von Gefahr, beim kleinsten verdächtigen Geräusch, beim leisesten Knurren der Hunde weckst du uns, hörst du?«

»Versprochen.«

Die beiden Männer schliefen ein, Cooper lange nach Ohio, den eine extreme Müdigkeit übermannte, die stärker war als alle seine Ängste.

Sie erwachten im Morgengrauen. Mayoke war im Sitzen eingeschlafen, das Feuer fast heruntergebrannt. Die Hunde bellten wütend, und was Cooper sah, ließ ihm das Blut in den Adern gefrieren. Dreißig Meter von ihnen entfernt stand der Bär auf den Hinterbeinen und brummte mit aufgerissenem Maul.

»Mein Gott, er greift an«, murmelte Cooper und hob langsam das Gewehr.

Mayoke war aus dem Schlaf hochgeschreckt und rührte sich nicht. Die Hunde drückten sich mit eingezogenem Schwanz an den Boden und krochen rückwärts, knurrend vor Angst, das Fell gesträubt. Nur Torok stand noch zwischen dem Lager und dem Bären und bot ihm die Stirn.

»Nein, nicht schießen«, flüsterte Mayoke flehend.

Er gehorchte, ohne wirklich zu verstehen. Aber mit einer einzigen Kugel konnte er dieses Ungetüm ohnehin nicht aufhalten, selbst wenn er es mitten in die Brust traf.

»Nicht schießen!« wiederholte sie.

Und der Bär rührte sich noch immer nicht. Volle drei Minuten, die ihnen wie eine Ewigkeit vorkamen, verharrten sie so, dann ließ sich der Bär geschmeidig auf die Vorderpfoten fallen und trottete davon, blieb aber immer wieder stehen und drehte sich um, als wolle er feststellen, ob sie noch da waren.

68

»Was will dieser Bär nur?« brüllte Ohio, packte Mayoke an den Schultern und zwang sie, zu ihm aufzuschauen. »Er hat dich angesehen! Ist er hinter *dir* her?«

»Ich weiß es nicht!«

Ohio schüttelte sie wie von Sinnen.

Cooper ging dazwischen. »Immer mit der Ruhe, Ohio! Alles wird gut. Er ist fort. Mayoke kann doch nichts dafür.«

Er sah Mayoke an. Sie wirkte verstört, völlig erschöpft, als sei sie tagelang ohne Rast unterwegs gewesen.

»Du wußtest, daß er nicht angreifen würde, habe ich recht?«

»Ja! Ich bin eingeschlafen, und als ich aufwachte, wußte ich sofort, daß er da war, noch bevor ich ihn sah.«

Ohio schlang zärtlich die Arme um sie. Sie legte die Stirn an seine Schulter und begann, lautlos zu schluchzen.

»Ich habe Angst, Ohio.«

»Das Verhalten dieses Bären ist höchst ungewöhnlich«, sagte Cooper. »Rätselhaft. Man könnte meinen, er will uns um den Verstand bringen. Er hetzt uns, er zermürbt uns, er treibt sein Spiel mit uns.«

»Brechen wir das Lager ab und verschwinden von hier.«

»Die Pferde brauchen Ruhe.«

Sie standen nur wenige Meter entfernt, aber sie grasten nicht. Sie waren noch wie gelähmt vor Angst.

»Wenn sie nicht fressen, sind sie bald völlig kraftlos. Nutzen wir die Helligkeit und gönnen ihnen eine Pause.«

So wurde es beschlossen.

Die Pferde beruhigten sich allmählich und begannen schließlich zu grasen. Die Versuchung, ein paar saftige, von der Sonne gewärmte Grasbüschel auszurupfen, war einfach zu groß. Die Wiese dampfte wie feuchte Wäsche, und Nebelschwaden hingen in den Bäumen, deren Wipfel zu glühen schienen. Obwohl die Sonne schien, war es kalt, und sie entzündeten ein großes Feuer, buken Fladenbrot und tranken Tee. Jeder hing seinen Gedanken nach, keiner sprach ein Wort. Warum nur mußte sich der Erfüllung ihrer Träume immer ein Hindernis in den Weg stellen? Doch heute sehnten sie sich nur noch nach Ruhe. Auf einem warmen Felsen liegen und dem Plätschern des Wassers und dem Säuseln des Windes lauschen. Keine großen Reisen mehr, nur noch das einfache, ursprüngliche Leben in den Bergen. Was versuchte dieser Bär, ihnen mitzuteilen? Und wenn alles nur ihrer Einbildung entsprang? Wenn dieser grimmige Grizzly nur ein Bär war, ein ganz gewöhnlicher Bär, dem sie das Fell über die Ohren ziehen sollten?

Nein, dieser Bär war etwas Besonderes. Sie mußten herausfinden, was es mit dieser Botschaft, mit diesem Bären auf sich hatte, was dies alles zu bedeuten hatte und was sie daraus lernen konnten. Bestand das Glück nicht darin, sich mit den Tatsachen, die das Leben schuf, zu versöhnen? Mit dem Schrekken in einer märchenhaften Landschaft, dem widersinnigen Verhalten eines Bären in einer eindeutigen Situation, dem Schmerz in der Freude über eine Geburt? Dieser Bär lehrte sie die Widersprüche des Lebens anzunehmen. Er war wie Blut im Schnee, ein Lebenszeichen und kein Hinweis auf den Tod, denn dort, wo ein Tier tötete, lebte ein anderes. Dies war der Lauf der Welt.

Sie vernahmen ein dumpfes Geräusch, wie einen heftigen Schlag von weiter oben, wo die Pferde in den Nebelschwaden verschwunden waren. Dann Hufgetrappel, gefolgt von lautem Brummen. Keiner rührte sich, alles saßen wie erstarrt. Zwei Pferde galoppierten heran, blieben stehen, bäumten

sich auf und schlugen mit den Vorderläufen aus, so daß Erdklumpen und Gras durch die Luft flogen. Im selben Augenblick sahen sie in einiger Entfernung den massigen braunen
Bären über den Hang traben und im Wald verschwinden.
Den verrenkten Körper des dritten Pferdes schleifte der
mächtige Räuber wie einen Hasen hinter sich her.

»Diesmal – «

Cooper war aufgesprungen und hatte im selben Moment
wie Ohio zu seinem Gewehr gegriffen. Torok beobachtete
jede Bewegung seines Herrn. Als auch Ohio aufsprang, setzte
er ihm nach, und mit ihm die ganze Meute. Mayoke rührte
sich nicht und sah, die Arme um ihren Leib geschlungen,
den beiden davoneilenden Männern nach.

Ohio und Cooper drangen, dicht gefolgt von den Hunden,
in den Wald ein. Torok lief ihnen voraus. Der verletzte Vulk
war bei seiner Herrin geblieben. Sie weinte und rief immer
wieder »Nein, nein – «, aber die beiden Männer hörten sie
nicht mehr.

Ohio folgte Torok, der vorsichtig in die Schneise aus abge-
rissenen Ästen und zertrampelten Büschen vordrang, die der
Bär gezogen hatte. Cooper spähte, das Gewehr unter den
Arm geklemmt, in den Wald.

»Er kann nicht weit sein«, flüsterte Ohio.

»Wir müssen nacheinander schießen. Du zuerst, in die
Brust, und während ich schieße, lädst du nach … wenn du
noch dazu kommst.«

Für lange Überlegungen war jetzt keine Zeit mehr. Sie würden sich rächen und den Bären töten.

Ihre Entscheidung war getroffen.

Das dichte Gestrüpp aus Krüppeltannen und Sträuchern
erschwerte das Fortkommen, und einige der Pflanzen, die
der Bär und seine Beute niedergewalzt hatten, richteten sich
wieder auf und versperrten ihnen den Weg. Ohio konnte
nicht umhin, die Kraft dieses Tieres zu bewundern, das
imstande war, ein Pferd durch dieses Dickicht zu schleppen.
Schließlich lichtete sich der Wald ein wenig. Sie blieben ste-

hen, um zu verschnaufen, und lauschten. Von weiter unten drang ein Knacken herauf.

»Dort ist er!«

Torok blieb beherzt an der Spitze, während die übrigen Hunde den Männern folgten. Sie liefen schräg zum Hang. Der Bär floh nicht mehr talwärts, sondern quer über die Flanke. Dann gewahrten sie den Hinterleib des Pferdes, und da wußten sie, daß die Stunde der Entscheidung gekommen war.

Torok war stehengeblieben, und die beiden Männer hielten den Atem an. Sie versuchten, den Bären zu entdecken. Irgendwo lag er auf der Lauer, ganz auf seine Kraft vertrauend. Krampfhaft umklammerten sie ihre Gewehre, Schweiß perlte auf ihrer Stirn. Torok stürzte als erster los. Ohio wollte ihn zurückhalten, doch er war bereits auf der Höhe des Pferdes. Cooper stürmte an Ohio vorbei, stieß aber im nächsten Moment einen Schrei aus.

»Mein Gott!«

Ohio schloß zu ihm auf, und was er sah, entsetzte ihn. Der Bär kletterte wieder den Hang hinauf, in Richtung des Ortes, an dem Mayoke auf sie wartete.

»Mayooooookeeee!«

Er brüllte aus Leibeskräften, um sie zu warnen, doch er bezweifelte, daß sie ihn hörte. Er stürzte bergauf, hielt sich an Baumstämmen und Ästen fest, um nicht auszurutschen. Er zerkratzte sich das Gesicht, die Hände, doch er spürte es nicht. Ein unerträglicher Schmerz bohrte in seiner Brust, und er rang verzweifelt nach Luft, halbtot bei dem Gedanken, was geschehen würde.

Cooper hastete ihm nach, konnte sich aber nicht am Strauchwerk festhalten und rutschte immer wieder aus, fiel hin, rappelte sich wieder auf und blieb immer weiter zurück. Sie hatten einen Fehler begangen und sollten nun teuer dafür bezahlen.

Torok blieb bei Ohio. Er spürte seine Angst, suchte nach einer Möglichkeit, ihm zu helfen, denn sein Hundeverstand sagte ihm, daß der Bär der Grund für die Verzweiflung seines Herrn war. Am Waldrand angelangt, blieb er stehen und knurrte. Im nächsten Moment war Ohio bei ihm und hielt ihn am Halsband fest. Die anderen Hunde blieben dicht hinter ihnen.

Auf der Wiese stand Mayoke, Auge in Auge mit dem riesigen Bären, der sich zu seiner vollen Größe aufgerichtet hatte.

Ohio riß das Gewehr hoch und legte an, doch es war zu spät. Der Bär griff an.

»Mayoke!«

Sie konnte nichts tun. Sie hatte keine Waffe, um sich zu verteidigen, und da war kein Baum, kein Felsen, der ihr Deckung bieten konnte ... Das war das Ende.

Alles ging blitzschnell. Während der Bär auf die Vorderpfoten fiel, sah Ohio, wie Vulk auf ihn zuschoß. Es war kein Ablenkungsmanöver, sondern ein gezielter Angriff. Das Gefälle ausnutzend, sprang der Husky dem Bären mit einem gewaltigen Satz ins Genick, verbiß sich darin und behinderte ihn dadurch beim Laufen. Ein paar Meter vor Mayoke, die zu Boden gesunken war und sich zu einer Kugel zusammengerollt hatte, blieb der Bär stehen. Er schüttelte den Kopf und versuchte, den Husky zu packen, und als dies mißlang, wälzte er sich am Boden und schlug mit seinen mächtigen Tatzen nach dem Hund. Ohio hörte ein wütendes Knurren und Brummen, dann das Heulen des Hundes, der durch die Luft flog und mit einem dumpfen Geräusch auf dem Boden aufschlug. In dem Augenblick, als Vulk aufprallte, preschte Torok auf den Bären zu.

»Nicht! Torok!«

Torok blieb abrupt stehen, wie durch ein unsichtbares Band zurückgehalten. Der Grizzly fiel über den reglos am Boden liegenden Vulk her und schleuderte ihn mit einem verächtlichen Hieb erneut durch die Luft.

»Brav, Torok! Platz!«

Der Husky zitterte vor Wut und knurrte, rührte sich aber nicht.

Ohio hatte das Gewehr in Anschlag gebracht und wartete nur noch darauf, daß der Grizzly kurz innehielt, doch unversehens ließ er von dem Hund ab, schien sich auf sein anfängliches Opfer zu besinnen und galoppierte auf Mayoke zu. Blitzschnell war er bei ihr. Ohio hatte keine Zeit zum Reagieren. Und selbst wenn er sie gehabt hätte, so hätte er keinen gezielten Schuß abgeben können, das Ungetüm womöglich nur verletzt und noch mehr gereizt. Diesmal schrie er nicht. Mit ohnmächtigem Entsetzen wurde er Zeuge der Szene, die Mayoke vorhergesagt hatte. Warum hatte er sie nicht ernster genommen?

»Mayoke! Meine kleine Mayoke!« murmelte er mit zusammengepreßten Lippen.

Jede Bewegung war zwecklos. Gleich würde alles vorbei sein. Der Bär war vor ihr stehengeblieben und drehte sie mit furchterregendem Brummen auf die Seite. Seine Pranke holte zum Hieb aus.

Dann geschah das Unfaßbare.

Mayoke stand auf. Auch der Bär richtete sich auf. Und so verharrten sie lange, Auge in Auge. In Wahrheit waren es nur Sekunden, doch sie dauerten an wie etliche Stunden. Das über drei Meter große Tier überragte die zerbrechliche Gestalt Mayokes. Ohio meinte zu sehen, wie der Bär den Kopf ein wenig neigte, dann sank er zu Boden und trabte, ohne sich noch einmal umzusehen, über die Wiese bergauf und war gleich darauf verschwunden.

Ohio rannte zu Mayoke. Sie weinte leise und sank, von Krämpfen geschüttelt, in seine Arme. Er küßte sie, drückte sie an sich, vergrub das Gesicht in ihren Haaren, stammelte in einem fort. Auch er weinte, aus Wut, weil der Bär Vulk getötet hatte, aber mehr noch vor Freude. Denn Mayoke lebte.

69

Es war kein Bär wie die anderen. Mayoke hatte es ihm an den Augen angesehen.

»Er wird uns nichts mehr tun«, hatte sie zu Cooper gesagt, als er einige Zeit später schweißgebadet zu ihnen stieß.

Aber woher wollte sie das wissen?

Ein Blick hatte ihr genügt. Der Bär hatte ihr dieses stumme Versprechen gegeben, und sie glaubte ihm. Und doch hatte er sie beim ersten Mal in der offenkundigen Absicht angegriffen, sie zu töten, und nur Vulks Eingreifen hatte sie gerettet. Was war geschehen?

In dem Augenblick, als der Bär sie mit der Pranke umdrehte, verspürte sie plötzlich das Verlangen, ihm ins Gesicht zu sehen, dem Tod die Stirn zu bieten, statt untätig zu bleiben und auf ein Wunder zu hoffen. Sie stand auf und sah dem Bären in die Augen. Kleine, braune, böse funkelnde Augen, die sich verschleierten. Dann spürte sie, wie das Kind in ihrem Bauch strampelte. Sie legte die Hand darauf, und eine Welle von Energie durchströmte sie. Der Bär blinzelte und sah sie mit einer Mischung aus Angst und Neugier an. Darauf hatte sie ihm mit fester Stimme gesagt, daß er gehen solle.

Und er war gegangen.

Torok war zu Vulk gelaufen und scharrte heulend unter ihm am Boden, als wolle er ihm auf die Beine helfen. Die anderen Hunde hielten sich vorsichtig abseits. Torok hatte jeden, der näher gekommen war, vertrieben, und sie gehorchten. Ohio sah traurig zu. Die beiden Rivalen hatten gemeinsam so viele Prüfungen bestanden, daß sie sich schließlich respektiert, dann geliebt hatten. Vulk hatte die Liebe zu seiner kleinen Herrin mit dem Leben bezahlt, und Mayoke blickte mit tiefer Trauer auf den zerfleischten Körper des Hundes, mit dem sie so viele Gefahren gemeistert hatte.

»Mein Vulk. Mein Herr des Schnees, ich werde dich nie vergessen.«

Sie streichelte ihn, und Ohio sah zu. Torok hatte sich neben ihn gelegt.

Sie trugen Vulk zu einem der Felsen, die hier und dort aus der Wiese ragten, gruben ein Loch, legten ihn hinein und bedeckten ihn mit Steinen.

»Möge der große Geist dir erlauben, im Jenseits mit der großen Herde zu ziehen«, begann Ohio bewegt.

»Wir werden unseren Sohn Vulko nennen«, sagte Mayoke, »denn du bist gestorben, damit er lebt.«

Cooper sah zu, beeindruckt von der Verbundenheit dieser beiden Menschen mit diesem Hund. Indianer errichteten niemals eine ewige Ruhestatt für ein Tier, es sei denn, es hatte sein Leben geopfert, damit ein anderes fortdauern konnte. Ein Teil von Vulks Geist lebte nun in Mayoke weiter. Vom Jenseits aus würde er ihr Kraft und Stärke geben.

Der stürmische Wind zerriß die Wolken, die im Lauf des Tages am Himmel aufgezogen waren, und am Nachmittag schien die Sonne auf die Hochebene. Sie machten sich auf den Weg, um einen gewissen Abstand zwischen sich und den Kadaver des Pferdes zu bringen, zu dem der Bär zurückkehren würde.

Eine knappe Stunde später rasteten sie an einem kleinen See mit schönem blaugrünen Wasser, an den sich ein Wald schmiegte, in dem sie Holz sammeln und Schneehühner jagen konnten.

Die Hunde waren noch immer verstört und blieben in ihrer Nähe. Ohio fing in paar Forellen und fütterte sie damit, doch sie fraßen ohne Appetit. Vulks kleine Meute war besonders verschreckt und wie kopflos, da ihr Anführer tot war.

»Das geht vorüber. Wir gliedern sie in Toroks Meute ein, dann haben sie wieder einen Anführer.«

»Nanook ist zum Leithund geboren.«

Und tatsächlich, als sie am nächsten Morgen aufbrachen, setzte sich Nanook beherzt an die Spitze der vier Hunde seines Wurfs. Tagush versuchte zwar, ihm den Platz streitig zu machen, doch Nanook brauchte ihm nur die Zähne zu zeigen, und schon verging ihm die Lust.

Tags darauf hatten sie den Paß überquert und näherten sich dem Kodiaktal. Den Grizzly hatten sie nicht mehr gesehen.

»Das Tal«, sagte Cooper und deutete auf eine Öffnung im Südwesten.

»Dort hat der Wald gebrannt«, versicherte ihm Ohio. »Den Weg können wir nicht nehmen.«

»Und den?« Cooper deutete nach Westen.

»Der Anfang ist schwierig. Mehrere Hochebenen und Canyons, aber hinter dem Wolverinenpaß gibt es hohe Berge, Wiesen und tiefe Täler.«

Cooper erkannte die Landschaft wieder, genau wie Ohio, der bei jedem Schritt angenehm Vertrautes wahrnahm, Gerüche und Farben, den Ruf bestimmter Vögel des Gebirges, die Beschaffenheit der Felsen und der Erde.

Ohio marschierte voraus, denn er hatte kein Pferd, dann folgten die Hunde. Sie trugen Packsäcke, die sie aus der Leinwand ihres Tipis genäht hatten.

Oberhalb des Kodiakflusses rasteten sie einen Tag, um zu jagen. Cooper verblüffte Ohio mit seinen Fertigkeiten als Spurenleser, hatte aber größte Mühe, die schroffen Hänge zu erklimmen. Er hatte sich erfolgreich an eine Herde Bergschafe angepirscht und ein Tier erlegt, indem er sich den Kolben des Gewehrs in die Achselhöhle klemmte und den Lauf auf den Arm legte. Mit dem Fingerstumpf, der ihm geblieben war, konnte er auf den Abzug drücken.

»Siehst du, Ohio, diese Waffen, die du so schlechtmachst, haben auch ihr Gutes.« Er hielt seine Hände hoch. »Damit könnte ich keinen Pfeil mehr abschießen.«

»Ich mache sie ja gar nicht schlecht«, erwiderte Ohio, als sie das Schaf auf einem Bergkamm zerlegt hatten und kurz pausierten. »Ich bin voller Bewunderung für die Erfindungen, die ihr uns gebracht habt: Zündhölzer, durchsichtige Scheiben aus Glas, Stahlklingen, Kochgeschirr aus Eisen, Tuch und viele andere Dinge. Doch die Erniedrigung der Indianer, die damit einhergeht, die Mißachtung der Natur und die Verhöhnung ihrer Gesetze sind verwerflich und beklagenswert.«

Cooper nickte stumm. »Der Lauf der Welt ist wie ein großer Felsblock, der zu Tal rollt«, sagte er und stieß mit dem Fuß gegen einen Stein. »Du kannst ihn nicht aufhalten, aber du kannst seine Richtung verändern, um das zu schützen, was wichtig ist.«

Das Bild gefiel Ohio.

»Im Leben das finden, was wichtig ist, darauf kommt es an.«

Sie blickten in das sattgrüne Tal, in dem silbern der Fluß glitzerte. Das Gezwitscher tausender Vögel drang zu ihnen herauf, und weiter oben ertönte der schrille Schrei zweier Adler, die an dem mit kleinen Wolken betupften Himmel kreisten. Es war einer dieser warmen Sommerabende, an denen man Mühe hatte, sich dieselbe Landschaft im Winter vorzustellen, das endlose Weiß, die tiefe, bedrückende Stille, die Starre. Jetzt war alles in Bewegung, lebte, sang.

»Ich werde niemals zulassen, daß dieses Land geschändet wird«, sagte Ohio ernst.

»Falls ich hier bleibe, werde ich dich dabei unterstützen.«

Ohio zuckte zusammen, und Cooper vertraute ihm seine Gedanken an.

»Es ist fast zwanzig Jahre her, daß ich Sacajawa zum letzten Mal gesehen habe, Ohio. Zwanzig Jahre! Verstehst du?«

Ohio nickte stumm. Er war sich selbst nicht mehr sicher,

was ihn erwartete. Er war so lange fort gewesen. Was mochte aus Sacajawa geworden sein? Er kannte seine Mutter so wenig. Sie war so verschlossen, gab ihm immer wieder unlösbare Rätsel auf. Er konnte verstehen, daß Cooper zweifelte, und seine Unsicherheit rührte ihn.

»Ich bin sicher, daß die Zeit nichts an ihren Gefühlen geändert hat.«

Cooper antwortete nicht. Er stand auf, schulterte einen Teil des Fleischs und gab Ohio dadurch zu verstehen, daß er das Gespräch nicht fortzusetzen wünschte. Er behielt seine Hoffnungen und Ängste für sich.

Sie kletterten zum Lager hinab, dessen genaue Lage der Rauch eines Feuers verriet, der sich über den Bäumen kringelte. Sie sprachen nicht miteinander und hingen ihren Gedanken nach. Ohio konnte sich nicht von einer vagen Beklommenheit freimachen, die immer größer wurde, je näher sie seinem Dorf kamen. Er kannte das Leben inzwischen gut genug, um zu wissen, daß es die Freuden, die es schenkte, auch wieder nahm.

Am nächsten Tag herrschte dichter Nebel, und die Feuchtigkeit setzte sich in ihrer Lederkleidung fest. Sie zogen auf einem Elchpfad am Fluß entlang, dann suchten sie einen Aufstieg zu den Hochplateaus und fanden schließlich durch einen glücklichen Zufall eine geeignete Schlucht. Ohio erkannte nichts wieder, wußte aber, daß sie auf dem richtigen Weg waren. Drei Tage lang zogen sie über das Plateau, auf dem Ohio einst von Wölfen angegriffen worden war. Dann durchquerten sie den Baseekfluß und kämpften sich durch enge Felsschluchten, in denen sie des öfteren Umwege machen mußten, um Geröllhalden und Steilwänden auszuweichen.

Auf den Nebel folgte eine lange Regenperiode mit wenigen kurzen Aufheiterungen, die sie nutzten, um sich zu orientieren. Ohio hatte sich verirrt. Sie waren von ihrer Route abgekommen, aber er war sicher, daß sie, wenn sie unbeirrt nach

Westen zogen, früher oder später an den großen Fluß Semuak gelangen mußten, der zu dem Dorf gleichen Namens führte, wo er seinen Freund Yumiah wiedersehen würde. Wenn das schlechte Wetter eine Orientierung an der Sonne unmöglich machte, leistete ihnen Coopers Kompaß wertvolle Dienste.

Schließlich klarte es wieder auf, und Ohio glaubte in der Ferne die Silhouette des Wolverinenpasses zu erkennen. Zwei Tage später erreichten sie ihn, nachdem sie durch ein von Waldbränden verwüstetes Tal geirrt waren, in dem kreuz und quer liegende Bäume das Fortkommen beträchtlich erschwerten.

Ohio war tief bewegt, als sie auf dem Paß ankamen. Von hier oben hatte man einen weiten Blick auf die majestätischen Berge, Gipfel und Kämme, die wie mit reinstem Weiß gemalt waren, die glitzernden Gletscher und die Bergwiesen, deren sattes Grün mit dem der Hänge und der bewaldeten, von silbernen Bächen durchschnittenen Hochebenen wetteiferte.

»Zu Hause!« rief Ohio stolz. »Zu Hause!«

Er nahm Mayoke in den Arm. Sie verharrte regungslos, überwältigt von der Vielfalt und dem Zauber der Landschaft, dann nahm sie Ohios Hand und legte sie sich auf den Bauch.

»Unser Kind wird große Augen brauchen, um die ganze Schönheit dieses Landes zu sehen.«

Ohio genoß den Augenblick in vollen Zügen. Endlich hatte er das beglückende Gefühl, wieder zu Hause zu sein, und er dachte an den Tag, an dem er hier vorbeigekommen war, allein, voller Ängste und Zweifel. Er kehrte zurück, reich an Erfahrung und entschädigt für all das Leid, das er erduldet hatte. In seinen Armen hielt er die Frau, die sein Leben teilen würde und die Vulko, sein Kind, unter dem Herzen trug. Und Cooper war da, dank ihm.

Und vor allem wußte er heute, wer er war.

70

Ohio drehte sich um und gab Cooper und Mayoke, die zurückgeblieben waren, ein Zeichen. Er hatte einen Weg durch eine Schlucht gefunden, nachdem er zunächst weiter unten gesucht hatte, wo der Hang an einer unüberwindlichen Felsspalte endete. Er setzte sich auf einen Felsen und bewunderte die Landschaft, durch die seine Hunde und die beiden Pferde zogen, dann folgte sein Blick dem Flug einer Schneeeule, die ihn an den alten Schamanen und ihren gemeinsamen Spaziergang erinnerte. Die Eule flog direkt auf den Paß zu, den ein Schönwetterdunst verhüllte, und in dem Augenblick, als er sie aus den Augen verlor, tauchte die dunkle Gestalt eines Grizzly aus dem Nebel auf.

»Das ist unmöglich! Das kann er nicht sein!«

Und doch hatte er denselben schiefen, leicht nach rechts hängenden Gang, dasselbe Fell, dunkel auf dem Rücken und heller an den Flanken, und vor allem verströmte er dieselbe, widersprüchliche Mischung aus Kraft und Verletzlichkeit.

Er war ihnen gefolgt. Er hatte sein Revier verlassen, um ihnen zu folgen. Um sie zu hetzen. Und er näherte sich der kleinen Karawane gegen den Wind, damit die Hunde ihn nicht witterten.

Ohio richtete sich auf und begann, zu schreien und mit den Armen zu fuchteln, doch der Wind verwehte seine Rufe, und weder Cooper noch Mayoke bemerkten ihn, denn sie konzentrierten sich auf eine schwierige Passage in dem felsigen Gelände.

Ohio war verzweifelt. Er beobachtete den Bären, und mit einem Mal wurde Ohio ganz ruhig. Er begann, ihn mit anderen Augen zu sehen. Ein unsichtbares geistiges Band verband ihn mit ihm, und er begriff, daß er ihn nicht als Feind betrachten durfte, sondern als Teil einer Welt, die sie liebten und gemeinsam bewohnten und der sie, ohne miteinander zu konkurrieren, das abrangen, was sie zum Leben brauchten.

Er begriff, daß die Angriffslust des Bären nur die Anwort auf seine eigene Kampfeslust war. Tiere, und das hatten ihn die Hunde gelehrt, spürten, wie ihnen ein Mensch gesinnt war, und auch ohne Worte wußten sie, wer sie liebte und wer sie fürchtete. Ein wildes Tier nahm jene Schwingungen wahr, die Keshad, der alte Schamane, aus der Bewegung der Zeit las. Ohio sah nicht mehr den Bären selbst, sondern seine Haltung, die in der Art und Weise, wie er sich fortbewegte, zum Ausdruck kam. Der Bär würde nicht angreifen. Dessen war er sich gewiß, und sein Herz schlug wieder ruhiger. Er setzte sich und merkte, daß er lächelte. Diese Gewißheit war es, die er nicht verstanden hatte, als der alte Schamane ihm gezeigt hatte, wie man einen Elch betrachten mußte, bevor man ihn sah. Er erinnerte sich an den Atem der Bisons, den Mayoke und er gespürt hatten, noch ehe ihnen der Wind das leiseste Geräusch, den schwächsten Geruch zugetragen hatte. Es gab eine andere Art, zu sehen, zu hören und zu fühlen. Aber dazu mußte man lieben, und jetzt verzieh Ohio diesem Bären. Er war ihm dankbar, denn er hatte ihm die Augen geöffnet, als Begleiter auf dieser Reise, bei der sie den Pfaden wilder Tiere gefolgt waren und die würzige Luft der Berge geatmet hatten.

Die Weisheit der Seinen würde fortbestehen, wenn es ihnen gelang, ihrem Land auch in Zukunft eng verbunden zu bleiben. Ohio hatte Coopers Worte nicht vergessen. Jenseits des Meeres, in den Ländern, in denen diese Menschen lebten, die Tiere aus reiner Lust am Töten abschlachteten, waren Wölfe, Bären und andere Wildtiere vielerorts bereits ausgerottet. Bald würde der weiße Mann nicht mehr den Ruf des Wolfes hören oder, im Gebirge, den Tritt des Bären sehen. Verstand der weiße Mann denn nicht, was ihn mit allem anderen verband?

Ja, Ohio lächelte über diesen Bären, der getötet hatte, um zu leben und sich zu verteidigen, denn er hatte ihm zu Bewußtsein gebracht, daß die Seinen sich entscheiden mußten. Sie mußten sich entscheiden, wieviel sie von dem, was sie umgab, zerstören wollten, um es in materiellen Reichtum zu verwandeln. Wie viele Pelztiere durften sie erlegen, um sie gegen Tee, Feuerwaffen oder Messer zu tauschen? Sie mußten sich entscheiden, welchen Teil ihres Reichtums, der aus der Vertrautheit mit der Natur erwuchs, sie bewahren wollten. Und ob sie notfalls dafür kämpfen wollten.

Ohio ließ den Bären für einen Augenblick aus den Augen und blickte zu der kleinen Karawane. Und als er wieder hinsah, war der Bär nicht mehr da. Torok hatte Ohio gesehen und beschleunigte seine Schritte, so gut es ging, denn der Packsack schlug gegen seine Flanken und behinderte ihn. Kurz darauf waren auch Mayoke, Cooper und die restlichen Hunde bei ihm.

Mayoke sprang aus dem Sattel, um sich ein wenig die Beine zu vertreten, und Ohio nahm sie in seine Arme und küßte sie.

»Ich nehme dein Pferd. Ich bin bald wieder da.«

Noch bevor sie ihnen fragen konnte, wohin er wolle, saß er im Sattel und preschte davon. Torok wollte ihm folgen, doch Ohio gebot ihm zu warten. Er ritt zu der Stelle, wo der Bär seinen Blicken entschwunden war, und fand in der kleinen Schlucht, durch die der Grizzly zu Tal gestiegen war, mühelos einen Abdruck. Hatte er sich anfangs davor gefürchtet, daß es derselbe Bär sein könnte, so hoffte er es jetzt. Aber er brauchte sich nicht zu bücken, um den Tritt genauer zu betrachten. Er wußte, daß er es war, und er begnügte sich damit, die Spur zu betrachten, die er, Glockenblumen und Goldruten zertretend, im Gras hinterlassen hatte.

71

Sie blieben nur zwei Tage in Semuak. Die meisten Männer waren stromaufwärts beim Fischen, an einem der Nebenflüsse, wo die Lachse leicht zu fangen waren. Yumiah, Ohios Freund, war nicht da, aber sie hatten es ohnehin eilig. Ohio nahm sich vor, ihn im Winter zu besuchen und ihm zum Dank für alles, was er für ihn getan hatte, einen Welpen zu schenken.

Das Dorf hatte sich seit Ohios letztem Besuch nicht sehr verändert, wenn man einmal davon absah, daß Scheiben aus Glas die Karibudärme in den Fenstern ersetzt hatten und die Hütten mit kleinen Öfen aus leichtem Stahl ausgestattet waren.

»Aber in diesem Gebiet gibt es doch kein Kontor«, wunderte sich Ohio.

»Die Kutchin bringen uns die Waren und nehmen die Pelze mit.«

»Wohin denn?«

»In ein Kontor weit im Norden, mindestens zwei Monde von hier mit dem Kanu.«

Also gab es im Norden eine Route, an der sich die Weißen niederließen. Die Schlinge zog sich zusammen. Es wurde höchste Zeit, daß er nach Hause kam und von dem berichtete, was er gesehen hatte. Er sprach darüber mit Nimhan, dem Häuptling des Dorfes, der ihm zu Beginn seiner Reise das Leben gerettet hatte. Cooper hörte zu und begnügte sich damit, die eine oder andere seiner Aussagen zu bekräftigen. Es war an Ohio, seine Besorgnis als Indianer zum Ausdruck zu bringen, und daß ein angesehener Weißer wie Cooper für die Richtigkeit seiner Worte bürgte, verlieh ihnen zusätzliches Gewicht und weckte Interesse.

Nimhan lauschte seinen Ausführungen bis zum Schluß, ohne ihn zu unterbrechen, dann sagte er: »Du bist ganz der Sohn Sacajawas.«

Cooper und Ohio verstanden nicht und machten aus ihrer Verwunderung keinen Hehl.

»Eines Tages«, fuhr Nimhan fort, »kam ein Tagish ins Dorf der Nahanni und bot ihnen an, Waren gegen Felle zu tauschen. Darauf zogen die Nahanni auf die Pelztierjagd, statt Fleisch zu machen, und im Winter kam eine große Hungersnot über das Dorf. Aber Sacajawa hatte sie gewarnt.«

»Eine … eine Hungersnot?«

»Ja, und sie war so groß, daß viele Alte und Kinder starben. Ich fürchte, daß auch Sacajawas Kind verhungert ist.«

Cooper erbleichte.

»Sacajawa hat ein Kind?«

»Gewiß. Du warst lange fort. Aber ich kann dir nur sagen, was ich gehört habe. Diesen und letzten Winter war kein Nahanni hier.«

»Keiner ist gekommen, um Pelze zu tauschen?«

»Nein, Ohio. Alles hat sich verändert. Inzwischen tauschen die Nahanni direkt mit den Kutchin, die ihre Waren von den Weißen erhalten. Ich fürchte, sie werden nicht mehr hierherkommen.«

Der Häuptling trauerte offenbar den Zeiten nach, in der die Nahanni sein Dorf aufgesucht hatten, um nützliche Ausrüstung wie wasserdichte Robbenhäute einzutauschen, die sie im Süden nicht bekamen und die seine eigenen Leute in einem Dorf hoch im Norden eintauschten, das mit den Inuit Handel trieb.

»Aber wer hat dir dann von den Nahanni und Sacajawa erzählt?«

»Ein durchziehender Jäger, und später ein Kaska. Von dem

weiß ich auch, daß Rankhan gestorben sein soll, als er mit Sacajawa zusammen war.«

Ohio war verwirrt. Cooper war aschfahl und schwieg. Sein Blick wanderte zwischen Nimhan und Ohio hin und her.

»Rankhan tot? Und meine Mutter hat mit ihm zusammengelebt?«

»Nein, soweit ich weiß mit einem Sushine-Jäger.«

»Mit Ujka?«

»Ich weiß nicht. Ich glaube, ja. Der Name kommt mir bekannt vor.«

»Hast du seit der Hungersnot etwas Neues erfahren? Ist Sacajawa noch am Leben?«

»Ja. Das weiß ich deshalb, weil sie im Namen aller Dörfer am Stikine die Errichtung eines Kontors bei den Nahanni verboten hat.«

Ohio verschlug es die Sprache. Als er nach einer Weile aufblickte, begegnete sein Blick dem Coopers.

»Alles wird gut«, sagte Cooper und lächelte ihn traurig an. »Das sind doch erfreuliche Neuigkeiten, von der Hungersnot einmal abgesehen. Aber vielleicht war sie nötig, um deinen Leuten die Gefahren des Handels bewußt zu machen. Sacajawa hat anscheinend ebenso schnell begriffen wie du.«

»Aber – «

Ohio war verwirrt und wußte nicht, was er sagen sollte.

»Ich wußte es«, fuhr Cooper fort. »Ich habe es geahnt, ich meine, das mit Sacajawa.«

Sie kehrten schweigend zu Yumiahs Hütte zurück, wo Mayoke Vorbereitungen für die Weiterreise am nächsten Tag traf.

Ohio war bestürzt. Wieder hatte sich alles gegen ihn verschworen. Wie hatte ihm Sacajawa so etwas antun können? Warum hatte sie nicht bis zu seiner Rückkehr gewartet? Aber dann fiel ihm ein, daß sie ihm nichts versprochen, ihn um nichts gebeten hatte. Wie konnte er seiner Mutter böse sein? War es nicht ihr gutes Recht, sich nach so vielen Jahren des Alleinseins wieder ein Kind und einen Mann zu wünschen?

Cooper hatte einen langen Spaziergang in den Bergen oberhalb des Dorfes unternommen, und Ohio saß grübelnd am Ofen, als er zurückkam. Er wirkte heiter und erleichtert.

»Ohio, ich habe eine unwiderrufliche Entscheidung getroffen, die du verstehen mußt.«

Er brauchte nicht weiterzusprechen. Ohio konnte sich denken, was Cooper ihm eröffnen würde.

»Ich werde dich nicht bis ans Ziel dieser Reise begleiten –«

Ohio betrachtete die Stümpfe von Coopers Händen, die er beim Sprechen aneinanderrieb. Er würde seinetwegen leiden, aber er verstand ihn. Cooper erklärte es ihm dennoch.

»Du wirst Sacajawa sagen, daß ich auf der Reise nach England gestorben bin, und ich verlasse mich darauf, daß Nimhan und seine Leute das Geheimnis für immer bewahren. Sacajawa hat ein neues Leben angefangen, sie hat einen Mann und ein Kind, und ich wünsche von ganzem Herzen, daß es noch lebt, denn sie hat es verdient, glücklich zu sein. Sie hat viel gelitten, Ohio, und ich möchte den unsicheren, aber kostbaren Frieden, den sie gewiß gefunden hat, nicht stören. Ich möchte uns ein schmerzliches Wiedersehen ersparen. Das soll der allerletzte Beweis meiner Liebe sein.«

Bei den letzten Worten versagte ihm die Stimme. Ohio war erschüttert und außerstande zu sprechen. Was hätte er auch sagen sollen?

»Ich liebe dich, Cooper. Ich bin stolz darauf, dein Sohn zu sein.«

Sie schauten einander in die Augen.

»An diesem Geheimnis werden wir schwer zu tragen haben.«

Ohio und Mayoke beschlossen, die Abreise um einen Tag zu verschieben, um in Ruhe das Gepäck aufzuteilen und um mehr Zeit für Cooper zu haben und in Erfahrung zu bringen, was er nun vorhatte. Cooper überließ Ohio die Hälfte seines Vermögens. Er sollte es für den Kampf verwenden, der von nun an auch der seine war.

»Das ist mein Dank an dieses Land, das mir so viel gegeben hat.«

»Dann hegst du also keinen Groll?«

»Ich grolle niemandem außer mir selbst.«

»Du kannst nichts dafür.«

»Doch, ich war zu leichtgläubig.«

Mayoke hatte sich noch nicht zu Coopers Entschluß geäußert. Die beiden Männer saßen in der Hütte, als sie einen Freudenschrei und Gelächter hörten.

Ohio eilte vor die Tür. Ein alter Mann hielt Mayoke in den Armen. Ohio erkannte ihn sofort.

»Keith! Der gute alte Keith!«

Sie sanken sich in die Arme, dann erstarrte Keith. Cooper stand auf der Türschwelle.

»Ist es zu fassen? Ich kann es nicht glauben, Keith! Mein Freund Keith!«

Sie umarmten sich lange und waren zu Tränen gerührt.

»Keith! Was machst du denn hier?«

»Himmeldonnerwetter, seit Monaten laufe ich euch nach!«

»Seit Monaten?«

»Den ganzen Weg vom Mackenzie bis hierher. Ich bin kurz nach eurer Abreise angekommen, keine drei Tage später. Ich habe sofort meine sieben Sachen gepackt und bin euch nach, mit dieser Schindmähre von einem Gaul und diesem vermaledeiten Muli, das noch verrückter ist als ich. Ihr habt es ja brandeilig gehabt. Hat euch dieser verflixte Grizzly Beine gemacht?«

Cooper lachte, und Mayoke sah ihn zärtlich an. Sie war ebenso glücklich wie Ohio über das Wiedersehen mit dem alten Mann, dessen graue Augen soviel rauhe Herzlichkeit ausstrahlten.

»Wie, du hast den Grizzly gesehen?«

»Du liebe Güte, nein, sonst hätte ich ihm eins übergebrannt, zum Dank für die fetten Braten, die er sich bei euch geholt hat.«

»Dann hast du die Kadaver gesehen?«

»Aber natürlich! Wie gesagt, ich bin eurer Spur gefolgt, und bei den vielen Raben konnte ich sie nicht verfehlen.«

»Aber ... aber warum bis du uns gefolgt?«

Er lachte schallend und klopfte Cooper auf den Rücken. Sein Blick blieb kurz an dessen verstümmelten Händen hängen, doch er faßte sich sofort wieder.

»Na ja, um einen Schluck mit euch zu trinken, zum Donnerwetter. Verdammt lang her, daß wir uns gesehen haben, was? Außerdem habe ich Ohio seinerzeit schon gesagt, daß ich diesen verflixten Bergen einen Besuch abstatten will, bevor ich krepiere, und ich muß sagen, sie haben mich nicht enttäuscht. Wenn deine Sacajawa so schön ist wie diese Berge –«

Cooper senkte den Blick.

»Was ist denn nun los? Habe ich was Falsches gesagt?«

Cooper erzählte ihm die ganze Geschichte, beginnend bei dem Tag, an dem sie sich getrennt hatten. Keith unterbrach ihn nur einmal, und zwar als er von dem Komplott seines Schwiegervaters erzählte.

»Himmeldonnerwetter, ich wußte es doch! Ich wußte es!«

»Was meinst du damit?«

»Mir kam die Geschichte gleich verdächtig vor. Deswegen habe ich dir ja auch den Brief geschrieben. Ich habe dich bei deiner Rückkehr gesehen, Cooper, und ich kenne dich, ich wußte, daß an der Sache etwas faul ist. Genau das habe ich zu Ohio gesagt, stimmt's?«

Ohio bejahte.

Dann erzählte Cooper weiter, und als er schloß, wirkte er erschöpft.

»Ich gehe mit dir zurück, Keith.«

»Wohin willst du denn?«

Keith sah ihn merkwürdig von der Seite an, beinahe böse.

»Ich will versuchen, mein Schiff zu finden, und das Kommando wieder übernehmen. Ich kann noch einiges tun, auch mit diesen Händen. Es gibt noch so viel zu erforschen. Das liegt mir im Blut. Ich liebe dieses Leben, ich hätte es niemals aufgeben dürfen –«

»Himmeldonnerwetter!«

Keith hatte gebrüllt und war wutentbrannt aufgesprungen. Er funkelte Cooper an, als wolle er ihn erwürgen. Er war wie von Sinnen, und Ohio war bereit, jeden Augenblick einzugreifen, falls der Alte den Verstand verlieren würde.

»Was ist denn – «

Aber Keith war bereits draußen.

Cooper sah Ohio und Mayoke, die wie gelähmt dasaßen, entgeistert an.

Sie kamen gar nicht dazu, sich Fragen zu stellen. Im nächsten Augenblick riß Keith die Tür auf und stürmte herein. Vom Licht geblendet, sahen sie nicht sofort, daß er ein Gewehr in der Hand hatte, eines von den neuen Modellen mit Hahn.

Er richtete es auf Cooper.

»Aber Keith, was – «

»Schweig. Halt den Mund. Ich habe genug Unsinn von dir gehört, jetzt hörst du mir zu. Ich schwöre dir, daß ich auf diesen verdammten Abzug drücke, wenn du mir nicht zuhörst. Du kennst mich, Cooper! Ich werde es tun. Das weißt du.«

Er wirkte zu allem entschlossen.

»Ich werde dich erschießen, denn wenn du nicht zu Sacajawa gehst, bist du ohnehin ein toter Mann, dann erledige ich es lieber gleich selbst.«

Sie verstanden nicht, worauf er hinauswollte. Ohio und Mayoke tauschten einen Blick, aber Keith beobachtete sie, und sie spürten, daß der alte Mann die Kontrolle über sich aufgegeben hatte. Er würde abdrücken.

»Also, du versprichst mir jetzt, daß du dich auf deinen verfluchten Gaul setzt und ihm in den Hintern trittst, bis du dort bist, sonst brenne ich dir ein Loch ins Fell, verstanden?«

Er hatte geschrien, und Cooper zuckte zusammen.

»Du hast fast zwanzig Jahre deines Lebens vergeudet, weil dich dein idiotisches Pflichtgefühl nach England zurückgetrieben hat. Du hast diese verflucht lange Reise bis hierher gemacht, und jetzt willst du zurück, und wieder im Namen dieser gottverdammten Pflicht! Mit diesen Stümpfen!«

Er spuckte auf den Boden.

»Niemals! Hörst du? Niemals! Nur über meine Leiche!«

»Keith, die ganze Sache geht dich nichts an.«

Cooper hatte wieder etwas Farbe bekommen, aber noch wagte er es nicht, aufzustehen und ihm entgegenzutreten. Er spürte, daß Keith zu allem entschlossen war, und erhielt dafür sogleich die Bestätigung. Plötzlich leuchteten Keiths Augen auf, und er trat einen Schritt zurück. Er beruhigte sich ein wenig und wirkte seltsam selbstzufrieden.

»Weißt du, was wir jetzt tun? Du wirst mir versprechen, daß du zu ihr gehst, du wirst mir dein Ehrenwort geben, im Namen unserer Freundschaft und der Abenteuer, die wir miteinander erlebt haben, sonst blase ich mir den Kopf weg. Ich schwöre dir, ich werde es tun, Cooper. Du kennst mich, stimmt's? Habe ich jemals leere Versprechungen gemacht?«

Cooper schüttelte den Kopf.

Keith hatte das Gewehr gegen sich selbst gerichtet.

»Ich gebe dir zwei Minuten. Und keine Sekunde länger.«

Cooper brach das folgende Schweigen. »Herrgott noch mal, Keith, das ist allein meine Angelegenheit. Was mischt du dich da – «

»Deine Angelegenheit! Ein wenig ist es auch meine, seit ich dir geschrieben habe, und seit ich Mayoke gerettet habe und darum bete, daß alles wieder ins Lot kommt! Ich an deiner Stelle wäre froh, wenn ich einen Freund hätte, der mich in den Hintern tritt, wenn ich drauf und dran bin, die größte Dummheit meines Lebens zu begehen. Ich sehe nicht tatenlos zu, wie der Mann, den ich wie keinen anderen auf dieser gottverdammten Erde bewundere, einfach sein Leben wegwirft. Lieber krepiere ich.«

»Er hat recht!«

Ein unterdrückter Fluch war zu hören, und Ohio trat mit ernstem Gesicht vor Cooper hin, packte ihn am Revers seiner Jacke und sah ihn scharf an.

»Das bist du mir schuldig!«

»Ohio, halte dich da raus – «

»Cooper, vergiß nicht, wie weit ich gereist bin, um dich zu suchen, vergiß nicht, was ich deinetwegen durchgemacht habe, denk an den Tag, an dem ich dich dem Tod entrissen habe. Du schuldest mir ein paar Tage deines Lebens, Cooper. Du schuldest mir die acht Tage, die wir bis zum Dorf brauchen.«

»Keith und Ohio haben recht. Du mußt hingehen.«

Alle drei drehten sich um. Mayoke hatte gesprochen. Sie war zu Keith getreten und entwand ihm sanft das Gewehr. Dann ging sie hinaus.

72

Sie zogen geradewegs zum Kantishnafluß und passierten die Hochebenen, die *hai-uktu,* die große Herde der Karibu, bei ihrer Wanderung nach Süden im Herbst überquerte.

Keith hatte sich nach Norden gewandt, um einen Kaskastamm zu besuchen. Er hatte Ohio versprochen, zu Beginn des Winters in sein Dorf zu kommen.

Sein Dorf!

Ohio konnte es kaum glauben. Sollte er wirklich Uzbek, Ulah, Nutak und all die anderen wiedersehen? Er hatte das Gefühl, er sei jahrzehntelang fort gewesen, und doch war ihm, als habe er dieses Land niemals verlassen. Ein Teil seines Geistes war hier geblieben, und die Kraft, die ihm die Berge gaben, hatte es ihm möglich gemacht, seine Suche erfolgreich zu beenden. Er wußte jetzt, wer er war und wohin sein Weg führte. Er kannte seine Stärken ebenso wie seine Schwächen, und er war stolz auf das, was er vollbracht hatte.

Seine Angst vor dem Wiedersehen zwischen Sacajawa und Cooper schwand in dem Maße, wie er dem Ziel näher kam, während sie bei seinem Vater immer größer wurde. Er wurde einsilbig und verschlossen, seine gute Laune verflüchtigte sich. Er hatte sich dazu überreden lassen, die Sache zu Ende zu bringen, doch die Lust dazu war ihm vergangen. Sacajawa sehen, ihr Kind und den Vater ihres Kindes? Was sollte er ihr sagen? Was sollte er tun? Wozu sollte das alles noch gut sein? Doch er würde nicht umkehren. Keith hatte recht. Er mußte die Sache zu Ende bringen und sich dem Schicksal hoch erhobenen Hauptes stellen.

Sie brauchten etwas mehr als zehn Tage von Semuak bis zu dem kleinen Dorf der Nahanni, das sie an einem schönen, warmen und friedlichen Augustabend erreichten. Sie verweilten einige Zeit auf einem kleinen Hügel und bewunderten das blaue Band des Kantishna, an dessen Ufer, in einer Windung, das Dorf lag.

»Gehen wir.«

»Warte, Ohio, laß mich noch ein paar Minuten die Landschaft betrachten.«

Cooper bemühte sich, ruhig zu atmen. Ohio und Mayoke entfernten sich Arm in Arm.

»Wir sind da, Mayoke!«

»Dieser Ort bebt wie ein schönes Tier.«

Sie lächelte. Ohio fühlte ihren dicken Bauch an seinem und streichelte ihn sanft und zärtlich.

»Er bewegt sich. Es geht ihm gut. Er spürt, daß wir am Ziel sind.«

Sie drehten sich zu Cooper um, der, den Kopf in die Hände gestützt, ins Tal schaute, und tauschten einen zweifelnden Blick. Cooper sah zu ihnen herüber.

»Ich bin soweit.«

Ohio trat zu ihm und drückte ihm die Zügel seines Pferdes in die Hand.

»Nur Mut, Cooper.«

Cooper setzte sich entschlossen an die Spitze der kleinen Gruppe und machte sich an den Abstieg. Torok sog aufmerksam die Gerüche der Berge ein und wedelte freudig mit dem Schwanz, und Ohio fragte sich, ob er begriff, daß sie wieder zu Hause waren, oder ob der Hund nur seine Erregung spürte und sich mit seinem Verhalten ganz nach ihm richtete. Er küßte ihn liebevoll auf die Schnauze und ging hinter ihm her.

Sowie sie bei den ersten Hütten ankamen, setzte sich Ohio an die Spitze und schlug die Richtung zum Fluß ein, dorthin, wo er seine Reise begonnen hatte. Kinder liefen schreiend herbei. Ohio glaubte, einige wiederzuerkennen, und wie im Traum hörte er, wie sie immer wieder fröhlich seinen Namen riefen. Er lächelte dem einen oder anderen zu, schloß die Augen, als Ulah ihn als erster herzlich umarmte und an sich drückte. Er kam nicht bis zum Fluß. Die Menge derer, die herbeigeeilt waren, hielt ihn auf. Häuptling Uzbek war unter ihnen.

»Willkommen, Ohio. Sei willkommen.«

Er hatte besonderen Nachdruck auf diese Worte gelegt, und Ohio war so gerührt, daß er kein Wort herausbekam.

Er war in seinem Dorf willkommen. Man feierte seine Rückkehr. Er blickte sich um, suchte mit den Augen seine Mutter. Und er sah Cooper, der Mayoke liebevoll den Arm um die Schulter gelegt hatte.

»Wo ist Sacajawa?«

Nutak antwortete ihm. »Sie ist mit Banks ein Stück flußab-wärts am Kujouktu-Lachsrad.«

»Banks?«

»Ihr Sohn. Ich hole sie.«

»Nein, ich gehe selbst.«

Ohio machte Uzbek mit Mayoke bekannt. Ein Kreis bildete sich um sie.

»Sei willkommen, Mayoke! Unser Dorf ist dein Dorf«, sagte der Häuptling, und mit einem Blick auf Cooper fügte er hinzu: »Und wir fühlen uns geehrt durch die Rückkehr des Mannes, der vor so langer Zeit schon einmal hier gewesen ist.«

»Ich erinnere mich an dich, Uzbek«, erwiderte Cooper, »und an viele andere von euch. Ich ... ich habe nichts verges-sen. Nichts!«

Uzbek hob die Stimme, um den Lärm der Menge zu über-tönen. »Man möge diejenigen holen, die bei den Rädern sind, und Ckorbaz unterrichten. Und man bereite ein großes Pot-latch vor, denn heute ist ein großer Tag.«

»Ckorbaz!«

»Ja, unser Schamane ist sehr alt, aber er wird mit uns deine Rückkehr feiern.«

Der Schamane war also nicht gestorben?

»Sag, Ulah, gibt es meinen Hundezwinger noch?«

»Er ist unverändert, Sacajawa hat die morschen Pfähle ersetzt.«

»Gehen wir.«

Ohio nahm Torok am Halsband, und Cooper und Mayoke folgten ihnen. Im Zwinger angekommen, nahmen sie den Hunden die Packsäcke ab, und Ulah brachte Lachse, um sie zu füttern.

»Ujka!«

»Willkommen, Ohio. Ich war gerade dabei, mein Kanu auszubessern, als du angekommen bist«, sagte er, wie um sich zu entschuldigen.

Dann drehte er sich um.

»Cooper!« sagte er einfach nur und begrüßte ihn.

»Und das ist Mayoke«, unterbrach Ohio das betretene Schweigen.

»Es wird ein schönes Kind«, sagte Ujka mit einem Blick auf den Bauch der jungen Indianerin.

Mayoke dankte ihm, dann wandte sich Ujka wieder Cooper zu. Sie starrten sich ein paar Sekunden lang an.

»Sacajawa ist weiter unten am Fluß« begann er. »Sie wartete schon sehr lange auf dich. Ich weiß nicht, was du in all der Zeit, seit sie auf dich wartet, getan hast, aber … es ist gut, daß du da bist. Ich habe immer gewußt, daß du zurückkommen würdest, denn der Schamane der Kaska hat es mir gesagt. Ich war darauf gefaßt. Und dann hat sich Sacajawa seit der Ankunft der Weißen verändert. Sie ist eine Art Häuptling geworden, und ich bin nur ein Jäger … Wir verstehen uns nicht mehr.«

Er lächelte Ohio an.

»Ich habe eine Hütte in den Isotiasümpfen, drei Tagesreisen mit dem Kanu von hier. Dorthin gehe ich, und anschließend kehre ich in mein Dorf zurück.«

»Aber du bist hier zu Hause, Ujka.«

»Ich besuche euch, wenn die große Herde kommt, dann gehen wir gemeinsam auf die Jagd.«

Und damit ging er fort, ohne sich noch einmal umzudrehen.

73

Sie gingen am Fluß entlang durch einen kleinen Wald aus Birken und Fichten, und sie sahen sie im selben Augenblick auf einer sonnenüberfluteten Lichtung. Banks spielte neben ihr.

Cooper blieb unter den Bäumen stehen, um Sacajawa zu betrachten. Er war sichtlich bewegt.

»Geh, Ohio, geh! Ich warte.«

Sie kehrte ihnen den Rücken zu, und Banks plapperte zu ihren Füßen. Ihr langes Haar glänzte im rötlichen Abendlicht. Mit Streifen aus Weidenrinde band sie den Gitterrost aus Zweigen fest, auf dem Dutzende von Lachsen trockneten. Sie drehte sich geistesabwesend um, als sie Schritte vernahm, und erstarrte, mit offenem Mund. Plötzlich begann sie zu laufen, zuerst langsam, dann so schnell sie nur konnte.

»Ohio!«

Er hob sie in die Höhe und wirbelte sie herum, dann schlang er die Arme um sie und drückte sie lange an sich.

»Ohio! Ohio! Ich wußte, du würdest wiederkommen.«

Sie trat einen Schritt zurück, um ihren Sohn zu bewundern. Aus ihm war ein Mann geworden. Ohio betrachtete sie. Sie war ihm noch nie so schön erschienen. Sie führte ihn zu Banks und kniete neben ihm nieder.

»Sieh doch, Banks. Das ist Ohio, von dem ich dir so viel erzählt habe.«

Das Kind hob seine großen schwarzen Augen.

»Ein prächtiger Junge.«

»Komm, wir setzen uns an den Fluß, und dann erzählst du mir alles.«

Er erzählte ihr von seinen Erlebnissen, von Mayoke, von Mudoi, und schließlich kam er auf die schändliche Intrige von Coopers Schwiegervater zu sprechen. Sacajawa war neben ihm erbleicht und atmete schwer.

»Dann hast du Cooper gesehen?« Die Stimme versagte ihr.

»Ja, ich habe ihn gesehen.«

Sacajawa brach ihm beinahe die Hand, so fest drückte sie zu. »Und –« stammelte sie. »Wo ... wo ist er?«

»Das muß dir ein anderer sagen.«

Damit stand er auf und nahm Banks auf den Arm. Sacajawa mußte sich an einem Baum festhalten, um nicht zu stürzen, und erhob sich ebenfalls.

»Hat dir Sacajawa von meinen Hunden erzählt?« fragte Ohio den kleinen Jungen, der ihn aus großen fröhlichen Augen ansah.

Der Junge nickte.

»Dann komm. Wir besuchen sie.«

Er sah Sacajawa an. Tränen liefen ihr über die Wangen.

»Ohio –«

Sie wankte. Ohio ging fort. Er sah Cooper nicht einmal an, als sie sich am Waldrand begegneten. Erst später, bevor er um einen Felsen bog, drehte er sich um.

Er sah Cooper, der ins Licht getreten und dann stehengeblieben war. Und er sah Sacajawa. Die Sonne schien ihr ins Gesicht. Oder war es der Glanz ihrer Augen, der sie erstrahlen ließ? Sie setzte vorsichtig einen Fuß vor den anderen, als könnte der kleinste Fehltritt alles verderben. Cooper ging ihr entgegen.

Erst als ihre beiden Körper sich fanden und umschlangen, gelang es Ohio, seine tränennassen Augen abzuwenden. Und er ging langsam zurück ins Dorf, wo alle zusammengekommen waren, um ein großes Fest vorzubereiten.

Nicolas Vanier

Der Sohn der Schneewüste

Roman. Aus dem Französischen von Reiner Pfleiderer. 509 Seiten. Serie Piper

Wie schon in seinem Bestseller »Das Schneekind« entführt Nicolas Vanier den Leser in die verschneiten Weiten Kanadas. In seinem packenden Roman erzählt er die Abenteuer des jungen Indianers Ohio, der mit seinem Hundegespann allein durch die Wildnis der Rocky Mountains zieht. Von seinem Stamm verstoßen und seiner Wurzeln beraubt, begibt er sich in der Welt des weißen Mannes auf die Suche nach dem Vater, den er nie gekannt hat. Doch er wird zutiefst enttäuscht – bis er der schönen Mayoke begegnet ...

»Ein moderner Jack London.«
Süddeutsche Zeitung

Fergus Fleming

Barrow's Boys

Eine unglaubliche Geschichte von wahrem Heldenmut und bravourösem Scheitern. Aus dem Englischen von Henning Ahrens. 599 Seiten. Serie Piper

Hinter allen Expeditionen, die die Royal Navy in der ersten Hälfte des 19. Jahrhunderts ins Leben rief, steckte John Barrow, Zweiter Sekretär der Englischen Admiralität. Von seinem Stehpult aus träumte er davon, die weißen Flecken der Landkarte mit Leben zu füllen, und schickte seine Offiziere an Orte, die kein Brite je zuvor gesehen hatte. Viele seiner »Boys« gaben für diese Träume ihr Leben, wie John Franklin, der sich auf der Suche nach der Ost-West-Passage verirrte und am Ende seine Stiefel aß.

»Gründlich recherchiert, sehr unterhaltsam und mit manchmal makabrem, sehr britischem Humor erzählt.«
Frankfurter Allgemeine Zeitung

Hermann Schulz

Flucht durch den Winter

Roman. 199 Seiten. Serie Piper

Spätherbst 1943. Nachdem Ännchens Vater Judensterne auf die jüdischen Bücher seiner Lüneburger Buchhandlung geklebt hat, wird er von der SS abgeholt. Eines Tages ist auch die Mutter verschwunden, und das vierzehnjährige Mädchen wird zu Bauern in die Lüneburger Heide gebracht. Dort lernt sie den russischen Zwangsarbeiter Sergej kennen. Als sie erfährt, dass die SS die Zwangsarbeiter des Dorfes abholen wird, beschließt sie, mit Sergej zu fliehen ...

»Hermann Schulz schreibt großartig nüchtern, knapp und so eindringlich, dass die Leerstellen zum Raum für Empathie werden.«
Die Zeit

Hermann Schulz

Iskender

Roman. 231 Seiten. Serie Piper

In einem kleinen Dorf in der Nähe von Antalya taucht ein kleiner Junge auf. Iskender soll man ihn nennen, und daß er ihr Enkel sei, erfahren der Schafzüchter Karpat und seine Frau von ihrem Sohn, der das Kind in ihre Obhut gibt. Iskender ist ein verschlossenes und scheues Kind, doch die unendliche Geduld und Zuneigung der beiden Alten hilft ihm, sich einzuleben. Das Glück selbst scheint in das Haus der Karpats eingezogen zu sein, bis sie ein Brief der deutschen Botschaft erreicht ...

»Mit so viel Herzenswärme und, besonders bei den bewunderungswürdigen starken Frauen in der Geschichte, mit so viel Herzensklugheit läßt sich wohl ein Stück richtiges Leben erreichen.«
Frankfurter Allgemeine Zeitung

Morten H. Olsen

Das Kind aus dem Moor

Roman. Aus dem Norwegischen von Dagmar Lendt. 327 Seiten. Serie Piper

Über Oscarshavn, eine verschlafene norwegische Kleinstadt, brechen unerklärliche Ereignisse herein. Die Vergangenheit wirft gespenstische Schatten – in Gestalt von Toten, deren Leichen nie gefunden wurden. Ein kleines Mädchen taucht aus dem Nebel auf und treibt das Leben des Antiquars Francis Falckenberg in die Katastrophe. Was verbirgt sich hinter diesen Phänomenen? Ein geschickt inszeniertes Verbrechen oder das Werk magischer Kräfte?

»Eine verwunschene Geschichte, die Morten H. Olsen raffiniert erzählt. Ein Mystery-Thriller, den man sich am besten gemütlich am Kamin zu Gemüte führen sollte.«
Brigitte

Marcel Pagnol

Eine Kindheit in der Provence

Marcel. Marcel und Isabelle. Zwei Romane in einem Band. Aus dem Französischen von Pamela Wedekind. 463 Seiten. Serie Piper

Im Marseille der Jahrhundertwende bricht eine fünfköpfige Familie in die Ferien auf – für den elfjährigen Marcel beginnt ein Sommer voller Schönheit und Abenteuer in den Hügeln der Provence mit ihren Zikaden und ihrem Lavendel- und Rosmarinduft. Sein bester Freund, der Bauernjunge Lilli, führt ihn zu geheimen Höhlen und verborgenen Quellen. Da taucht in der paradiesischen Ferienidylle des Stadtjungen ein blondes Geschöpf auf. Es ist das kleine Mädchen Isabelle, verzogen und tyrannisch, das Marcel zu ihrem Knappen macht und ihn die Leiden früher Leidenschaft erfahren läßt. – Es ist der leichte und poetische Ton, der zärtliche Blick des Erzählers, in dem Arglosigkeit und Ironie verschmelzen, die schiere Lust am Dasein, die diese Kindheitserinnerungen weltberühmt gemacht haben.

SERIE
PIPER

05/1759/01/L   05/1656/01/R

Sándor Márai

Die Gräfin von Parma

Roman. Aus dem Ungarischen von Renée von Stipsicz-Gariboldi, überarbeitet von Hanna Siehr. 241 Seiten. Serie Piper

Den Verliesen Venedigs entflohen, bezieht der vornehme Fremde Quartier in Bozen. Als er erfährt, daß auch der Graf von Parma mit seiner bezaubernden Frau in der Nähe weilt, ist es um seine Ruhe geschehen. Denn Francesca ist die einzige Frau, die ihn je wirklich berührt hat. Einer der berühmtesten Romane Sándor Márais erzählt von der Liebe und deren Vergänglichkeit – und von der Utopie eines dauerhaften Lebensglücks.

»Noch einmal betritt der ungarische Starautor Sándor Márai die Literaturbühne, und bei sich hat er den ewigen Liebhaber Casanova. Eine beinahe unwiderstehliche Kombination!«
Cosmopolitan

Sándor Márai

Land, Land

Erinnerungen. Aus dem Ungarischen von Hans Skirecki. Herausgegeben von Siegfried Heinrichs. 318 Seiten. Serie Piper

Im fernen Exil hat Sándor Márai aufgeschrieben, was er zuletzt in seiner Heimat Ungarn erlebte – von der deutschen Besetzung Ungarns 1944 bis zu seiner Abreise ins lebenslängliche Exil 1948. Das bewegende Zeugnis eines bedeutenden europäischen Literaten. – »Ein Tatsachenbericht aus einem besetzten Land, Abrechnung mit einer menschenmordenden Ideologie, philosophische Selbstverständigung und bewahrende Grabkammer all der Freunde, die in den nächsten Monaten von der Geschichte ausgelöscht werden: das Ganze eine Art Reiseführer durch ein Inferno, in dem sich das Unglück in immer engeren Kreisen um die Kriegsüberlebenden zusammenzieht.«
Frankfurter Allgemeine Zeitung

Maarten 't Hart

Die Netzflickerin

Roman. Aus dem Niederländischen von Marianne Holberg. 448 Seiten. Serie Piper

Dies ist die Lebensgeschichte des Apothekers Simon Minderhout aus dem südholländischen Maassluis und seiner kurzen, leidenschaftlichen Liebe zu der Netzflickerin Hillegonda während der deutschen Besatzungszeit. Sie ist zugleich die atemberaubende Geschichte eines alten Mannes, der Jahrzehnte danach dem Teufelskreis von Denunziation und Verrat kaum entkommen kann.

Wie ein spannendes Stationendrama liest sich die Lebensgeschichte des Apothekers Simon Minderhout, der Hauptfigur in Maarten 't Harts neuem Roman.

»Maarten 't Hart erweist sich erneut als großartiger Erzähler, dem es gelingt, Schicksale so authentisch zu schildern, daß der Leser einfach Anteil nehmen muß.«

Hamburger Abendblatt

Maarten 't Hart

Das Wüten der ganzen Welt

Roman. Aus dem Niederländischen von Marianne Holberg. 411 Seiten. Serie Piper

Alexander, Sohn des Lumpenhändlers im Hoofd und zwölf Jahre alt, lebt in der spießigen Enge der holländischen Provinz, in einer Welt voller Mißtrauen und strenger Rituale. Da wird der Junge Zeuge eines Mordes: Es ist ein naßkalter Dezembertag im Jahr 1956, Alexander spielt in der Scheune auf einem alten Klavier. In seiner unmittelbaren Nähe fällt ein Schuß, der Ortspolizist bricht leblos zusammen, Alexander aber hat den Schützen nicht erkennen können. Damit beginnt ein Trauma, das sein ganzes Leben bestimmen wird: Seine Jugend wird überschattet von der Angst, als Zeuge erschossen zu werden. In jahrzehntelanger Suche nach Motiven und Beweisen kommt er schließlich einem Drama von Schuld und Verrat auf die Spur.

Koos van Zomeren

Eine Tür im Oktober

Roman. Aus dem Niederländischen von Thomas Hauth. 341 Seiten. Serie Piper

Das Leben des renommierten Galeristen Walter in Den Haag ist rundum angenehm, aber vielleicht ein bißchen langweilig. Doch das ändert sich eines Tages gewaltig: Eine bildhübsche Frau betritt die Galerie und läßt sich von Walter die »Geheimgalerie« im Keller zeigen. Und wenig später taucht der genialische, aber notorisch geldgierige junge Maler Eddy Paas auf, um wieder einmal einen Vorschuß zu verlangen. Leider verliert Walter für einen kurzen Moment die Kontrolle, und auf einmal hat er ein großes Problem ...

»Ein zauberhaft leichter Roman über lange im Dunkeln vergrabene und durch die Liebe ans Tageslicht gezerrte Leidenschaften, ein Genrebild von leiser, fast intimer Meisterschaft. Eine wahre Entdeckung also, und ein literarischer Höhepunkt aus unserem platten Nachbarland.«
Süddeutsche Zeitung

Dai Sijie

Balzac und die kleine chinesische Schneiderin

Roman. Aus dem Französischen von Giò Waeckerlin Induni. 200 Seiten. Serie Piper

Zwei pfiffige chinesische Studenten, die zur »kulturellen Umerziehung« in ein abgelegenes Bergdorf ans Ende der Welt verschickt wurden, merken bald, daß sie nur eine einzige Möglichkeit haben zu überleben: Sie müssen in den Besitz jenes wunderbaren Lederkoffers gelangen, der die – verbotenen – Meisterwerke der westlichen Weltliteratur enthält. Denn nur mit ihnen können sie den Widrigkeiten ihres Daseins entkommen – und vielleicht am Ende das Herz der Kleinen Schneiderin gewinnen.

»Dies ist die schönste Liebeserklärung des Jahres: an die Literatur, an das Leben, an die Ironie, an eine Frau: Es ist außerdem die frechste, charmanteste Lektion zum Thema Freiheit ... Wenn Sie nur einen Roman dieses Jahr lesen wollen, lesen Sie diesen, er wiegt hundert andere auf.«
Le Figaro Magazine

05/1435/01/L   05/1449/01/R

Antonio Skármeta

Die Hochzeit des Dichters

Roman. Aus dem chilenischen Spanisch von Willi Zurbrüggen.
311 Seiten. Serie Piper

Auf der winzigen Mittelmeerinsel Gema bereitet man sich auf die Hochzeit des Jahrhunderts vor: Hieronymus soll die schöne Alia Emar bekommen, von der so viele junge Männer träumen und die auch Stefano schon seit geraumer Zeit den Schlauf raubt. Doch die alte Welt befindet sich im Umbruch, und schließlich macht Stefano sich auf in eine bessere Zukunft jenseits des Atlantiks. Eine Liebeserklärung an das alte Europa, voll vitaler Sinnlichkeit und Melancholie.

»Jemand wie Roberto Benigni könnte einen Film aus diesem Buch machen, das voll ist von unaufdringlicher Weisheit und von aufdringlicher Qualität.«
Tagesspiegel

Josef Škvorecký

Der Seeleningenieur

Ein Roman über Frauen, Liebe, Tod und Spitzel. Aus dem Tschechischen von Marcela Euler.
768 Seiten. Serie Piper

Danny, ein sympathischer Windbeutel aus einer böhmischen Kleinstadt, ist erwachsen und Schriftsteller geworden. Als 1968 die Sowjets in sein Land einmarschieren, emigriert er nach Kanada und sucht als Literaturprofessor Zuflucht in der scheinbar friedlichen Welt des Campus. Nicht nur die politische Naivität um ihn herum stört ihn, insgesamt fühlt er sich wie ein Wesen von einem anderen Stern. Zwar läßt er sich trotz bester Vorsätze von seiner hübschesten Studentin verführen, in Wahrheit verzehren ihn aber das Heimweh und die Sehnsucht nach den Frauen, die er in der Heimat geliebt hat. Ein privates, kritisches und dabei oft sehr komisches Buch.

»In Josef Škvorecký haben wir einen großen mitteleuropäischen Autor, den es noch zu entdecken gilt.«
Sigrid Löffler in der »Zeit«

SERIE PIPER

05/1481/01/L   05/1098/01/R